"十四五"时期国家重点出版物出版专项规划项目

成渝
现代高效特色农业带建设战略研究

◎ 赵春江 牟锦毅 张 雄 刘永红 李 瑾 等 著

中国农业科学技术出版社

图书在版编目（CIP）数据

成渝现代高效特色农业带建设战略研究／赵春江等著．--北京：中国农业科学技术出版社，2025.3.
ISBN 978-7-5116-7360-2

Ⅰ．F327.71

中国国家版本馆 CIP 数据核字第 2025JF5653 号

责任编辑　倪小勋
责任校对　马广洋
责任印制　姜义伟　王思文

出 版 者	中国农业科学技术出版社
	北京市中关村南大街 12 号　　邮编：100081
电　　话	（010）62111246（编辑室）　（010）82106624（发行部）
	（010）82109709（读者服务部）
网　　址	https://castp.caas.cn
经 销 者	各地新华书店
印 刷 者	北京建宏印刷有限公司
开　　本	185 mm×260 mm　1/16
印　　张	17.75
字　　数	350 千字
版　　次	2025 年 3 月第 1 版　2025 年 3 月第 1 次印刷
定　　价	80.00 元

◆━━ 版权所有·翻印必究 ━━◆

资助项目：

中国工程院院地合作项目　项目编号：2024-DFZD-21

成渝现代高效特色农业带
及川渝毗邻地区农业现代化建设战略研究

《成渝现代高效特色农业带建设战略研究》
撰写组

赵春江	刘永红	牟锦毅	张　雄	李　瑾	林正雨
赵颖文	周评平	陈沧桑	吴海军	冯　献	王森培
雷晓葵	张　鸿	范贝贝	彭建华	邵周玲	马　晨
曹冰雪	何　鹏	刘宗敏	杜兴端	郭美荣	李浩杰
郭耀辉	陈春燕	刘远利	白贺兰	余　棣	王　军
蒋　俊	熊　鹰	常　洁	李泽欣	王小萌	揭晓婧
张怀波	李洪浩	王艾萌	杨双羽	刘东瑶	任雅欣

前 言

自古以来，成渝地区农业就在全国占据重要的战略地位，素有"粮猪安天下"的美誉。两地农业发展比较优势明显，耕地面积占全国耕地总面积的5.7%，区域内气候温和、无霜期长、降雨充沛，有动植物资源近万种，是西部地区农业生产条件最优、规模最大的区域之一。2020年，习近平总书记明确指出要加快建设现代产业体系，建好成渝现代高效特色农业带，明确了成渝地区双城经济圈现代农业发展的战略定位，凸显了新时期成渝农业在西部乃至全国农业版图中战略大后方"压舱石"和"稳定器"的作用，为成渝地区更好地承接东部产业转移、有效延伸现代农业发展新空间、推动现代农业协同发展注入了新动能。自此，成渝地区农业发展进入了新的历史阶段。

自2021年《成渝现代高效特色农业带建设规划》发布以来，川渝两地政府积极制定相关政策措施，建立部省市共建成渝现代高效特色农业带联席会议机制，组建工作专班，推动规划落地实施，以共建"一轴三带四区"现代高效特色农业带为抓手，共同推进区域农业现代化。三年多来，川渝两地政府联手实施了一系列创新举措，推动川渝地区农业协同发展取得了突破性的进展，积累了可复制的经验。泸永江（四川省泸州市，重庆市永川区、江津区）、万达开（四川省达州市，重庆市万州区、开州区）、渝遂绵（四川省绵阳市、遂宁市，重庆市潼南区、铜梁区）等地依托优质粮油、生猪、蔬菜等优势特色产业，共建国家现代农业产业园和产业集群等重大项目，在推动成渝现代高效特色农业带建设上取得了显著进展。2023年，成渝地区第一产业增加值6 469.55亿元，占全国的7.3%，与京津冀、长三角和粤港澳大湾区三个经济增长极相比较，位居第二位。

当前，正值"十四五"规划收官冲刺与"十五五"发展蓝图系统擘画的历史交汇点，成渝现代高效特色农业带建设虽已取得阶段性成果，但仍面临区域要素流动壁垒、耕地细碎化、农业科技成果转化率不足等现实掣肘。因此，项目组围绕成渝现代高效特色农业带发展定位、主要目标和"一轴三带四区"空间布局，聚焦粮食、油料、生猪等畜禽、粮经饲优势产业，优质蔬菜、道地中药材、柑橘、柠檬、泡菜、茶、渔等特色产业，种质资源、农机装备、冷链物流、数字农业、智慧农业等关键核心技术等，针对成渝现代高效特色农业带现代化建设的现实需求、瓶颈问题等开展深入调研和系统分析，总结凝练成渝现代高效特色农业带建设的典型案例与成功经验，提出新时期战略目标、战略重点、战略路径和保障机制，为加快推动成渝现代高效特色农业带及川渝毗邻地区农业现代化建设，推动川渝两地农业科技创新和成果转化同时发力，培育形成川渝现代农业新质生产力，加速把成渝农业带发展为现代化大产业集聚区和增长极提供战略依据。

项目执行中，中国工程院孙宝国院士、康振生院士、陈剑平院士、李培武院士、刘仲华院士提供了项目指导。北京市农林科学院、重庆市农业科学院农业科技信息研究所、川渝地方农业农村局等单位在典型案例收集方面提供了支持。

四川省农业科学院汪君、许钰莎、温如莲、王舒、寇耀文、廖强、向智敏、李凤鸣、张灵芝、谢蕾、况嘉欣、杨万宝、李其勇等在实地调研、数据处理、案例研究等工作中提供了帮助支持。

本书写作过程中参考研阅了许多专家的论著和科研成果，并使用了大量的统计数据，书中在引用部分做了注明，但仍恐有遗漏之处，恳请海涵。由于笔者能力有限，书中难免存在疏漏和不足之处，敬请各位专家和读者提出宝贵意见。

目 录

第1章 绪 论 1
  1.1 成渝现代高效特色农业带的建设背景 1
  1.2 成渝现代高效特色农业带的重大意义 2

第2章 研究目标、内容与方法 5
  2.1 研究目标 5
  2.2 研究内容 5
  2.3 研究方法 6
  2.4 研究区域 8

第3章 成渝现代高效特色农业带发展研判 10
  3.1 成渝现代高效特色农业带产业发展成效 10
  3.2 成渝现代高效特色农业带建设的主要成效 16
  3.3 成渝现代高效特色农业带存在的主要挑战 22
  3.4 成渝现代高效特色农业带面临的重大机遇 23

第4章 国内外典型都市圈农业发展经验借鉴 24
  4.1 国际典型都市圈现代农业发展模式 24
  4.2 国内典型都市圈现代农业发展模式 27
  4.3 经验启示 35

第5章 川渝毗邻区典型经验与做法 38
  5.1 重庆市江津区 38
  5.2 四川省达州市 41
  5.3 重庆市潼南区 43
  5.4 四川省泸州市 46
  5.5 重庆市涪陵区 48

  5.6 四川省内江市 ·· 51

第6章 总体目标、原则与战略 ·· 54

  6.1 指导思想 ·· 54
  6.2 发展原则 ·· 54
  6.3 发展战略 ·· 55
  6.4 总体目标 ·· 56
  6.5 功能分区 ·· 58

第7章 成渝主轴现代粮经产业带及科创走廊建设 ·· 59

  7.1 基本概况 ·· 59
  7.2 产业基础 ·· 62
  7.3 目标思路 ·· 73
  7.4 重大任务 ·· 76

第8章 现代高效特色农业产业带建设 ·· 85

  8.1 沿长江现代高效特色农业绿色发展示范带 ································ 85
  8.2 沿嘉陵江现代高效特色农业转型发展示范带 ··························· 106
  8.3 渝遂绵现代高效特色农业高质量发展示范带 ··························· 118

第9章 现代高效特色农业示范区建设 ·· 131

  9.1 重庆主城都市区都市现代高效特色农业示范区 ····················· 131
  9.2 成德眉资都市现代高效特色农业示范区 ································ 145
  9.3 渝东北川东北现代农业统筹发展示范区 ································ 155
  9.4 川南渝西现代农业融合发展示范区 ·· 167

第10章 成渝现代高效特色农业带建设的重大工程 ·· 181

  10.1 国家优质高产高效粮油保障基地建设工程 ··························· 181
  10.2 国家优质商品猪战略保障基地建设工程 ······························· 181
  10.3 国家都市现代高效特色农业示范区建设工程 ······················· 182
  10.4 西部特色优势农产品产业集群建设工程 ······························· 182
  10.5 现代高效绿色农业园区建设工程 ·· 183
  10.6 高效节水灌溉农业示范区建设工程 ······································ 183
  10.7 全国农业科技创新中心建设工程 ·· 184

	10.8	宜居巴蜀产村相融示范带建设工程	184
	10.9	国家农村改革先行示范区建设工程	185
	10.10	全国农业对外开放高地建设工程	185

第11章 战略保障机制研究 187

- 11.1 战略保障机制现状 187
- 11.2 战略保障机制存在问题 192
- 11.3 战略保障机制建议 196

附录 204

附录1 国内主要经济区农业协调发展典型案例 204
- 1.1 京津冀农业科技创新联盟 204
- 1.2 广东珠海金湾台湾农民创业园 205
- 1.3 长三角"田园五镇"乡村振兴先行区 207
- 1.4 经验总结与启示 208

附录2 成渝主轴现代高效特色农业带一体化发展示范区典型案例 208
- 2.1 成渝现代高效特色农业带合作园 208
- 2.2 遂潼优质蔬菜生产带建设 211
- 2.3 安岳—潼南—大足柠檬产业集群 213
- 2.4 成渝高效特色农业带粮药合作示范园区 215

附录3 沿长江现代高效特色优势农业产业带典型案例 217
- 3.1 粮油产业发展案例 217
- 3.2 柑橘产业发展案例 219
- 3.3 茶产业发展案例 222
- 3.4 泡（榨）菜产业发展典型案例 225
- 3.5 渔业发展案例 228

附录4 沿嘉陵江现代高效特色优势农业产业带典型案例 230
- 4.1 南充市："三链同构"促现代农业进阶 230
- 4.2 合川区："四改"带"四化"，让农业有奔头 231
- 4.3 广安市：小田变大田，扎实推进高标准农田建设 232
- 4.4 北碚区："七化"赋能现代农业高质量发展 234

附录5　渝遂绵现代高效特色优势农业产业带典型案例 ·········· 237
5.1　遂潼优质蔬菜产业区域合作典型经验 ·········· 237
5.2　柠檬产业集群区域合作典型经验 ·········· 238

附录6　重庆主城都市区都市现代高效特色农业示范区典型案例 ·········· 240
6.1　渝北——西部现代农业科技高地的实践路径 ·········· 240
6.2　江津——西南特大综合性农产品流通平台 ·········· 242
6.3　沙坪坝——研学统领农文旅融合发展道路 ·········· 245

附录7　成德眉资都市现代高效特色农业示范区典型案例 ·········· 247
7.1　眉山涪陵共建泡（榨）菜产业集群 ·········· 247
7.2　资阳市安岳柠檬产业 ·········· 248
7.3　蒲丹都市现代农业融合发展示范区 ·········· 250
7.4　眉山市仁寿县五谷园水稻种植专业合作社农文旅融合发展 ·········· 253
7.5　金广农旅融合产业园"以农促旅、以旅兴农"发展 ·········· 254

附录8　渝东北川东北丘陵山地现代农业协同发展示范区典型案例 ·········· 256
8.1　园区共建模式——开江—梁平共建现代高效特色农业合作示范园 ·········· 256
8.2　示范区共建模式——万达开共建中国"鱼米之乡"示范区 ·········· 258

附录9　川南渝西丘陵山地现代农业协同发展示范区典型案例 ·········· 260
9.1　数智引领，推动"荣昌猪"全产业链高质量发展 ·········· 260
9.2　补短强链，助力江津打造高品质花椒产业 ·········· 262
9.3　融合发展，鼓励宜宾擦亮茶业强市金字招牌 ·········· 264
9.4　共建共享，"双昌"携手共建川渝"鱼米之乡" ·········· 266
9.5　经验启示 ·········· 267

第1章 绪 论

1.1 成渝现代高效特色农业带的建设背景

1.1.1 提出背景

2020年1月，习近平总书记在主持召开中央财经委员会第六次会议时指出，"推动成渝地区双城经济圈建设，有利于在西部形成高质量发展的重要增长极，打造内陆开放战略高地，对于推动高质量发展具有重要意义"[①]，这明确了成渝地区双城经济圈建设的重要战略定位。在重庆、四川等地考察期间，习近平总书记多次就成渝地区双城经济圈建设作出重要指示，为成渝地区双城经济圈现代农业发展提供了根本遵循。2021年，综合考虑两地农业资源禀赋、产业发展基础和潜力，重庆市政府办公厅、四川省政府办公厅联合印发了《成渝现代高效特色农业带建设规划》，对成渝现代高效特色农业带作出全面系统规划与部署，确定了"现代""高效""特色"的农业带发展方向，以及全国现代农业高质量发展示范区、全国城乡产业协同发展先行区、全国农业农村改革开放先行区、西部农业科技创新示范区的发展定位，明确提出"统一谋划、一体部署、相互协作、共同实施"的总体要求，着力构建现代农业发展"一轴三带四区"的空间格局。这标志着成渝现代高效特色农业带建设进入实质性推进阶段，成为辐射带动川渝两省市全域现代农业加快发展的有力抓手。

1.1.2 建设背景

自成渝现代高效特色农业带建设构想提出以来，川渝两地政府及社会各界积极响

---

① 习近平主持召开中央财经委员会第六次会议强调 抓好黄河流域生态保护和高质量发展 大力推动成渝地区双城经济圈建设[N]. 人民日报，2020-01-04（01）.

应，紧密协作，在推动该农业带的工作进展方面取得了显著成效。川渝两地政府高度重视，共同出台《成渝现代高效特色农业带建设规划》。自规划提出以来，积极制定相关政策措施，推动规划落地实施。两地农业农村部门联合成立工作专班，负责规划的具体推进和落实。通过加强与上级部门的沟通协调，争取国家层面的政策支持和资金扶持，促进两地农业科技创新与产业发展合作更加紧密。近年来，两地把合作园区作为成渝现代高效特色农业带建设的重要载体来抓，积极推进合作园区现代化的建设。例如，船山区—潼南区、武胜县—合川区、合江县—江津区等合作园区得到了大力支持，不仅在基础设施建设上取得了显著进展，还在农业科技成果转化、农产品深加工等方面取得了积极成果。此外，两地还加快谋划了宣汉县与城口县和开州区、开江县与梁平区等毗邻地区合作园区的落地建设，以现代农业园区为引领，带动成渝现代高效特色农业带高质量发展的格局基本形成。科技创新作为推动农业现代化的关键力量，成渝两地积极加强农业科研、推广合作，开展特色农业产业发展、现代农业园区建设以及粮油绿色高产高效行动。两地充分发挥自然资源优势，依托渝遂绵优质蔬菜、道地中药材、名优茶、长江上游柑橘等优势特色产业带，联合申报建设了一批国家现代农业产业园和产业集群等重大项目。引进和培育了一批农业科技创新人才，推动了农业新品种、新技术、新模式的示范推广。加强与国际、国内市场的合作与交流，推动农产品进出口贸易的发展。通过中欧班列（成渝）等物流通道，将农产品出口到国际市场。同时，两地还加强了与周边地区的合作，共同打造区域农产品品牌和市场体系，提高了农产品的知名度和市场竞争力。此外，川渝两地十分注重农村人居环境整治和生态文明建设。通过协同开展农村人居环境整治提升行动，推动厕所、垃圾、污水"三大革命"，改善了农村生产生活条件；通过加强长江上游农村生态文明建设，共同推动长江十年禁渔成效巩固和跨界交界水域交叉联合执法等工作，保护了生态环境和渔业资源，筑牢长江上游绿色生态屏障。

1.2 成渝现代高效特色农业带的重大意义

1.2.1 有利于更好发挥国家战略大后方的"压舱石"作用

成渝地区历来是我国战略大后方，历史上曾以1/16的耕地面积，养活了全国近1/10的人口。粮食产量常年稳定在900亿斤（1斤=0.5千克）以上，约占全国的 7%，稻谷稳定在 400 亿斤左右，约占全国的 9.3%①。两地生猪存栏与出栏量保持在 1.3 亿头以上，猪肉保持在 647 万吨以上，占全国的 11.2%。油料产量达 516 万吨，占全国的 13.4%，蔬菜产量 7 689 万吨，占全国的 9.3%②。建设成渝现代高效特色农业带，能够充分发挥农业比较优势，促进产业集聚提升，使成渝地区成为全国重要农产品战略保障基地，为形成强大的国家战略后方提供坚实支撑。

1.2.2 有利于更好发挥西部经济中心的"稳定器"作用

成渝地区作为国家强力打造的西部经济中心，农业农村始终是基础。2023 年，成渝地区第一产业增加值 6 469.55 亿元，占全国的 7.3%，与长三角、京津冀、粤港澳大湾区三个经济增长极相比较，居第二位③。建设成渝现代高效特色农业带，能够更好地为西部承接东部产业转移提供回旋空间，有效集聚西部生态脆弱地区各类生产要素，进一步增强成渝地区人口和经济承载能力，有助于成渝地区在西部形成高质量发展的重要增长极。

1.2.3 有利于更好发挥高品质生活"宜居地"作用

推动成渝地区双城经济圈建设，一个重要目标是建设高品质生活宜居地。高品质生活必须有高品质的农产品、高品质的宜居乡村和可持续发展的绿色生态农业。近年来，成渝地区大力推进农业农村绿色发展，化肥、农药施用量连续六年实现负增长，畜禽粪污资源化利用率稳定在 75% 以上，"三品一标"农产品累计 1 万余个，"川菜渝味"食材安全质量明显提升④。建设成渝现代高效特色农业带，推进农业农村生态共建共保共享，可以提供更多高品质农产品，建成宜居宜业宜游、产村景相融合的美丽乡村，带动三峡库区等国家重点生态区绿色发展，构筑长江上游绿色生态屏障。

1.2.4 有利于更好发挥西部开放高地的"桥头堡"作用

成渝地区是"一带一路"和长江经济带联结点，我国南向、西向开放的门户，

---

① 成立农业科技联盟，川渝决定做一道 1+1>2 的选择题，https://www.chinawestagr.com/homepage/showcontent.asp? id=42416.
② 数据来源：国家统计局——国家数据，https://data.stats.gov.cn/.
③ 同②.
④ 资料来源：《成渝现代高效特色农业带建设规划》。

西部陆海新通道的起点。目前，成渝两地中国自由贸易试验区建设有力有序有效推进，中欧班列（成渝）累计开行突破10 000列，列次占全国比重超40%，运送的货物中，农产品占比达到16%[①]。建设成渝现代高效特色农业带，能够进一步强化与共建"一带一路"国家和地区农业资源、技术、贸易等优势互补，形成特色农产品贸易集散和专业市场集聚，提升西部地区农业对外开放水平，提高我国农业整体竞争力。

1.2.5 有利于更好发挥西部科技创新中心的"动力源"作用

党中央要求成渝地区建设成为具有全国影响力的科技创新中心。近年来，成渝地区坚持走创新型农业发展道路，作物学、生物学等已纳入国家"世界一流学科"建设，拥有国际联合实验室和合作平台6个、国家级科创中心和综合实验站86个、国家岗位科学家63名。四川育种创新水平处于国内第一方阵，是全国最大的杂交水稻制种基地，成都天府现代种业园区是全国5个国家级种业产业园之一。重庆转基因蚕桑和转基因棉花研究走在世界前列，柑橘无病毒繁育位居全国第一。建设成渝现代高效特色农业带，能够更好地集成川渝两地科技创新资源要素，有效强化区域农业科技协同创新效能，形成"产学研用"深度融合的现代农业发展体系，为全国农业科技创新持续注入强劲动力。

1.2.6 有利于更好发挥农村改革的"试验田"作用

成渝地区是中国农村改革的重要发源地之一，素有"敢为天下先"的改革精神，农村改革始终走在全国前列。2007年成都市、重庆市列入全国统筹城乡发展改革试验区。2019年，成都市8个区和重庆市9个区列入全国城乡融合发展试验区[②]。成渝地区所承担的国家农村改革任务数量列居全国第一位。建设成渝现代高效特色农业带，能够进一步促进成渝两地城乡要素优化配置，形成人才、土地、资金、数据、科技汇聚的良性循环，为成渝地区经济发展注入新动能，为全国农村改革和推进乡村振兴探索新路子。

---

① 资料来源：《成渝现代高效特色农业带建设规划》。
② 关于开展国家城乡融合发展试验区工作的通知，https：//www.ndrc.gov.cn/xxgk/zcfb/tz/201912/t20191227_1216773.html.

第 2 章 研究目标、内容与方法

2.1 研究目标

立足成渝现代高效特色农业带及川渝毗邻地区农业现代化建设开展战略研究，为推动成渝地区双城经济圈建设、打造高质量发展的重要增长极提供强力支撑。围绕粮食安全、农民增收、乡村产业、新质生产力等热点，针对川渝两地农业现代化建设的现实需求、瓶颈问题，开展调研分析，总结典型案例和成功经验，提出战略路径及保障机制，为加快新时期成渝现代高效特色农业带建设，推动成渝地区双城经济圈全面提速、整体成势提供政策建议。

2.2 研究内容

围绕成渝现代高效特色农业带发展定位、主要目标和"一轴三带四区"空间布局，聚焦粮食、油料、生猪、粮经饲等优势产业，优质蔬菜、道地中药材、柑橘、柠檬、泡菜、茶、渔等特色产业，种质资源、农机装备、冷链物流、智慧农业、农产品精深加工等关键核心技术等，针对川渝两地农业现代化建设的现实需求、瓶颈问题等开展深入调研和系统分析，总结凝练成渝现代高效特色农业带及川渝毗邻地区农业现代化建设的典型案例与成功经验模式，提出新时期战略目标、战略重点、战略路径和保障机制，形成战略研究报告，为加快推动成渝现代高效特色农业带及川渝毗邻地区农业现代化建设，培育形成川渝现代农业新质生产力，加速把成渝农业带发展为现代化大产业集聚区和增长极提供战略依据。

2.3 研究方法

2.3.1 数据来源

数据来源于国家统计局（https：//data.stats.gov.cn/）、《中国农村统计年鉴》《四川统计年鉴》《重庆统计年鉴》《四川农村统计年鉴》、区域内各市（州）统计年鉴，课题组实地调研数据。

2.3.2 研究方法

文献计量法。广泛收集并筛选国内外相关文献，对具有代表性的研究文献进行深入分析，分析核心概念如"农业现代化""高效特色农业"和"绿色生态农业"，厘清其定义与应用。通过文献资料的挖掘分析，识别领域内研究热点与发展趋势，界定研究范畴，明确影响农业现代化的关键因素（如政策、技术、产业协同等）。最终，结合分析结果，为成渝地区农业现代化提供战略建议，推动科技创新与产业协同的实践应用，助力区域农业发展。

专家咨询法。组建由农学、畜牧兽医学、经济学、环境保护、人工智能等相关领域的专家组成的咨询团队。通过专家座谈、访谈和问卷等形式，收集专家对川渝地区农业现代化的见解，明确发展瓶颈与关键需求。结合专家的建议，通过多轮次的反馈和修订，制定切实可行的区域协同发展政策、科技推广方案和农业生态建设措施。

实地调研法。通过深入川渝两地市州，结合相关政府部门、农业园区、企业代表以及农业大户等多方主体，开展实地调研与座谈咨询，全面了解成渝现代高效特色农业带及川渝毗邻地区农业现代化发展的现实需求与瓶颈问题。调研内容包括：农业发展现状、农业合作与协同发展机制、现代农业园区建设实践、农业科技创新与应用进展、现代化农业产业体系建设、农业生态建设以及带动农民增收等实施情况。通过收集相关数据和资料，精准识别农业发展中的痛点和难点，为制定可行性对策提供坚实的数据支持和理论依据。

案例剖析法。通过深度访谈和细致案例分析，剖析典型案例的主要做法、特点与经验启示，提炼出成渝现代高效特色农业带建设的典型模式，揭示出推动这一区域农业现代化进程中的核心要素与关键策略，为推动形成可复制、可推广的经验模式提供参考。

2.3.3 技术路线

按照"区域概况—产业现状—制约因素—典型案例—发展思路—建设重点—重大工程"的研究思路,确定本研究的技术路线(图2-1)。

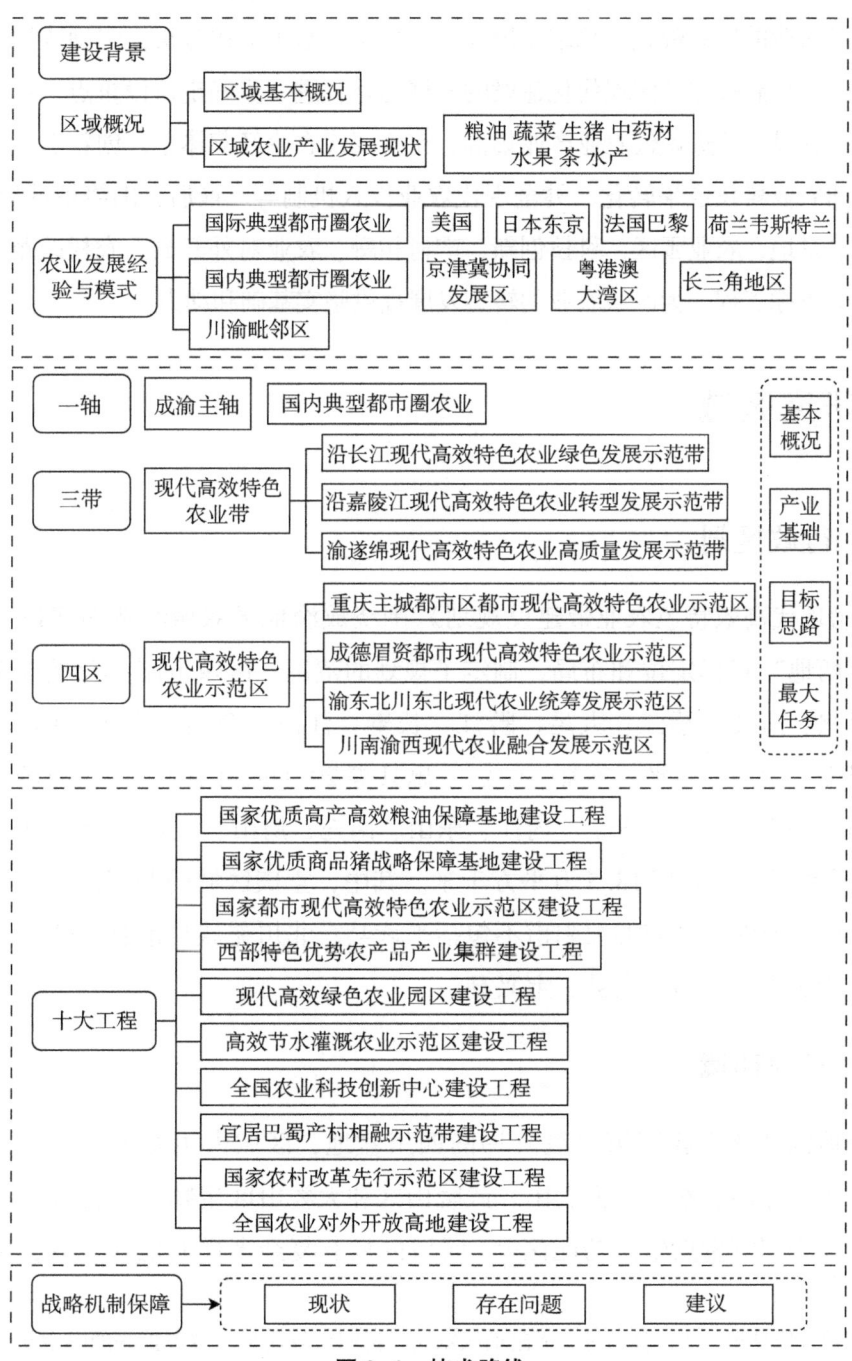

图 2-1 技术路线

首先，深入分析区域的社会经济、自然地理特征、区域农业产业发展基础。接着，评估区域农业发展的现状，重点分析生猪、粮油、蔬菜、柑橘等关键产业的比较优势，并识别农业发展的制约因素。通过分析美国、日本东京都市圈、法国大巴黎地区、荷兰韦斯特兰等国外都市圈农业，以及京津冀协同发展区、粤港澳大湾区和长三角地区等国内典型区域农业的发展模式，总结比较经验与启示。基于上述分析，明确成渝现代高效特色农业带及川渝毗邻地区现代化建设的发展思路，进一步确定建设重点，包括推进农业基础设施建设、促进现代农业产业集群、完善现代农业经营体系、创新农业人才流动机制、加速农业科技成果转化、健全现代农业投入机制等。最后，围绕粮油保障基地、重要农产品基地、农业园区、科技创新、产村相融、农业对外开放、农村改革等，提出一系列重大支撑工程，为区域农业的转型发展提供坚实基础和动力。

2.4 研究区域

2.4.1 行政区划

《成渝现代高效特色农业带建设规划》围绕成渝地区双城经济圈建设"一极一源两中心两地"目标定位和布局，制定了规划的范围，区域范围涉及重庆市的中心城区及万州、涪陵、綦江、大足、黔江、长寿、江津、合川、永川、南川、璧山、铜梁、潼南、荣昌、梁平、丰都、垫江、忠县等29个区（县），四川省的成都、自贡、泸州、德阳、绵阳、遂宁、内江、乐山、南充、眉山、宜宾等15个市，共涉及142个区县单元，总面积18.5万平方千米。其中，重庆区域的开州区、云阳县仅涉及部分地区，而四川区域的绵阳市不包括平武县、北川羌族自治县，达州市不包括万源市，雅安市不包括天全县、宝兴县。

2.4.2 资源环境

成渝地区坐落于我国第二级阶梯的四川盆地，区域内生态地位突出，地处岷山—邛崃山—凉山、秦岭—大巴山、武陵山区和大娄山区生物多样性保护与水源涵养重要区4个国家重点生态功能区[①]。区域内拥有复杂多样的地形地貌，主要为山

---

① 刘婷，唐燕秋，丁佳佳，等. 成渝地区双城经济圈生境质量对城市扩张的时空响应［J］. 生态与农村环境学报，2023，39（1）：20-28.

地、丘陵和平原，具有四周高、中部低的地势特点。区域气候为亚热带季风气候，多年平均气温为14~19℃，年降水量为1 000~1 300毫米，具有夏季气温高雨量多、冬季气温低空气较为湿润的气候特点，同时阴天多晴天少、无霜期长、四季分明，气候宜人。区域拥有丰富且较为发达的水系，总体形成以长江干流为主，岷江、大渡河、金沙江、沱江、涪江和嘉陵江为辅的水系网络，水资源较为丰富。土地利用类型以耕地、林地、建设用地为主，区域植被资源丰富，天然林、乔木林密布，植被覆盖度较高，生态环境较好。同时，成渝地区也存在生态系统脆弱、生态功能退化的问题，局部地区水土流失、石漠化等生态问题突出，对区域生态系统的稳定性带来一定影响，也对筑牢长江上游生态屏障提出更高的需求。

2.4.3 社会经济

成渝地区双城经济圈是我国西部产业基础最雄厚、创新能力最强、市场空间最广阔的区域。2023年，地区生产总值（GDP）81 986.7亿元，经济总量占全国的6.5%和西部地区的30.4%，GDP同比增长6.1%，高于全国平均水平。常住人口为9 853.58万人，占全国人口的7.0%，常住人口城镇化率达到65.6%。成渝经济圈农村居民人均可支配收入分别达到29 126元和18 100元，农林牧渔业总产值分别达到942.6亿元和2 935.6亿元[①]。随着重庆市和成都市加速制造业布局发展、承接沿海地区产业转移，区域内人口表现出强大的聚集能力，人口规模不断扩大并逐步向中心城区聚集，逐步成为西南地区年轻人热衷选择就业的主要区域。基础设施建设方面，成渝经济圈拥有较为密集的高速公路网，如成渝高速、成遂渝高速、成安渝高速、合安高速等。公路总里程不断上升，从2010年的38万千米增加到2023年的60万千米，公路总里程占全国公路里程的比重达到11%[②]。

---

① 数据来源：国家统计局，https://data.stats.gov.cn/.
② 同①.

第3章 成渝现代高效特色农业带发展研判

3.1 成渝现代高效特色农业带产业发展成效

3.1.1 粮油产业

成渝地区历来是我国粮食和油料产品生产的重要区域，粮食和油料生产历史悠久、规模较大、类型丰富、分布广泛。2023年，成渝地区粮油播种面积达到15 802.46万亩（1亩≈667平方米，全书同），产量5 205.76万吨，分别占全国总量的7.93%和7.09%。其中，成渝地区粮食播种面积常年稳定在12 000万亩以上，约占全国播种面积的7%，产量常年稳定在900亿斤以上；2023年，油料播种面积达到3 157.61万亩，占全国总播种面积的15.12%，产量516.1万吨，占全国总产量的13.36%。

从粮油生产规模比较优势来看，2010—2022年，成渝地区粮油生产规模比较优势指数基本稳定在1左右，规模比较优势与全国平均水平相持平。其中，粮食生产规模比较优势指数从0.96降低到0.89，油料生产规模比较优势指数从1.50上升到1.92。从效率比较优势来看，2010—2022年成渝地区粮油生产效率比较优势指数从0.99降至0.88，其中，粮食生产效率比较优势指数从1.03下降到0.93，油料生产效率比较优势指数从1.08上升到1.12。从综合比较优势情况看，成渝地区粮油生产综合比较优势指数从2010年的1.02下降到2022年的1.00，其中，粮食作物综合比较优势指数从0.96降至0.90，油料作物综合比较优势指数从1.54上升至2.08。

综上所述，成渝地区粮油生产在全国具有较强基础，其中，油料生产规模和效率优势突出，但粮食生产规模和效率比较优势近年来趋于波动式下降。未来，成渝现代高效特色农业带建设中应更加重视粮油生产，稳定粮油作物尤其是粮食播种面积，稳步提升粮油产量及其质效，为打造更高水平"天府粮仓"和"巴渝粮仓"夯实根基。

3.1.2 蔬菜产业

成渝地区地形地貌复杂、气候类型丰富，为生产类型丰富多样的蔬菜提供了良好的自然条件。该地区是我国重要冬春蔬菜生产优势区和"南菜北运"生产基地，芥菜、莴笋种植面积全国最大，分别占全国的1/3和1/4，萝卜、榨菜（茎瘤芥）、辣椒等特色优质蔬菜远销至中国香港、澳门以及日本、韩国、俄罗斯和欧盟等市场，每年除保障川渝两地1.16亿常住人口的日常消费需求外，还常年外销蔬菜800余万吨用于调剂全国市场。

2022年，成渝地区蔬菜播种面积达3 531.54万亩，占全国蔬菜总播种面积的10.49%；成渝地区蔬菜产量达7 471.06万吨，占全国蔬菜总产量的9.34%；成渝地区人均蔬菜占有量为645千克，超出全国人均占有量29%。

从生产规模优势来看，2010—2022年，成渝地区蔬菜生产规模比较优势指数从1.20上升至1.30，规模优势较明显且仍在增强。从效率比较优势来看，成渝地区蔬菜生产效率比较优势指数稳定在1.10以上，与全国平均水平相比，具有比较优势。从综合比较优势来看，成渝地区蔬菜生产综合比较优势指数从1.25上升至1.34，具有较显著生产竞争力。

3.1.3 生猪产业

成渝地区历来是我国生猪产业的优势生产区，生猪品种资源丰富，区域内有内江猪、成华猪、荣昌猪等独特的地方种猪。成渝地区生猪产业初步形成了集良种繁育、规模养殖、饲料生产、产品加工、市场流通、品牌培育于一体的全产业链条，生猪出栏量常年全国领先，四川更是唯一的国家优质商品猪战略保障基地。2022年，成渝地区生猪出栏量达8 452.8万头，猪肉产量达627.96万吨，占全国猪肉总产量的11.33%，人均猪肉占有量达到54.20千克，较全国平均水平高14.94千克。

从规模优势来看，2010—2022年，成渝地区生猪养殖规模比较优势稳定在1.13~1.25，具有一定规模优势。从效率优势看，成渝地区生猪养殖效率比较优势指数稳定在1.30以上，与全国相比，生猪养殖效率比较优势明显。从综合比较优势来看，成渝地区生猪养殖综合比较优势指数稳定在1.20以上，比较优势突出。

3.1.4 中药材产业

成渝地区是我国中药材资源最丰富、蕴藏量最大、栽培品种最多的地区，中药资源、常用重点中药材、道地药材拥有量均较大。2022年，成渝地区中药材播种面积达434.31万亩，占全国中药材总播种面积的9.15%，其中，麦冬、附子、川贝母和天麻等品种数量和种类均列居全国第一。从成渝地区中药材种植规模比较优势来看，2010—2022年规模比较优势指数呈现下降趋势，从1.48降至1.13。

3.1.5 水果产业

成渝地区生态条件优越、水果种质资源丰富，是我国重要的水果生产区，从热带、亚热带到温带水果均有分布，栽培范围广、涉及农户多，水果产业是促进地方经济发展、农民持续快速增收的重要产业。成渝地区是我国重要的柑橘产区，其中1—5月成熟的晚熟柑橘面积、产量全国最大，也是不知火等杂柑的唯一产区，血橙面积、产量居全国之冠，产能占全国80%以上。2022年，成渝地区果园面积1 835万亩，占全国果园面积的9.40%，其中，柑橘面积为886.26万亩，占全国柑橘总面积的19.72%；水果产量为1 973.78万吨，占全国水果总产量的6.31%，其中，柑橘产量达926.77万吨，占全国柑橘总产量的15.44%。

从水果种植规模比较优势来看，2010—2022年，成渝地区水果规模比较优势指数不断提升，从0.94上升到1.17，其中，柑橘规模比较优势指数从2.36上升到2.45，以柑橘为代表的特色水果规模具有显著规模优势，如成渝地区柠檬生产面积和产量均占据全国八成以上。从水果种植效率比较优势来看，成渝地区水果效率比较优势指数长期稳定在1.5左右，其中，柑橘种植效率比较优势指数从1.12上升到1.28。从综合比较优势指数看，2010—2022年，成渝地区水果种植综合比较优势指数从0.91上升到1.26；柑橘种植综合比较优势指数从2.61上升到3.14，表明柑橘产业在全国范围内比较优势突出，生产竞争力不断提升。

3.1.6 茶产业

成渝地区是我国最早种茶、制茶、饮茶的地区，也是世界茶树的发源地之一，自古以来就享有"蜀土茶称圣"的美誉。四川建成了川西南名优绿茶产业带、川东北优质富硒茶产业带和川红工夫红茶集中区、川中优质茉莉花茶集中区，形成了优质绿茶为主，川红工夫红茶、雅安藏茶、茉莉花茶为辅的"一主三辅"特色茶产业格局；重庆形成了以绿茶为重点，红茶、沱茶、白茶等为补充的茶产业体系，构建了渝西茶区、渝东北茶区和渝东南茶区的差异化协同发展格局。成渝各地打造的"永川秀芽""峨眉山茶""蒙顶山茶""米仓山茶""宜宾早茶"等区域品牌的影响力和产品市场占有率不断提升。2022 年，成渝地区实有茶园面积及当年采摘茶园面积分别为 699.47 万亩和 559.73 万亩，分别占全国总面积的 13.74% 和 13.29%；茶叶产量达 44.58 万吨，占全国茶叶总产量的 13.34%。

从规模比较优势来看，2010—2022 年，成渝地区茶叶生产规模比较优势指数稳定在 1.70 以上，规模优势显著。从效率比较优势来看，成渝地区茶叶生产效率比较优势指数从 1.00 微增到 1.03。从综合比较优势指数看，在规模优势带动下，成渝茶叶生产综合比较优势指数能够稳定在 1.7 以上，整体竞争力依然较强。

3.1.7 水产业

成渝地区江河纵横，湖泊水库星罗棋布，水环境复杂多样，具有丰富的水资源，水产业基础雄厚。近年来，随着社会经济发展，消费者能力提升，特色水产品消费量逐年提升，"雅鱼""通威鱼""芙思塔""资中鲶鱼""新津黄辣丁"等特色水产品成为全国知名品牌，深受消费者青睐，发展前景十分广阔。2022 年，成渝地区淡水养殖面积达到 413.1 万亩，淡水产品产量为 228.78 万吨，占全国淡水产品总量的 6.72%，淡水产品人均占有量为 19.74 千克。从养殖密度看，成渝地区淡水养殖密度达 553.81 千克/亩，是全国平均水平的 1.23 倍。

2010—2022 年成渝地区主要农产品规模比较优势指数、效率比较优势指数、综合比较优势指数详见表 3-1 至表 3-3，图 3-1 至图 3-3。

表 3-1 2010—2022 年成渝地区主要农产品规模比较优势指数

SAI	2010 年	2011 年	2012 年	2013 年	2014 年	2015 年	2016 年	2017 年	2018 年	2019 年	2020 年	2021 年	2022 年
粮食	0.96	0.95	0.94	0.93	0.92	0.91	0.91	0.91	0.91	0.91	0.90	0.90	0.89
油料	1.50	1.54	1.56	1.61	1.66	1.70	1.73	1.75	1.81	1.80	1.85	1.91	1.92
粮油	1.02	1.01	1.00	1.00	1.00	0.99	0.99	0.99	0.99	1.00	1.00	1.00	0.99
蔬菜	1.20	1.27	1.29	1.30	1.31	1.31	1.34	1.33	1.32	1.32	1.31	1.30	1.30
中药材	1.48	1.47	1.50	1.44	1.42	1.34	1.36	1.30	1.27	1.18	1.14	1.12	1.13
水果	0.94	0.98	1.00	1.04	1.04	1.09	1.11	1.14	1.13	1.14	1.16	1.17	1.17
柑橘	2.36	2.43	2.50	2.48	2.74	2.62	2.57	2.56	2.67	2.65	2.52	2.50	2.45
茶叶	1.74	1.76	1.78	1.76	1.78	1.78	1.82	1.79	1.79	1.78	1.77	1.75	1.70
生猪	1.18	1.18	1.17	1.15	1.13	1.14	1.15	1.15	1.16	1.17	1.25	1.19	1.19

注：规模比较优势指数（SAI）=（地区某作物播种面积/该地区农作物总播种面积）/（全国该作物播种面积/全国农作物总播种面积）。

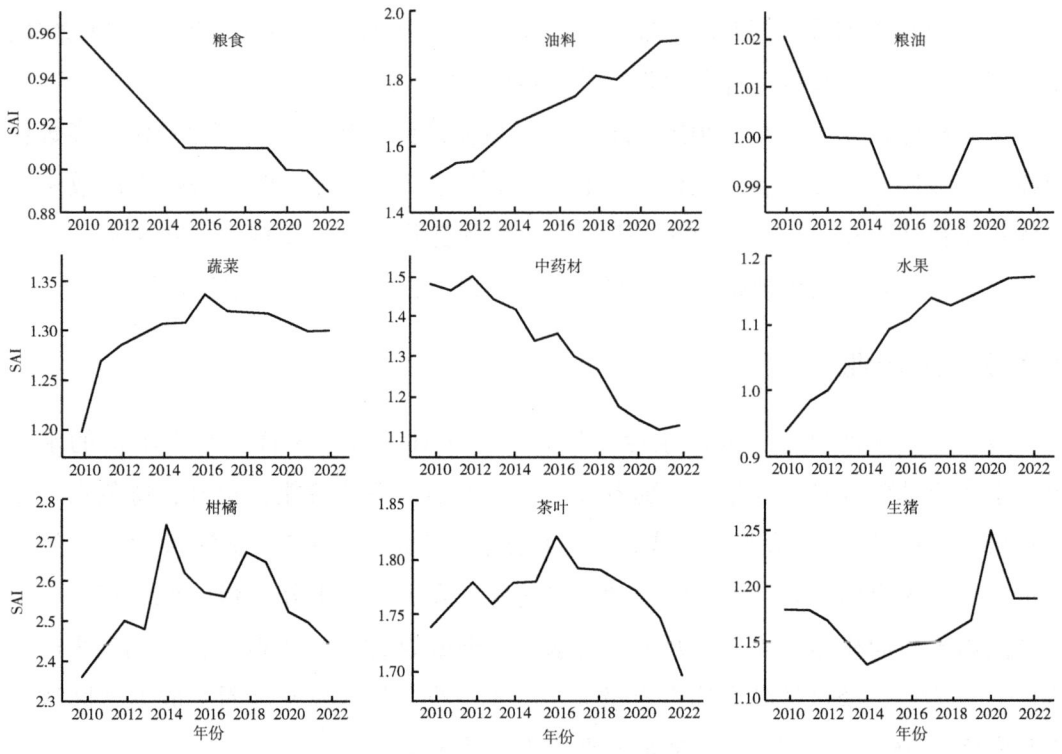

图 3-1　2010—2022 年成渝地区主要农产品规模比较优势指数

表 3-2　2010—2022 年成渝地区主要农产品效率比较优势指数

EAI	2010年	2011年	2012年	2013年	2014年	2015年	2016年	2017年	2018年	2019年	2020年	2021年	2022年
粮食	1.03	1.00	0.97	0.97	0.97	0.96	0.99	0.98	0.98	0.97	0.97	0.96	0.93
油料	1.08	1.09	1.10	1.13	1.11	1.11	1.11	1.12	1.14	1.14	1.14	1.13	1.12
粮油	0.99	0.96	0.93	0.93	0.92	0.92	0.94	0.93	0.93	0.91	0.91	0.91	0.88
蔬菜	1.22	1.23	1.22	1.21	1.19	1.17	1.17	1.16	1.14	1.13	1.12	1.11	1.12
水果	1.58	1.59	1.61	1.62	1.55	1.59	1.57	1.58	1.51	1.52	1.51	1.51	1.49
柑橘	1.12	1.17	1.20	1.16	1.25	1.22	1.14	1.14	1.24	1.27	1.26	1.28	1.28
茶叶	1.00	1.01	1.01	1.01	1.04	1.10	1.07	1.08	1.07	1.05	1.04	1.03	1.03
生猪	1.55	1.53	1.49	1.49	1.49	1.50	1.49	1.35	1.39	1.34	1.49	1.39	1.38

注：效率比较优势指数（EAI）=地区某作物单产（人均占有量）水平/全国该作物（人均占有量）单产水平。

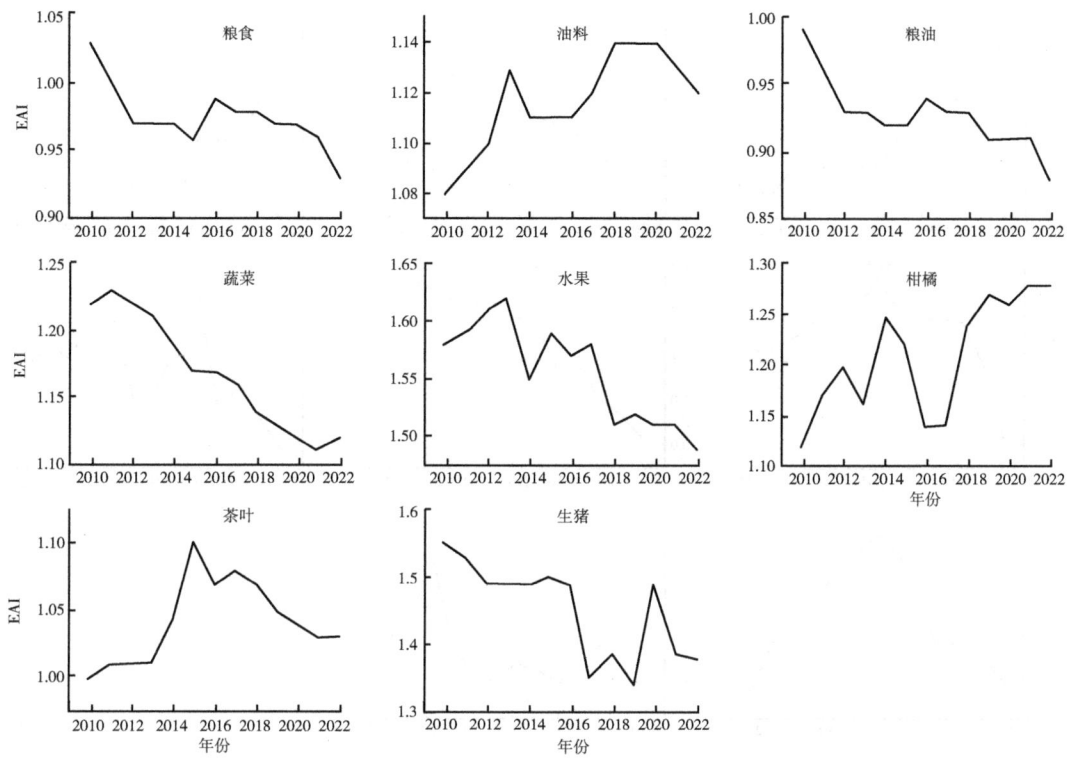

图 3-2　2010—2022 年成渝地区主要农产品效率比较优势指数

表 3-3　2010—2022 年成渝地区主要农产品综合比较优势指数

AAI	2010年	2011年	2012年	2013年	2014年	2015年	2016年	2017年	2018年	2019年	2020年	2021年	2022年
粮食	0.96	0.95	0.94	0.93	0.92	0.92	0.91	0.91	0.91	0.91	0.91	0.90	0.90
油料	1.54	1.59	1.63	1.71	1.76	1.80	1.83	1.88	1.96	1.95	2.02	2.08	2.08
粮油	1.02	1.01	1.00	1.00	1.00	0.99	0.99	0.99	1.00	1.00	1.00	1.00	1.00
蔬菜	1.25	1.33	1.37	1.37	1.37	1.38	1.41	1.38	1.37	1.37	1.35	1.34	1.34
水果	0.91	0.97	1.00	1.07	1.07	1.15	1.18	1.22	1.21	1.22	1.25	1.27	1.26
柑橘	2.61	2.82	3.01	2.87	3.54	3.24	2.95	2.91	3.39	3.44	3.19	3.24	3.14
茶叶	1.74	1.77	1.79	1.77	1.82	1.88	1.90	1.88	1.86	1.83	1.81	1.78	1.73
生猪	1.29	1.28	1.26	1.23	1.20	1.22	1.23	1.20	1.22	1.24	1.40	1.27	1.27

注：综合比较优势指数（AAI）＝ $\sqrt{规模比较优质指数（AAI）\times 效率比较优质指数（EAI）}$。

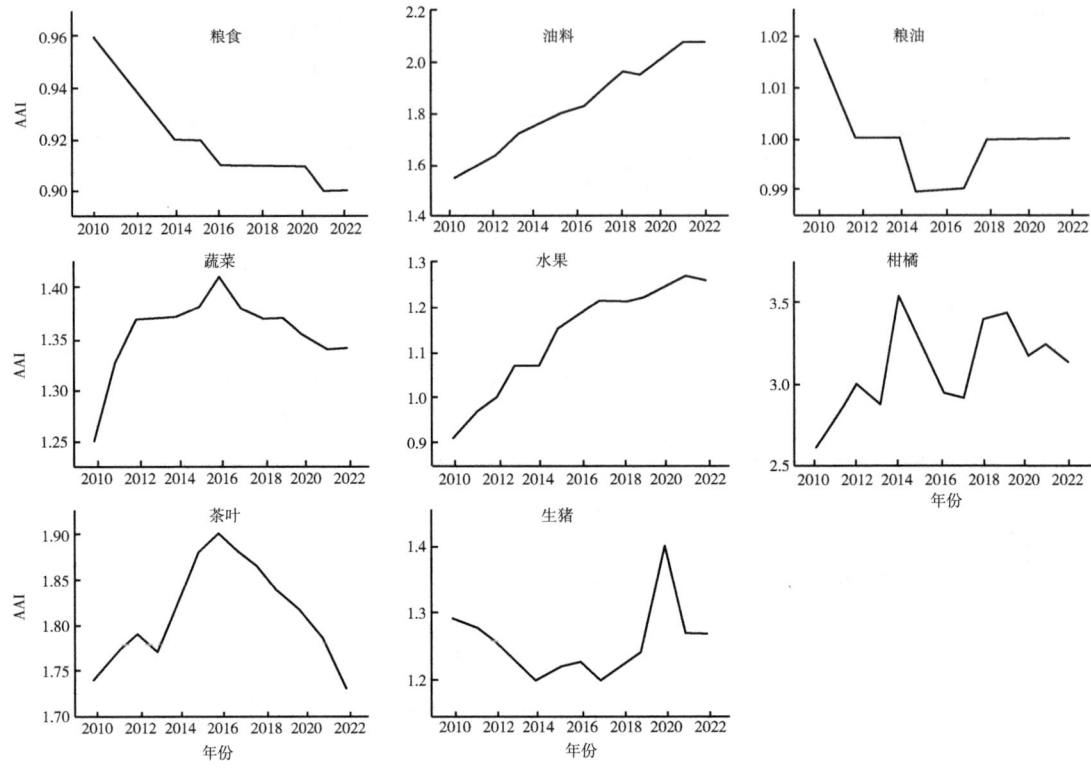

图 3-3　2010—2022 年成渝地区主要农产品综合比较优势指数

3.2　成渝现代高效特色农业带建设的主要成效

3.2.1　农业综合生产能力显著增强，有力保障粮食安全和重要农产品供给

成渝地区的农业开发历史悠久，对整个西南地区乃至我国农副产品安全意义重大，涉及老百姓的"米袋子""菜篮子"和"果盘子"。成渝地区耕地面积 1.09 亿亩，占全国耕地总面积的 5.7%，养活了近 1 亿人口。其中，四川省是我国西部地区唯一粮食主产区，2023 年四川省粮食总产量 3 593.8 万吨，占全国的 5.17%；稻谷产量 1 480.77 万吨，占全国的 7.17%，凸显出四川在全国粮食生产中的战略地位。成渝地区还是我国重要的生猪养殖基地，油料、蔬菜、水果、水产品等重要农产品实力雄厚，在全国占有重要地位，对于丰富我国农业产出、促进农业市场繁荣起着

举足轻重的作用。2023年，成渝地区农林牧渔业总产值9 726.37亿元，占全国的6.14%，粮食产量稳定在900亿斤以上，生猪出栏量常年在5 000万头以上，油料、蔬菜、水果等主要农产品产量及其在全国市场中占比稳步提升（表3-4）。

表3-4 2023年成渝地区重要农产品产量及占全国总产量的比重

品类	全国总产量/万吨		成渝地区产量/万吨		产量占比/%	
	2018年	2023年	2018年	2023年	2018年	2023年
粮食	65 789.22	69 540.99	4 573.04	4 689.66	6.95	6.74
油料	3 433.39	3 863.66	426.24	516.10	12.41	13.36
水果	25 688.35	32 744.28	1 511.94	2 136.28	5.89	6.52
蔬菜	70 346.72	82 868.11	6 370.75	7 779.88	9.06	9.39
肉类	8 624.63	9 748.23	846.99	912.91	9.82	9.36
猪肉	5 403.74	5 794.32	613.36	647.91	11.35	11.18
水产品	6 457.66	7 116.24	206.44	237.75	3.20	3.34

数据来源：国家统计局（https：//data.stats.gov.cn/）。

3.2.2 现代农业产业结构不断优化，特色优势产业快速发展

成渝地区推动农业产业结构深度优化调整，品种、品质结构持续优化，特色优势产业快速发展，高效农业在农业产业中所占比例进一步增大。一是推进农林牧渔服务业产值结构不断优化，种植业受粮食保障战略与特色经济作物发展影响，其产值占比经历了下降到上升的变化，从2018年的58.89%增至2023年的59.39%；林业和渔业产值占比有所提升，农业社会化服务水平明显增强，农林牧渔服务业产值占比从2018年的2.46%增至2023年的2.73%（表3-5）。二是成渝地区依托区域内特色的山地丘陵资源禀赋，大力开发山地资源，积极推动资源优势、生态优势转化为产业优势和经济优势。茶叶、柑橘、柠檬、道地中药材、生态畜牧、特色经济林、生态渔业等特色优势产业蓬勃发展，农业综合效益和竞争力显著提升。2023年，成渝地区茶叶产量48.09万吨，柑橘产量1 012.45万吨，中药材产量404.5万吨，在全国市场份额占比分别达到13.6%、15.7%和77.7%。

表3-5 2018—2023年成渝地区农林牧渔服务业产值结构变化情况

年份	产值占比/%				
	种植业	林业	牧业	渔业	服务业
2018	58.89	4.97	29.91	3.77	2.46

(续表)

年份	产值占比/%				
	种植业	林业	牧业	渔业	服务业
2019	56.64	4.75	32.53	3.61	2.48
2020	52.63	4.23	37.49	3.30	2.35
2021	55.60	4.68	33.36	3.78	2.58
2022	57.32	4.75	31.58	3.71	2.63
2023	59.39	5.10	28.95	3.82	2.73

数据来源：国家统计局（https：//data.stats.gov.cn/）。

3.2.3 农业新业态新模式不断涌现，农村一二三产业加速融合

成渝地区地形复杂多样、旅游资源丰富，具有源远流长的巴蜀文化，农村产业融合发展具备有利条件和独特优势。随着农业供给侧结构性改革的深入推动，成渝地区农村新业态、新模式不断涌现，农业"新六产"框架布局基本形成。区域内多地基于地方自然景观、特色产业、地域文化、生态环境和经济水平，实行差异化产业融合策略，推动形成了乡村民宿、休闲农庄、观光农业园区、康养基地等形式多样、功能多元、特色各异的产品类型和发展模式，乡村产业从单一生产功能朝着休闲、旅游、养生、教育、文化等多功能一体化转变。四川和重庆两地合计拥有全国休闲农业和乡村旅游示范县（区）31个，国家级特色小镇33个，两省市休闲农业和乡村旅游综合经营性收入达2 177亿元，接待游客5亿人次以上，休闲农业规模效益继续领跑全国。与此同时，成渝地区农村电子商务呈现蓬勃发展势头，"互联网+农业"推动现代农业快速转型升级。自2014年电子商务进农村综合示范县项目建设启动以来，截至2020年，四川省已成功争取到112个国家级电子商务进农村综合示范县项目，总量居全国第一，争取国家资金近22亿元，涉及103个县市区，实现省内21个市州、66个国家级贫困县全覆盖，累计人均增收253元，带动就业6.4万人。截至2017年，重庆市已创建电子商务进农村综合示范县17个。2023年，重庆市农村网络零售额达2.49万亿元。电子商务进农村综合示范项目，带动了农村现代流通体系的完善，促进了乡村振兴。此外，在推动农民创业就业、开拓农村消费市场、带动农村扶贫开发等方面也取得了显著成效。

3.2.4 成德眉资现代农业快速发展，极核带动效应逐步显现

成德眉资（成都市、德阳市、眉山市、资阳市）都市农业发展在四川省处于领先地位，农业区域合作发展有良好的基础。截至2023年底，四市共培育150个市级及以上星级现代农业园区，创建省级星级现代农业园区27个，国家级现代农业园区6个。彭什川芎现代农业园区、金中灯笼产业融合发展示范园、蒲丹都市现代农业融合发展示范区和简雁乐农旅融合发展示范区成为毗邻地区因地制宜推动融合发展的典范。2022年，成德眉资地区第一产业增加值1 321.1亿元、粮食产量710.5万吨、生猪出栏1 219.2万头、蔬菜产量1 235.8万吨、水果产量439.96万吨，分别占四川全省的22.2%、20.2%、18.6%、23.8%和31.9%，此外，柑橘（含柠檬）、中药材、水产品、花卉和泡菜调味品等特色农业产业快速发展。2023年，初步建成全国首个都市圈"米袋子·菜篮子"供应系统，大幅降低区域"田间到舌尖"食物供应全流程损耗，促进了都市农业高质量发展。目前，成德眉资正加速形成优势互补的区域经济格局，是成渝地区现代高效特色农业发展的"先手棋"，逐步形成了西部农业高质量发展的重要增长极。

3.2.5 农业绿色发展取得突出成效，农产品质量安全水平持续提升

成渝两地山水相连，共同担负着建设长江上游生态屏障的重任，在习近平总书记绿色发展理念引导下，成渝地区积极倡导绿色生产方式，推广绿色科技，加大绿色食品供给，化肥、农药、农膜等投入品使用量持续下降。2023年，成渝地区单位播种面积化肥施用量292.60千克/公顷，较全国平均水平低27.9%，重庆市农作物秸秆综合利用率已达到91.44%，高于全国88.1%的平均水平。2021年，成渝地区单位播种面积农药使用量4.25千克/公顷，较全国平均水平低42.1%；单位播种面积农膜使用量11.79千克/公顷，较全国平均水平低15.6%（表3-6）。"三品一标"产品规模稳定增长。2024年5月，四川省"三品一标"农产品达5 357个，涵盖粮油、蔬菜、水果、畜禽等产品及其加工产品。在基地建设上，四川省累计成功创建粮油、蔬菜、水果、茶叶等全国绿色食品原料标准化生产基地61个、面积876万亩，基地数量位居全国第二位。累计建设省级农产品地理标志核心保护区36个，"三品一标"产品合格率保持在99%以上，四川泡菜、丹棱桔橙、唐家河蜂蜜3个地理标志荣获"国家级地理标志示范样板"称号。截至2022年，重庆有绿色食品3 122个、有机农产品142个、地理标志农产品70个，全国名特优新农产品79个、全国绿色食品原料标准化基地5个、

全国有机农业示范基地 2 个、绿色食品一二三产业融合发展园区 2 个。随着一系列政策的实施，绿色已逐步发展成为成渝现代高效特色农业带的最亮底色。

表 3-6　成渝地区与全国单位面积农业投入品比较

类别	区域	2018 年	2019 年	2020 年	2021 年	2022 年	2023 年
化肥使用量/ （千克/公顷）	全国平均	340.77	325.65	313.50	307.73	298.79	292.60
	成渝地区	253.31	240.71	227.38	220.90	213.85	211.03
农药使用量/ （千克/公顷）	全国平均	9.06	8.39	7.84	7.35	—	—
	成渝地区	5.28	4.82	4.41	4.25	—	—
农膜使用量/ （千克/公顷）	全国平均	14.87	14.51	14.26	13.98	—	—
	成渝地区	12.71	12.72	12.14	11.79	—	—
有效灌溉面积/ 万公顷	全国平均	6 827.164	6 867.861	6 916.052	6 960.948	7 035.887	7 164.40
	成渝地区	362.948	365.177	369.056	344.941	364.561	367.53

数据来源：国家统计局（https://data.stats.gov.cn/）。

3.2.6　农村居民收入持续快速增长，城乡收入差距明显缩小

近年来，成渝地区通过不断完善强农惠农富农政策，着力挖掘经营性收入增长潜力，稳住工资性收入增长势头，释放财产性收入增长红利，拓展转移性收入增长空间，让农民获得了多元、稳定的收入来源。2023 年四川及重庆农村居民人均可支配收入分别为 19 978 元、20 820 元。成渝地区城乡居民收入差距不断缩小，四川地区从 2018 年的 2.49∶1 缩小到 2.26∶1，重庆地区从 2018 年的 2.53∶1 缩小到 2.28∶1，均低于全国平均水平（表 3-7）。农村居民收入快速增长带动其消费能力显著提升，尤其在医疗健康、教育文化、信息通信等方面消费支出快速增长，2023 年四川农村居民恩格尔系数 34.1%，重庆农村居民恩格尔系数 34.9%，依据联合国粮食及农业组织关于恩格尔系数的认定标准，成渝地区现已达到富裕水平。

表 3-7　2018—2023 年成渝地区与全国农村居民收入与支出情况比较

年份	地区	农村居民人均可 支配收入/元	农村居民人均消费 支出/元	城乡居民收入 差距比
2018	四川	13 331	12 723	2.49∶1
	重庆	13 781	11 977	2.53∶1
	全国	14 617	12 124	2.69∶1

(续表)

年份	地区	农村居民人均可支配收入/元	农村居民人均消费支出/元	城乡居民收入差距比
2019	四川	14 670	14 056	2.46∶1
	重庆	15 133	13 112	2.51∶1
	全国	16 021	13 328	2.64∶1
2020	四川	15 929	14 953	2.40∶1
	重庆	16 361	14 140	2.45∶1
	全国	17 131	13 713	2.56∶1
2021	四川	17 575	16 444	2.36∶1
	重庆	18 100	16 096	2.40∶1
	全国	18 931	15 916	2.50∶1
2022	四川	18 672	17 199	2.32∶1
	重庆	19 313	16 727	2.36∶1
	全国	20 133	16 632	2.45∶1
2023	四川	19 978	17 901	2.26∶1
	重庆	20 820	17 964	2.28∶1
	全国	21 691	18 175	2.39∶1

数据来源：国家统计局（https：//data.stats.gov.cn/）。

3.2.7 农业科技创新成果成效显著，现代种业发展势头强劲

成渝地区坚持走创新型农业发展道路，农业科技对两地农业综合生产能力的稳步提升、现代农业产业的快速发展和农民收入的持续增加发挥了重要支撑作用。成渝两地2023年农业机械总动力达到6 613.56万千瓦，四川省主要农作物耕种收综合机械化率达到69%，重庆市农业科技进步贡献率达到62.4%。自成渝地区双城经济圈农业科技创新联盟成立以来，吸纳148家涉农科研院所、大学、龙头企业、现代农业产业园区及新型经营主体参与，育成动植物新品种100余个，共同示范推广新品种300余个。中国农业科学院的3个科研机构已落户成都，正在建设成都国家级现代农业科技创新中心，中国农业大学在天府农业博览园建设产业研究院。四川省育种创新水平处于国内第一方阵，是全国三大育制种基地之一、全国最大的杂交水稻制种基地。建成以川西平原为主的杂交水稻、杂交油菜制种优势区，以攀西地区和盆中丘陵为主的杂交玉米制种优势区，以盆周山区为主的马铃薯良种繁育优势

区。在第三次全国农作物种质资源普查任务中，收集农作物种质资源9 880份，建成国内首个省级综合性种质资源中心库，33个国省农作物种质资源圃，初步形成覆盖省、市、县三级的种质资源保护体系。成都天府现代种业园区是国家在西南首批布局的唯一国家级种业园区，重庆荣昌是国家农牧高新区和全国著名的畜牧科技城。两地共有12个国家级制种县、2个国家级区域性良种繁育基地、12个国家级生猪核心育种场。

3.2.8 领跑全国农业农村综合改革，不断丰富全国农村改革内涵

党的十八大以来，成渝地区紧扣农业供给侧结构性改革主线，多举措深化农村土地制度改革，聚焦激活农村内生动力和发展效力。2014年，四川被列为全国首批3个农村土地承包经营权确权登记整体推进试点省之一，高效推进承包地确权登记颁证工作，并率先以放活土地经营权为重点推进"三权分置"。2018年，四川与重庆基本完成了集体土地所有权、集体建设用地使用权、宅基地使用权确权任务，川渝两地承包耕地流转率分别达36.5%和44.2%，均超出了全国33.8%的平均水平。探索出"农（林）业共营制""合作联社+农业大户""土地信托""农民联户经营""大集群+小单元"等一批适合平原地区与丘陵山地农业适度规模经营的经验模式，推动农业从传统农户分散经营朝着集约化、专业化、组织化和社会化相结合的新型经营体系转变，并为全国其他地区农村土地改革模式的创新发展提供了诸多实践依据。近年来，川渝两地大力发展村级集体经济，积极探索产业带动型、资源开发型、服务创收型、租赁经营型等多元集体发展模式，不断激活农村内生活力和发展效力。2021年，川渝集体经济组织的总收入为158.87亿元。截至2023年8月，重庆已有9 200个村、8.5万个组完成集体资产股份合作制改革，村集体经济组织经营性收入5万元以上村占73%，村集体经济组织经营性收入10万元以上村达47%。

3.3 成渝现代高效特色农业带存在的主要挑战

一是人口集聚与消费升级双重压力下如何保障粮食和重要农产品有效供给。伴随着成渝地区双城经济圈建设，区域城镇化率将进一步提高，城乡居民消费需求将更快升级。城镇人口更快集聚与居民消费需求升级的双重叠加，将为区域粮食和重要农产品有效供给带来更大的压力。二是快速城镇化进程中如何破解更加趋紧的农业生态资源环境约束。随着成渝地区双城经济圈建设，快速城镇化和工业化与农业

争夺资源的矛盾将日趋激烈，同时也将对农业生态环境带来更大压力，对转变农业资源利用方式、提高农业资源利用水平的要求不断提高，农业发展的资源、要素成本和机会成本迅速抬高。三是复杂国际经贸环境下如何完善农业支持保护制度。中国成为世界第二大经济体后面临的国际贸易摩擦日益增多，国际上单边主义、保护主义和逆全球化等抬头，国际经贸形势更加复杂多变，农业发展面临更多不确定因素的冲击。我国的农业支持保护制度迫切需要进行优化调整，适应国际农业规则，以应对更加复杂的国际环境。这对于成渝现代高效特色农业的建设，既是挑战，更是必须承担的探索任务。四是激烈区域发展竞争中如何构建有效协同发展机制。成渝经济圈建设要牢固树立一体化发展理念，做到统一谋划、一体部署、相互协作、共同实施。但必须认识到，成渝现代高效特色农业带的建设，是跨区域的农业协同发展，既涉及川渝之间的区域协同，也包含各自内部的协同，还涉及两大极核与其他区域之间的关系。区域之间实际上是竞争与合作并存，需要在"竞合"中实现一体化发展。

3.4　成渝现代高效特色农业带面临的重大机遇

　　从国际农业发展历程看，发达国家的农业现代化与都市农业发展为我国实现农业农村现代化提供了经验借鉴。中国的国际地位持续提升，人类命运共同体的倡议得到越来越多国家和人民的高度评价和热烈响应，有利于为我国农业创造更加有利的国家发展环境。从国内农业发展历程看，中国特色社会主义进入新时代，中国特色社会主义各方面制度更加成熟更加定型。中国经济转向高质量发展阶段，党中央始终坚持把解决好"三农"问题作为全党工作的重中之重，把乡村振兴战略作为新时代"三农"工作总抓手，实施乡村振兴战略已经取得良好开局。从成渝地区看，成渝双城经济圈建设上升为国家重大战略，为成渝地区发展带来重大机遇。建设成渝现代高效特色农业带为成渝双城经济圈建设中现代农业发展指明了方向。积极融入"一带一路"建设、长江经济带发展战略、新时代西部大开发、西部陆海新通道建设深入实施，为区域农业发展注入了新动力。川渝与全国同步建成小康社会，区域经济实力更加强劲，为区域农业农村发展奠定更坚实的基础，城市和工商业对农业农村的带动能力不断增强，工业反哺农业、城市反哺农村的趋势将更加有力。

第4章 国内外典型都市圈农业发展经验借鉴

4.1 国际典型都市圈现代农业发展模式

4.1.1 美国现代都市型农业

美国国土面积为937万平方千米，其中耕地面积占比20%，城市用地占比不到3%[①]。美国作为世界上工业化及城市化最发达的国家之一，在发展过程中一直坚持着农业与城市协调发展的理念。多年来，美国都市农业起伏发展，涌现出商业农场、社区农园、市民农园、教育农园等多种形式，产生了良好的经济效益、社会效益和生态效益。一是经济方面。经济属性是美国都市农业的典型特征。以市民农园、商业农场等模式为主，涵盖了农产品生产、销售、农耕服务、农业休闲娱乐等一系列涉农活动。这些农业活动可以提供工作岗位、缩小资源调动范围、增强市场机动性、加快资金流动，激发都市农业市场活力。根据美国农业部调查，美国城郊农场年均生产水果、坚果和浆果，蔬菜，乳制品，家禽比重分别为91%、78%、67%、54%[②]。二是社会方面。社区农园、农业公园等载体构建城市绿色基础设施，为居民提供兼具生态效益的休闲娱乐场所，让市民得以体验农耕文化，有效缓解都市生活压力，促进邻里关系重构与社群凝聚力提升。同时，都市农业能够为青年群体和失业人员提供新型就业岗位和技能培训机会，通过构建普惠性绿色空间网络，为低收入群体创造平等享有生态服务和食物资源的可能。三是生态方面。在美国快速城市化进程中，热岛效应加剧、生物栖息地破碎化等复合型生态危机日益加剧。都市农业在此背景下展现出独特的生态调节价值，能够通过植物优化城市气候调节

---

① 侯廷永. 美国现代农业发展及其经验借鉴[J]. 农村经营管理，2017（7）：27-29.
② 吴圣. 西方都市农业发展实践及其对中国的启示[J]. 现代园艺，2023，46（21）：62-66.

系统、重构再生资源循环中枢,吸收废弃资源、净化空气、减少噪声污染、增加城市的野生动植物,形成可持续的生态修复网络,激活城市生态系统的自我修复机能①。

4.1.2 日本东京都市圈农业

日本东京都市圈包括一都七县(东京都、茨城县、栃木县、群马县、埼玉县、千叶县、神奈川县、山梨县),总面积约3.69万平方千米。2016年,圈内总人口超3 700万人,城市化率高达90%以上,占日本总人口的29.36%②。东京都市圈的农业发展呈现以下特点:一是城市发展导致耕地面积不断减少,都市圈内农业生产功能趋于下降。2021年东京都市圈耕地总面积为6 410公顷,较2011年减少15.6%③。便利的交通和低廉的运输成本使东京都市圈以外的周边区县农产品竞争力不断提升,加之海外农产品进口的冲击、城市建设用地的扩张和经济核心区的辐射作用等因素的影响,圈内各类农作物产量逐渐减少,生产功能均趋于下降。二是农业生产结构不断变迁。随着消费者饮食结构、需求结构的变化,区域农业生产结构也发生相应的调整,减少了谷物种植业的比重,而蔬菜业、果业、花卉业的地位逐年提升。1960—2013年,东京都市圈谷物种植业比重下降了44.9%,蔬菜业比重增加了28.9%④。东京都市圈农业产值结构现状为:蔬菜业>养殖业>谷物种植业>果业>花卉业。三是农业生产布局具有明显的圈层化特点。农业生产由中心逐渐向周边区县转移,外圈生产功能相对增强,内圈及核心区生产功能相对减弱。谷物种植业、果业和养殖业主要分布于外圈,花卉业集中于内圈,蔬菜业内、外圈较为均衡。核心区已基本丧失农业生产功能,核心区东京都以农产品产值计的食品自给率仅3%,远低于日本全国66%的整体水平⑤。四是东京都市圈内农业生产形成了专业化的区域分工。不同区县的农业生产功能分工明确,区域差异显著、特色鲜明。例如,现阶段,栃木县的农业生产已经逐渐以大米、蔬菜和畜产品为中心,而山梨县则集中力量发展水果生产,成为名副其

---

① 吴建寨,李斐斐,杨海成,等.美国都市农业发展及启示[J].世界农业,2017(8):19-24.
② 回溯东京都市圈70年发展,探索中国小镇发展趋势,https://www.163.com/dy/article/FVVQNMSC0518RHIP.html.
③ 2023版《东京都农业振兴计划》解读,https://www.istis.sh.cn/cms/news/article/94/26137.
④ 李倩.东京与北京大都市区农业生产功能比较研究[D].济南:山东大学,2017.
⑤ 同②.

实的"果树王国"。五是区域内农业兼业化程度不断加深。农户总数和专业农户占比都不断下降，非农兼业户比例日益增加，据统计，2015年日本三大都市圈都市农业农户收入有65%的收入来自不动产经营①。六是政策引导农业生产功能的变化。日本政府对国内稻米产业的保护、小麦和大豆的市场开放、猪肉"稳定价格带制度"和鸡蛋"稳定基金制度"等政策的扶持都对东京都市圈内的农业生产产生了极大的影响。

4.1.3　法国大巴黎地区农业

大巴黎地区包括中心城区、近郊三省、远郊四省（内含五个新城）和外围乡村，自古以来便是法国农业建设的核心地带。大巴黎地区农业发展具有以下特点。一是农业耕地资源分布具有明显的圈层结构。在大巴黎地区，规模化的用地型农业严格受到城市规划和政策的影响而呈现清晰的圈层分布。市区无农业用地；近郊为少量具有生态结构功能的农业用地，占全省用地比重的5%以下；50%以上的农业用地主要分布在外围远郊地区②。二是农业生产结构呈现圈层性。由于市区无农业用地，不具有农业生产功能。城市近郊主要供给时蔬及花卉，而远郊则生产粮食作物。三是农场经营规模逐步增大，分布呈现出外向性圈层递减。农场数目减少且规模不断扩大，小型农场数量持续下降，规模化的农业用地向大巴黎地区乡村迁移。农场的分布呈现出圈层趋势，由中心城区向外递减。四是农业生产遵循规划与政策导向。2014年，法国政府制定了《大巴黎2030计划》；2016年，颁布了《都市农业引导手册》。大巴黎地区圈层化的农业用地结构，以及不同阶段农业功能的变化，都体现出遵循规划与政策导向的结果。

4.1.4　荷兰韦斯特兰农业

韦斯特兰市位于南荷兰省西部，是荷兰的核心农业区域之一，也是世界上面积最大的温室农业区之一，80%的耕地都被玻璃大棚所覆盖，玻璃温室总面积达到了2 385公顷③。荷兰第一个园艺业产业集群——绿港，就诞生于韦斯特兰。韦斯特

---

① 方志权．日本都市农业最新进展及对我国的启示[J]．农村工作通讯，2017（2）：62-64．
② 巴黎大区，https：//wb.beijing.gov.cn/home_test/yhcs_test/sjyhcs_test/sj_oz_test/sj_oz_bldq_test/sj_oz_bldq_csgk_test/202107/t20210719_2439497.html．
③ 人民网，温室技术助力荷兰做强农业（他山之石），http：//world.people.com.cn/n1/2019/0528/c1002-31105635.html．

农业集群的形成主要来源于两个内外推力。一是国家战略指引。绿港模式依托政府、科研机构和企业共同合作，强调上下游产业的紧密联系，从而在地区内实现一二三全产业链贯通。在《绿港 2040 未来战略》中，绿港进一步上升为国家核心集群，旨在通过改善园艺集群各自独立发展的现状，使其凝结为一个整体，进一步稳固荷兰农业在国际产业分工中的头部地位。二是土地全要素支撑都市农业发展。韦斯特兰土地资源除结构性的生态廊道和网络化的道路系统外，几乎都用来服务于温室产业的发展。目前，韦斯特兰 80%以上的耕地被温室覆盖，约占韦斯特兰地区总用地的 50%，栽培种类主要包括蔬菜、花卉和植物。与温室园艺相关的供应、营销、物流和知识产业环节则分布在韦斯特兰商业区中，提供了超过 42%的就业岗位[1]。此外，韦斯特兰的城市发展与园艺产业发展日趋紧密结合。在外部世界环境的快速变化和内部环境的自身诉求下，韦斯特兰政府、市民和企业等利益相关者协商制定了《韦斯特兰环境愿景 2.0》，更加关注"经济—社会—空间"三者平衡，将以可持续利用的能源、低碳的交通方式以及未来住房建筑为支撑，推动现代农业集群可持续发展。

4.2 国内典型都市圈现代农业发展模式

4.2.1 京津冀协同发展区

（1）区域协同创新模式

区域协同创新模式是指通过京津冀三地农业科研院所、高等院校、涉农企业等单位的紧密合作，实现资源共享、优势互补和政策协调，共同推动农业科技创新与发展。该模式以"京津研发、河北中试、就地转化、率先推广"为核心，通过整合区域内的科技资源，充分发挥北京和天津在农业科技创新上的引领优势，以及河北在中试和成果转化上的优势，实现区域内农业科技的协同发展。例如，在河北沧州、唐山和天津武清示范推广杂交小麦品种 60 万亩，实现节水 3 000 万吨，增产 4 500 万千克。设施蔬菜生态环境智能调控技术累计推广 20.8 万亩，新增经济效益 2.44 亿元[2]。这些成果不仅提升了区域农业科技水平，还促进了农业

---

[1] 韦斯特兰环境愿景 2.0：面向未来的现代农业集群［J］. 城市·瞭望，2022（10）.
[2] 中国新闻网，京津冀构建农业科研协同创新机制 促进区域农业发展，https：//www.chinanews.com.cn/cj/2024/02-27/10170557.shtml.

绿色发展和农产品质量安全的提升。通过这种协同创新模式，京津冀地区在农业科技创新方面取得了显著成效，为区域农业产业升级和可持续发展提供了有力支撑。

（2）科技资源共建共享模式

科技资源共建共享模式是指通过联合京津冀地区的农业科研院所、高等院校、涉农企业等单位，共建联合实验室、创新团队等，实现科技资源的优化配置与共享利用。该模式下，各成员单位不仅共享科技条件资源，还共同培养创新人才，共同开展前沿性基础性科学研究、共性与关键技术研发等工作。例如，京津冀农业科技创新联盟发布的147项蔬菜产业科技创新成果[①]，通过共享平台得到了广泛推广和应用，有力推动了区域农业的高质量发展，这说明科技资源共建共享模式在提升区域农业科技创新能力、促进农业科技成果转化方面发挥了积极作用。

（3）政产学研用一体化模式

政产学研用一体化模式是指通过政府引导、企业主体、学研支撑、用户参与的方式，促进科技创新与产业发展的深度融合，提升区域农业竞争力。该模式下，京津冀地区的农业科研院所、高等院校、涉农企业以及农户等各方力量形成紧密合作，共同开展农业科技攻关和示范推广工作。例如，联盟成员单位围绕京津冀农业产业发展需求，积极推进科技交流，实施联合攻关，显著增强了区域现代农业科技创新能力与科技服务能力。其中，北京市农林科学院、天津市农业科学院、河北省农林科学院等核心单位，联合开展了耐盐牧草改土降盐技术、退养湿地节水植被恢复技术等研究，并在三地开展了试验示范，取得了重要进展，为区域农业的可持续发展提供了重要支撑，这些实践充分展示了产学研用一体化模式在推动区域农业科技创新和产业升级方面的显著成效。

（4）示范基地引领推广模式

示范基地引领推广模式是指通过示范基地实现新品种、新技术、新产品的落地转化，同时引领创新成果在更大区域范围开展推广应用。该模式下，在京津冀地区选择具有代表性的区域建立京津冀农业科技创新联盟核心示范基地，通过新技术、新品种的展示示范效果，推动其广泛应用。这一模式通过示范基地的引领作用，将成功经验推广至其他地区，有效促进了区域农业产业的发展。不仅加速了农业科技成果的转化落地，还提升了京津冀地区的农业科技水平和产业竞争力。

---

① 北京市农业农村局，https：//nyncj.beijing.gov.cn/nyj/snxx/gqxx/436461313/index.html.

(5) 学术交流与人才引育深度融合模式

学术交流与人才引育深度融合模式是指充分发挥联合实验室等创新共同体的平台作用，通过组织学术论坛、项目研讨等会议，促进学术交流与合作。同时，通过成立创新合作基金培养人才、建立人才分类评价机制等方式，为农业科技创新提供人才保障和资金支持。例如依托京津冀数字农业产业技术创新战略联盟、京津冀农产品质量安全联合实验室等，定期举办学术论坛、项目研讨会等活动，促进区域内农业科技人员的交流与合作。京津冀农业科技创新联盟通过设立京津冀农林科技专项，加强农业农村领域的原始创新、基础研究、联合攻关，培养了一批高水平的农业科技人才。该模式不仅提升了农业科技人才的创新能力和综合素质，也推动了农业科技创新的持续发展。

4.2.2 粤港澳大湾区

(1) 广东省农业科学院"院地合作""院企合作"推动科技下沉

广东省农业科学院通过与地方政府共建地方分院和促进中心、专业研究机构、专家工作站等平台，面向农业产业发展的技术难题、面向地方政府和市场经营主体对农业科技的需求，将优质的科技、人才资源导入农业农村一线，服务乡村振兴主战场，形成了"共建平台、下沉人才、协同创新、全链服务"的院地合作模式，有效提升了农业产业化发展水平和农业企业科技创新能力，带动提升了基层农技推广服务能力，为乡村振兴提供了持续稳定的科技支撑。

运用"需求导向、资源共享、联合研发、强企兴业"的院企合作模式，以搭建平台、成果转化、专家驻企、科技服务、科技孵化等方式，与企业开展产学研协同创新，激活科技创新能力。"十三五"期间，广东省农业科学院与企业合作共建95家研发机构、441个示范基地，与2 347家企业开展了科技合作，获得与企业合作的横向项目经费3.15亿元，科技成果转化合同总数902项、科技成果作价技术入股30项，合同金额超过4.3亿元；累计组建全产业链专家服务团262个，派出1 200余人次科技特派员服务各类农业经营主体，对接服务全省90%的产业园建设。近3年，涉农企业委托广东省农业科学院技术研发项目达2 309项，项目经费超过4亿元。广东省农业科学院参股企业——广东永顺生物制药公司于2021年在北京证券交易所首批上市，进一步推动了科技成果转化[①]。

---

① 广东省农业科学院，https：//www.gdaas.cn/mtjjn/content/post_999102.html.

此种模式能充分调动地方行政资源和科技资源，形成政产研紧密的合作关系；直面产业急需解决的问题，及时为企业、农户甚至政府排忧解难；派出科技人员长期驻点，发挥宣传员、联络员和服务员作用；团队作战，全产业链技术支撑，多学科人才服务。经费保障，持续稳定支撑，推动科研人员带项目、带资金、带技术下沉一线。一旦发现产业"卡脖子"技术问题，院地共同立项给予资助，实现边研发边推广，为加速科技成果转化应用创造了极为有利的条件。

（2）惠州市科芯种苗科技有限公司打造"种苗供应基地+合作社+村集体+小农户"发展模式

惠州市科芯种苗科技有限公司依托广东省供销社综合服务站和农产品基地等供销平台，在广东省各地打造"种苗供应基地+合作社+村集体+小农户"联农带农模式下蔬菜新品种新技术示范区，示范展示广东省农业科学院蔬菜研究所以及国内外优异种质资源和品种，配以先进栽培技术，既为周边农场及农户提供种苗服务，提升农业综合产值，也为筛选适合惠州种植的特色品种，优化提质节本绿色栽培技术，打造特色蔬菜产业作出应有贡献。母公司广东科农蔬菜种业有限公司（广东天禾农资股份有限公司、广东省农业科学院、广东省农业科学院蔬菜研究所三方共同出资企业），属供销社控股企业，公司以广东省农业科学院蔬菜研究所为依托，重点开发功能保健型新型蔬菜品种；"铁柱"冬瓜、"雅绿"丝瓜、"蜜本"南瓜、"汇丰二号"辣椒、"秋盛"芥蓝以及"粤丰"紫红茄等系列优良新品种，在国内同类品种中表现突出，销往全国近20个省份，多个品种已成为华南地区乃至全国的主栽品种；科芯种苗基地年育苗能力4 000万株，服务半径约600千米，辐射广东、广西、海南、湖南、江西、福建等省（区）①。新形势下新业态蓬勃发展，广东科农蔬菜种业有限公司与时俱进，充分发挥技术优势，以提高蔬菜质量、节约成本为目标开展品质栽培、设施栽培技术研发；以开发蔬菜文旅产业开展蔬菜景观栽培技术研究，新业态蓬勃发展为广东种业发展、乡村振兴战略实施提供了优质种源和技术保障。

（3）博罗县雅时园荔枝稀有品种农业专业合作社"互联网+农业"的发展模式

博罗县雅时园荔枝稀有品种农业专业合作社搭乘电子商务的蓬勃发展快车，紧紧依托"互联网+农业"的发展模式，让稀有荔枝搭上"电商快车"，不少特色农产品逐渐走上了线上销售的道路，销往全国各地。合作社也快速成长起来，已形成

---

① 广东省农业科学院蔬菜研究所，https：//www.gdaas.cn/gdvri/sqgk/yjsjj/index.html。

生产、加工、销售三大环节，并带动周边村民共同致富，让果农尝到了丰产丰收的甜头，拓宽了增收渠道。同时，该合作社还对产品进行深加工，做成荔枝干，提升了荔枝的附加值。截至2023年，该合作社通过电子商务销售荔枝、荔枝干、柑橘等农产品已超500万元①。

(4) 丰农控股集团打造教育+科技+产业"三位一体"的助农增收模式

丰农控股集团打造教育+科技+产业"三位一体"的助农增收模式。教育助农，通过旗下"大丰收植保万里行""学农大讲堂"等方式，下乡进行农技知识普及活动，将一线种植技术传达到种植者，提高当地整体种植水平，每年举办上百场专题技术培训讲座，3万余人参加培训，持续进行公益农技推广。科技助农，打造的AI人工智能病虫草害识别平台"智农"，免费开放给所有种植户使用，帮助种植者降低田间管理难度，显著提高种植效率，平台累计使用次数已超过1 000万次。产业助农，丰农控股多次深入大山，与当地政府、协会合作，将当地特色农产品通过品牌化包装、特色化运作销往大中城市，销售地覆盖华北、华中、华南、华东各大区域，为种植者解决产销对接难题。

(5) 中山市神湾镇探索"菠萝+"模式，推动农文旅融合发展

近年来，中山市神湾镇连续多届举办神湾菠萝文化旅游周、神湾菠萝游园会活动；建成神湾菠萝展览馆、旗舰店和菠萝小屋；专题策划"神湾菠萝"主题宣讲；推广菠萝线上农交会、云展会；在国家5A级旅游景区等铺开神湾菠萝线下体验店，以系列举措推动神湾菠萝破圈传播。目前，神湾菠萝已获得"国家地理标志保护产品""全国名特优新农产品""绿色食品博览会金奖"等荣誉。2023年，神湾菠萝种植和食品制作技艺正式入选中山市第十批市级非物质文化遗产代表性项目名录。在此背景下，神湾镇神溪村建设神湾菠萝种植和食品制作技艺市级传承基地，组织相关非遗科普研学活动、亲子特色研学活动等，开设了菠萝种植、菠萝包制作等课程。同时，神溪村以三产融合为抓手，陆续建成神湾菠萝展览馆、旗舰店和菠萝小屋；提升改造菠萝大道，打造菠萝隧道、菠萝印记园及菠萝文化产业园露营基地等娱乐配套，完善丫髻山森林公园旅游设施建设；持续打造"菠萝+"地方特色旅游名片。2023年神湾镇神溪村接待游客超30万人次，带来经济收入超2 100万元②。

---

① 数据来源：由博罗县雅时园荔枝稀有品种农业专业合作社提供并整理。
② 中山日报，https：//zsrbapp.zsnews.cn/home/content/newsContent/488/644865.

（6）东莞市打造现代装备与农业科技、农业生产与现代生活相结合的农业科普展示温室

东莞市农业科普展示温室利用太阳能光伏清洁能源，打造"农光互补"光伏农业新模式。将无污染零排放的太阳能光伏发电与现代高科技种植大棚有机结合，通过光伏发电，产生清洁电力供温室日常使用，扩大供电可再生能源比例，实现"农光互补"和土地立体化增值利用，达到光伏发展和农业生产双赢效果，以此创造更好的经济效益和社会效益。温室自投入使用以来，累计发电超过20万千瓦时。光伏发电无污染零排放，绿色发展成效明显。

整合多个栽培系统，推动现代化农业种植。建立水肥一体化监控系统，包括利用潮汐苗床灌溉系统，从栽培容器底部进行灌溉，具有自动化、节水、节肥、省人工等优点；建立管道水培叶菜自动化生产系统，采取模块化、轻量化设计，实现穴盘苗自动化高速移植、种植管自动化循环输送、营养液自动化精准灌溉、管内外自动化清洗消毒；建立机器人高架基质栽培系统，以植物的再生资源（椰糠、树叶、树枝）等种植基质，再通过滴灌施肥系统、智能补光、环境调控等技术手段，依托机器人智能采收系统，实现规模化生产；建立集成雾化喷灌系统，喷雾装置将营养液雾化为小雾滴状，直接喷射到植物指定部位以提供植物生长所需的水分和养分，温室每天按设定次数自动喷雾，大幅度提高生产效率，减少人力、水肥等成本投入。建立温室植物工厂智能种植系统，占地50平方米，在室内人工环境中，利用光伏电能驱动LED发光、配以计算机对作物生长所需温度、湿度、光照以及营养液等生长条件因子进行自动控制，实现人工气候室内高精度环境控制，使作物周年连续高效生产，20~22天可以产出生菜（叶用莴苣）一批，番茄、甜椒在里面长年结果，室内人工光源试种水稻成功开花结实。

采用5G技术，助力智慧农业发展。通过实现5G网络全覆盖，利用先进的高清视频监控设备和传感器等基础设备，依托物联网、大数据、云计算、人工智能等技术，实现对温室作物病虫害识别、自动化控制、农业溯源、云监控等农业信息化应用，实现数字化智慧化农业一张网（图）管理，极大地解决了原先农业管理的低效、费时、费力等问题。作物浇水施肥，大棚侧部顶部卷帘、通风排气设备、降温水帘的开启和关闭，都可以通过手机或电脑远程控制完成，省时省力。搭载了高精度土壤墒情和空气温度、湿度传感器，可实时采集土壤墒情等农作物信息。通过大棚里安装的摄像头，可以实时看到作物的生长情况。通过5G网络回传至管理平台及科普平台，再基于人工智能算法，建立精准的种植模型，提供精准作业决策信

息，实现精准管理、高效管理。授权用户可以在手机或电脑上随时查看相关信息，为都市农业发展注"智"赋能。

依托智慧农业、数字农业，开展农业科普展示及技术服务。试验研究光伏太阳能、温室作物栽培、LED 作物生长调控，基于物联网的精准智能农业管理集成技术，开展花卉、蔬果品种培育及技术研究和示范，配合休闲观光体验，实现科普教育与现代农业观光紧密结合。依托常设展厅、智慧农业系统、机器人自动化系统等资源，以岭南农耕、创意农业、热带特色作物等为特色，开展相关农业科普知识宣传与普及，为群众了解农业科学技术，认知农业科学原理，提高农业科学素质提供良好的平台。

4.2.3 长三角地区

（1）农业政策支持与战略规划

长三角地区积极响应国家政策，推动农业现代化发展。2019 年，安徽省实施"158"行动，围绕优势特色产业，开展全产业链创建，力争到 2025 年，每个县（市、区）至少培育 1 个主导产业，建立 500 个示范基地，面向沪苏浙地区的年销售额达到 8 000 亿元[①]。同年 9 月，长三角三省一市在浙江省嵊州市签订《长三角地区种业一体化战略合作框架协议》，在品种创新、数据共享、协同推广等方面开展合作。2020 年 12 月，三省一市签署《长三角农业农村一体化发展备忘录》，提出在农产品质量监测、绿色农产品基地建设、渔业资源修复、农产品市场营销等方面强化合作。2021 年 4 月，三省一市签署《长三角农业机械化一体化发展战略合作协议》，推动农机化发展政策创新，加强农机鉴定与标准化合作，实现农机安全监督互通协查。2023 年 10 月，江苏省发布"121 工程"建设方案，推进农产品冷链物流骨干网建设，构建干支仓配一体、平台互联共享的冷链物流体系。在《长三角地区一体化发展三年行动计划（2024—2026 年）》中，明确提出加强科技创新和产业创新跨区域协同、推进农业现代化等重点任务。

（2）农业科技创新与装备升级

长三角地区在农业科技创新方面取得显著成效。一是粮食作物超高产、高品质育种技术。江苏省农业科学院研发出"南粳 5055"等优良品种，推动种质资源创新和新品种示范推广。二是农产品优质高效安全生产技术。推广应用统防统治、绿色

---

① 安徽省农业农村厅，https：//nync.ah.gov.cn/158xdjh/53984091.html。

防控等集成技术模式,建立农产品质量安全追溯体系,确保农产品安全优质。三是设施农业工程技术。加大设施农业投入,发展设施蔬菜、花卉等产业,建设智能温室大棚,实现精准种植和管理。四是农产品精深加工技术。依托本地资源优势,发展精深加工产业,提升农产品附加值和市场竞争力。五是农业生态环境保护和资源综合利用技术。推广种养结合、农牧循环等生态农业模式,推进农业废弃物资源化利用。六是国家新型农业科技创新体系。布局建设农业农村部重点实验室等创新平台,成立长三角种业发展联盟等组织,提升农业科技创新能力。七是农业装备升级。推动农机装备智能化发展,打造现代农机装备产业集群,提升农机作业效率和质量。

（3）农产品质量与品牌建设

长三角地区注重农产品质量提升和品牌建设。一是农产品质量稳步提升。通过食品安全区域联动合作,建立追溯体系,加强质量安全监管,确保农产品安全优质。二是加强农产品品牌建设。截至2023年,长三角三省一市绿色食品、有机农产品、地理标志农产品获证单位总数达1万多家,产品总数达2万多个[①]。各地积极培育区域公用品牌,如江苏的射阳大米、上海的松江大米、浙江的"丽水山耕"等。三是组建农业科技创新联盟。建立产学研用一体化的创新联合体,开展协同创新,推动农业高质量发展。

（4）农业产业融合与转型升级

长三角地区积极推动农业产业融合与转型升级。一是农业产业融合。推动农业与二三产业融合发展,延长产业链,提升价值链。与加工业融合方面,发展农产品精深加工产业,依托制造业基础发展农业装备制造业;与现代服务业融合方面,建设现代化农产品物流中心,发展农业电子商务和金融服务;与文化旅游融合方面,开发休闲农业与乡村旅游项目,保护利用农业文化遗产。二是农业转型升级。调整农业产业结构,推动农业生产方式向机械化、智能化转变,发展特色农业产业,培育新型农业经营主体,拓展农业多种功能。优化农业产业布局,建设现代农业产业园区,打造特色农产品优势区,构建长三角都市农业圈。

（5）农业绿色发展与生态保护

长三角地区高度重视农业绿色发展与生态保护。一是积极推广绿色生活方式与技术。实施化肥农药减量增效行动,推进农业废弃物资源化利用,加强农药包装废

---

① 农业农村部,https://www.moa.gov.cn/govpublic/qyxzcjs/202407/t20240726_6459768.htm.

弃物和废旧农膜回收处理。二是加强农业生态环境保护。落实长江"十年禁渔"政策，推进太湖流域水环境综合治理，减少农业面源污染，保护区域生态环境。

（6）区域合作与一体化发展

长三角地区通过多种措施推动区域合作与一体化发展。一是加强区域合作联动。建立联动机制，推动产业协同发展和科技创新合作，打破区域壁垒，整合资源，提升区域竞争力。二是推动城乡融合发展。加强城乡基础设施一体化建设，推动公共服务均等化，发展农村产业融合新业态，拓宽农民增收渠道。三是域外农村建设。部分城市在域外建设农场，引进先进技术和管理经验，促进当地农业发展，实现资源共享和优势互补。

4.3 经验启示

4.3.1 国外发展模式的经验借鉴

通过总结美国现代都市圈农业、日本东京都的都市农业新业态、法国大巴黎地区农业、荷兰韦斯特兰的现代设施园艺业等典型都市农业发展的案例经验发现，都市现代农业作为特定区域的现代农业，它不仅毗邻城市中心区域、交通运输距离短，而且更加接近城市消费群体，更易获得更多资金、技术、政策支持，是大都市区一二三产业融合发展的代表。面对城乡居民更加多样化和个性化的需求，都市现代农业在及时为城市居民提供安全、优质农产品的同时，充分利用大都市区先进生产要素的集聚能力，构建农业支持保护制度、新产业新业态培育机制、生态价值实现机制，不仅有助培养大批家庭农场主、职业农民和高科技农业企业，拓宽农民就业增收渠道，而且有力促进城乡要素流动，提升为农服务质量和水平，开拓大都市区实现城乡融合发展的现代产业发展道路[①]。

4.3.2 国内发展模式的经验借鉴

京津冀都市圈农业在保障粮食安全的基础上，逐步向都市型现代农业转型。在产业布局上，北京周边重点发展高端设施农业、休闲农业和农产品精深加工业；天津周边侧重于外向型农业、都市型渔业和农产品冷链物流；河北周边则以粮食生

---

① 宋艺. 国外都市现代农业的典型模式及经验启示［J］. 现代经济信息，2020（5）：155-156.

产、畜牧养殖和特色农产品种植为主。在功能定位上，除了满足区域内农产品需求，还在生态保护、休闲旅游等方面发挥着一定作用。然而，京津冀都市圈农业存在产业布局同质化、科技创新能力不足、政策协同性不够等问题。粤港澳都市圈农业以特色农业和外向型农业为发展重点。在产业布局上，形成了以花卉、水果、蔬菜、水产等特色农产品为主的产业格局。例如，广东的花卉产业在全国乃至全球都具有重要影响力，每年举办的花卉交易会吸引了大量国内外商家。在功能定位上，不仅满足本地市场需求，还积极拓展国际市场，农产品出口量逐年增加。同时，注重农业的休闲旅游功能，通过发展生态旅游、农事体验等项目，促进了农村一二三产业融合发展。长三角都市圈农业以都市型现代农业为发展方向，形成了以蔬菜、花卉、水果等经济作物为主，兼顾粮食生产的格局。在功能定位上，除了保障城市农产品供应，还在生态保护、休闲旅游、农业科技示范等方面发挥着重要作用。例如，上海的孙桥现代农业园区采用先进的农业技术和管理模式，成为农业科技示范的标杆。同时，长三角都市圈注重农业品牌建设和农产品质量安全监管，提升了农产品的市场竞争力。

4.3.3 国内外发展模式的启示

从国外都市农业的多样化发展路径与实践经验来看，不同国家根据自身的自然条件、社会需求以及经济发展水平，探索出了各具特色的模式。这些模式不仅为城市居民提供了丰富的农产品和休闲体验，还在生态保护、文化传承等方面发挥了重要作用。然而，我国作为农业大国，拥有独特的国情和广阔的发展空间，都市农业的发展存在较大差异。国内外典型都市圈农业发展模式为我国都市圈农业发展提供了丰富的经验借鉴。通过科学合理的产业布局、多元化的功能拓展、持续创新的科技驱动、深度融合的产业发展和完善有力的政策保障，我国都市圈农业有望实现高质量、可持续发展。针对当前存在的问题，我国都市圈应采取优化产业布局、拓展农业功能、加强科技创新、推动产业融合和完善政策体系等措施，不断提升农业发展水平，为城市发展提供更加坚实的支撑，促进城乡一体化发展。在未来的发展中，我国都市圈农业还需不断适应市场变化和城市发展需求，持续探索创新，走出一条具有中国特色的都市圈农业发展之路。

优化产业布局，实现差异化发展。我国都市圈应根据区域内不同地区的自然条件、市场需求和资源禀赋，科学规划农业产业布局。明确各地区农业发展的重点和特色，避免产业同质化竞争。例如，京津冀都市圈可进一步强化北京的高端农业、天津的外向型农业和河北的特色农业定位，形成优势互补的产业格局。

拓展农业功能，促进城乡融合。充分挖掘农业的多功能价值，加强农业与城市发展的融合。在保障农产品供应的基础上，大力发展休闲农业、生态农业、文化农业等。建设一批集休闲观光、科普教育、农事体验于一体的农业园区和乡村旅游景点，满足城市居民对高品质生活的需求，促进城乡一体化发展。

加强科技创新，提升农业竞争力。加大对农业科技创新的投入，建立健全农业科技创新体系。加强农业科研机构与高校的合作，培养高素质的农业科技人才。积极引进和推广先进的农业技术和设备，如物联网、大数据、人工智能等，提高农业生产效率和农产品质量。加强农业科技成果转化应用，建立农业科技成果转化服务平台，促进科技成果快速转化为现实生产力。

推动产业融合，延长农业产业链。积极推动农村一二三产业融合发展，培育壮大农业产业化龙头企业，发挥龙头企业的带动作用。加强农产品加工业发展，提高农产品附加值。大力发展农村电商、乡村旅游等新兴产业，拓展农业发展空间。加强产业融合发展的规划和引导，建立健全产业融合发展的利益联结机制，促进农民增收致富。

完善政策体系，加强区域协同。完善农业发展政策支持体系，加大对农业基础设施建设、科技创新、产业融合等方面的支持力度。在跨区域都市圈，加强各地政策的协同配合，建立统一的农业发展规划和政策标准。加强区域内农业资源的整合和共享，实现优势互补、共同发展。例如，京津冀三地可共同制定农业发展规划，统一农产品质量标准，加强农业生态环境保护合作。

第 5 章 川渝毗邻区典型经验与做法

5.1 重庆市江津区

5.1.1 基本概况

江津区，地处重庆西南部，自古是渝西川南水陆交通枢纽和商贸中心，现在更是成渝地区双城经济圈重要战略支点，辐射川南黔北的重要门户。江津历来是重庆粮食大区、农产品主产地之一，有"中国花椒之乡""中国柑橘之乡"之称，曾获"全国粮食生产先进县（区）"称号。目前已形成以花椒产业为主，柑橘、甘薯产业为辅，蛋鸡、瘦身鱼、枳壳等产业为特色的"一主两辅多特"产业体系，2023年江津区粮食产量64.35万吨、蔬菜产量116万吨，实现农业总产值197.08亿元、食品及农产品加工业产值280亿元，居全市第一位[①]。江津枳壳、江津甜橙获评全国名特优新农产品，江津花椒入选全国农业品牌精品培育名单，全国唯一的花椒SGS认证中心落户江津。

5.1.2 主要做法

（1）"三农"工作机制持续完善

江津区深入贯彻落实党中央关于乡村振兴战略的决策部署，构建"党委统筹、多元协同、智库赋能"的全链条治理体系，全面推进乡村振兴体制机制创新。在组织架构层面，成立由区委书记任组长的乡村振兴领导小组，下设"五大振兴"专项工作专班，制定《领导小组及办公室工作规则》，明晰权责分工与协作流程；同步

---

① 数据来源：《2023年江津区国民经济和社会发展统计公报》《2024年重庆市江津区人民政府工作报告》。

建立区领导对口联系机制，强化重点领域定向帮扶。在决策支撑层面，通过区委常委会、区政府常务会及专题会议常态化研究部署乡村振兴工作，区委、区政府主要领导牵头开展基层调研并督办落实，区人大、政协通过专项审议与提案机制实施过程监督。此外，创新设立乡村振兴专家智库，整合跨学科研究资源，为政策制定提供理论依据与智力支持，推动实践与研究的双向互促。此外，2022年，江津区施行现代农业产业技术体系首席专家制度，成立以区政府分管领导为组长，相关部门负责人为成员的首席专家工作领导小组①，打造以首席专家为引领、首席专家团队为载体、项目实施为支撑的新型农业科研组织模式。

（2）现代高效特色农业发展提速增效

成渝地区双城经济圈建设启动以来，江津区以"一江津彩"农产品区域公用品牌为统揽，按照科技化赋能、设施化提升、融合化发展、绿色化转型的发展路径，推动农业延伸产业链、拓宽增收链、提升价值链，形成以粮油、花椒、蔬菜、水果、茶叶、畜禽、水产、中药材等为特色的现代高效特色农业。2022年江津区主要农作物耕种收综合机械化率达61%，高于重庆市平均水平6个百分点，农业总产值多年保持重庆市区县第一位②。稳粮保供进一步夯实，2023年江津区粮食播种面积达145.27万亩、产量达62.76万吨，累计建设高标准农田80万亩以上，蔬菜、水产品产量创历史新高，生猪出栏量达82.74万头③。富硒农业快速发展，江津区立足优势确立"富硒富民"特色农业现代化发展定位，制定硒产业与康养、加工业三产融合发展战略，积极搭建产学研协同平台，设立国家功能农业科技创新联盟区域研究机构及产业质量服务工作站，攻克富硒农产品标准化生产等关键技术，通过连续举办三届中国·重庆富硒产业发展大会及"一江津彩·硒引全城"等区域性产品推介会，形成"技术研发—精深加工—品牌营销"全产业链融合体系。2023年，江津区富硒种植45万亩、畜禽500万头、水产3.8万亩，产业综合产值达到146亿元④。农产品加工业稳健发展，江津区大力实施农产品加工业提升行动，着力构建"初级加工在乡村、精深加工在园区"的农产品加工布局，打造花椒、粮油、酒水等百亿级优势特色产业链，成功创建国家现代农业产业园（花椒），作为核心区纳

---

① 重庆市江津区融入成渝现代高效特色农业带，建设乡村振兴示范地的主要成效、挑战与建议[M]//重庆市江津区融入成渝地区双城经济圈建设研究报告（2023）．北京：社会科学文献出版社，2023．

② 重庆市人民政府，https://www.cq.gov.cn/ywdt/zwhd/qxdt/202305/t20230504_11930228.html．

③ 数据来源：《2023年江津区国民经济和社会发展统计公报》。

④ 人民网，http://cq.people.com.cn/n2/2024/1022/c367650-41016434.html．

入中国（重庆）国际农产品加工产业园总体规划范围，获得江津花椒国家地理标志产品保护示范区、全国农村一二三产业融合发展先导区、中国特色农产品优势区、国家农业现代化示范区等荣誉称号。2022年，江津区培育农产品加工企业400余家，其中，农业产业化龙头企业190家，规模以上企业66家，市级农产品加工示范企业23家[①]。

(3) 成渝毗邻地区农业合作进程加快

一是积极参与泸永江现代农业协同融合发展。2021年11月《泸永江融合发展示范区总体方案》由川渝两地共同印发实施，提出要构建"一区两带三组团"空间格局，其中"一区"即融合发展核心区，将打造泸永江现代农业合作示范园，促进农旅融合发展。2022年7月，江津区与永川区、泸州市合江县、泸州市泸县签订《川南渝西现代高效特色农业产业带合作框架协议》。同年12月，泸永江融合发展示范区建设领导小组会议审议通过了《泸永江融合发展示范区现代高效特色农业产业示范带建设行动方案》《泸永江融合发展示范区发展规划》，意在推动四地特色农业在规划布局、科技协同、产销对接、品牌打造等领域多方位合作，携手共建世界级特晚熟荔枝出口基地、加工中心和晚熟龙眼优势区域中心，共同推进区域花椒产业转型升级和高质量发展。2024年11月，泸永江三地农业农村部门签订了《党建引领泸永江农业特色产业发展战略框架协议》，为党建赋能产业链，进一步发挥优势特色，共建特色农业产业带，共同推进泸永江农业产业发展作出重要谋划。二是与其他市区县现代农业交流合作成效初显。2021年5月，江津区与宜宾市屏山县农业农村部门签署合作协议，共同搭建富硒产业协同发展平台。同年12月，江津区、雅安市两地农业农村部门签署合作协议，共建成渝地区双城经济圈优质高效农产品产业链。江津区还与重庆市开州区结为"一区两群"协同发展对口区县，借助商品展示交易会、重庆江津—广西防城港跨区域合作"海鲜美食节"、双福西部国际农贸城等平台，开设开州农产品经销专区。

---

① 重庆市江津区融入成渝现代高效特色农业带，建设乡村振兴示范地的主要成效、挑战与建议[M]//重庆市江津区融入成渝地区双城经济圈建设研究报告（2023）．北京：社会科学文献出版社，2023．

5.2 四川省达州市

5.2.1 基本概况

达州市，四川省辖地级市，地处四川省东北部，是成渝地区双城经济圈北翼振兴战略支点、川东北城市群核心城市，是建设四川东出北上综合交通枢纽和川渝陕接合部区域中心城市。达州市地域辽阔、人口众多、资源丰富、自然条件较好、农作物种类多，主要农产品在全省占有重要地位，素有"秦巴粮仓"之称。全市辖2区4县1市及2个市直园区，辖区面积1.66万平方千米①，总人口690万人，其中农业人口551万人，常年外出务工农村劳动力达100万人以上。2023年，达州市粮食播种面积855.9万亩，粮食产量326.6万吨，连续十年位居全省第一，是四川省粮食产量最高的地级市。油料种植面积256.6万亩，油料产量44.5万吨。生猪出栏数为452万头，位居全省第三。苎麻、黄花、乌梅、香椿等特色农业产业基地面积280多万亩，2023年达州市农林牧渔总产值达707.8亿元②。

5.2.2 主要做法

（1）加快推进农业现代化

一是加快建设现代农业园区。达州市以园区建设为抓手，集群发展粮油、生猪、苎麻、茶叶、肉牛、果蔬等优势特色产业，创新发展现代农业种业、装备、烘干冷链物流等先导性产业。截至2022年，全市建成县级以上现代农业园区135个，其中国家级3个、省级6个③。二是大力发展智慧农业。推动智慧农业基础设施建设，加快云计算、大数据、物联网、人工智能在农业生产经营管理中的推广运用，促进新一代信息技术与种植业、畜牧业、渔业等全面深度融合，打造科技农业、智慧农业、品牌农业。三是强化科技赋能农业发展。近年来，达州市聚焦农业产业发展，大力推动农业科技创新，2023年育成农作物新品种5个，建成规模达1 000亩

---

① 达州市人民政府，https://www.dazhou.gov.cn/news-show-199910.html.
② 数据来源：《2023年达州市国民经济和社会发展统计公报》。
③ 中国财政杂志社，https://www.zgcznet.com/zdct/202212/20221227/j_20221227155881000016-721280235242222.html.

的"川苎16"生产基地,推动27项农业科技成果实现了转化推广示范①。全年实现粮食总产量326.6万吨,平均单产达381.6千克/亩,较2022年提升3.2%。四是稳步提升装备设施水平。加快制定《达州市农机社会化服务五年规划》,计划每年财政投入8 000万元至1亿元发展农机社会化服务,推动农机化发展。积极落实农机购置补贴,达州创建"全程机械化+综合农事"服务中心3个,新增农机专业合作社7个,2023年全市农机总动力达305万千瓦,农作物耕种收综合机械化率达48.5%②。

（2）农业特色优势产业快速发展

一是持续扩大特色农业产业基地规模,做实生产供应链。2023年,达州市已发展农业特色优势产业基地285万亩,其中专业化、标准化、规模化基地近100万亩,建成现代畜牧业养殖小区2 988个。逐渐连片形成特色产业带和优势产业区,达州苎麻、渠县黄花、万源富硒茶叶、开江油橄榄、万源旧院黑鸡（蛋）、开江白鹅、蜀宣花牛、优质生猪等特色优势产业在全国具有较高声誉和影响力。二是做强精深加工链。出台《达州市农产品加工产业1+5推进方案》,实施重点企业领导挂包和企业秘书制,建立政银企涉农重大项目沟通机制。2023年,达州市实施农产品加工招商引资项目95个,总投资500余亿元,申报国家级龙头企业2家,共有国家级龙头企业3家,省级龙头企业35家,全年农产品加工产业集群产值达570亿元。三是全力打造区域公用品牌,做响品牌价值链。2020年,达州市启动"农产品品牌建设年活动""138"工程,构建"1+N+N"（1个区域公用品牌+行业品牌+产品品牌）品牌体系③。2021年,达州市有中国驰名商标4个,有机产品34个,绿色食品45个,地理标志农产品15个,累计认证"三品一标"农产品305个④。此外,持续扩大本土特色农产品影响力。积极组织本土农业企业参加中国西部博览会、中国西部（重庆）国家农产品交易会和四川农业博览会等具有影响力的展会,2023年,全市积极动员100余家（次）企业7次参加产品展示展销活动,签订意向性订单6 000余万元。

---

① 四川在线,https：//dazhou.scol.com.cn/sdxwtt/202402/82474674.html.
② 达州市人民政府,https：//www.dazhou.gov.cn/news-show-250742.html.
③ 打造1个达州市农产品区域公用品牌（"巴山食荟"）,依托行业协会培育3个农产品行业品牌（达州脆李、蜀宣花牛、万源富硒茶）,依托龙头企业培育壮大8个优质农产品品牌。
④ 华西都市报,https：//e.thecover.cn/shtml/hxdsb/20210518/153459.shtml.

（3）积极联动共建万达开川渝统筹发展示范区

2020年，成渝地区双城经济圈建设上升为国家战略后，万达开川渝统筹发展示范区建设加速推进，得到前所未有的重视。国家发展改革委、四川省发展改革委、重庆市发展改革委分别开展专题调研，在各个层面均展开全方位合作。2022年7月，万达开三地农业农村委会商粮食、生猪产业协同发展推进方案，签订了万达开农业农村协同发展框架协议，共同推动万达开山地高效型农业协同发展。2023年4月，川渝政府正式联合印发《推动川渝万达开地区统筹发展总体方案》，确立了六个方面的实施路径和具体任务，其中提出要共建现代高效特色农业带。包括：一是建设优质粮油保障基地。加快建设优质粮油保障基地、生猪生产基地等，协同提升区域主要农副产品保供能力和水平。二是协同推进优势特色产业。协同推进晚熟柑橘、道地中药材、生态茶叶、粮油、生猪、乡村旅游等六大优势特色产业全链发展，三峡柑橘产业集群纳入农业农村部优势特色产业集群建设名单，联合制定"开州再生稻""开州木香"等地方标准。三是共建国家农业绿色发展先行区。联合推进乡村产业园区、生态景区和新型社区"三区"同创，因地制宜打造一批巴渝特色镇村。四是联合开展节会推介交流。三地联合举办三峡柑橘国际交易会、三峡道地中药材交易博览会等活动，累计交易金额超60亿元[①]。"三峡天丛""开味开州"等区域公用品牌效益持续提升。

5.3 重庆市潼南区

5.3.1 基本概况

潼南区，隶属重庆市，位于重庆西北部，是重庆主城都市区"桥头堡"城市。潼南区作为全国首批现代农业示范区、国家城乡融合发展试验区，在农业领域取得了显著成就。近年来，潼南区立足资源禀赋，聚焦做好"土特产"文章，培育壮大乡村特色优势产业集群，逐步形成北部丘陵山地粮油产业带、中部渝遂绵优质蔬菜产业带、南部中国柠檬核心产业带，以及现代山地特色效益农业片区"三带一片"乡村产业示范引领空间布局。2023年，潼南区粮食播种面积84.65万亩、产量

---

① 重庆市人民政府，https：//www.cq.gov.cn/zwgk/zfxxgkml/zcjd_120614/mtsj/202304/t20230426_11915555.html.

37.67万吨，蔬菜播种面积104.46万亩、产量239.24万吨，油菜播种面积31.75万亩、产量4.39万吨，水果产量41.01万吨，其中柠檬产量达26.48万吨，生猪出栏82.45万头。全区农林牧渔业总产值实现135亿元①。

5.3.2 主要做法

（1）全链条式推动特色产业高质量发展

潼南区农业产业以粮油、蔬菜、柠檬"一主两辅"和水产、花椒、中药材、特色经果等多元产业为支撑，形成了较为完善的农业产业体系。蔬菜方面，潼南区以构建"蔬菜强区"为目标，于2022年制定《蔬菜柠檬双百亿产业集群实施方案》，系统谋划至2025年实现蔬菜综合产值突破110亿元的战略目标。产业布局上依托涪江流域生态优势和渝遂绵高速交通干线，形成以萝卜、甘蓝、鲜食玉米等特色作物为主导的"一核三区两园"产业格局，推进"一村一品""一镇一园"建设，努力构建"一核三区两园"的现代蔬菜产业发展格局。油菜方面，作为国家油菜制种大县（区），潼南区通过"三链协同"模式推动产业升级。创新链上，引进"庆油3号""华油50"等高含油量优质品种，构建"产学研用"协同创新体系，良种覆盖率达99%以上；生产链上，实施20万亩土地宜机化改造工程，集成无人机播种、植保、机械化采收等新技术，实现耕种收综合机械化率63.71%，亩均节本增效240元②；价值链上，如依托重庆红蜻蜓生态农业发展有限公司等龙头企业建设油菜籽智能化生产线，形成"制种—加工—文旅"三产融合体系，辐射带动3万余户农民②。柠檬方面，潼南被誉为"国际柠檬之都"。近年来，潼南区依托川渝柠檬产业联盟体，建立"1+3+N"产业协同体系，1个全国柠檬核心产区（播种面积100万亩、产量120万吨），3大技术支撑平台，包括中国第一柠檬产品研发平台（农业农村部唯一柑橘类精深加工重点实验室）、中国第一柠檬数字平台（柠檬产业大脑）、中国第一柠檬融合发展平台（全国首个柠檬博览馆），N个新型农业经营主体。截至2024年，已研发生产出5大类350余种柠檬产品，出口产品至俄罗斯、马来西亚、新加坡等30余个国家和地区，出口份额占全国45%③。

---

① 数据来源：《2023年潼南区国民经济和社会发展统计公报》。
② 中国经济网，http://tuopin.ce.cn/news/202304/14/t20230414_38499003.shtml。
③ 重庆市农业农村委员会，https://nyncw.cq.gov.cn/zwxx_161/mtbb/202309/t20230912_12328156.html。

（2）加快推动产业规模化、机械化发展

潼南区高标准农田建设率达到 74.2%，宜机化率达到 61.5%，主要农作物耕种收综合机械化率达 61% 以上，高出重庆市 5 个百分点以上，高于全国丘陵山区 10 个百分点以上[①]。一是大力实施高标准农田建设。遵循"田土水路电技管服"八维协同原则，因地制宜，确定改造内容，累计建成高标准农田 75.6 万亩，在建高标准农田 18.2 万亩，占耕地总面积的 81.9%[②]，农田防灾抗灾能力和粮食综合生产能力得以巩固提高。二是加强宜机化改造。以"宜机化、水利化、农旅化、产业化、生态化、便民化、长效化"为目标，采取地块小并大、短并长、弯变直等措施，改善机械化生产作业条件，促进农机农艺深度融合，建成了 32 个万亩级粮油高产稳产示范区，其中 10 万亩级示范区 2 个[③]。三是加快推进农业社会化服务。潼南区广泛采用"村集体+农户"的模式，引入"土地规划—耕种收—加工包装流通"等全程农业社会化服务。2022 年，全区现有农业社会化服务组织 44 家，年平均服务面积达 200 多万亩[④]。此外，潼南区建立了重庆（潼南）农科城，集智慧农业、特色种业、农产品加工、农机装备、农业科技创新于一体，力争到 2035 年打造成西部丘陵山区特色高效农业科技引领区。

（3）积极参与川渝毗邻地区的农业协同发展

一是加快遂潼川渝毗邻地区一体化发展。潼南区与遂宁市在遂潼川渝毗邻地区一体化发展过程中，通过多次领导小组会议、发布多项重要文件、举办多项重大活动，农业协同发展取得了显著成效。2020 年 12 月，川渝两地政府联合出台《遂潼川渝毗邻地区一体化发展先行区总体方案》。2021 年，发布《遂潼川渝毗邻地区一体化发展先行区发展规划》。遂潼两地将构建"双中心、三走廊、一园区"空间形态，共建渝遂绵优质蔬菜生产带、涪江农文旅融合发展示范带等。2022 年，遂宁、潼南等地共同编制《渝遂绵现代高效特色优势农业产业带实施方案》，共建区域性优势特色产业集群，打造"川渝菜都"。同年，潼南印发《蔬菜柠檬双百亿产业集群实施方案》，以涪江流域、渝遂绵高速为轴线，推动蔬菜、柠檬产业集群建设。此外，还与遂宁合力共建"遂宁鲜"与"潼南绿"等区域公用品牌。二是与周边

---

① 汪昭军. 潼南农业产业兴旺的经验启示 [J]. 中国农村科技，2023（2）：54-56.
② 《潼南区 2023 年高标准农田建设情况通报》，http：//www.cqtn.gov.cn/zwgk_238/fdzdgknr/zd-msxx/202401/t20240115_1287635.html.
③ 潼南区人民政府，http：//www.cqtn.gov.cn/zwgk_238/fdzdgknr/zdmsxx/.
④ 同①.

地区的合作。通过与周边地区和科研机构的多次合作，不断推动农业现代化发展，特别是在柠檬、蔬菜、油菜等主导产业上取得了显著成效。潼南与湖南省农业科学院签订"现代农业产业战略合作协议"，双方将围绕柠檬精深加工开展研发攻关和转化应用，健全建强柠檬加工产业链条，共建重庆（潼南）农科城。同时，还与重庆大学、西南大学等建立农业科技协同发展模式，建成南昌大学重庆研究院、重庆市农业科学院潼南分院等12个市级科研平台。目前，正联合海南、云南等主产区，打造川渝柠檬产业联盟体，共同打造世界级柠檬产业集群。

5.4 四川省泸州市

5.4.1 基本概况

泸州市，四川省辖地级市，地处四川东南、云贵川渝接合部，是区域中心城市，"一带一路"建设、长江经济带发展、新时代西部大开发和成渝地区双城经济圈建设的重要节点城市。泸州市气候温和、土壤类型多样，为其发展都市现代农业奠定了坚实的基础。近年来，泸州加快推进现代农业集群式发展，围绕特色产业，壮大龙头企业、发展示范基地、补齐产业链条，重点打造川南中稻再生稻、川南酿酒高粱、川南肉牛、川南早虾、泸州柑橘、川南晚熟荔枝龙眼、泸州蔬菜、泸州茶、泸州生猪9个产业集群[①]。2023年，泸州市粮食产量235.3万吨、同比增长2.2%，再生稻高产示范区最高亩产再次刷新全省纪录；生猪产能持续巩固，全年生猪出栏422.2万头、同比增长1.6%；蔬菜、家禽、水产品均实现产能、产量"双增长"，2023年蔬菜及食用菌产量318.8万吨、比2022年增长4.7%，禽蛋产量5.3万吨、比2022年增长1.7%，水产品总产量11.14万吨、比2022年增长4.6%，全市农林牧渔业总产值470.2亿元，比2022年增长4.0%[②]。

5.4.2 主要做法

（1）大力推动跨区域农业协同发展

一是加快泸永江现代农业合作示范园建设。2023年6月，四川省委编委批复成

---

① 泸州日报，https：//lzby.lzep.cn/lzrb/202402/21/content_208105.html。
② 数据来源：《2023年泸州市国民经济和社会发展统计公报》。

立泸永江融合发展示范区（泸州）管理委员会，形成了市县两级"1+4"运行架构和"1+4+7"工作运行机制，为加强泸渝合作，落实《成渝现代高效特色农业带建设规划》《泸永江融合发展示范区总体方案》，统筹布局水稻、高粱、蔬菜（花椒）、荔枝、龙眼、早茶等优势特色产业发展，共同打造优质渔业产业集群、长江大地菜产业带，共建100万亩优质粮油及稻田综合种养产业带、100万亩优质茶叶产业带、50万亩长江中上游晚熟龙眼荔枝产业带、80万亩泸永江花椒产业带，共同推动川南渝西现代农业协同发展示范区建设；此外，还积极举办泸州农交会，组织参加重庆农交会，合办农民丰收节，促进展会节庆活动互办互促，拓展农产品市场。二是加快巴蜀鱼米之乡示范区建设。高标准规划建设巴蜀鱼米之乡示范区，以成渝地区双城经济圈中部和渝西的沿江、沿界地区为主，包括四川的泸州、宜宾、自贡、内江和渝西的江津、永川、荣昌7市（区）沿江、沿界乡镇，规划面积1 600余平方千米。支持合江县与重庆市江津区、泸县与重庆市永川区加强合作，共同编制《泸永融合发展示范园总体规划》、签订《合川·江津 推动成渝现代高效特色农业带建设战略合作协议》，共建100万亩"巴蜀鱼米之乡"农业合作示范园，通过"抱团"发展，形成规模效应，构建具有区域竞争力、国际影响力和辐射带动力的长江上游"鱼米之乡"。

（2）推动"泸字号"特色产业提质增效

围绕成渝地区双城经济圈和泸州市"一体两翼"特色发展战略，协同推进成渝现代高效特色农业带建设。一是强化顶层设计，高标准编制园区规划。坚持现代农业园区规划与现代农业发展、乡村振兴、经济社会发展规划统筹衔接，出台《泸州市现代农业发展规划》《泸州市"十四五"推进农业农村现代化规划》《泸州市现代农业园区建设总体规划（2021—2025）》等文件，逐步形成国家、省、市、县现代农业园区梯级发展体系。2023年，泸州市创建了4个四川星级现代农业园区，成功列入2023年度成渝现代高效特色农业带合作园区1个。二是建强农业基地。园区主导产业重点聚焦粮油、生猪、特色经作等优势特色农业产业，每个园区突出发展1~2个主导产业，产业间通过种养结合、生态循环、轮作倒茬、间作套种等方式相互联系。粮油主导产业播种面积占园区耕地总面积的80%以上，畜禽、水产、特色经作主导产业总产值占园区总产值的比重，分别达到60%、60%、70%以上[①]。2023年，合江县荔江镇、泸县方洞镇、古蔺县马蹄镇3个镇获国家农业产业强镇称

---

① 泸州日报，https://lzby.lzep.cn/lzrb/202402/21/content_208105.html.

号。三是提升品牌质效。集中力量打造"酒城优品""泸州桂圆"等农产品区域公用品牌,组织参加中国绿色食品(有机食品)博览会、"天府粮仓"农产品区域公用品牌发布等活动。"国窖1573"获评第十五届中国国际有机食品博览会金奖。

(3)持续完善联动带农机制

一是加快健全农业生产社会化服务体系。壮大新型农业经营主体,抓好农民合作社、家庭农场培育和提档升级,2023年泸州市新增省级农民合作社示范社18个、省级家庭农场示范场15个。大规模推进农业生产社会化服务,创新构建联动协作机制,依托全市21个为农服务中心,2023年新培育农业生产社会化服务组织32个,培育首批省级农业生产社会化服务组织4个,各类社会化服务主体为8.3万个农业经营主体集成式提供社会化服务,服务面积在130万亩以上。二是加强农业技术推广。实施高素质农民、新型经营主体带头人"头雁"项目,培训各类农村人才6 500余人次,建设农业科技示范基地16个,推广种植技术方案3个。三是建立多元化利益联结机制。壮大集体经济,争取村级集体经济发展扶持项目73个,开展农村集体资产监管提质增效行动,全市实现村级集体经济收入3.7亿元,同比增长6%。落实惠农政策,2023年发放农机购置补贴资金1 980万元,耕地地力保护补贴、实际种粮农民一次性补贴、稻谷目标价格补贴和种粮大户补贴共计5.02亿元①。

5.5 重庆市涪陵区

5.5.1 基本概况

涪陵区,重庆市辖区,地处重庆市中部、三峡库区腹地,是重庆主城都市区重要战略支点城市、重庆一小时经济圈核心城市、成渝经济区东部中心城市。地形地貌以山地丘陵为主。截至2023年末,涪陵区户籍人口111.60万人,其中乡村人口60.40万人,占比54.12%,是典型的山区农业县。近年来,涪陵区重点守住守牢耕地保护和粮食安全底线,全力推动乡村产业提档升级,因地制宜做好"土特产"文章,构建以榨菜为主导、中药材和生态畜牧为支撑的"1+2+X"农业特色产业体系。2023年,全区农林牧渔业总产值146.03亿元、增长4.8%,第一产业增加值

---

① 数据来源:泸州市广播电视台,https://www.luzhoubs.com.

97.36亿元、增长4.6%，增速达到全市平均水平。农村常住居民人均可支配收入22 097元、同比增长6.5%[①]。

5.5.2 主要做法

（1）加快构建特色农业产业体系

一是加快推进特色农业产业集群建设。构建以生产—示范—加工—交易—物流为核心的多元化一体化产业链条，优化调整产业布局，推进多元要素融合发展。如今涪陵已形成了以国药太极集团为龙头的中药全产业链集群；以涪陵榨菜集团为龙头的榨菜全产业链集群；以立华牧业、海林公司为龙头的肉鸡和黑猪全产业链集群。2023年涪陵区青菜头收砍面积73.5万亩，总产量178万吨，产销成品榨菜51万吨，实现榨菜产业总产值141亿元，"涪陵榨菜"品牌价值达379亿元[②]。同期，累计建设中药材种植基地12万亩、建成了万亩林下仿野生中药材种植基地，中医药全产业链实现产值115亿元。二是加快发展食品及农产品加工。生产端引导榨菜、中药材等龙头企业扩大生产规模，加工端支持加工企业加入园区，销售端吸引新型农业经营主体入驻农产品集散交易市场。截至2023年，加大对高附加值衍生产品的研究开发力度，拓展农产品精深加工产品市场。目前，涪陵已累计培育规模以上农产品加工企业93家，其中年产值超亿元企业占26.8%，市级示范企业占34.4%，11家企业入选重庆市农产品加工业100户领军企业（如涪陵榨菜集团），获批"双百"企业数量居全市第一[③]。三是加快培育新产业新业态。依托特色优势农产品，鼓励农业经营主体创新营销思路、拓展营销渠道，大力发展"互联网+"等现代服务业，有效推动乡村三产融合发展。如涪陵大顺镇新兴村通过"宅基地+鱼塘（果园）"等形式发展特色民宿经济、生态经济等，建立了"农户+合作社+榨菜企业"利益联结机制，村集体收入近1 000万元，菜农人均榨菜纯收入超3 000元。

（2）加快推动农业经营主体发展壮大

一是加强顶层设计。制定专项方案，围绕新型农业经营主体培育目标，出台《涪陵区加强政策支持大力培育新型农业经营主体实施方案》《涪陵区全国农民合作社质量提升整区推进试点实施方案》等文件，明确政策支持路径与质量提升要求。优化管

[①] 数据来源：《2023年涪陵区国民经济和社会发展统计公报》。
[②] 涪陵区人民政府，http://www.fl.gov.cn/zwxx_206/ywdt/202401/t20240122_12846705.html.
[③] 重庆日报，https://cqrb.cn/shishi/2024-09-22/2031118_pc.html.

理机制，针对家庭农场规范化发展，制定《涪陵区"四化"家庭农场认定管理办法》，细化认定标准与管理流程，强化主体资质审核与动态监管。强化协同机制，依托区级部门联席会议制度，建立跨部门定期沟通与信息共享平台，统筹推进政策落实与资源整合，形成多部门协同发力的工作格局。二是强化培育引导。2023年，涪陵区培育农民合作社1 223家、家庭农场1 279家、农业产业化重点龙头企业88家，农业社会化服务组织288家。成立全区覆盖的新型农业经营主体辅导员队伍，包括辅导员104人，其中基层干部和新型农业经营主体带头人分别占67%和33%[①]。三是深化利益联结机制。重点培育榨菜、中药材等特色产业的农民股份合作社255家，累计投入财政补助资金6 430万元，构建了"企业+合作社+农户"产业联动模式、推行"保护价收购+订单生产"合作经营模式、建立"保底分红+财政股权化分红+务工收入+盈余二次分红"多元分配模式。

（3）加快深化川渝地区农业协同发展

一是建立健全工作机制。构建以党政主要领导为组长、区级部门广泛参与的领导小组，下设7个专项工作组，定期召开领导小组会议、专题工作会议，统筹指导涪陵区推动双城经济圈建设各项工作。印发出台《关于贯彻落实〈成渝地区双城经济圈建设规划纲要〉的实施方案》《涪陵区贯彻落实〈重庆市推动成渝地区双城经济圈建设行动方案（2023—2027年）〉实施方案》等文件，高位落实上级部署任务、系统谋划本级发展目标。二是组建产业化利益联合体。紧紧围绕涪陵榨菜百亿级产业集群，对榨菜产业"产前、产中、产后"的关键问题与技术瓶颈，建立多层级、全方位川渝联合协作机制，搭建产业联盟、产业集群、种植加工等资源要素聚集平台。携手眉山打造长江上游榨菜优势产区，共建全球泡（榨）菜出口基地，布局建设眉山榨菜加工厂。在宜宾筠连建设榨菜种植基地，开展青菜头采购合作，2023年遂宁、西充、自贡、宜宾、南部等四川区域青菜头产量突破10万吨。三是推动跨区域科技协同创新。立足榨菜、中药材、生态畜牧等特色产业，涪陵精准对接科研院校、企业，累计建成运营国家蔬菜改良中心、涪陵榨菜研究中心等国家级科研平台7个。川渝共建"中国酱腌菜科技创新重庆市重点实验室"落地涪陵，建成全国最大的青菜头遗传种质基因库。成立西南大学涪陵研究院、重庆市畜牧科学院涪陵分院，获批与西南大学共建市级农业科技现代化先行区县，"中药创新研究

---

① 刘雪姣，黄敏，何晶晶．重庆涪陵：加快构建现代农业经营体系［J］．中国农民合作社，2024（8）：65-66．

院士工作站""涪陵黑猪种养循环院士工作站"授牌落地。

5.6 四川省内江市

5.6.1 基本概况

内江市,四川省辖地级市,地处四川盆地东南部、沱江下游中段,位居重庆、成都两大城市中心,素有"川南咽喉""巴蜀要塞""成渝之心"之称,是川南渝西融合发展试验区、内荣农高区、内江自贡同城化发展的重要组成部分。内江历来是四川农业大市、农产品主产地之一,拥有"中国黑猪之乡""中国血橙之乡""中国无花果之乡"等7块金字招牌。目前,内江聚焦粮油蔬菜、内江黑猪、资中血橙、威远无花果、特色水产、肉牛羊六大特色产业,建设特色农业产业集群。其中,威远县建成全国唯一的无花果全产业链集中发展区,资中县建成全国最大的血橙产业基地,隆昌市建成全省连片面积最大的稻渔综合种养示范基地。2023年,内江市粮食作物播种面积31.48万公顷,粮食总产量174.33万吨、比2022年增长2.9%;油料作物播种面积8.98万公顷,油料产量19.41万吨、比2022年增长2.9%;出栏生猪265万头,比2022年增长1.7%,其中内江黑猪23万头;肉牛羊产业实现综合产值80亿元,建成精品蔬菜示范区16个,发展大水面生态渔业,水产品总产量14.15万吨;全年实现农业总产值462.93亿元,比2022年增长4.3%[①]。

5.6.2 主要做法

(1)持续加强重要农产品保供能力

一是坚持规划引领。制定《内江市"十四五"推进农业农村现代化规划》《内江市建设新时代更高水平"天府粮仓"内江发展区实施方案》等文件,起草《"天府粮仓·百园建设"实施方案》,配套出台《内江市现代农业园区建设考评激励方案》《内江市现代农业园区建设工作推进机制方案》《内江市现代农业园区认定评分标准》等,重点建设现代农业高新技术产业发展示范区、现代精品农业发展示范区、都市农业发展示范区,培育粮油、生猪、柑橘、中药材、蔬菜、稻渔综合种养

---

① 数据来源:《2023年内江市国民经济和社会发展统计公报》。

6条产业带。二是坚持突出优势。重点围绕六大特色优势产业建设现代农业园区，如威远县建成全国唯一的无花果全产业链集中发展区，资中县建成全国最大的血橙产业基地，资中血橙入选全国特色农产品优势区。截至2023年，内江市建有国家级现代农业产业园2个，省级现代农业产业园7个，市级现代农业产业园44个，县级现代农业产业园96个。三是强化项目支撑。以项目作为农业优势产业带建设的有效推手，掌握项目动态、做好项目对接，积极争取中央、省级更多项目资金落地内江，向现代农业园区、特色产业等倾斜集聚。2023年，全市争取农业项目90余个（不含补贴类），金额达15.5亿元[①]。

（2）加快推进农业产业链韧性提升

一是完善精深加工链。以农产品加工业提升行动为抓手，推动产地初加工快速发展。通过培育新型经营主体，引导县级以上家庭农场、合作社参与产地仓储保鲜设施建设，支持龙头企业开展农产品收储业务，完善冷库、冷链零售终端等配套物流体系。深化初加工与精深加工衔接，统筹建设区域性冷链物流集散中心，推进质检、冷藏、环保处理及电商直播等设施共享。截至2023年，内江市已培育市级以上农业产业化龙头企业113家。二是做响品牌价值链。强化"甜城味"区域公用品牌引领作用，构建名特优新品牌矩阵。通过全国名特优新农产品产销对接、四川农业博览会等活动，推动"内江黑猪""威远无花果"等5个产品获评2024年全国名特优新产销对接活动"最受欢迎产品"。同步建立内江"土特产"农产品线下展示专区和电商推广体系，省级农产品质量监测合格率达99.6%[②]。三是强化农文旅融合链。融合大千文化、红色文化及甜城美食IP，打造"农业+"多元业态。依托白乌鱼、无花果、血橙等特色产业，配套完善道路、民宿、智慧驿站等基础设施，开发乡村旅游、研学基地、非遗体验等场景。积极通过抖音、小红书等平台推广农文旅融合项目，打造"数字农旅+文化体验"双轮驱动模式。

（3）农业协同合作进程逐步加快

一是内荣农高区建设卓有成效。2021年，川渝政府共同批复《关于设立内江荣昌现代农业高新技术产业示范区的请示》、同意《内江荣昌现代农业高新技术产业示范区总体方案》。内江荣昌现代农业高新技术产业示范区（内荣农高区）作为川渝毗邻地区合作共建功能平台之一，是唯一以农业发展为主题的合作平台，近3年

---

① 数据来源：内江日报，https://www.thepaper.cn/newsDetail_forward_27144629.

② 同①.

来取得了显著成效，进一步提高了成渝两地农业核心竞争力和综合效益。以"智慧猪场"为例，两地发挥"荣昌猪""内江猪"独特品种资源优势和畜牧科技人才优势，在交界处共建"双昌"示范猪场，推进规模化、智能化、清洁化健康养殖，打造国家优质生猪战略保障基地和种猪供种高地。此外，双方还围绕共建40万亩"双昌"稻渔任务（荣昌15万亩、隆昌25万亩），与四川农业大学等高校科研院所合作，引进博士专家团队，开展水稻新品种展示及繁育、推广、开发等合作，建设稻渔全程绿色防控示范片。二是农业科技创新合作日益加强。内江大力实施"甜城英才引进工程"、人才特区试点建设以及深化同高等院校和科研院所的合作等方式，加大与中国农业大学、西南大学、四川农业大学、中国农业科学院柑桔研究所等13所农业科研院校合作，创建中国·资中血橙国际联合研发中心、内江黑猪省级工程技术研究中心等科研平台19个。例如，威远无花果省级五星级现代农业园区拥有目前国内唯一的中国农业大学无花果教授工作站，成立了全国唯一的省级无花果研究所，完成了全国首次无花果太空育种并建立育种基地，培育太空实生苗3万余株，园区拥有无花果生产和加工专利技术26项，无花果品种90个。

第6章 总体目标、原则与战略

6.1 指导思想

坚持以习近平新时代中国特色社会主义思想为指导，全面贯彻党的二十大精神和习近平总书记关于建设成渝现代高效特色农业带的重要指示精神，按照高质量发展要求，紧紧围绕统筹推进"五位一体"总体布局和协调推进"四个全面"战略布局，着眼推动成渝地区统筹发展，促使成渝地区成为具有全国影响力的重要经济中心、科技创新中心、改革开放高地、高品质宜居地，助推西部乃至全国高质量发展。

6.2 发展原则

6.2.1 坚持区域协调发展

坚持"川渝一盘棋"思维，处理好中心和区域的关系，优化整合区域资源，充分发挥各地区农业比较优势，强化协同辐射带动作用，加强政策协调和规划衔接，做到统一谋划、一体部署、相互协作、共同实施，以点带面、推动区域均衡发展，以城带乡、有效促进乡村振兴，形成特色鲜明、布局合理、集约高效的"一轴三带四区"川渝农业发展格局。

6.2.2 坚持改革创新发展

坚持科技创新与改革开放"双轮驱动"，因地制宜发展农业新质生产力，以科技创新引领先进生产要素集聚，以立体化改革攻坚破除体制机制壁垒，着力推动农业科技创新与农业产业深度融合，构建形成"科—教—产—才"融合联动创新生态,塑造发展新动能、激发产业新活力,助力打造具有国际竞争力的农业科技创新策源地。

6.2.3 坚持绿色低碳发展

全面践行生态文明理念,共筑长江上游生态屏障,严守生态保护红线、永久基本农田、城镇开发边界三条控制线,优化国土空间开发格局,提高用地、用水、用能效率,构建绿色低碳的农业生产生活方式和建设运营模式,共同打造绿色发展底色,探索农业发展和生态环境保护相辅相成、相得益彰的新路子。

6.2.4 坚持城乡融合发展

注重以工促农、以城带乡,促进城乡规划布局、要素配置、产业发展、基础设施、公共服务、生态保护等相互融合和协同发展,推动新型工业化和农业现代化、新型城镇化和乡村振兴良性互动,促进城乡公共资源均衡配置,推动形成新型城乡关系。

6.3 发展战略[①]

6.3.1 以园区为引领建设"现代"农业带

合作园区是两地深化合作的重要载体和抓手,在大力支持船山区—潼南区、武胜县—合川区、合江县—江津区3个合作园区巩固提升的同时,加快谋划宣汉县与城口区和开州区、开江县与梁平区、泸县与永川区、邻水县与渝北区、遂宁市安居区与潼南区、安岳县与潼南区、大竹县与梁平区7个毗邻地区合作园区落地建设,以现代农业园区引领带动成渝现代高效特色农业带高质量发展。

6.3.2 以保供为首要建设"高效"农业带

保障国家粮食安全是川渝两地共同肩负的职责,推动农业带和毗邻地区现代化要围绕"天府粮仓""巴渝粮仓"建设,更好发挥四川油菜第一生产大省和制种大省优势,以及重庆油菜育种技术优势,加强农业科研、推广合作,开展现代农业园

---

① 四步齐走!成渝共建现代高效特色农业带,https://baijiahao.baidu.com/s? id=181759458-3615026924&wfr=spider&for=pc。

区建设和粮油绿色高产高效行动,集中示范推广粮食新品种、新技术、新模式,联合推进油菜产业高质量发展。鼓励和支持大型养猪企业集团在川渝一体化布局全产业链,联合开展非洲猪瘟等重大动物疫病防控,推动生猪产业转型升级,全力打造保障国家重要农产品供给的战略基地。

6.3.3 以项目为支撑建设"特色"农业带

农业资源丰富、特色鲜明是川渝的共同优势。推动农业带和川渝毗邻地区现代化建设,要充分发挥两地农业自然资源优势,以渝遂绵优质蔬菜、道地中药材、名优茶、长江上游柑橘、长江上游渔业等优势特色产业带为依托,联合申报建设一批国家现代农业产业园和产业集群等重大项目,共同打造全球泡榨菜出口基地,布局建设农产品加工物流园区,推动成渝现代高效特色农业带成势见效。

6.3.4 以协同为抓手建设"和美"农业带

围绕建设美丽巴蜀宜居乡村示范带,协同开展农村人居环境整治提升行动,推动厕所、垃圾、污水"三大革命",共同发展休闲农业,创建中国美丽休闲乡村、全国休闲农业重点县,协同推动农业生态绿色转型,巩固长江十年禁渔成效,推进川渝跨界交界水域交叉联合执法,推动实现巴蜀美景共建共享。

6.4 总体目标

到 2030 年,成渝地区农业现代化建设取得实质性进展。粮食和重要农产品供给保障能力显著增强,粮食播种面积稳定在 12 800 万亩,粮食综合生产能力稳定在 5 050 万吨以上,油料、肉类、蔬菜产量继续保持稳步提升态势,年出栏生猪稳定在 9 000 万头以上,其中四川省坐稳全国生猪第一大省位置。主要农作物良种覆盖率达 99%,农田有效灌溉率达 58%,农业科技进步贡献率达 68%,农作物耕种收综合机械化率达 68%,科技成果转化率大幅提高,新型经营主体和小农户吸纳新技术的能力显著增强,城乡居民收入比缩小至 1.95∶1。农产品加工业产值与农业产值之比达到 3∶1 以上,农业劳动生产率达 6 万元/人以上。农村一二三产业深入融合,休闲农业经营综合收入继续保持在全国前列。"互联网+农业"加快发展,农业信息化率达 38% 以上。优质农产品供给数量大幅增加,绿色、有机、地理标志、良好农业规范认证农产品数量达 8 500 个。

到 2035 年，成渝地区作为全国重要农产品供给基地的地位得到持续巩固，农业质量、效益和竞争力实现实质性飞跃，特色农产品品牌知名度、美誉度显著提升，在全国市场的话语权明显增强，新创建认定一批特色农产品优势区，建成一批辐射带动力强的国家级农业产业化示范基地。特色农产品市场竞争力和市场占有率居于全国领先地位，形成优质粮油、优质果蔬、精制茶叶等千亿产业集群以及畜牧万亿级产业链。农产品精深加工业做大做强，农产品加工领域基本实现智改数转，农产品产后减损、提质、增值能力不断提升，形成一批竞争力强、带动面广的国家级农业产业化龙头企业、行业领军型龙头企业、优质中小企业，培育一批地方特色食品产区。新创建一批中国驰名商标，推出一批进入中国百强农产品区域公用品牌和在国际市场具有竞争力的出口品牌。区域农业整体发展水平在稳定保持中西部"排头兵"位置基础上，进入全国第一梯队（表6-1）。

表 6-1 成渝现代高效特色农业带主要指标发展目标

序号	指标	单位	2022年	2030年	2035年	指标属性
1	第一产业增加值	亿元	8 130.7	9 700	11 000	预期性
2	粮食播种面积	万亩	12 766	12 800	12 800	约束性
3	粮食产量	万吨	4 734.5	5 050	5 400	约束性
4	生猪出栏量	万头	8 452.8	9 000	9 500	预期性
5	主要农作物良种覆盖率	%	98.0	99	99.5	预期性
6	高标准农田占耕地比重	%	67.72	75	80	预期性
7	农田有效灌溉率	%	51.6	58	63	预期性
8	农业科技进步贡献率	%	61.5	68	73	预期性
9	农作物耕种收综合机械化率	%	52.3/55.2[①]	68	75	预期性
10	农业生产信息化率	%	26.5	38	50	预期性
11	农产品加工业与农业总产值比	亿元	2.4	3	3.5	预期性
12	农业劳动生产率	万元/人	4.01	6	7.5	预期性
13	绿色、有机和地理标志农产品数量	个	5 906	8 500	12 000	预期性
14	农村居民人均可支配收入	元	18 807	30 000	42 000	预期性
15	城乡居民收入比	—	2.26	1.95	1.7	预期性

注：参照《成渝现代高效特色农业带建设规划》《农业强国规划》指标体系。

① 四川农作物耕种收综合机械化率为52.3%，重庆为55.2%。

6.5 功能分区

围绕成渝双城经济圈建设"双核一轴、两翼三带"定位和布局,推动成渝现代高效特色农业带"一轴三带四区"协同发展。强化成都与重庆"双核"引领,加快推动成渝中部崛起,带动沿线、沿江、沿界农业协同发展。打造沿长江、沿嘉陵江、渝遂绵现代高效特色优势农业产业带,建设都市现代高效特色农业示范区、川南渝西丘陵山地现代农业协同发展示范区、渝东北川东北现代农业统筹发展示范区。联合打造"川菜渝味"等区域公用品牌,建成西部重要农产品保供基地、现代农业高地,在西部地区率先实现农业农村现代化(表6-2)。

表6-2 成渝现代高效特色农业带产业布局

区域		规划范围	主导产业	特色产业
"一轴"	成渝主轴现代高效特色农业一体化发展示范区	资阳、内江、遂宁、大足、荣昌、潼南、永川、铜梁、璧山	粮油	水果(柠檬)、生猪、中药材
"三带"	沿长江现代高效特色农业绿色发展示范带	雅安、乐山、眉山、宜宾、泸州、江津、涪陵、丰都、忠县、万州、云阳、奉节、巫山	粮食	水果(柑橘)、茶叶、渔业
	沿嘉陵江现代高效特色农业转型发展示范带	南充、广安、合川、北碚	粮食	生猪、渔业
	渝遂绵现代高效特色农业高质量发展示范带	铜梁、潼南、遂宁、绵阳	粮油、蔬菜	生猪、水果(柠檬)
"四区"	重庆主城都市区都市现代高效特色农业示范区	涪陵区、渝中区、大渡口区、江北区、沙坪坝区、九龙坡区、南岸区、北碚区、渝北区、巴南区、长寿区、江津区、合川区、永川区、南川区、綦江区、大足区、璧山区、铜梁区、潼南区、荣昌区	蔬菜、粮食	茶叶、水果(柑橘、柠檬)
	成德眉资都市现代高效特色农业示范区	成都市、德阳市、眉山市、资阳市	粮油	泡菜、水果(柑橘、柠檬)
	渝东北川东北现代农业统筹发展示范区	万州区、达州市、开州区	粮油、生猪	水果(柑橘)、中药材
	川南渝西丘陵山地现代农业协同发展示范区	自贡市、泸州市、内江市、宜宾市、江津区、永川区、荣昌区	粮食、生猪	茶叶、渔业

第 7 章　成渝主轴现代粮经产业带及科创走廊建设

7.1　基本概况

成渝主轴是连接成都与重庆主城双核的主要轴线,也是成渝地区双城经济圈双向互动的直线区域,更是促进双圈区域间要素流动、产业互补和协调发展的重要节点。打造以成资渝、成遂渝、成内渝三线协同并进的成渝发展主轴,对于推动成渝主轴共建现代高效特色农业一体化发展示范区,引领川渝毗邻地区同步推进跨区域合作,推动成渝现代高效特色农业带高质量发展,具有重大而深远的意义。基于上述,成渝主轴覆盖资阳、内江、遂宁、大足、荣昌、潼南、永川、铜梁、璧山等三市六区,行政区域占据成渝地区总面积的 4.68%,对于推动成渝主轴共建现代高效特色农业一体化发展示范区,引领川渝毗邻地区跨区域合作,全面促进成渝现代高效特色农业带高质量发展,具有重大而深远的意义。而从区域格局上来看,成渝主轴承东启西、贯通南北,既是衔接"一带一路"倡议的战略节点,也是串联重庆两江新区与四川天府新区两大国家级新区的关键纽带,且正逐步发展成为内陆开放的新前沿,其经济引擎动力强劲,未来发展空间广阔。此外,依托主轴沿线的资阳、内江、遂宁以及荣昌、大足、潼南、永川等区市产业优势,建设现代产业走廊,更有利于促进川渝产业双向融合互动发展,健强促进中部区域均衡协调发展的产业"脊梁"。

成渝主轴属于典型的丘陵地区,区域内丘陵地区面积占七成以上,是成渝地区水稻、玉米、甘薯、油菜、生猪、蔬菜、柑橘(柠檬)主产区,承担着川渝两地粮食等农产品生产保供的重要任务。2022 年,成渝主轴常住人口城镇化率为 59.65%,略低于成渝地区 61.86% 的平均城镇化率,而成渝主轴上的乡村人口数量达 520.99 万人,占成渝地区总人数的 11.79%。近年来,成渝主轴 GDP 总体增势明显,从

2013年的4 066.4亿元增至2022年的9 270.02亿元，年均增速达9.59%，超出同期成渝地区9%的年均GDP增速水平，主轴GDP在成渝地区GDP中的比重稳定在10%以上。同时，主轴上大部分区市GDP的年增速均超出成渝地区平均GDP增速水平，仅资阳、内江增速略低于成渝地区平均水平；与此同时，成渝主轴人均GDP从29 937.64元增至71 803.29元，年均增速达到10.21%，同样超出成渝地区8.50%的人均GDP增速水平，但主轴上内江、资阳的人均GDP增速仍然低于成渝地区平均增速水平（图7-1）。2022年，成渝主轴常住人口城镇化率为59.65%，略低于成渝地区61.86%的平均城镇化率；成渝主轴上的乡村人口数量达520.99万人，占成渝地区总人数的11.79%。成渝主轴属于典型的丘陵地区，丘陵地区面积占七成以上，是成渝地区水稻、玉米、甘薯、油菜、生猪、蔬菜、柑橘（柠檬）主产区，承担着川渝两地粮食等农产品生产保供的重要任务（表7-1）①。

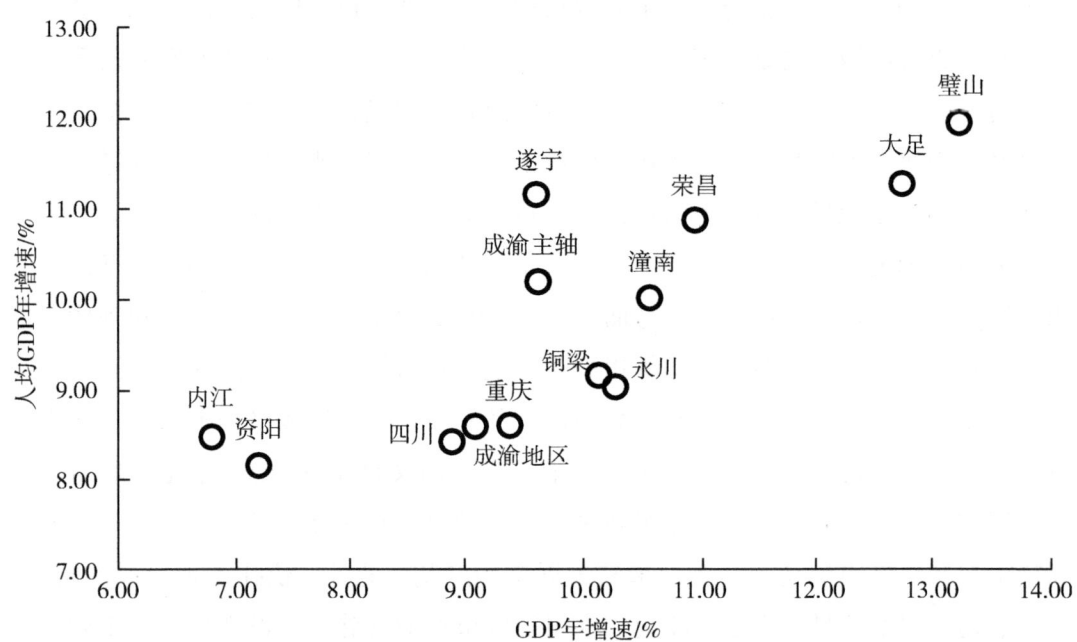

图7-1　2013—2022年成渝主轴不同区市GDP和人均GDP年增速对比

注：根据2012—2023年《四川省统计年鉴》《重庆市统计年鉴》整理分析所得。

---

① 数据来源：2012—2023年《四川省统计年鉴》《重庆市统计年鉴》《中国农村统计年鉴》。

表 7-1 成渝发展主轴总体经济情况

类别	地区	2013年	2014年	2015年	2016年	2017年	2018年	2019年	2020年	2021年	2022年
GDP/亿元	成渝地区	39545.62	43515.11	46382.55	51161.52	57971.43	64490.9	69969.52	73543.07	82165.26	85878.84
	成渝主轴	4066.4	4547.79	4912.49	5413.4	5979.82	6697.73	7536.82	6999.58	8877.85	9270.02
	主轴占比/%	10.28	10.45	10.59	10.58	10.32	10.39	10.77	9.52	10.8	10.79
年末常住人口/万人	成渝地区	11120.03	11182.48	11266.02	11360.96	11452.14	11484.14	11538.84	11579.93	11584.43	11587.34
	成渝主轴	1358.29	1352.25	1345.44	1338.57	1327.69	1316.94	1308.75	1305.22	1296.38	1291.03
	主轴人口占比/%	12.21	12.09	11.94	11.78	11.59	11.47	11.34	11.27	11.19	11.14
人均GDP/元	成渝地区	35562.51	38913.65	41170.31	45032.74	50620.61	56156.49	60638.26	63509.08	70927.32	74114.37
	成渝主轴	29937.64	33631.28	36512.14	40441.67	45039.28	50858.28	57587.93	53627.59	68481.85	71803.29
	主轴占比/%	84	86	89	90	89	91	95	84	97	97
城镇人口/万人	成渝地区	5401.24	5602.41	5844.27	6094.1	6348.09	6558.39	6797.22	6979.07	7099.03	7167.7
	成渝主轴	623.99	639.6	658.32	676.44	695.57	716.08	738.26	755.59	764.13	770.04
	主轴占比/%	11.55	11.42	11.26	11.10	10.96	10.92	10.86	10.83	10.76	10.74
乡村人口/万人	成渝地区	5718.79	5580.07	5421.75	5266.86	5104.05	4925.75	4741.62	4600.86	4485.4	4419.64
	成渝主轴	734.3	712.65	687.12	662.13	632.12	600.86	570.49	549.63	532.25	520.99
	主轴占比/%	12.84	12.77	12.67	12.57	12.38	12.20	12.03	11.95	11.87	11.79
城镇化率/%	成渝地区	48.57	50.1	51.88	53.64	55.43	57.11	58.91	60.27	61.28	61.86
	成渝主轴	45.81	47.3	48.97	50.6	52.43	54.44	56.44	57.88	58.94	59.65

注：根据 2012—2023 年《四川统计年鉴》《重庆统计年鉴》数据整理计算。

7.2 产业基础

7.2.1 粮食和重要农产品保供增强

2013—2022年，成渝主轴上三市六区的粮食产量呈现稳定增长态势，从660.44万吨增至681.37万吨，占成渝地区粮食总产量的比重基本稳定在15%左右；人均粮食产量从486.23千克增至527.77千克，超出成渝地区人均粮食产量的33.43%，粮食综合生产能力不断提升。与此同时，成渝主轴"菜篮子"品类逐渐丰富，尤其主要农副产品供应更为充足。2013—2022年，成渝主轴油料产量从62.87万吨增至90.32万吨，在成渝地区油料总产量中的占比从16.89%增至17.90%；人均油料产量从46.29千克增至69.96千克，显著高于成渝地区人均43.55千克的油料产量。但受养殖业结构调整和居民膳食结构改善等影响，成渝主轴猪肉产量在近年来有所下降，从2013年的108.82万吨降至2022年的91.41万吨，在成渝地区猪肉总产量中的占比从16.73%降至14.56%；此外，成渝主轴人均猪肉产量从80.12千克降至70.80千克，但依然高出成渝地区16.61千克的人均猪肉产量。成渝主轴蔬菜产量从928.52万吨增至1 258.80万吨，在成渝地区蔬菜产量中的占比始终稳定在17%左右；成渝主轴人均蔬菜产量从683.59千克增至975.04千克，远远超出成渝地区330.27千克的人均蔬菜产量。成渝主轴水果总产量从139.56万吨增至216.08万吨，在成渝地区水果总产量中的占比稳定在10%以上；人均水果产量从102.75千克增至167.37千克，与成渝地区人均水果产量基本相持平。在水产品方面，成渝主轴水产品产量从34.51万吨增至44.48万吨，在成渝地区中的比重基本稳定在20%左右；成渝主轴人均水产品产量从25.41千克增至34.45千克，显著高于成渝地区19.74千克的人均水产品产量。从成渝主轴各区市粮食和重要农产品产量来看，粮食产量最高的是内江市、油料产量最高的是资阳市、猪肉产量最高的是遂宁市、蔬菜产量最高的是内江市、水果产量最高的是资阳市；若从单产水平来看，资阳市的粮食单产、油料单产、水果单产、猪肉人均产量均为最高，而蔬菜单产、水产品人均产量最高的则为重庆市潼南区（表7-2，图7-2至图7-7）。

表 7-2　2013—2022 年成渝主轴三市六区粮食和主要农产品生产情况

类别		2013年	2014年	2015年	2016年	2017年	2018年	2019年	2020年	2021年	2022年
粮食产量/万吨	成渝地区	4 391.21	4 368.53	4 445.65	4 548.13	4 568.78	4 573.04	4 573.68	4 608.85	4 674.99	4 583.37
	成渝主轴	660.44	661.63	670.46	684.25	687.74	686.43	685.92	690.80	700.43	681.37
	占比/%	15.04	15.15	15.08	15.04	15.05	15.01	15.00	14.99	14.98	14.87
猪肉产量/万吨	成渝地区	650.59	668.14	649.21	622.94	602.20	613.36	465.52	503.61	602.50	627.96
	成渝主轴	108.82	113.84	111.10	98.42	93.72	93.02	68.19	75.29	87.93	91.41
	占比/%	16.73	17.04	17.11	15.80	15.56	15.17	14.65	14.95	14.59	14.56
蔬菜产量/万吨	成渝地区	5 249.92	5 468.31	5 696.24	5 913.61	6 114.90	6 370.75	6 648.93	6 905.96	7 223.42	7 471.06
	成渝主轴	928.52	976.85	1 024.73	1 018.63	1 055.61	1 072.09	1 106.49	1 156.93	1 215.84	1 258.80
	占比/%	17.69	17.86	17.99	17.23	17.26	16.83	16.64	16.75	16.83	16.85
油料产量/万吨	成渝地区	372.20	387.46	397.72	407.05	421.30	426.20	432.60	459.97	485.08	504.65
	成渝主轴	62.87	66.42	69.89	70.57	77.44	76.92	79.03	82.89	86.69	90.32
	占比/%	16.89	17.14	17.57	17.34	18.38	18.05	18.27	18.02	17.87	17.90
水果产量/万吨	成渝地区	1 133.90	1 205.84	1 284.42	1 329.29	1 411.26	1 511.94	1 613.10	1 736.12	1 844.08	1 973.78
	成渝主轴	139.56	150.83	160.02	173.38	170.99	176.69	184.89	195.15	202.27	216.08
	占比/%	12.31	12.51	12.46	13.04	12.12	11.69	11.46	11.24	10.97	10.95
水产品/万吨	成渝地区	162.14	174.34	184.06	193.00	202.25	206.44	211.86	212.81	221.02	228.78
	成渝主轴	34.51	37.65	37.09	39.09	40.66	41.72	41.56	42.17	43.27	44.48
	占比/%	21.28	21.60	20.15	20.25	20.10	20.21	19.62	19.82	19.58	19.44

注：根据 2012—2023 年《四川统计年鉴》《重庆统计年鉴》《重庆调查年鉴》数据整理计算。

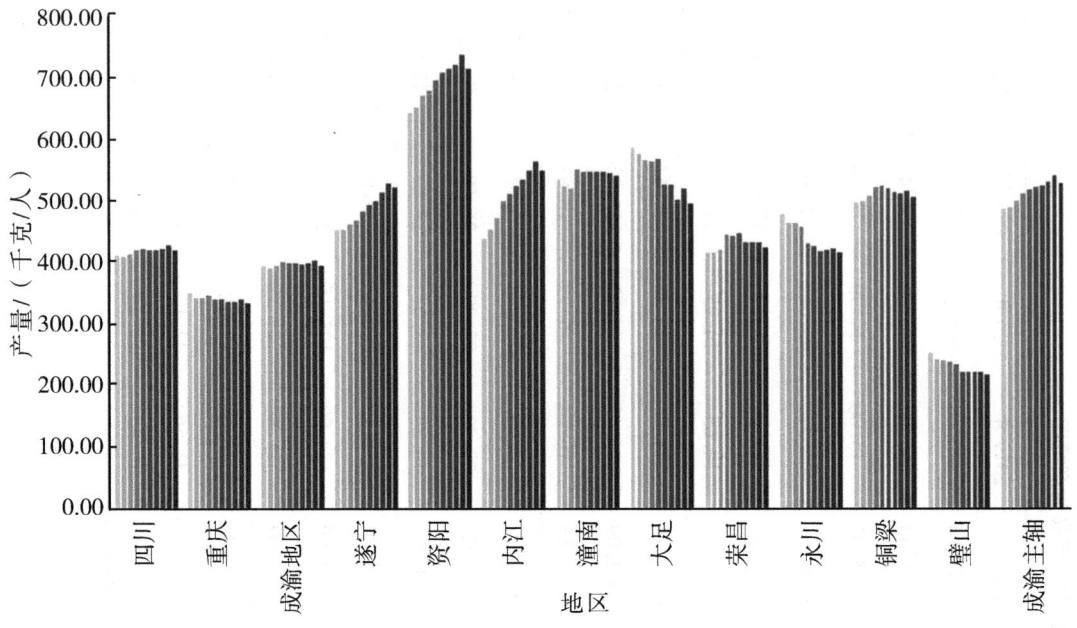

图7-2　2013—2022年成渝主轴各地人均粮食产量年度变化

注：根据历年《四川统计年鉴》《重庆统计年鉴》《重庆调查年鉴》等官方公开数据整理获取。
　　图柱从左至右为2013—2022年产量。

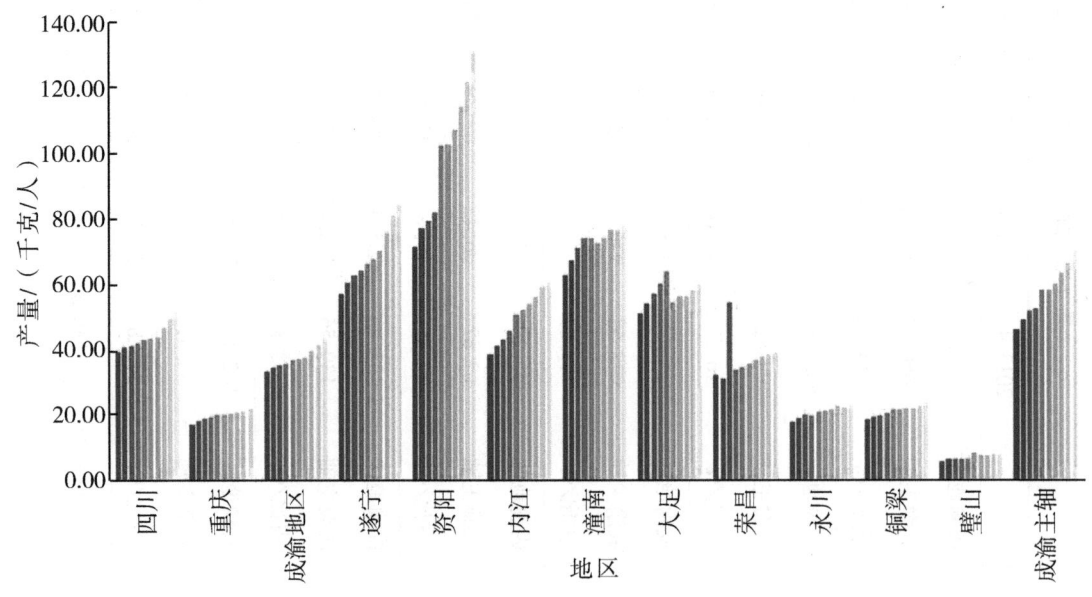

图7-3　2013—2022年成渝主轴各地人均油料产量年度变化

注：根据历年《四川统计年鉴》《重庆统计年鉴》《重庆调查年鉴》等官方公开数据整理获取。
　　图柱从左至右为2013—2022年产量。

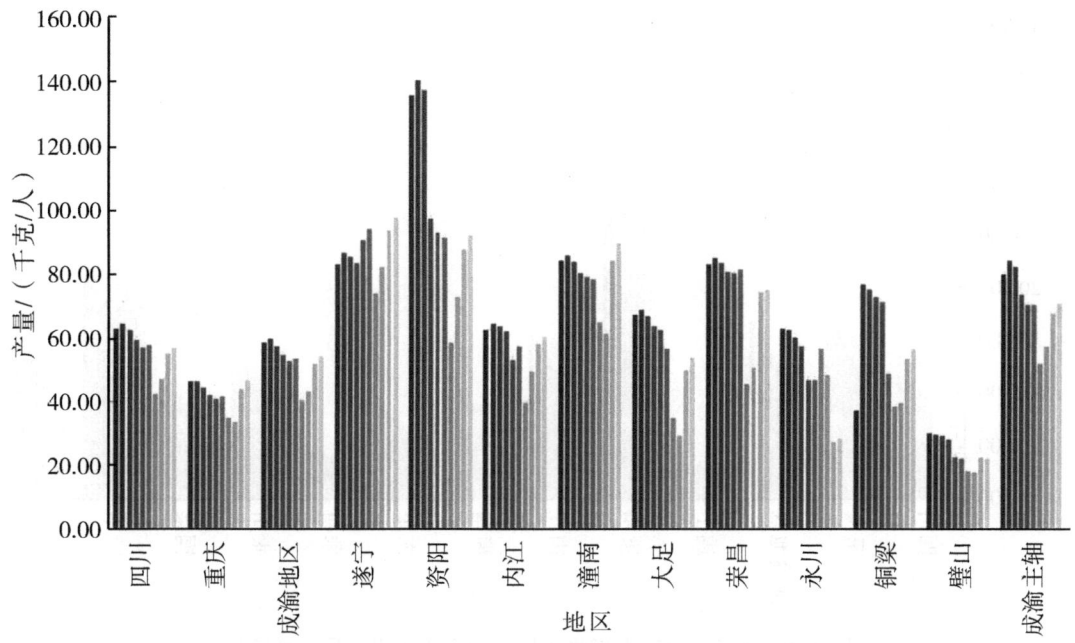

图 7-4　2013—2022 年成渝主轴各地人均猪肉产量年度变化

注：根据历年《四川统计年鉴》《重庆统计年鉴》《重庆调查年鉴》等官方公开数据整理获取。

图柱从左至右为 2013—2022 年产量。

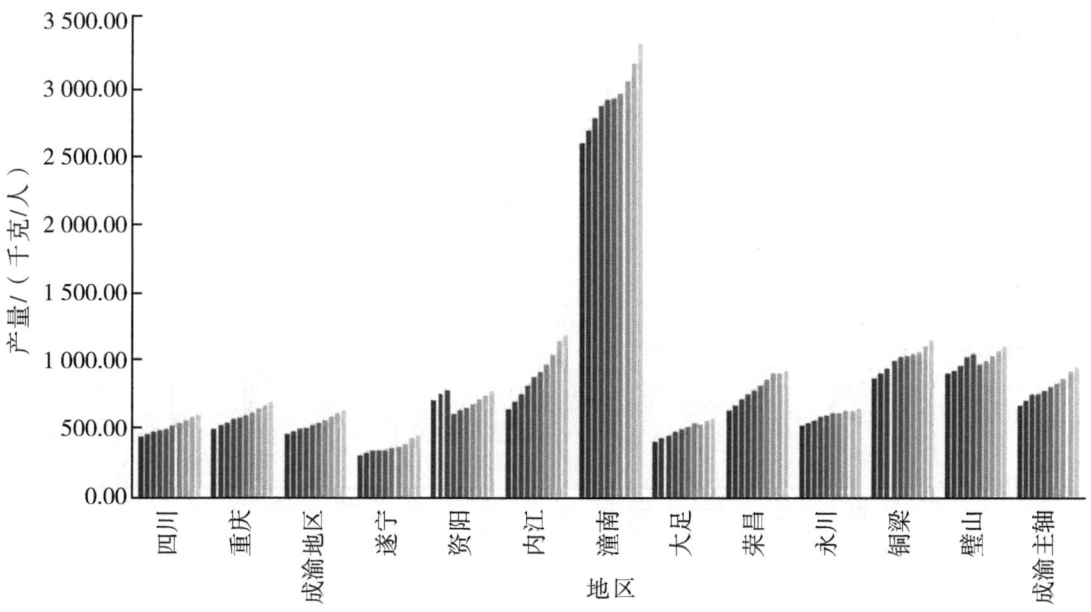

图 7-5　2013—2022 年成渝主轴各地人均蔬菜产量年度变化

注：根据历年《四川统计年鉴》《重庆统计年鉴》《重庆调查年鉴》等官方公开数据整理获取。

图柱从左至右为 2013—2022 年产量。

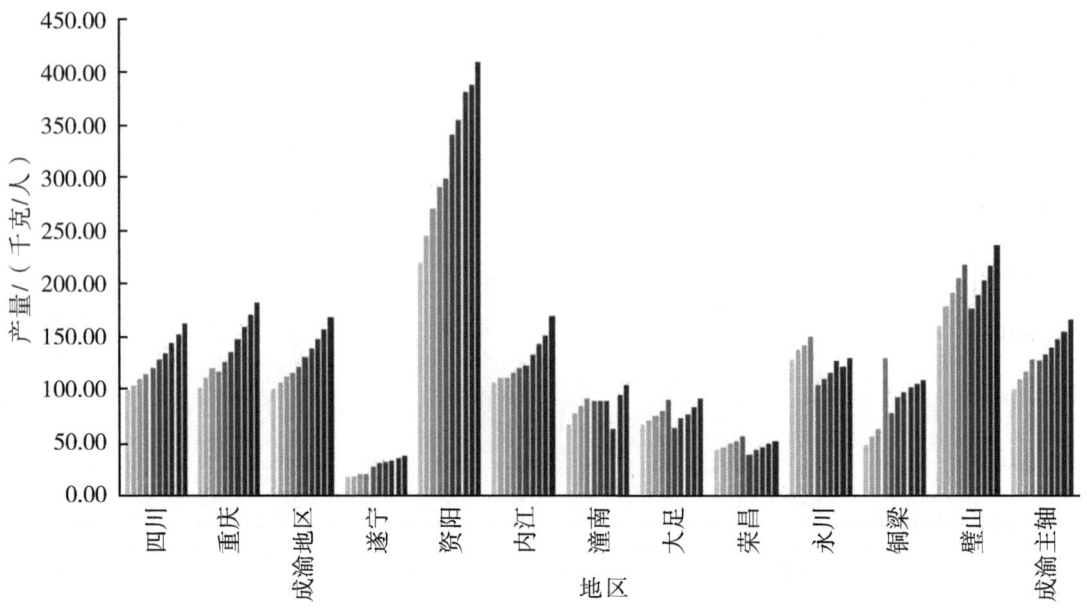

图 7-6　2013—2022 年成渝主轴各地人均水果产量年度变化

注：根据历年《四川统计年鉴》《重庆统计年鉴》《重庆调查年鉴》等官方公开数据整理获取。

图柱从左至右为 2013—2022 年产量。

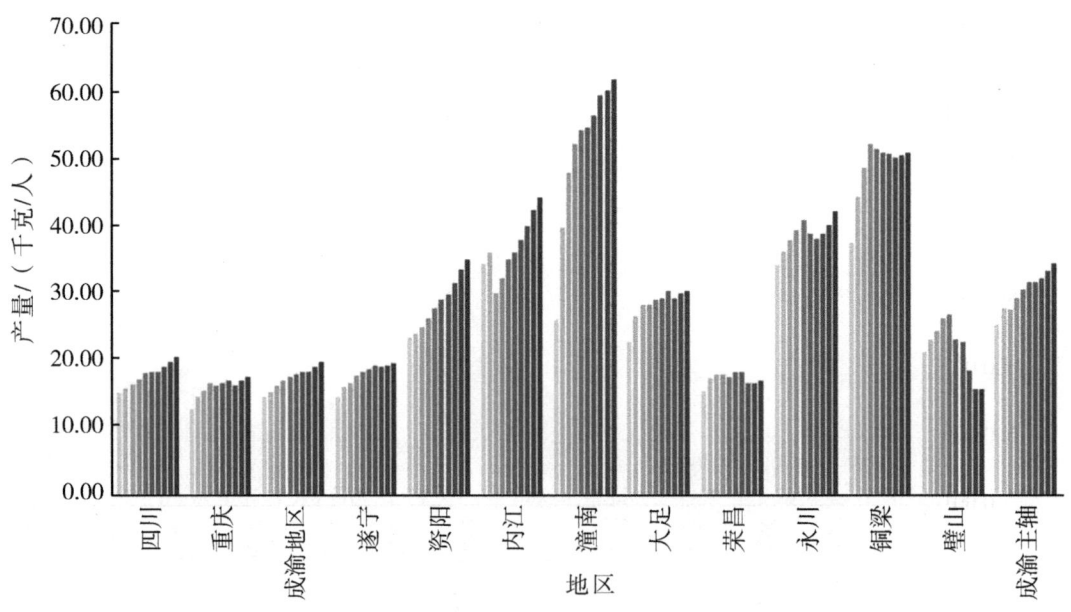

图 7-7　2013—2022 年成渝主轴各地人均水产品产量年度变化

注：根据历年《四川统计年鉴》《重庆统计年鉴》《重庆调查年鉴》等官方公开数据整理获取。

图柱从左至右为 2013—2022 年产量。

7.2.2 特色农业发展全面提速增效

成渝主轴物产丰富,主轴上各市区依托本土自然资源禀赋,积极打造具有地方特色和人文价值的农产品品牌,形成了一批地域特色鲜明、乡土气息浓厚、开发潜力较大的"土特产""乡字号"农特产品,特色农产品不断推陈出新,总体呈现出"百花齐放"的发展态势。一是"土特产"初具规模,产量稳步增长。成渝主轴各市区政府因地制宜选择产业,借助科技和政策双轮驱动,不断改善"土特产"生产条件,夯实特色产业基础。例如,四川安岳、重庆潼南和大足依托世界柠檬黄金产区优势,协同打造世界柠檬优势产区,聚焦延长产业链、培育创新链、提升价值链,加快推动现代柠檬产业体系建设。据统计,2022年,安岳、潼南和大足三地的柠檬种植面积为5.333万公顷,产量为95万吨,占全国柠檬产量的80%以上[①]。二是特色农产品品类丰富,区域品牌价值不断提升。成渝主轴地区特色农产品品类丰富,形成稻米、油料、果蔬、畜牧、水产、中药材等特色产业,品牌价值不断趋于提升。一方面,品牌种类不断增加。据相关统计,截至2022年末,成渝主轴三市六区农产品地理标志产品达80余个,如安岳柠檬、荣昌猪、遂宁红薯、潼南萝卜、资中血橙、璧山兔等(表7-3)。另一方面,品牌价值快速提升。如2023年中国品牌价值评价信息显示,安岳柠檬以品牌价值190.86亿元列居区域品牌100强榜中第十四位,成渝地区第一位。成渝主轴上多个区市深入实施品牌惠农战略,积极打造区域品牌,有效推动特色农产品质量提升和市场竞争力增强。三是特色农产品业态多样,产业深度融合。为进一步提升特色农产品的附加值和市场竞争力,成渝主轴各地深入挖掘特色农产品的多样价值和多种功能,结合实际、因地制宜拓展产业链。一方面,推动产业链纵向延伸,提高产品附加值。顺应居民消费升级需求,沿着"土特产"产业链开发精深加工产品或相关衍生产品。如内江隆昌和重庆荣昌合作推进40万亩稻渔综合种养绿色发展产业带建设,引进并壮大旺旺食品等24户龙头企业,生产大米、雪饼等18个稻渔米产品,实现初加工率95%以上、精加工率50%以上。另一方面,进行产业横向融合,丰富产业业态。成渝主轴以"土特产"为核心,积极发展"土特产+旅游""土特产+康养""土特产+文化"等新业态,创建了一批产业融合发展示范区,实现特色农产品与关联产业的互融互促。

---

① 数据来源:2023年安岳、潼南、大足《国民经济和社会发展统计公报》。

表 7-3 成渝主轴各市区农产品地理标志分布

四川三市			重庆六区					
遂宁市	资阳市	内江市	潼南区	大足区	荣昌区	永川区	铜梁区	璧山区
遂宁红薯	安岳柠檬	资中冬尖	罗盘山生姜	大足黑山羊	荣昌猪	永川皮蛋	铜梁樱桃	璧山儿菜
遂宁川白芷	通贤柚	资中血橙	罗盘山猪	大足冬菜	荣昌白鹅	松溉盐白菜	铜梁莲藕	大路黄花
蓬溪矮晚柚	乐至白乌鱼	内江黑猪	罗盘山贡米	大足冬虾	河包粉条	永川秀芽	铜梁葛粉	璧山葡萄
安居沙田柚	雁江蜜柑	镇西白萝卜	潼南萝卜	大足白芷	荣昌夏布	五间西瓜	铜梁枳壳	璧山清水鱼
蓬溪仙桃	周礼粉条	复立茶	潼南柠檬		荣昌血橙	永川豆豉	铜梁使君子	璧山番茄
大英白柠檬	天池藕粉	新店七星椒			盘龙生姜	永川莲藕	铜梁龙柚	璧山兔
蓬溪青花椒	乐至黑山羊	田家紫皮大蒜			天岗玉叶茶叶	永川梨	铜梁麻羊	来凤鱼
射洪金华金见	简阳晚白桃	威远无花果					小林李子	
射洪野香猪		资中鲶鱼					铜梁凤爪	
安居黄金梨		汉安花泥鳅					铜梁黑鸡	
沱牌曲酒		永安白乌鱼					巴川沃柑	
卓筒井盐		内江高油酸菜籽油					大庙桑葚	
溪芝鹅		隆昌夏布						
船山豆腐皮		隆昌酱油						
射洪牛肉		资中枇杷						

注：根据各市（区、县）农产品地理标志公开目录整理所得。

7.2.3 农业产业结构不断调整优化

成渝主轴积极推进农业供给侧结构性改革，以市场需求为导向，不断调整优化农业产业结构，促进农业增产增效。成渝主轴从过去传统粮猪菜生产占据主导地位，逐渐发展到目前粮油、畜禽、蔬菜、水果、中药材等种养业多元化发展的格局，与此同时，围绕特色优势产业，主轴大力推动现代农业产业链纵横发展、提质升级，农业产业附加值显著提升。2022 年，成渝主轴在确保初级农产品稳定供给基础上，以果蔬饮料、畜禽制品、休闲食品等为重点，大力发展农产品加工业。同时，成渝主轴积极发展休闲农业和乡村旅游业，一二三产业融合持续加速。从主轴各区市来看，各地依托自身资源禀赋和区域优势，结合农产品加工、乡村旅游、科普教育、展会活动等产业，打造形成多元化的农业产业融合新业态、新场景、新模式。如重庆市永川区围绕茶产业，积极推动"农文旅商"深度融合发展，构建以生态采摘、旅游观光为特色的休闲观光产业，2022年永川区乡村旅游接待游客1 876万人次，休闲农业和乡村旅游业收入133亿元，获得全国"特色魅力茶乡"称号[①]。又如内江市威远县大力推动无花果产业，无花果年产量及年加工能力均列居全国首位，2023年，威远县无花果鲜果加工率达93.2%，加工产值超过3亿元，销售份额达到全国同类产品六成以上[②]。四川省遂宁市积极发展种养循环农业，加快提速农产品加工业，不断横向拓展农业功能，持续深化农旅融合发展。四川省资阳市坚持"以农促旅、以旅兴农、农旅融合"的产业融合发展之路，构筑了"五核四片多点"的农旅融合发展布局。

7.2.4　农村居民收入持续快速增长

2013—2022年，成渝主轴农村居民人均可支配收入从8 878.12元增至20 746.85元，增幅达133.69%，年均增速为9.89%；无论从绝对额还是增速来看，均超出成渝地区平均水平（表7-4，图7-8）。其中，遂宁农村居民人均可支配收入增速最快，达12.05%；其后依此是大足、资阳、永川、潼南、内江、铜梁、璧山和荣昌，农村居民可支配收入的年增速水平分别为11.81%、10.96%、9.66%、9.63%、9.40%、9.22%、9.08%和8.85%。从成渝主轴农村居民四项收入构成来看，2022年，农村居民工资性收入、经营性收入、转移性收入和财产性收入占比分别为35.46%、34.96%、25.48%和2.91%；成渝主轴城乡居民收入比从2.53缩小至2.14，优于成渝地区城乡居民收入比，其中，永川区城乡居民收入比最低，为1.91（表7-5）。

表7-4　2013—2022年成渝地区农村居民人均可支配收入　　　　　　　单位：元

地区	2013年	2014年	2015年	2016年	2017年	2018年	2019年	2020年	2021年	2022年	年增速/%
四川	7 895	9 348	10 247	11 203	12 227	13 331	14 670	15 929	17 575	18 672	10.04
重庆	8 493	9 490	10 505	11 549	12 638	13 781	15 133	16 361	18 100	19 313	9.56

---

① 重庆市人民政府，https://www.cq.gov.cn/zwgk/zfxxgkml/zdlyxxgk/shgysy/ggwhty/whly/2023-06/t20230620_12081650.html.

② 四川农村信息网，https://www.scnjw.com/.content/myarticle/myarticle/5be5cb60-b74b-11ed-95c6-04d9f5394155/.

（续表）

地区	2013年	2014年	2015年	2016年	2017年	2018年	2019年	2020年	2021年	2022年	年增速/%
成渝地区	8 026	9 379	10 303	11 278	12 316	13 428	14 769	16 021	17 687	18 807	9.92
遂宁	7 535	10 361	11 379	12 423	13 579	14 844	16 358	17 815	19 727	20 986	12.05
资阳	8 756	11 153	12 284	13 422	14 670	16 007	17 592	19 076	21 023	22 326	10.96
内江	9 352	10 418	11 428	12 491	13 640	14 908	16 450	17 918	19 819	20 996	9.40
潼南	9 208	10 387	11 582	12 821	14 026	15 204	16 702	18 055	19 933	21 069	9.63
大足	8 332	11 235	12 437	13 718	15 035	16 313	17 944	19 415	21 512	22 760	11.81
荣昌	10 845	11 775	13 035	14 325	15 686	17 051	18 671	20 034	22 138	23 267	8.85
永川	11 037	12 406	13 808	15 258	16 738	18 244	20 068	21 694	23 950	25 315	9.66
铜梁	11 108	12 452	13 747	15 108	16 543	17 949	19 690	21 127	23 303	24 561	9.22
璧山	11 618	12 807	14 229	15 680	17 217	18 698	20 418	21 990	24 299	25 393	9.08
成渝主轴	8 878	10 635	11 675	12 719	13 863	15 005	16 389	17 767	19 615	20 747	9.89

数据来源：根据《四川统计年鉴》《重庆统计年鉴》数据整理计算。

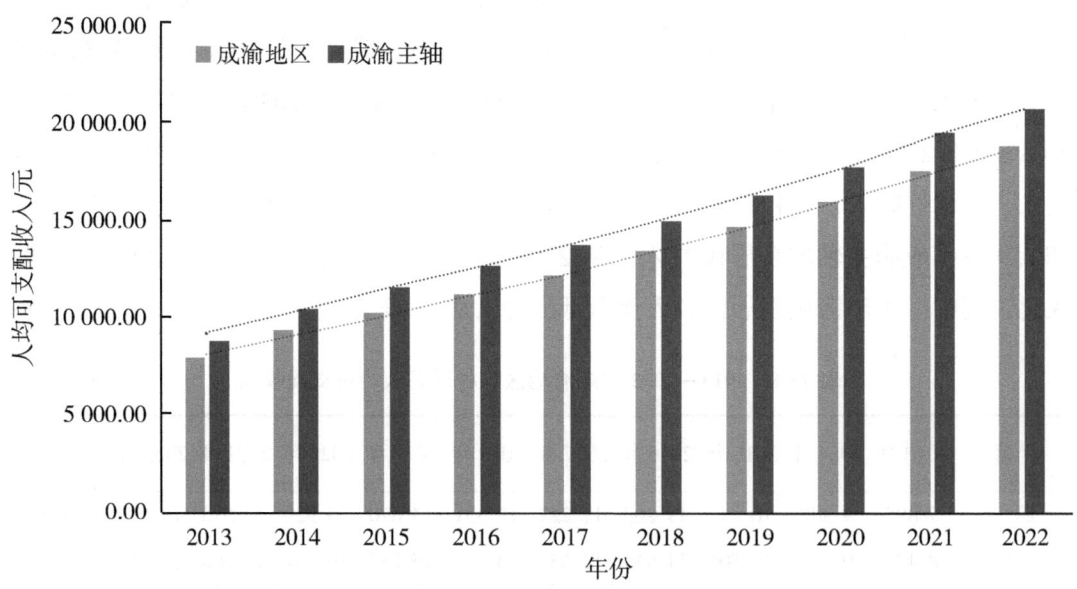

图7-8　2013—2022年成渝主轴与成渝地区农村居民人均可支配收入变化情况比较

数据来源：根据《四川统计年鉴》《重庆统计年鉴》数据整理绘制。

表 7-5 2013—2022 年成渝主轴三市六区农业经济发展总体情况

项目	2013 年	2014 年	2015 年	2016 年	2017 年	2018 年	2019 年	2020 年	2021 年	2022 年
成渝主轴城乡居民收入比	2.53	2.29	2.27	2.27	2.26	2.27	2.26	2.21	2.17	2.14
成渝地区城乡居民收入比	2.81	2.62	2.58	2.55	2.53	2.51	2.49	2.42	2.38	2.34

数据来源：根据《四川统计年鉴》《重庆统计年鉴》和相关区（市）县国民经济和社会发展统计公报数据整理计算。

7.2.5 财政支农力度持续稳步提升

从农业投入来看，尽管随着经济下行压力加大，从中央到地方财政投入近年来大幅度下降，但成渝主轴农业投入总量仍保持稳定增长态势，从 2013 年的 110.55 亿元增至 2022 年的 172.05 亿元，年均增速为 5.04%。与此同时，不同于成渝地区财政支农比重整体走低的态势，成渝主轴农业支出占财政支出的比重基本稳定在 13% 以上。另外，从财政支农强度①来看，成渝主轴财政对农业的支持强度逐年提升，从 2013 年的 0.97 徘徊升至 2022 年的 1.07，表明成渝主轴农业的发展支持与保障力度大幅增加。而从成渝主轴不同区市的财政支农强度来看，总体表现为璧山>荣昌>永川>大足>遂宁>铜梁>潼南>内江>资阳，不难看出，重庆片区财政支农强度要强于四川片区（图 7-9，表 7-6 至表 7-7）。

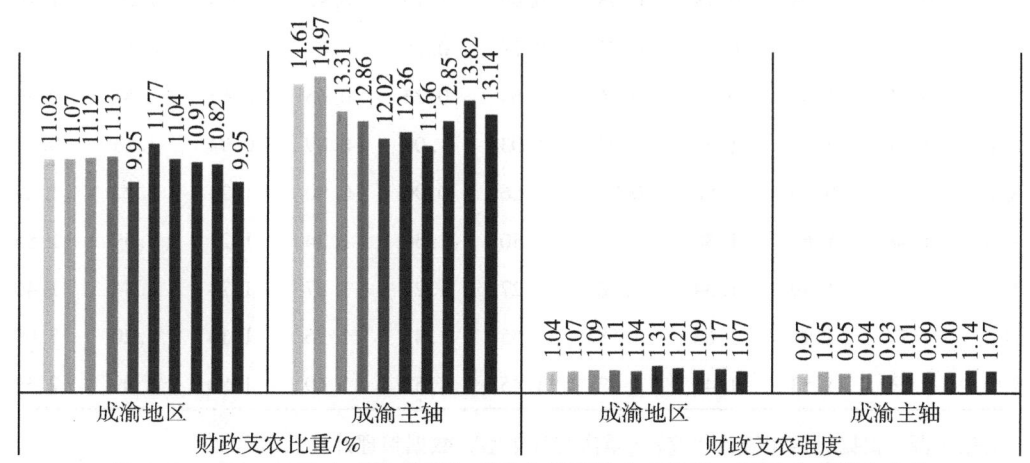

图 7-9 2013—2022 年成渝地区与成渝主轴财政支农比重、财政支农强度变化

数据来源：根据《四川统计年鉴》《重庆统计年鉴》数据整理绘制。

注：从左到右 10 个柱子为 2013—2022 年数据。

---

① 财政支农强度=（农林水务支出/地方一般公共预算支出）/（农业生产总值/国内生产总值）。

表 7-6　2013—2022 年成渝主轴各区市财政支农比重变化　　　　　　　　单位:%

地区	财政支农比重									
	2013 年	2014 年	2015 年	2016 年	2017 年	2018 年	2019 年	2020 年	2021 年	2022 年
遂宁	14.48	14.79	13.02	16.38	14.21	15.32	13.43	15.64	15.59	16.23
资阳	17.04	12.99	15.61	13.64	14.25	13.22	16.26	15.11	16.18	12.53
内江	14.32	19.64	13.50	12.48	11.49	13.03	11.05	12.17	13.93	13.42
潼南	17.78	21.57	19.32	16.79	14.99	14.52	13.32	15.14	17.85	14.66
大足	11.46	10.95	9.93	8.32	7.13	8.55	7.32	10.67	10.71	11.62
荣昌	15.45	15.52	13.75	11.74	11.39	11.41	11.09	10.82	12.98	12.54
永川	12.03	11.29	10.14	9.31	9.40	8.85	9.00	9.57	10.39	10.19
铜梁	16.97	17.32	14.30	14.06	12.80	11.20	9.80	10.48	10.89	9.97
璧山	9.91	9.04	8.22	8.75	8.14	8.34	8.08	9.50	9.84	11.01

数据来源:根据《四川统计年鉴》《重庆统计年鉴》和相关区(市)县国民经济和社会发展统计公报数据整理计算。

表 7-7　2013—2022 年成渝主轴各区市财政支农强度变化

地区	财政支农强度									
	2013 年	2014 年	2015 年	2016 年	2017 年	2018 年	2019 年	2020 年	2021 年	2022 年
遂宁	0.78	0.88	0.78	0.98	0.91	1.10	0.97	0.99	1.07	1.19
资阳	0.82	0.61	0.75	0.72	0.79	0.75	0.89	0.72	0.83	0.61
内江	0.73	1.02	0.71	0.66	0.63	0.75	0.65	0.65	0.81	0.76
潼南	1.01	1.37	1.27	1.07	1.03	1.00	0.89	0.94	1.13	0.90
大足	0.93	0.99	0.88	0.72	0.66	0.90	0.90	1.23	1.22	1.29
荣昌	1.48	1.64	1.50	1.24	1.30	1.34	1.34	1.21	1.59	1.55
永川	1.47	1.49	1.34	1.18	1.27	1.21	1.27	1.24	1.44	1.40
铜梁	1.77	1.95	1.63	1.58	1.55	1.43	1.25	1.13	1.20	1.09
璧山	1.66	1.53	1.41	1.43	1.45	1.53	1.69	1.80	2.09	2.37

数据来源:根据《四川统计年鉴》《重庆统计年鉴》数据整理计算。

7.2.6　主轴毗邻地区合作初见成效

近年来,成渝主轴毗邻地区立足各自的区位优势、资源禀赋,在推动农业产业协同发展方面已经初见成效,且抱团出圈已成为两地共识。成渝主轴目前已共同建设了以优质高产高效粮油、生猪为重点的现代畜牧业,以及鲜食加工兼备的特色蔬菜为主的保供产业带,并以一批合作平台、合作项目为载体,逐步形成了产业上下游分工协作的"链式集成"。如在四川遂宁市,占地 2 万余亩的渝遂绵优质蔬菜生产带船山基地里,一半以上的蔬菜种植大户都来自重庆市潼南区。基地规划了智慧蔬菜大棚、蔬菜冷藏库、尾菜处理中心、蔬菜生鲜加工配送等功能区,建立起集生产、加工、保鲜于一体的蔬菜全产业链集群,每年可向川渝及周边地区输送 10 万吨新鲜蔬菜,较好地实现了蔬菜稳产保供和促农增收的功能。又如,早在 2019 年,荣昌区便搭建了重庆(荣昌)生猪大数据中心,大数据中心从川渝两地农业农村部门获得大量基础数据,并在川渝各大养殖企业、屠宰企业、农贸市场等设置了 30 余个数据采集点,建立起 10 余个分中心,将川渝两地的生猪数据整合起来,实现了生猪全产业链数据收集,为养殖户安排生产提供了重要参考依据。另以柠檬产业为例,成渝主轴上的安岳和潼南都是我国柠檬主产区,两地柠檬产量占据全国九成以上,并联合成立了中国柠檬产业科技创新联盟,促使农业科技价值链有效提升。

7.3 目标思路

7.3.1 发展目标

成渝主轴地区大多处于川渝毗邻地带,这种地理空间的接壤,为农业"跨界协同"提供了天然土壤,将成渝中部崛起作为推动成渝现代高效特色农业带走深走实的突破口,为壮大成渝主轴、挺起中部脊梁提供重要支撑力,推动成渝地区双城经济圈建设蹄疾步稳。

——农业科技协同生态示范区。从成渝主轴农业创新优化配置、协同创新服务升级、区域创新创业生态培育、创新创业体制机制改革等方面入手,深化四川三市和重庆六区产业链、创新链和人才链融合发展。依托国家农业高新技术产业示范区共建一批创新支撑平台,形成平台"场效应",释放出农业科技创新爆发力。高质量自建、共建、改造提升"育成中心—孵化器—加速器—生产基地"等众创空间,支持成渝主轴地区各类农业科技众创空间差异化布局、联动式发展。同时加大农业新品种、新技术中试基地建设力度,推进四川省农业科学院、重庆市农业科学院、四川农业大学、西南大学等创新主体的研发成果在成渝主轴地区进行中试、孵化,降低农业科技成果产业化成本,实现成渝主轴地区农业创新优势向产业优势转化。

此外，成渝主轴各地要以生猪、智能农机装备、蔬菜等优势产业为重点，积极探索"总部+孵化基地"、整体托管、创新链合作等模式，为科技成果就近转移提供便利，逐步从偏重单一转移疏解向注重主轴地区农业产业链上下游协作、全域产业结构调整、产业空间布局优化转变，并应联合编制产业链图谱，制定产业链延伸布局和协同配套政策，打造区域特色鲜明、上下游关联度高、带动性强的农业特色产业链。

——资源要素自由流动示范区。成渝主轴三市六区农业协同发展，既不是让这类地区具有相同的产业结构，或使要素投入水平达到"同质化"标准，更不是让成渝主轴各地分化，导致某个区域成为成渝现代高效特色农业带中的"洼地"，而是通过推进各类要素在成渝主轴地区自由流通、合理配置，将地区农业发展控制在适度范围内，促进区域经济整体协同。成渝主轴地区是成渝现代高效特色农业带协同发展的前沿阵地，其农业协同最大的阻碍和瓶颈在于资源要素流动范围和速度滞后于市场预期，根源在于当前财政体制机制下地方行政力量对影响区域农业关键指标的争夺。因此，要将成渝主轴地区加速建设成为成渝地区农业关键要素自由流动的示范区，理顺四川三市和重庆六区要素自由流动的体制机制，打破要素流动边界，促进农业要素市场化、合理化流动。

——区域农业融合发展先行先试区。成渝主轴地区是成渝地区的"黄金联结点"，自古以来就是巴蜀古驿道的必经之地，四川三市和重庆六区作为川渝相向发展的"桥头堡"城市，应充分发挥承东启西、连南接北的区位优势，率先实现共下"一盘棋"、共育产业链。大力推进国家农业高新技术产业园、生猪技术创新中心、蔬菜产业集群、稻渔产业集群等重大项目建设，探索打破行政区划的农业区域融合发展模式，遵循市场规律，以促进产业高质量发展为主线，合理确定产业发展边界、延伸产业链条、整合各地资源要素，形成农业产业发展合力，助力成渝主轴地区实现成渝地区双城经济圈中部崛起。

——农业产业价值缔造高地。成渝主轴地区现已拥有"双昌"合作园区、稻鱼共生、内江黑猪等高值、高效的农业产业基础，应以科技为翼，展翅翱翔，构建拥有核心竞争力和品牌魅力的特色农业现代化产业体系，实现优势互补和辐射领域的双重飞跃，着重推动主轴地区农业软实力迈上新台阶。以新质生产力为引领，以农业产业升级为方向，在激发质量变革、效率变革、动力变革中，走出一条生产要素投入少、资源配置效率高、生态环境成本低、经济效益好的新型农业产业价值增长路径，缔造现代农业产业价值高地。同时延伸产业链、提升价值链，推动产业向后端延伸、向下游拓展，由卖"原字号"向卖制成品转变，同时增强"遂宁鲜""甜城味""香海棠"等农产品区域公用品牌保护力,不断提高品牌影响力、市场引领力和整合带动力,让好产品卖上好价钱,实现农业产品增值、产业增效、农民增收。

7.3.2 发展思路

作为中部"塌陷"地区的成渝主轴要强化担当、主动作为,充分看到自己的优势和劣势,在劣势中寻找机会,把劣势转为发展之动力,积极主动攻关,找准农业农村工作服务成渝双城经济圈建设的切入点、着力点,建立健全成渝主轴地区上下协同、横向联动的工作推进机制,打造农业科技、人才、市场等平台载体,务实推进成渝现代高效特色农业协同高质量发展在主轴地区率先落地落实。三市六区要立足各自农情特点和功能定位,重点在产业、科技、人才等方面加强合作,大力发展农业教育、科技、人才为一体的新质生产力,实现产业共赢、科技协作、生态协同、乡村共建,共同走出一条农业高质量发展、农村宜居宜业和美、农民共同富裕的区域协同推进之路。

资阳、遂宁、内江等三市六区地处重庆、成都都市圈相向发展的主轴发展带,是双圈区域间要素流动、产业互补和协调发展的重要节点城市。在成渝主轴构建具有丘陵特色的现代农业体系,坚持科技赋能、示范引领,增强保障成渝地区"米袋子""菜篮子"功能,打造"天府粮仓"丘区示范,切实保障粮食和重要农产品稳定安全供给。打造川渝毗邻地区一体化制度创新试验地,重点探索经济区与行政区适度分离,打破行政壁垒,强化政策协同,共同搭建川渝毗邻地区合作重要平台载体,着力制度创新和改革措施系统集成,深化市场化改革、高水平开放和引领性创新,促进资源要素自由流动和高效配置,形成可复制可推广的制度创新成果,为全国毗邻地区一体化发展提供经验。

——产品高品质。建立成渝高品质农业是一个系统工程,需要加强区域合作,通过政府间的协调和资源共享,共同打造区域农业品牌;提升产品品质,采用先进技术和良好农业实践,减少化学肥料和农药使用,向有机和绿色农产品方向发展;引入智能化技术,如物联网和大数据分析,实现农业生产的高效管理;建设完善的冷链物流系统,确保农产品品质和减少损耗;同时,强化品牌化与市场拓展策略,提升川渝农产品的市场认知度,扩宽销售渠道;培育农业人才,提高农业科技和经营管理能力;提供政策支持与资金投入,激励农业创新和发展,共同推动成渝地区农业的高质量发展,增强成渝农产品在国内外市场的竞争力。

——生产高效率。目前，成渝主轴农业发展处于成本高企和生产效率增长停滞的周期性新阶段，突出表现在大部分农产品利润和生产效率增长缓慢，传统农业发展模式的弊端逐渐显现。需要建立高效率的生产体系，精准化管控投入要素的时空配置，全面降低农产品生产成本和交易成本，提高市场竞争力；从主要依靠要素驱动转向依靠技术创新转型，提高农业增长的科技进步贡献率。

——经济高价值。农业高质量发展是通过建立健全规模化标准化现代产业链，实现农产品多次转化增值，系统提升农业经济效益，打造高价值农业产业。一是要延伸产业链，构建农业生产—加工—销售—文旅融合发展的现代化产业链体系，真正实现产业增值和农民富裕。二是要完善产业政策，强化政策扶持，让农业成为有吸引力的产业，保障农业从业者特别是粮食种植者获得合理的经济收益。

7.4 重大任务

7.4.1 生猪产业发展任务

成渝主轴地区的荣昌、隆昌、安岳、乐至等地生猪养殖规模较大、历史悠久，在科学养殖、加工制造、线上交易、科技研发等方面优势突出，产业规模、质量效益和品牌影响在成渝乃至全国处于引领地位。未来，要充分利用现有产业基础和政策窗口期，搭建成渝生猪产业发展区域合作平台，打造生猪产业集群，携手推进成渝主轴乃至整个川渝地区规模化、智能化和清洁化健康养殖，打造万亿级生猪产业链。

一是加强高端种猪等新品种示范推广。依托"荣昌猪""内江猪"独特品种资源优势，加强基因育种，促进优良品种保护与开发利用，开展种源关键技术攻关，建设"华系"种源培育基地，健全育种、繁殖、推广体系，推进生猪规模化、智能化、清洁化健康养殖，带动生猪品种改良和商品猪肉质提升，打造国家优质生猪战略保障基地和种猪供种高地全链条强化示范带动。联合建立川渝生猪健康养殖协同创新中心、内江猪种质资源保护和利用中心，聚焦猪品种培育与繁殖、猪病防控、猪营养与饲料、养猪设施设备、猪场废弃物无害化处理与资源化利用等，共研共建共享，推动川渝生猪全产业链高质量发展。

二是推动生猪现代化规模养殖。持续推进现代生猪养殖示范场建设，打造一批集品种优良化、装备智能化、管理智慧化、防疫规范化、生产绿色化、产出高效化等于一体的养殖示范场。推广"公司+农户""公司+合作社"等多种模式带动中小养殖户发展现代生猪养殖。严格落实各项疫情防控措施,提升养猪场生物安全防护水平,建设非洲猪瘟无疫区和动物疫病净化场,建设完善病死畜禽无害化处理收集点和处理场所,打造从养殖到屠宰的生猪卫生全链条可追溯监管模式。

三是推进生猪全产业链绿色化生产。按照资源节约、环境友好、产品安全原则,饲料生产推广低蛋白日粮,严格饲料和饲料添加剂、兽药、疫苗的使用,严格投入品使用规范,严格落实兽药休药期管理制度和兽用处方药制度。养殖场所广泛运用节能、节水、节约投入品等先进设施设备与技术,支持规模养殖场配置自动清粪设施设备,建设粪污厌氧发酵池、沼液收集池、好氧处理池、粪肥田间贮存池、沼液田间输送管网等设施,支持有机肥生产,支持粪肥处理利用社会化服务。

四是推动生猪全产业链融合发展。推行猪肉产品冷链运输,鼓励生猪屠宰加工企业建设冷库、低温分割车间等冷藏加工设施,配置冷链运输设备,引导有条件的商场超市、肉品经销商、物流配送企业完善冷链配送设施设备。大力推进生猪生产、屠宰、精深加工、市场营销全产业链融合发展,支持龙头企业领头研发猪肉及制品新产品,支持猪肉精深加工企业发展壮大。积极开展"三品一标"认定、名牌畜产品评选,争创著名商标(图7-10)。

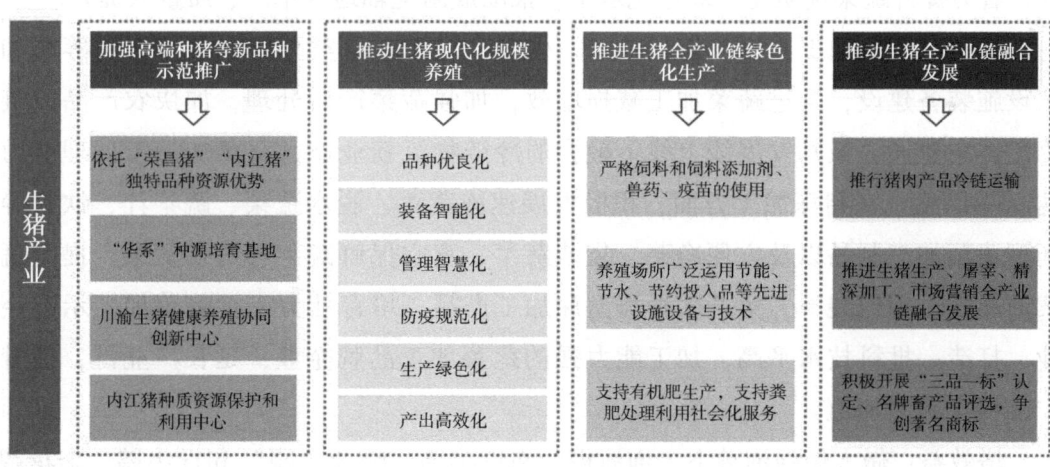

图 7-10 生猪产业发展路径

7.4.2 蔬菜产业发展任务

以市场需求为导向、以科技创新为支撑,以保障城乡鲜菜供应和促进农民持续增收为目标，立足遂宁、绵阳、潼南、铜梁等地区域优势，坚持成片成带成规模发展，高质高效建设渝遂绵优质蔬菜生产带，实现蔬菜产业集群发展，进一步做大做优做强成渝主轴蔬菜产业。以"两江一路"为轴线，按照串点成线、连线成片、扩片成带、集带成面要求，高质量建设优质蔬菜示范基地，聚力打造现代农业高水平样板。持续以"三统、四链、五良、六创"为路径，推动遂宁与潼南共建蔬菜供应、加工、销售于一体的优质产业集群，打造成渝农业蔬菜产业高地。

扩规模：大力推进成渝主轴地区蔬菜产业规模化发展，遂宁、潼南等地要在确保粮食生产稳定的基础上，抓好大棚早春蔬菜、秋季露地蔬菜、冬闲地轮作蔬菜生产，切实解决春季、秋季蔬菜品种季节性短缺问题，实现平常时期充足供应，应急时期保障供应。积极引导建立"龙头企业+基地（合作社、专业村组）+农户"等蔬菜产业化经营模式，建立稳定产销关系，完善利益联结机制。

调结构：一是调整蔬菜产品结构，充分利用涪江流域连坝成带资源优势，成片、成带、成规模发展白萝卜、白菜、莴笋等特色优势蔬菜，加强与四川省农业科学院、重庆市农业科学院、四川农业大学、西南大学等科研院所联合攻关，加大蔬菜新品种、新技术、新材料研发推广力度。二是提高蔬菜产品品质，结合绿色有机农产品示范基地建设，加快建设一批新技术集成示范基地，推广有机肥和绿色防控，着力提升蔬菜优质化、绿色化水平，推动成渝主轴地区单产、质量双提升。

促加工：初加工方面，加强贮藏、保鲜、烘干、分类分级包装和运销等初加工设施装备建设，推进蔬菜加工减损增效，加强蔬菜产后处理，加快农产品冷链物流体系建设，鼓励发展线上线下融合的冷链物流新业态，蔬菜初加工处理能力达90%以上。在精深加工方面，积极发展速冻蔬菜、脱水蔬菜、蔬菜汁、饮料等新型蔬菜加工制品以及方便净菜、袋装蔬菜、真空保鲜蔬菜等鲜切蔬菜，提高蔬菜商品化处理包装率，生产多种类型深加工产品，培育壮大一批蔬菜加工示范企业，打造一批科技水平高、加工能力强的蔬菜加工品牌企业，延长产业链，提升产品档次和附加值。

增效益：做大做强泡萝卜、泡海椒、泡青菜等"嗨菜乐园"和遂小鹅、李花茶等特色农产品品牌，积极开展品牌蔬菜的注册和绿色、有机蔬菜产品的"一注册、双认证"工作。加大遂宁、潼南等成渝主轴地区蔬菜产品宣传推介力度，主动对接全国知名蔬菜销售商、大型批发市场、连锁商超、蔬菜营销龙头企业等，签订产销合作、基地共建、生产订单等协议，提高成渝主轴地区蔬菜产品在成都、重庆及西南一线城市的布局和知名度（图7-11）。

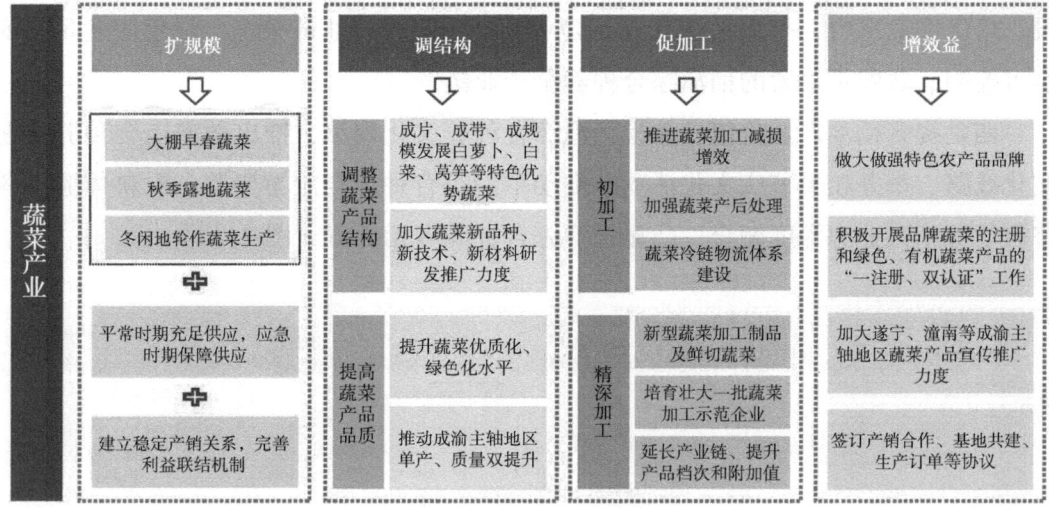

图 7-11 蔬菜产业发展路径

7.4.3 稻渔综合种养产业发展任务

四川隆昌和荣昌已共同打造了 40 万亩稻渔综合种养产业带，不仅在种养技术上积累了丰富的经验，在销售渠道和文化积淀上也有了积累，具有发展壮大、联农带农、引领示范的基础和潜力，正处于重要的发展窗口期。建议从以下四个方面持续发力，充分发挥稻渔综合种养产业在稳粮、促渔、提质、增效、增收等方面的作用。

一是巩固和发展稻渔种养规模。根据稻田、水和光热资源禀赋、市场需求和产业实际，明确优先发展区域、种养模式和品种，强化存量监督，稳步拓展增量，按照《稻渔综合种养通用技术要求》规范开展稻渔生产，落实沟坑占比、水稻单产、种养环境和产品品质等要求。

二是发展稻渔综合种养新质生产力。以大面积单产提升、保护耕地和节约利用水资源、绿色低碳高效为目标，加快突破稻渔综合种养基础理论、品种创制、技术和模式创新等难题，加强符合稻渔系统特点的新型肥料、新型饲料、智能化精准化机械设备研制和推广应用，推进机械化换人、自动化减人、智能化无人，分类建立稻渔综合种养千亩、万亩示范片区，促进新模式新技术落地见效。

三是延伸稻渔综合种养产业链条。成渝主轴地区要聚焦产业基础高级化、产业链现代化，积极推动标准化种养基地、集约化加工链条、体系化物流网络、品牌化市场营销和全程化社会服务发展，围绕"川南早虾"等区域公共品牌做好品牌建设，培优网商平台，打造稻虾IP，构建创新能力强、产业链条全、绿色底色足、安全可控制、联农带农紧的稻渔综合种养全产业链。

四是提升稻渔产业价值。深挖稻渔综合种养文化内涵，推出稻渔综合种养主题文化线路，举办相关节庆文化活动，推动稻渔综合种养与旅游康养、农耕体验、科普研学等新兴业态深度融合，凸显稻渔综合种养多元价值（图7-12）。

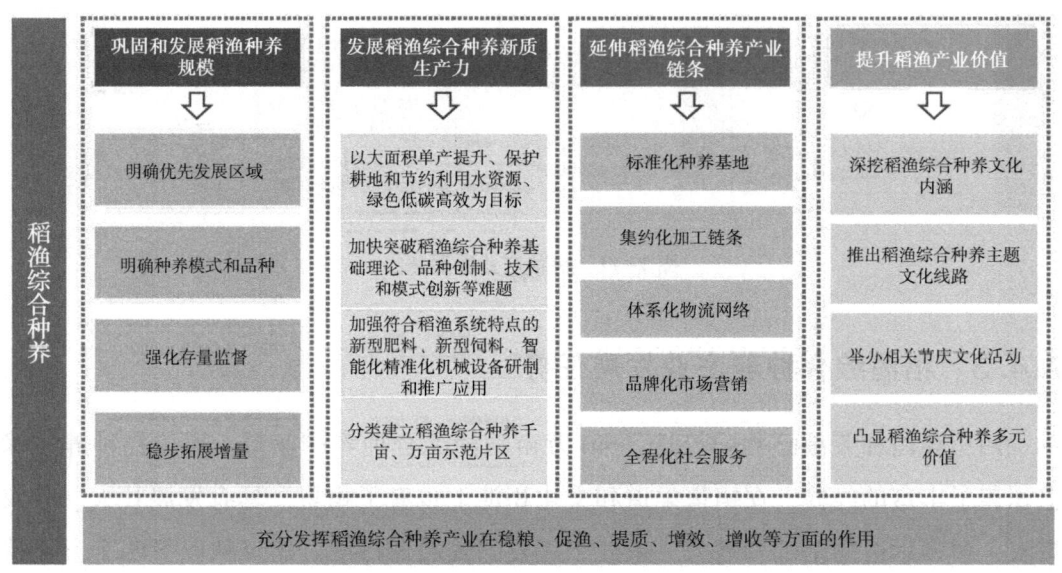

图7-12 稻渔综合种养产业发展路径

7.4.4 中药材产业发展任务

成渝主轴地区的遂宁、潼南等地在白芷、枳壳、黄精、佛手、瓜蒌特色中药材种植方面具有悠久的历史，已形成一定的规模优势，如遂宁、潼南作为传统的白芷生产区，已形成规模化种植，产出的川白芷质地优异，在全国中药材市场上占据重要地位（图7-13）。

一是规范中药材种植。根据道地中药材品种特性，结合遂宁、潼南等地的自然、社会条件重点发展白芷、枳壳、黄精等特色中药材，推动基地规模化、建园标准化、生产绿色化，建设一批高标准中药材种植基地。加强对中药材种植过程中农药、化肥、植物生产调节剂等使用管理，严禁使用剧毒、高毒、高残留农药，严禁滥用农药、化肥、植物生长调节剂和除草剂，采取轮作倒茬、深耕晒垡、有机培肥

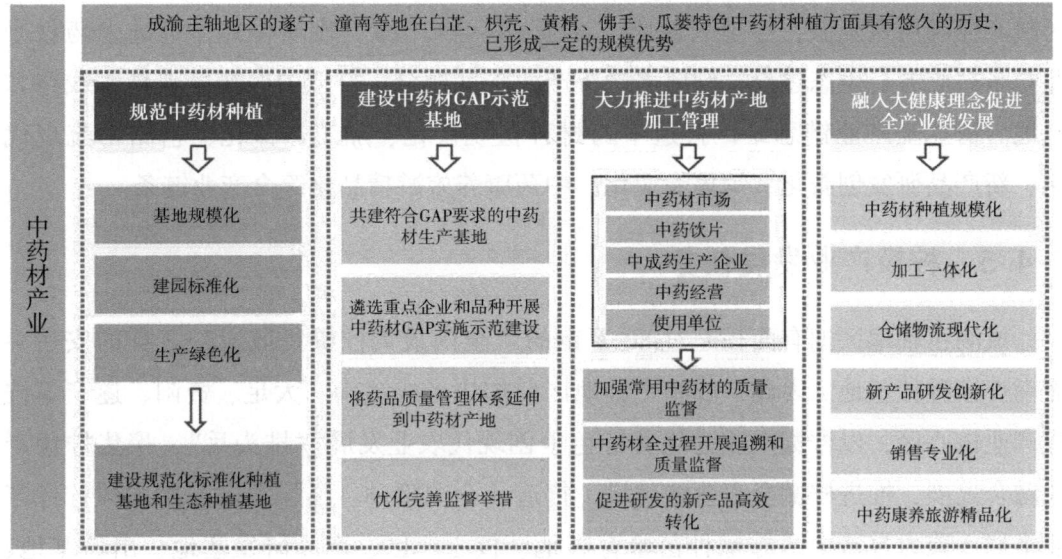

图 7-13　中药材产业发展路径

等传统措施，集成和示范推广土壤处理、生物防治、物理诱杀、科学用药、统防统治等绿色防控技术，建设规范化标准化种植基地和生态种植基地。

二是建设中药材 GAP《中药材生产质量管理规范》示范基地。成渝两地要协同细化中药材规范化种植、养殖、采收及产地加工等环节的具体措施，明确和细化监管、检查的相关标准和要求，优化完善监督举措。支持引导中药生产企业、中药材生产企业及具有企业性质的种植养殖基地和合作社，科学合理利用荒山、林地资源建设生态种植基地，推进中药材 GAP 规范种植管理。鼓励中药生产企业在中药材产地自建、共建符合 GAP 要求的中药材生产基地，将药品质量管理体系延伸到中药材产地。结合成渝两地中药发展和中药材生产实际，遴选重点企业和品种开展中药材 GAP 实施示范建设，使用符合 GAP 要求的中药材的中药生产企业，可以按照相关规定在药品标签上进行标识。

三是大力推进中药材产地加工管理。成渝主轴毗邻地区要加强对区域内中药材市场、中药饮片、中成药生产企业、中药经营、使用单位等常用中药材的质量监测。探索从土壤、种子种苗、肥料、水等全过程开展中药材追溯和质量监测。鼓励有关单位完善中药材相关技术标准，制定道地药材标准框架，建立健全生产技术、产地初加工、质量安全等标准体系。鼓励企业开展中医药新技术、新产品、新品种研发及推广，促进研发的新产品高效转化。

四是融入大健康理念促进全产业链发展。成渝主轴地区要以大健康理念推动中药材产业高质量发展，打造大健康"企业+基地+产品"发展模式，推进中药材产业与乡村旅游、生态建设、健康养老等产业深度融合，打造中医药康养精华线路和基地。树立全产业链思维，打造中药材种植规模化、加工一体化、仓储物流现代化、新产品研发创新化、销售专业化、中药康养旅游精品化等全产业链条。

7.4.5 柠檬产业发展任务

成渝主轴地区拥有面积超过80万亩的"全国最大柠檬集散地"之称的安岳—潼南柠檬种植基地。因此，成渝主轴地区要加快形成潼南、大足、资阳、遂宁等柠檬产业核心区，以柠檬产业为优势特色争创现代农业发展"排头兵"，聚焦柠檬产业融合发展，推进柠檬全产业链建设，打造"全国第一、国际领先"的中国柠檬产业集群。聚力打造中国柠檬种苗繁育高地、核心产区、产品研发基地、出口基地、数字大脑、融合发展标杆，全力打造具有川渝辨识度的中国柠檬第一品牌。加快建设柠檬种质资源圃，建成年产苗1亿株的全国最大柠檬脱毒种苗繁育中心，打造中国第一柠檬种苗繁育高地。联动资阳、遂宁、潼南、大足等地建立柠檬产业联盟体，联合四川、海南、云南等主产区，共同打造千亿级世界级柠檬产业集群，打造中国第一柠檬核心产区。依托重庆（潼南）农科城、国家级重点实验室，联合高等院校开展柠檬科技创新，培育一批高端研发基地，提升柠檬科技含金量，打造中国第一柠檬产品研发基地。融入"一带一路"和西部陆海新通道，搭建中国柠檬交易中心，加强国际贸易交往，联通全球、走向世界，打造中国第一柠檬出口基地。依托潼南"数字农业一张图"，迭代"柠檬指数3.0"，实现数字化管理、智慧化溯源，打造中国第一柠檬数字大脑。挖掘柠檬"健康、清爽、青春"元素，建设全国标志性柠檬特色小镇，把柠檬打造成为三次产业、农文商旅融合发展的新产业，打造中国第一柠檬融合发展标杆。

一是提档升级柠檬产业基地。稳定柠檬生产基地规模，统筹利用园地、永久基本农田外的一般耕地拓展基地面积，支持农民合作社、家庭农场适度规模种植，鼓励龙头企业自主建设示范基地。实施柠檬标准园创建行动，提升基地标准，推动生产宜机化、水肥一体化、管控智能化、品种优良化、绿色有机化种植，支持柠檬基地按照标准园规范改造升级，打造一批柠檬标准化生产示范基地和出口备案基地。加强品质管控和疫病防控，深化与四川省农业科学院、四川农业大学、西南大学、重庆市农业科学院科技创新合作，推行土壤改良、地力提升，推广示范无籽、抗病毒强的新品种，建立柠檬产业标准化、全链条质量安全可追溯体系。

二是培育壮大精深加工集群。高标准建设以柠檬为主导的国际农产品加工产业园，启动建设柠檬主产地加工园，就近实现初加工集聚、商品化处理，打通产销"最初一公里"。精准聚焦柠檬产业"强龙头、补链条"，突出招大引强、招优引优，加快集聚一批领军型、加工型、外向型龙头企业入驻，构建绿色高效柠檬产品加工体系。积极开展加工技术攻关和创新运用，支持企业集成创制一批科技含量高、适用性广的柠檬加工工艺及配套装备，开发生产一批"名特优"柠檬产品。加快实施柠檬产业"三年行动"计划，推动柠檬龙头加工企业技术创新、产业升级，鼓励和支持企业上市。

三是加速构建现代营销体系。积极融入国际大市场、国内大循环，联动知名电商平台和大型批发市场，培育一批柠檬专销龙头企业和专业经纪人队伍，创建全国农产品（柠檬）产地市场，打造国际柠檬交易中心。不遗余力开拓国际市场，依托龙头企业建设对外出口直通平台，在新加坡等国家以及中国香港等地区建立柠檬海外仓、协同中心，大力发展加工贸易出口。实施"安岳柠檬""潼南柠檬"品牌培育行动，大力提升"安岳柠檬""潼南柠檬"区域品牌价值，整合运用现有品牌资源，积极支持开展绿色、有机食品认证，争创"潼南柠檬"地理标志产品。推进柠檬产业"5+2"合作体系，构建国企、协会、社会组织、种植基地、企业五方利益共同体，以金融赋能、保险托底、双向发力，持续拓展国内外消费市场。深度开发琼江乡村振兴走廊休闲旅游市场和精品路线，持续办好国际柠檬节，提升特色旅游产品、大健康文化，推动农文旅融合发展。加大柠檬宣传，挖掘展示柠檬特色文化，培养市民消费柠檬习惯。

四是持续提升科技创新水平。以创建全国农业科技现代化先行区为契机，加速科研平台搭建和成果转化运用，加快打造国家柠檬工程技术中心、国家柠檬产业技术创新中心、区域性柠檬良种繁育中心。依托"龙头企业+科研院所"深度融合，组建柠檬产业科技创新联盟，建设南昌大学重庆研究院，深化与中国农业科学院、西南大学、重庆市农业科学院战略合作，支持创建重点实验室、技术创新中心等研发平台，鼓励开展柠檬基础性研究。注重柠檬种植技术创新示范，加快脱毒种苗、绿色生产、智能农机装备等研发运用，示范推广新品种、新技术、新模式、新机具。聚焦柠檬全果加工技术攻关，研发低碳减污加工贮运、柠檬副产物综合利用等新技术（图7-14）。

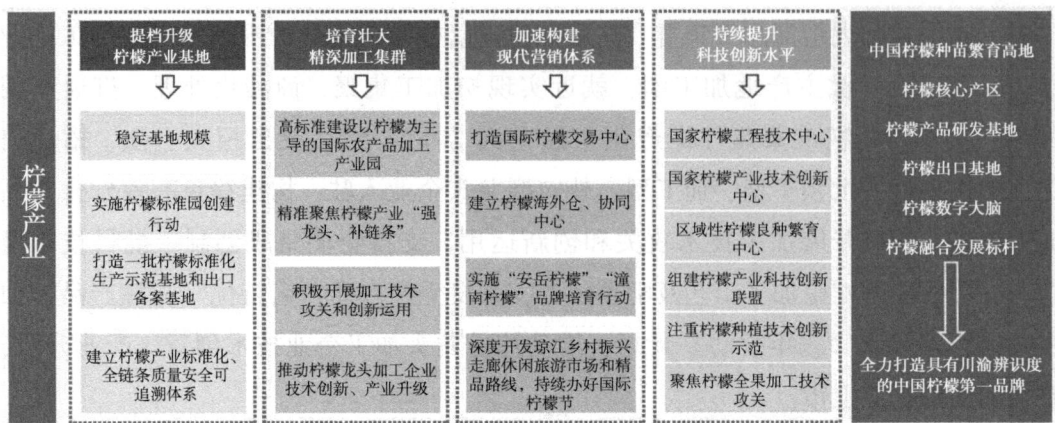

图 7-14 柠檬产业发展路径

第8章 现代高效特色农业产业带建设

8.1 沿长江现代高效特色农业绿色发展示范带

8.1.1 基本概况

沿长江现代高效特色农业绿色发展示范带属于成渝现代高效特色农业带"一轴三带四区"空间格局中"三带"的组成部分，其空间范围包括雅安、乐山、眉山、宜宾、泸州、江津、涪陵、丰都、忠县、万州、云阳、奉节、巫山等。

本区域位于长江经济带与成渝地区双城经济圈叠加的区域，在区位上具有显著的优势。长江经济带串联起我国东、中、西三大区域，生态地位突出、发展潜力巨大，人口规模和经济总量占据全国"半壁江山"，是我国经济中心所在。长江也是连接成渝地区双城经济圈的天然纽带，具有水土保持、净化空气、调节气候、保持生物多样性、提升碳汇能力等多种生态系统服务功能，串联成渝双核及重要节点城市，是保障成渝地区双城经济圈经济社会可持续发展的血液命脉、生命活水。成渝地区双城经济圈具有连接西南、西北，沟通东亚与东南亚、南亚的独特优势，区域内生态禀赋优良、能源矿产丰富、城镇密布、风物多样，是我国西部人口最密集、产业基础最雄厚、创新能力最强、市场空间最广阔、开放程度最高的区域，在国家发展大局中具有独特而重要的战略地位。

本区域面积约 8.6 万平方千米，占成渝地区双城经济圈面积的 46%，占四川省和重庆市总面积的 15%；2022 年末常住人口 2 300 余万人，占成渝地区双城经济圈人口的 25%，占四川省和重庆市总人口的 21%。2022 年本区域 GDP 共计约 1.69 万亿元，占成渝地区双城经济圈GDP的22%①，占四川省和重庆市总GDP的20%；第一产业、第二产业、第三产业占GDP的比重为0.12∶0.46∶0.42；各市（区、县）平均的人均地区生产总值为71 776元，高于四川省平均水平，略低于重庆市平均水平。2022年本区域各市（区、县）平均的城镇居民人均可支配收入为43 662元，较四川省的平均水平高429元，较重庆市的平均水平低1 847元；本区域各市（区、县）平均的农村居民人均可支配收入为20 070元，较四川省、重庆市的平均水平分别高1 398元、757元；本区域的城乡收入比为2.18∶1，低于四川的城乡收入比（2.32∶1）和重庆的城乡收入比（2.36∶1）（图8-1）。

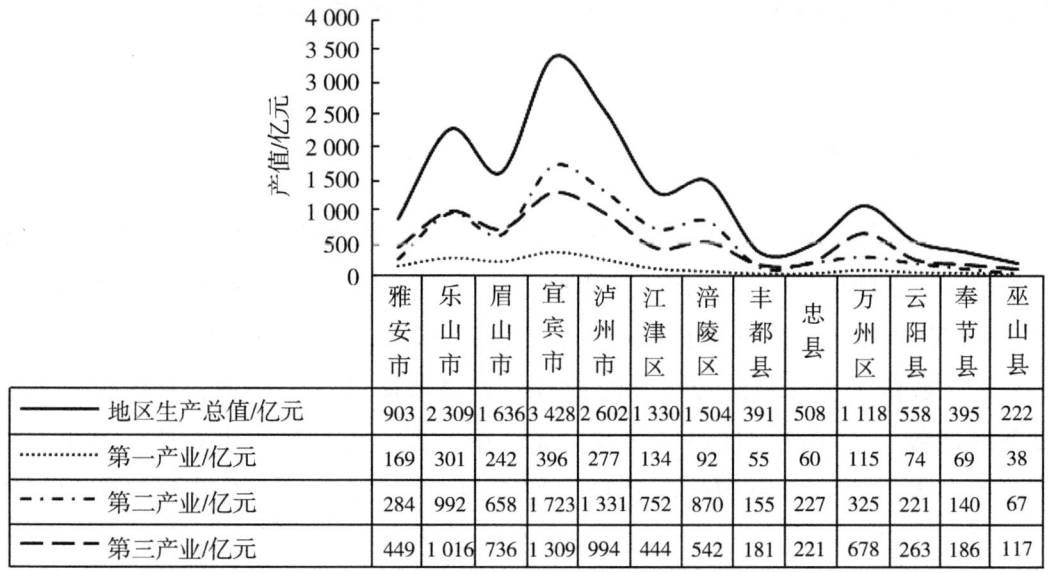

图8-1 2022年沿长江现代高效特色农业绿色发展示范带GDP及一二三产业产值

数据来源：《四川统计年鉴2023》《重庆统计年鉴2023》。

近年来，本区域各市（区、县）加快推进农业农村现代化，尤其在成渝现代高效特色农业带的统筹引领和推动下，农业经济实现稳步提升。2022年本区域农林牧渔总产值达3 206亿元，占四川省和重庆市总和的24.80%，在成渝地区双城经济圈占据重要地位。具体到农林牧渔各分项产值来看，本区域的农业、林业、牧业、渔业产值分别为1 868.32亿元、189.03亿元、944.22亿元、132.94亿元，

---

① 数据来源：《四川统计年鉴2023》《重庆统计年鉴2023》；其中，成渝地区双城经济圈的面积、人口、GDP数据来源于《成渝地区双城经济圈国土空间规划（2021—2035年）》中"规划范围面积18.5万平方千米，2022年地区内常住人口约9 700万人，GDP约7.7万亿元"。

分别占四川省和重庆市总和的 25.21%、30.75%、23.13%、27.69%。从各市（区、县）来看，2022 年宜宾市农林牧渔业总产值 646.22 亿元，远超本区域其他市（区、县），其农业、林业、牧业产值在区域内均排名第一；泸州市、乐山市、眉山市的农林牧渔业总产值也均超过 400 亿元，排名第二至第四位；丰都县、忠县、巫山县的农林牧渔业总产值则未超过 100 亿元（表 8-1）。

表 8-1　2022 年沿长江现代高效特色农业绿色发展示范带农林牧渔业总产值及比重情况　　　　　　　　　　　　　　单位：亿元

县市区	农林牧渔业总产值（占比）	农业总产值（占比）	林业总产值（占比）	牧业总产值（占比）	渔业总产值（占比）
雅安市	264.62（8.25）	176.54（9.45）	19.28（10.20）	59.65（6.32）	4.44（3.34）
乐山市	449.81（14.03）	223.82（11.98）	31.34（16.58）	160.85（17.04）	26.73（20.11）
眉山市	411.78（12.84）	255.07（13.65）	11.34（6.00）	109.71（11.62）	25.36（19.08）
宜宾市	646.22（20.16）	347.65（18.61）	45.55（24.10）	213.60（22.62）	25.32（19.04）
泸州市	464.15（14.48）	248.05（13.28）	21.84（11.56）	164.35（17.41）	20.00（15.04）
江津区	189.74（5.92）	135.48（7.25）	5.81（3.07）	38.75（4.10）	6.75（5.08）
涪陵区	139.58（4.35）	99.45（5.32）	7.36（3.89）	23.80（2.52）	5.73（4.31）
丰都县	86.90（2.71）	42.01（2.25）	10.36（5.48）	29.06（3.08）	3.64（2.73）
忠县	93.18（2.91）	53.92（2.89）	5.28（2.79）	27.85（2.95）	4.38（3.29）
万州区	169.81（5.30）	113.97（6.10）	9.66（5.11）	36.67（3.88）	6.17（4.64）
云阳县	121.79（3.80）	62.85（3.36）	8.24（4.36）	39.65（4.20）	3.30（2.48）
奉节县	106.39（3.32）	75.22（4.03）	3.08（1.63）	24.55（2.60）	0.86（0.65）
巫山县	62.04（1.94）	34.28（1.83）	9.90（5.24）	15.74（1.67）	0.27（0.21）
本区域	3 206	1 868.32	189.03	944.22	132.94

数据来源：《四川统计年鉴 2023》《重庆统计年鉴 2023》。

注：括号内数字为占四川省和重庆市总产值的比例（%）。

根据第三次全国国土调查数据，本区域耕地面积 2 392.77 万亩，占四川省和重庆市总和的 22.48%。其中宜宾市、泸州市耕地面积占比最大，面积分别为 545.26 万亩、485.91 万亩，分别占本区域的 22.79% 和 20.31%；乐山市、眉山市的耕地面积位于区域第三、第四，分别为 244.66 万亩、223.48 万亩，均占本区域总面积的 10% 左右；万州区、涪陵区、江津区、丰都县、忠县、奉节县的耕地面积则分布在 100 万~130 万亩；云阳县、雅安市、巫山县的耕地面积则在 100 万亩以下（图 8-2）。

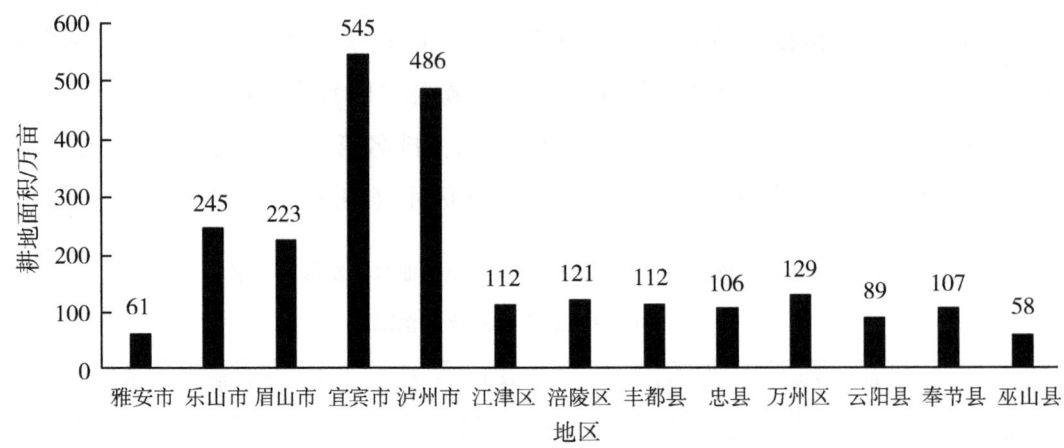

图 8-2　沿长江现代高效特色农业绿色发展示范带耕地面积

数据来源：第三次全国国土调查。

本区域农作物总播种面积4 683万亩，占四川省和重庆市总和的22.78%，其中粮食作物播种面积3 015万亩，占四川省和重庆市总和的23.62%，是成渝地区双城经济圈粮油产业发展的重要组成部分（图8-3）。

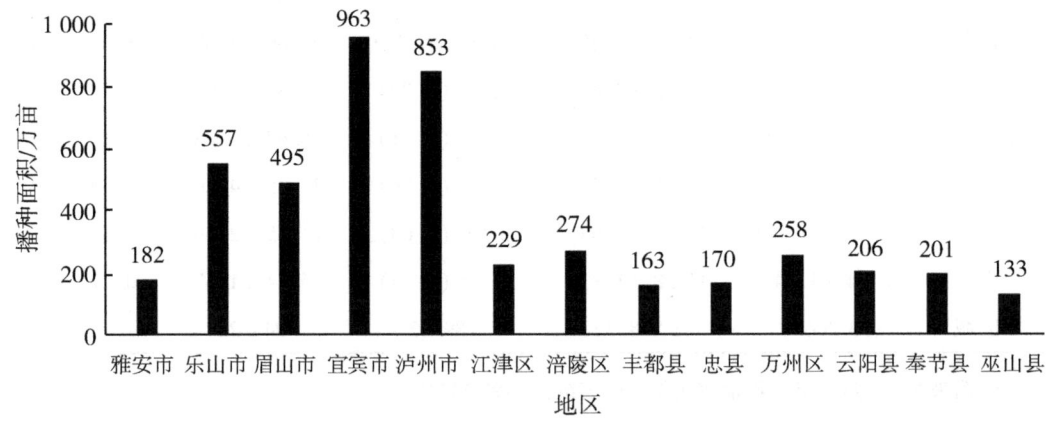

图 8-3　沿长江现代高效特色农业绿色发展示范带农作物播种面积

数据来源：《四川统计年鉴2023》《重庆统计年鉴2023》。

8.1.2　产业基础

按照《成渝现代高效特色农业带建设规划》，本区域统筹布局粮油、泡（榨）菜、晚熟柑橘、渔业、名优茶等优势特色产业，建设国家现代粮油产业园区、全球泡（榨）菜出口基地、晚熟柑橘产业集群、名优茶产业带。从主要农作物产量来看，2022 年本区域粮食产量 1 096 万吨，占四川省和重庆市总和的 23.92%；油料产量 80 万吨，占四川省和重庆市总和的 15.78%；水果产量 638 万吨，占四川省和重庆市总和的 32.32%，其中柑橘占有重要地位；茶叶产量 31 万吨，占四川省和重庆市总和的 69.08%；蔬菜及食用菌产量 1 740 万吨，占四川省和重庆市总和的 23.29%，其中，泡（榨）菜产业表现突出，泡菜市场份额占全国泡菜产业的 1/3，榨菜在全国市场占有率稳居第一，有力地带动了蔬菜种植。在肉类产量方面，2022 年本区域猪肉产量 164 万吨，占四川省和重庆市总和的 26.08%；本区域地处长江上游和三峡库区腹心，水产品产量 63 万吨，占四川省和重庆市总和的 27.61%。由此可见，本区域是保障成渝地区粮食和重要农产品稳定安全供给的重要力量，粮油产业基础扎实，柑橘产业、茶产业、泡（榨）菜产业、渔业在成渝地区具有显著优势和重要地位。

（1）粮油产业

2022 年本区域粮食播种面积 3 015 万亩，占四川省和重庆市粮食播种总面积的 23.62%。本区域粮食播种面积占农作物播种面积的 64.37%，而四川省、重庆市的粮食播种面积占农作物播种面积的比例分别为 63.20%、58.83%，由此可见，粮食产业在本区域中地位更加凸显、优势更加突出。分市（区、县）来看，宜宾市以 654.71 万亩的粮食播种面积在区域内排名第一，占区域播种总面积的比例达 21.72%；泸州市粮食播种面积为 614.25 万亩，在区域内排名第二，占比达 20.37%；乐山市、眉山市粮食播种面积相当，分别为 340.03 万亩、303.44 万亩，占比分别为 11.28%、10.06%；其余市（区、县）的粮食播种面积则均在 150 万亩及以下。具体为，万州区粮食播种面积 150.96 万亩，江津区粮食播种面积 145.94 万亩，涪陵区粮食播种面积 141.02 万亩，云阳县粮食播种面积 136.60 万亩，奉节县粮食播种面积 120.16 万亩，忠县粮食播种面积 114.70 万亩，雅安市粮食播种面积 106.75 万亩，丰都县粮食播种面积 102.62 万亩，巫山县粮食播种面积 83.62 万亩（图 8-4）。

在粮油产量方面，2022 年本区域粮食产量 1 096.15 万吨，占四川省和重庆市粮食总产量的 23.92%。其中，宜宾市粮食产量 251.42 万吨，占区域粮食总产量的比例达 22.94%；泸州市粮食产量为 230.23 万吨，在区域内排名第二，占比达 21.00%；眉山市、乐山市粮食产量分别为 125.43 万吨、122.60 万吨，占比分别为 11.44%、11.18%；江津区粮食产量为 62.76 万吨，占比为 5.73%；其余市（区、县）的粮食产量则均在 50 万吨以下。具体为，万州区粮食产量 49.01 万吨，涪陵区粮食产量44.39万吨,云阳县粮食产量40.33万吨,忠县粮食产量40.20万吨,奉节县粮食产量39.91万吨,雅安市粮食产量36.36万吨,丰都县粮食产量32.81万吨,巫山县粮食产量20.69万吨。2022年本区域油料产量79.66万吨,占四川省和重庆市油料总产量的15.78%。其中,宜宾市油料产量遥遥领先,产量为20.94万吨,占区域总产量的26.28%;眉山市、泸州市、乐山市油料产量在区域中分别排名第二至第四位,产量分别为13.92万吨、12.95万吨、10.87万吨,在区域中的占比分别为17.48%、16.26%、13.65%;其余市(区、县)的油料产量则均在5万吨以下。具体为,忠县油料产量3.97万吨,云阳县油料产量3.67万吨,奉节县油料产量2.95万吨,万州区油料产量2.20万吨,江津区油料产量2.03万吨,丰都县油料产量2.03万吨,巫山县油料产量1.97万吨,雅安市油料产量1.50万吨,涪陵区油料产量0.66万吨(表8-2)。

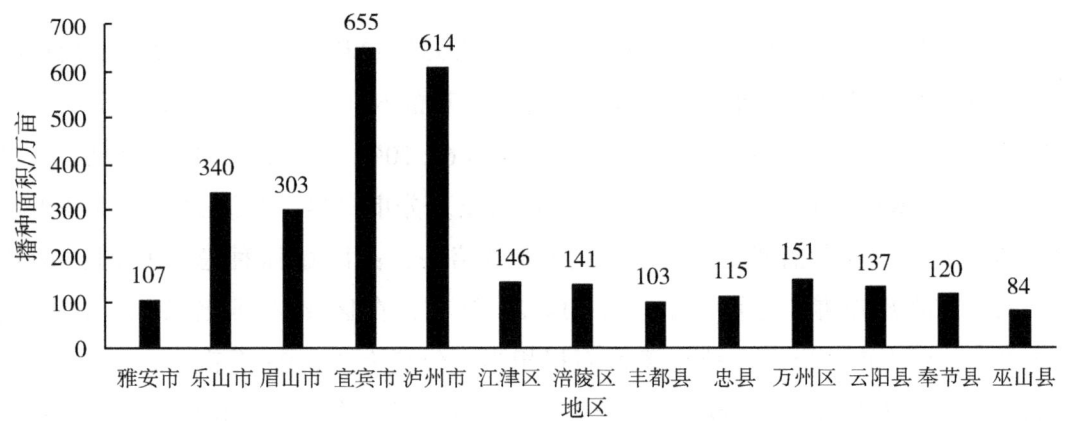

图8-4　沿长江现代高效特色农业绿色发展示范带粮食播种面积

数据来源:《四川统计年鉴2023》《重庆统计年鉴2023》。

表8-2　2022年沿长江现代高效特色农业绿色发展示范带粮油产量及占比情况

县市区	粮食产量/万吨	粮食产量占比/%	油料产量/万吨	油料产量占比/%
雅安市	36.36	3.32	1.50	1.89
乐山市	122.60	11.18	10.87	13.65
眉山市	125.43	11.44	13.92	17.48
宜宾市	251.42	22.94	20.94	26.28
泸州市	230.23	21.00	12.95	16.26
江津区	62.76	5.73	2.03	2.55

(续表)

县市区	粮食产量/万吨	粮食产量占比/%	油料产量/万吨	油料产量占比/%
涪陵区	44.39	4.05	0.66	0.83
丰都县	32.81	2.99	2.03	2.54
忠县	40.20	3.67	3.97	4.98
万州区	49.01	4.47	2.20	2.76
云阳县	40.33	3.68	3.67	4.60
奉节县	39.91	3.64	2.95	3.70
巫山县	20.69	1.89	1.97	2.47
合计	1 096.15	—	79.66	—

数据来源：《四川统计年鉴2023》《重庆统计年鉴2023》。

(2) 柑橘产业

柑橘在热带、亚热带地区广泛栽培，是全球重要的经济作物，在全球农业和农产品贸易中占据十分重要的位置。我国柑橘种植面积和产量均居世界第一位，种植区主要分布在福建、浙江、四川、湖南、广西、广东、湖北、江西和重庆9个省（自治区、直辖市），是我国南方地区支撑农村经济发展、推进乡村振兴的重要支柱产业。本区域处于长江上中游柑橘优势区，丰富的农业资源与适宜柑橘生长的自然环境，使本区域发展柑橘具有较大比较优势。本区域柑橘种植面积超过550万亩，占比超过四川省和重庆市总和的60%；柑橘产量达400万吨左右，产量占比超过四川省和重庆市总和的40%，主要品种有不知火、春见、清见、爱媛、血橙、脐橙、沃柑、黄果柑等，在成渝地区双城经济圈中具有重要地位。其中，眉山市柑橘种植面积和产量均遥遥领先，分别占区域总量的19.04%、25.73%，万州区、宜宾市、奉节县的柑橘产量在区域中的占比均超过10%。产量排名前列的眉山市、万州区、奉节县柑橘产业发展各具特色（图8-5）。

眉山市是全国最大的晚熟柑橘生产基地，柑橘产业种植面积达106万亩，居四川省第一位，晚熟柑橘基地面积90万亩，居全国第一位，产值125亿元，带动106万从业人员人均增收上万元[①]，主要品种包括爱媛、春见、不知火、沃柑等。全市6个县（区）中有5个将柑橘作为农村经济作物的主导产业。其中，眉山丹棱县逐

---

① 眉山日报. 向着都市现代农业先行市加速迈进，https://www.mshw.net/xwzx/msyw/202409/t20240925_714394.html.

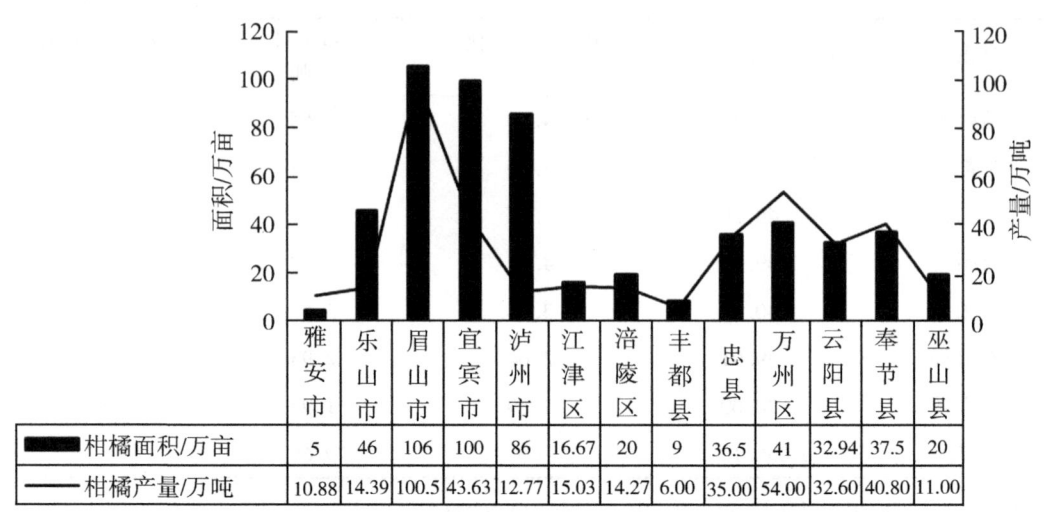

图 8-5　沿长江现代高效特色农业绿色发展示范带柑橘种植面积及产量

数据来源：各市（区、县）2022 年政府网站数据整理。

步发展形成 18 万亩优质晚熟柑橘，是全国晚熟柑橘产业集群核心区、全国最大优质不知火生产基地，全县 8 万余名果农从事晚熟柑橘产业，每户每年常态化收入平均达 10 万元，占农户总收入的 80.2%，对农户增收贡献率达 20.5%；眉山仁寿县晚熟柑橘种植面积达 30 万亩，产量达到 47.5 万吨，该县通过国企引领、公司经营、标准化基地提升、产地初加工建设、新型主体培育、晚熟柑橘研究院创建等举措，以科技赋能，高标准建设晚熟柑橘集群①。

万州区种植柑橘的历史长达 4 000 余年，是全国柑橘最适生态区之一，具有柑橘生长无台风、无霜冻、无检疫病虫害三大生态优势，柑橘种植面积达 41 万亩，产量 54 万吨。万州着力打造特色柑橘品种，既有长江两岸种植历史最悠久的万州红桔，也有标准化种植的万州玫瑰香橙和全国规模最大的万州青柠檬，被称为万州的"一古两洋"。"重庆万州红桔栽培系统"已纳入农业农村部中国重要农业文化遗产名录。万州持续优化品种结构和区域产业布局，发展成全国最大的青柠檬生产基地之一。2004 年，在中国农业科学院柑桔研究所的帮助下，万州开始种植塔罗科血橙，以其得天独厚的地理气候条件，培育出了更加优质的品种，即万州玫瑰香橙，并先后获得"绿色食品"认证、"地理标志农产品""中国果品百强品牌""中国十

---

① 四川科技网. 仁寿县：科技赋能　集群发展　柑橘产业迈上新台阶，https：//www.sckjw.com.cn/info/99f2f42b8a8f461bb61e9204546bf299.

大柑橘品牌"等称号,获得"中国生态原产地保护产品"证书①。

奉节县柑橘栽培历史最早可以追溯到汉代,是全球八大脐橙主产区之一和中国优质脐橙核心产区,是全国脐橙单产第一县。奉节脐橙品质优良,具有"挂树保鲜、酸甜适度、细嫩化渣、营养丰富"四个鲜明品质,可实现长达8个月的鲜果供应。奉节脐橙的种植面积稳定在37.5万亩,年产量40万吨以上,年综合产值达60亿元,奉节脐橙品牌价值高达381.7亿元,在中国品牌价值评价区域公用品牌100强中位列全国第二十位、重庆市第一位。

(3) 茶产业

本区域2022年茶叶种植面积超过450万亩,占四川省和重庆市总和的66.71%;茶叶产量超过30万吨,产量占四川省和重庆市总和的近七成。从面积看,乐山市、宜宾市、雅安市茶叶种植面积占区域茶叶种植总面积的近八成,乐山市、宜宾市茶叶种植面积均超130万亩,分别占区域种植总面积的29.79%、27.86%,雅安市茶叶种植面积约100万亩,占区域种植总面积的21.15%。从产量看,雅安市、宜宾市、乐山市茶叶产量占区域茶叶总产量的80%以上,产量分别为10.40万吨、9.72万吨、5.23万吨,占比分别为33.77%、31.56%、16.97%(图8-6)。

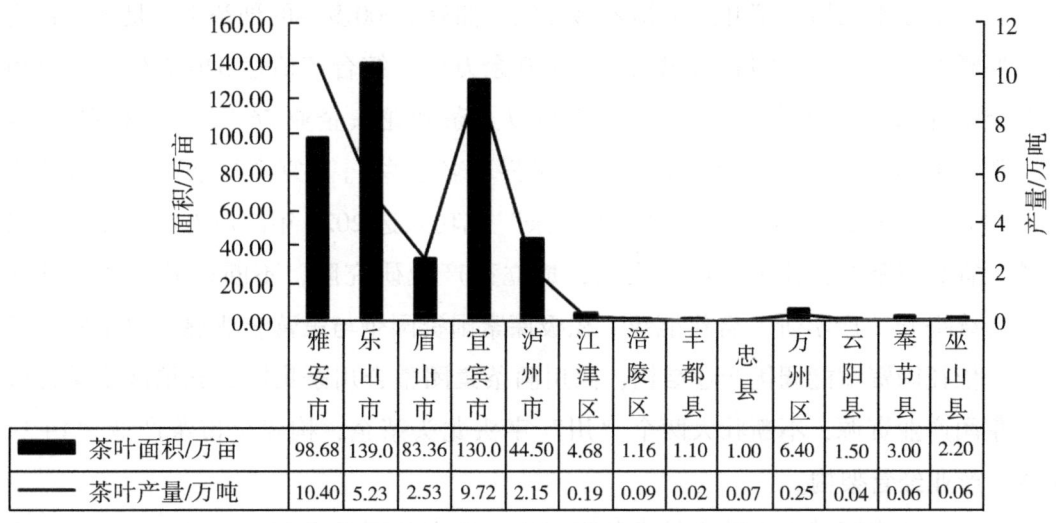

图 8-6 沿长江现代高效特色农业绿色发展示范带茶叶种植面积及产量

数据来源:各市(区、县)2022年政府网站数据整理。

---

① 农民日报. 万州:培育新质生产力 赋能乡村"土特产", https://nyncw.cq.gov.cn/ztzl_161/rdzt/xczx/gzdt_249775/xczx_251963/202408/t20240822_13542932_wap.html.

雅安市是世界茶文化和茶文明的发源地，也是著名的产茶名城。2023年雅安市茶园面积稳定在100万亩，干毛茶收入达85亿元，综合产值250亿元以上①，雅安市全市涉茶农户25万户，涉茶人口65万人，茶农茶产业人均纯收入超过8 000元，占人均可支配收入50%以上。雅安市8个县（区）都产茶，其中名山、雨城、荥经被四川省农业农村厅列入全省30个优势茶叶产业发展县，初步形成名山区以蒙顶山茶为主、雨城区以雅安藏茶为主，荥经、天全、芦山、宝兴以高山生态茶为主的茶产业发展格局。在茶叶加工领域，雅安市登记茶叶企业1 233家，其中220家取得食品生产许可证，市级以上农业产业化重点龙头企业59家，其中国家级1家、省级25家、市级33家，有全国边销茶定点生产企业8家，其中4家承担国家储备任务。随着三茶统筹的实践，雅安市近年来已建成百公里百万亩茶叶乡村振兴产业带、国家级特色农产品优势区1个（蒙顶山茶）、国家农业现代化示范区1个（名山区）、省级特色农产品优势区6个、省星级园区8个。雅安已连续7年进入"中国茶叶公用品牌价值十强"，连续3年被评为"最具品牌经营力品牌"，多次被评为"最具资源力品牌"，2023年，"蒙顶山茶"评估价值49.6亿元，雅安藏茶评估价值29.69亿元②。

宜宾市在本区域中茶叶产量排名第二位，拥有3 000多年的种茶史，是茶马古道的重要驿站。宜宾市茶园总面积稳定在130余万亩，综合产值达340.5亿元。全市有各类茶叶加工企业427家，其中，市级以上茶叶龙头企业56家，包含国家级4家、省级14家。宜宾被授予全球首个"世界著名茶乡"。"宜宾早茶"更是被评为"世界名优绿茶"，"川红工夫""宜宾早茶"成功入选2022年四川省农业品牌目录品牌。宜宾市坚持科技引领产业发展，成立茶产业研究院，不断提升宜宾茶叶品质，持续提升"产学研"合作能级。积极探索国资国企与民营企业混合改革发展新路径，依托国资赋能调优产业结构，四川酒茶集团整合川茶集团，五粮液集团控股川红集团产业资源，不断壮大两个"川"字头龙头茶企，构建全市茶产业"1+2+6+N"产业经营架构。

乐山市在本区域中茶叶产量排名第三位，全市茶园总面积稳定在140万亩，干毛茶总产值98亿元，茶产业综合实力居全省前列。成功创建省级茶叶重点县5个，

---

① 中国网．雅安：勇扛川茶振兴重责 奏响"三茶"雅安篇章，http：//sc.china.com.cn/2024/difang/1328/0328/529857.html.

② 中国经济网．四川雅安：三茶统筹引领茶产业转型升级，https：//sc.cri.cn/2024-04-03/2048e033-8f72-c85b-925a-bf382090937d.html.

创建国家级现代农业产业园1个，省五星级现代农业园区1个、四星级园区2个、三星级园区1个，入选中国茶叶百强县3个，四川茶业十强县2个[①]。乐山市围绕"一核两带两区"的产业发展格局，重点打造峨眉山"全国高山绿茶产业核心区"，建成峨眉—夹江50万亩高质高效茶叶产业带、犍为—沐川—马边80万亩绿色生态茶叶产业带，打造夹江"茶出口引领示范区"和犍为"全国茉莉花茶产业优势区"[②]。

(4) 泡（榨）菜产业

本区域泡（榨）菜产业以眉山泡菜和涪陵榨菜为代表。眉山市被誉为"中国泡菜之乡"，泡菜制作在当地民间已有1 500多年的历史。眉山市泡菜原料基地稳定在40万亩，2023年眉山市泡菜销售收入超220亿元，市场份额占四川省的1/2、全国的1/3，形成"中国泡菜看四川，四川泡菜看眉山"的产业发展格局。泡菜食品产业集群获评全省首批中小企业特色产业集群，泡菜企业50余家，培育国家级农业产业化龙头企业4家、省级龙头企业12家。"东坡泡菜"成功创建国家地理标志保护产品、产地证明商标，"东坡泡菜"国家地理标志产品保护示范区成功入选国家地理标志产品保护示范区筹建名单，并荣登中国区域品牌百强榜第27位，品牌价值110.94亿元[③]。在泡菜产业链建设方面，眉山从源头上建立了泡菜生产标准，推动了基地建设、生产加工和科研创新，培育出如吉香居、川南、李记等全国首批自营进出口贸易泡菜企业，促进了泡菜产业的规模化、品牌化发展。眉山坚持创新驱动，依托互联网和文创产业，构建了"市场牵龙头、龙头带基地、基地连农户"的产业链条。

涪陵是"世界榨菜之乡"，涪陵榨菜自1898年诞生并推向市场、走向世界以来，与欧洲酸黄瓜、德国甜酸甘蓝并誉为"世界三大名腌菜"。涪陵区种植榨菜原料青菜头73万亩以上，榨菜全产业链产值已经超过140亿元，全国榨菜市场占有率稳居第一位。榨菜产业带动了16万余种植户、1 700余个原料加工户、60万农民增收致富。现有榨菜股份合作社197家，榨菜生产企业41家，形成了涪陵青菜头、全形榨菜、方便榨菜、出口榨菜四大系列200余个产品品种，产品销往全国各大中城

---

① 乐山市农业农村局. 乐山市茶产业高质量发展综述, http：//nynct.sc.gov.cn/nynct/c100632/2024/7/5/8d2dadf72ad54345a1143ae5f5547749.shtml.

② 乐山市农业农村局. 泡好这杯"峨眉山茶", https：//snyncj.leshan.gov.cn/snyj/tts/202404/72b80b800fc04c3aad32dcb98eb45a5f.shtml.

③ 澎湃新闻. "小泡菜"做成"大产业"：四川眉山又一届泡菜博览会来临, https：//www.thepaper.cn/newsDetail_forward_26588885.

市及县乡市场，并出口远销80多个国家和地区。建立了"1个保护价、2份保证金、1条利益链"，建立了农户、合作社、榨菜企业三方联结、风险共担的利益联结机制，让农民放心种，让企业有菜收，菜农人均榨菜纯收入超3 000元①。涪陵深耕榨菜品牌建设，持续挖掘市场新增长点，坚持"区域品牌+企业品牌"双向发力，建立企业商标品牌200余个；发布中国首个榨菜指数平台，上线运行榨菜"产业大脑"，实现"一个平台"互联互享行业全链条信息；加强和规范平台管理，发挥电商平台资源、渠道优势，推进更多优质生态产品以便捷的渠道和方式开展交易。

四川眉山、重庆涪陵两地围绕泡（榨）菜产业达成战略合作，提出推动成渝地区协同建设全球泡（榨）菜出口基地，联合打造世界酱腌菜产业高地，于2023年6月签署《共同建设全球泡（榨）菜出口基地共同推动泡（榨）菜产业高质量发展战略合作协议》。该协议明确双方从建设原料基地、深化科技协作、加强企业合作、拓展国际市场、完善合作机制五个方面进行合作，建设川渝共建中国酱腌菜科技创新重庆（四川）重点实验室，促进两地相关科研机构及重点企业开展科技创新与成果转化；探索建立市场协调、品牌提升机制，共同维护"东坡泡菜""涪陵榨菜"品牌形象②。

（5）渔业

本区域位于长江上游地区，拥有丰富的渔业种质资源和良好的生态环境，渔业发展基础得天独厚。近年来发展重点逐渐从规模扩张转向技术创新，推广先进的养殖技术和管理模式，渔业经济效益不断提升。2022年本区域渔业总产值为132.94亿元，占四川省和重庆市总和的27.69%。其中乐山市、眉山市、宜宾市、泸州市的渔业总产值均超过20亿元，占本区域渔业总产值的73.27%。与渔业总产值一致，乐山市、眉山市、宜宾市、泸州市的水产品产量在区域中占有重要地位，占本区域水产品总产量的80%以上，产量分别为13.39万吨、14.43万吨、12.21万吨、10.66万吨（图8-7）。

乐山市积极探索设施渔业模式，推进渔业绿色转型升级，大力推广水产养殖绿色健康养殖，完成池塘标准化改造3 800亩，建成"三池两坝"、池塘底排污、鱼菜共生、池塘工程化循环水、多级沉淀等尾水处理设施41个，建成设施渔业养殖水

---

① 中国新闻网．重庆涪陵榨菜全产业链年产值突破140亿元 远销80多个国家和地区，https：//www.cfsn.cn/news/detail/291/258326.html？view=pc．

② 四川日报．"泡菜之乡"牵手"榨菜之乡""开胃菜"后，期待更多深度合作，https：//www.sc.gov.cn/10462/10464/10465/10595/2023/7/4/7470028b08554b46b75e97a3c248de65.shtml．

第 8 章　现代高效特色农业产业带建设

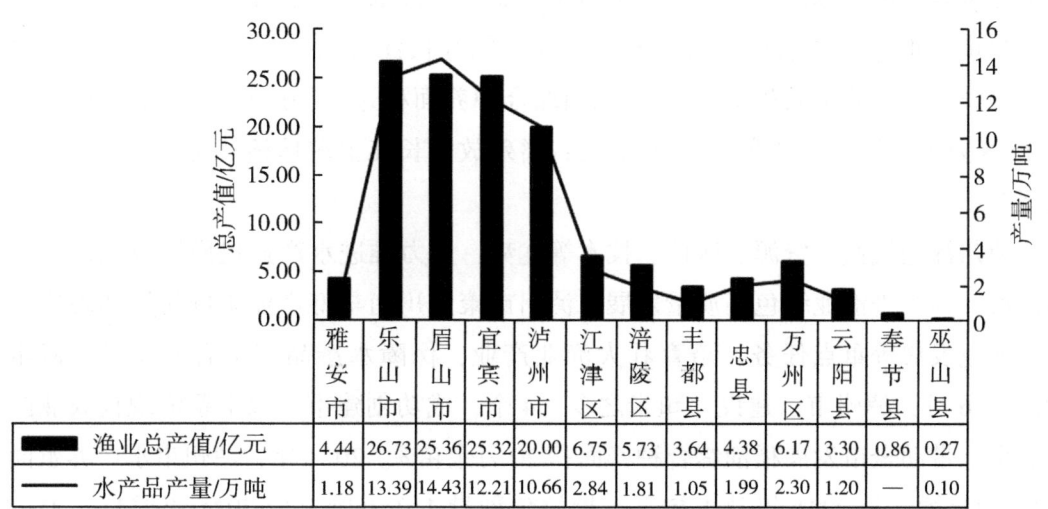

图 8-7　沿长江现代高效特色农业绿色发展示范带渔业总产值及水产品产量

数据来源：《四川统计年鉴 2023》《重庆统计年鉴 2023》及各市（区、县）2022 年政府网站数据整理。

体 10.7 万立方米。探索出尾水治理"233""党建+高校+集体经济"等多种具有乐山特色的经营模式。在设施渔业方面，采取陆基高位池养殖模式、工厂化循环水养殖模式、池塘循环水养殖模式、零排放桶圈养模式，2022 年设施渔业产量 2 344 吨，主要投放鲈鱼、鳜鱼、黄颡鱼、鮰鱼等经济鱼类，年产值 5 000 万元[①]。

眉山市近年来渔业稳步发展，以东坡区为例，2023 年东坡区水产养殖面积约 4.7 万亩，水产品产量约 4.9 万吨，较 2022 年增长 3.6%，渔业产值超 10 亿元，水产养殖面积持续稳定，养殖技术水平不断提高。作为四川省水产种苗繁育"高地"，东坡区年生产各类名优种苗 140 亿尾，其中黄颡鱼种苗繁育量居全国第一位，占全国市场份额的 65% 以上；斑点叉尾鮰、长吻鮠（江团）种苗繁育量居全国第二位。另有鲇鱼、大口黑鲈、土凤等国内外名优品种 20 余种。水产繁育规模、设施和技术水平西部领先，是全国最大的鲇科鱼类种苗生产基地、闻名全国的水产种苗之乡[②]。

宜宾市按照"一园一区二基地"产业布局，大力发展江河鱼替代产品，培育水产现代农业园区，因地制宜发展稻渔综合种养区，改造提升池塘标准化养殖基地、

---

① 四川省农业农村厅. 乐山市四种模式推进渔业转型升级，http://nynct.sc.gov.cn/nynct/c100632/2023/4/28/7beab3e972ce43c583c1c47b7605d749.shtml.

② 四川日报. 眉山水产迎来国家"智囊团"收获哪些金点子，https://country.scol.com.cn/shtml/scncrb/20240903/101845.shtml.

打造冷水养殖示范基地。大力发展优质水产品，丰富水产品品种，保障群众"菜篮子"供应，推进宜宾水产业转型升级，扎实做好长江禁捕"后半篇"文章。2021年，宜宾市水产养殖面积15万亩，稻渔综合种养面积达28万亩，水产品总产量实现11.8万吨、渔业综合产值34.6亿元；增殖放流长江上游珍稀特有鱼类331.3万余尾[1]。

泸州深挖气候、资源、区位、技术等优势，大力推进水产业提质增效和绿色健康发展。为推进渔业绿色高质量发展，泸州市聚焦川南早虾产业集群建设和现代化设施渔业发展等重点任务，培育壮大渔业产业，保障水产品安全有效供给。截至2024年6月，泸州市已建设"鱼米之乡"4个，成功创建市级以上稻渔现代农业园区3个，带动全市发展稻渔综合种养面积20万余亩[2]。2022年，泸州市水产养殖面积9 334公顷，与2021年基本持平；投放鱼种量1.3万吨，较2021年增长3.1%；水产品总产量10.7万吨，较2021年增长5.3%；实现渔业经济总产值23.3亿元，较2021年增长8.9%[3]。

8.1.3 目标思路

到2035年，沿长江现代高效特色农业绿色发展示范带建设取得决定性进展，农业产业结构得到根本性改善，主要农产品供给质量和保障能力显著增强，特色优势现代农业产业体系、生产体系、经营体系基本建立，农业生产基础条件明显改善，农村一二三产业深度融合，科技水平大幅提升，特色农产品品牌知名度、美誉度显著提升，龙头企业发展引领能力明显增强，农村居民持续增收能力显著提升，农业对外合作能力明显增强，培育形成现代高效、特色鲜明、结构合理、链条完整、全国领先的现代农业产业体系。区域粮食播种面积常年稳定在3 000万亩以上，粮食产量常年稳定在1 000万吨以上；柑橘种植面积保持在500万亩左右；茶叶种植面积稳定在450万亩左右；泡（榨）菜原料基地稳定在110万亩；渔业综合生产能力进一步提升。

紧紧围绕特色优势产业发展，综合考虑地理气候、区位条件、产业基础和资源

---

[1] 宜宾市人民政府. 宜宾：以绿色生态发展为主线 推进水产业转型升级，http://www.yibin.gov.cn/xxgk/zdlyxxgk/cyzxsj/202202/t20220218_1702909.html.
[2] 四川在线. 泸州：发展绿色渔业 扩容"水产粮仓"，https://luzhou.scol.com.cn/sp/202407/82559073.html.
[3] 泸州市人民政府. 泸州：泸州市2022年国民经济和社会发展统计公报，https://www.luzhou.gov.cn/zw/fdzdgknr/tjxx1/tjgb/content_979655.

禀赋等因素，充分发挥区域比较优势，构建"三带两基地"空间发展格局，促进各区域优质发展、特色发展、差异发展、协调发展。

晚熟柑橘产业带主要布局眉山市、宜宾市、泸州市、乐山市、万州区、忠县、奉节县、云阳县等市（区、县），大力打造晚熟柑橘优势特色产业集群，积极推进高质高效果园建设，开展柑橘品种培育及结构调整、柑橘精深加工能力提升、柑橘品牌打造，推动柑橘产业农旅融合。

名优茶产业带主要布局雅安市、宜宾市、乐山市、眉山市、泸州市、万州区、江津区、涪陵区等市（区），大力建设高标准茶产业基地，积极推进茶叶加工水平提升、茶叶品牌打造、茶叶销售网络构建，开展茶文旅融合。

长江上游渔业产业带主要布局乐山市、眉山市、宜宾市、泸州市、雅安市、江津区、万州区、涪陵区等市（区），大力推广绿色生态养殖模式，积极推进现代渔业全产业链建设，开展休闲渔业提升工程、渔业科技攻关工程。

国家优质粮油保障基地主要布局雅安市、乐山市、眉山市、宜宾市、泸州市、江津区、涪陵区、丰都县、忠县、万州区、云阳县、奉节县、巫山县等市（区、县），积极推进高标准农田建设、优质粮油基地提升、粮油新品种选育推广、粮油新技术集成创新推广、优质粮油品牌打造。

全球泡（榨）菜出口基地主要布局眉山市、涪陵区、丰都县、万州区等市（区、县），大力打造川渝世界酱腌菜产业集群，积极推进泡（榨）菜加工水平提升，加快泡（榨）菜出口企业培育，开展泡（榨）菜品牌打造，推动泡（榨）菜三产融合发展。

8.1.4 重大任务

8.1.4.1 夯实特色产业基础设施

坚决守住耕地红线，分类推进高标准农田建设，开展耕地保护与质量提升，推进水利设施建设和改造升级、农田水利设施补短板。一是加强耕地保护与质量建设。严禁违规占用耕地和违背自然规律绿化造林、挖湖造景、超标准建设绿色通道，严控非农建设占用耕地，严控耕地转为林地、园地等其他类型农用地，严禁占用永久基本农田扩大自然保护区，深入推进农村乱占耕地建房问题整治行动，坚决遏制耕地"非农化"、防止"非粮化"。严格永久基本农田管理，确保"两区"范围内耕地数量不减少、质量不降低，永久基本农田重点用于粮食特别是口粮生产，一般耕地主要用于粮食和油、菜、果等农产品生产。开展耕地保护与质量提升，推广保护性耕作模式，推进耕地轮作休耕制度试点。加强耕地质量动态监测，开展县域耕地质量等级评价。开展农村撂荒地专项整治，禁止闲置、荒芜永久基本农田。二是加快推进高标准农田建设。以提升粮食产能为首要目标，以永久基本农田保护区和粮食生产功能区、重要农产品生产保护区为重点区域，新建高标准农田。统筹规划布局，集中连片打造，坚持新增建设和改造提升并重、工程建设和建后管护并举、产能提升和绿色发展协调，实行田、土、水、路、林、电、技、管、制综合配套。加大高标准农田建设投入力度，多渠道筹集建设资金，提高建设标准和质量。对建成的高标准农田要划为永久基本农田，实行特殊保护，任何单位和个人不得损毁、擅自占用或改变用途。三是加强农村水利设施建设。加快大中型水利工程建设，扩大灌区面积，实施大中型灌区续建配套和现代化改造。推进小型水源工程建设，大力推广农村电力提灌站和太阳能光伏提灌站。加强灌区改造、高标准农田及高效节水灌溉与农艺、生物、管理措施的融合。加快病险水库除险加固，加强主要江河和中小河流防洪治理、山洪灾害防治。大力发展节水灌溉，推广渠道防渗、管道输水、微灌、滴灌、喷灌等农业节水技术，持续实施高标准节水示范工程，加快已成灌区续建配套与节水改造，发展高效节水灌溉，提高水利用效率。四是提升农业抗风险能力。加强农业防灾减灾能力建设，强化气象为农服务，加强植物疫病防控，健全灾害防治体系。完善农业气象综合监测站网，构建实时互联互通的智慧农业气象服务平台和灾害监测预警服务平台。加强种子苗木检疫监管和农作物重大疫情监测预警及阻截防控。创新推广重大病虫害绿色防控技术、畜禽水产重大疫病防控及健康养殖技术。加强农村自然灾害监测预警。

8.1.4.2 强化农产品加工水平

坚持抓好"农头工尾""粮头食尾"，延伸拓展农业从"田间"到"车间"再到"餐桌"的全产业链，推动农产品加工提升，统筹推进农产品初加工、精深加工和加工副产物综合利用，推动农业产业链纵深发展。做强农产品产地初加工，加强贮藏窖、通风库、冷藏库和烘干房等产地初加工设施建设。完善农产品精深加工设施，推进柑橘、茶叶、泡（榨）菜等精深加工，鼓励农产品精深加工企业加快技术改造升级，采用先进加工装备，加快产品更新换代，增强企业核心竞争力。推动加工副产物综合利用，稳步提升农产品加工副产物综合利用水平。一是推动粮油加工。推动粮油加工技术创新，加强稻谷、小麦、油脂的适度加工技术攻关。引导粮油加工企业应用低碳低耗、循环高效的绿色加工技术，提高粮油综合利用效率。推进粮油类副产物综合利用。二是推动柑橘精深加工。推广柑橘无损伤糖酸检测分级、智能包装等采后分选设备和技术。积极开发橙汁、橘花茶、柑橘酒、橙皮苷、橙蓉、果胶、香橙精油等精深加工产品，提高柑橘资源化利用水平，引导加工企业应用生物发酵、高效提取、分离和制备等先进技术，挖掘多种功能价值，提取营养因子、功能成分和活性物质，实现梯次增值，实现柑橘榨干吃尽和全株利用。三是推动精制茶加工。推动茶叶加工设施设备改造升级，提升连续化、自动化、专业化加工能力，规范工艺流程，提高分等分级、产品包装等能力，提高中高端名优茶比重。四是推动泡（榨）菜加工。改进传统酱腌菜加工工艺，采用现代化的发酵技术和设备，推动泡（榨）菜产业走"科创+""绿色+"之路，推动加工企业改技术、改工艺、改设备，提高生产效率和产品质量。集中解决半成品加工、盐水处理、环境保护等突出问题。加大副产物综合开发利用力度，推动产品向绿色、保健食品方向发展。五是推动水产品加工。加快水产品初加工与冷藏保鲜设施设备建设。开发特色速食、高档保健和医用材料等水产加工品，打造鱼子酱、鳗鱼等优势特色水产加工品牌，壮大水产品出口产业。

8.1.4.3 推动一二三产业融合发展

延伸特色产业产业链，拓展农业多功能，发展农业新业态，构建农业与二三产业融合、生产生活生态兼容、工农城乡融通的现代产业体系。打造特色优势产业集群，推进全产业链开发、全价值链提升，形成集群化发展格局和市场竞争新优势。推进现代农业园区建设，开展景观化打造、体验项目开发、服务配套设施建设，打造特色乡村休闲旅游景区。打造一批农业主题公园、田园综合体、特色小镇、农耕体验基地等"农业景区"，培育休闲农业与乡村旅游创新发展的新典范。一是推动粮油主题观光旅游发展。充分挖掘粮油产业的生态功能和传统文化，大力发展休闲观光旅游和农耕文化体验。二是推动柑橘产业农文旅融合。寻求柑橘的产业优势与各地自身文旅资源优势的有效对接，推动柑橘产业与文化、旅游、教育等产业深度融合，协调发展，开展柑橘采摘、柑橘文化节和旅游节等活动，提升柑橘产业综合效益。深入挖掘柑橘文化，推动柑橘文化的产业化。三是推动茶旅融合。推进茶产业"旅游+""生态+"等深度融合发展模式，深入挖掘弘扬茶文化，鼓励发展主题鲜明的家庭茶庄、休闲茶庄，建成一批功能完善的茶旅融合主题景区、主题茶城。四是推动"泡（榨）菜+旅游"发展。依托眉山泡菜专业博物馆、泡菜行业国家4A级旅游景区，进一步将工业旅游与研学和旅游相结合，打造泡菜城工业旅游景区。积极推动"泡（榨）菜+旅游"的文旅融合发展，利用泡（榨）菜的品牌效应，打造泡（榨）菜文化体验活动。持续举办涪陵"榨菜嘉年华"等活动。持续挖掘和丰富东坡泡菜、涪陵榨菜文化。五是推动休闲渔业发展。推动养殖水域景观化改造，结合各地渔文化特色，积极发展休闲垂钓、渔事体验、民宿美食和科普教育等产业，推进渔文化和旅游深度融合发展，延长渔业产业链和价值链。

8.1.4.4 构建特色产业经营体系

大力发展新型农业经营主体，构建完善以家庭承包经营为基础，专业大户、家庭农场、农民合作社、农业产业化龙头企业为骨干，其他组织形式为补充的现代农业经营体系。构建国家、省、市、区农业产业化龙头企业梯队，打造特色产业发展"新雁阵"。加快发展农民合作社和家庭农场，引导科研技术人员、大中专毕业生、高素质农民、务工经商返乡人员采取多种形式领办农民合作社、兴办家庭农场。鼓励打破区域和产业限制，发展农民合作社联合社。创新发展农业生产社会化服务，建立服务对象和服务主体之间紧密合作关系和利益联结机制。一是构建粮油经营体系。鼓励种粮户与粮油加工企业对接合作，推广采取直接投资、参股经营、签订长期合同等方式建设粮油产业示范基地，积极发展粮油加工、流通、电子商务等服务业，促进产销衔接。积极推广"土地股份合作社+农业职业经理人+社会化服务""大园区+小农场"等经营模式，鼓励家庭农场和新型农民开展粮油生产。围绕粮油生产耕、种、防、收、烘干、加工等生产全程，积极培育社会化服务组织，鼓励通过代耕代种、托管等多种体制机制创新，提升粮油生产社会化服务水平。鼓励农民以土地承包经营权折资入股等方式建立农民合作社、土地股份合作社等新型农业经营主体。二是构建柑橘经营体系。培养一批省级以上并在国内有影响力的柑橘龙头企业，打造产业发展的领军力量。大力培育产业化经营联合体，实施"龙头企业+合作社+果农"经营模式，提高生产活动与产品质量的一致性。推进龙头企业与物流、销售、加工等相关行业的对接，搭建服务平台，开展柑橘产前、产中、产后全程服务。三是构建茶叶经营体系。培育现代化茶叶企业，支持茶企同业整合、兼并重组，鼓励国有资本和民营企业开展合作，鼓励有实力的企业跨市（州）整合资源，打造一批竞争力强、市场占有率高的大企业集团。鼓励发展茶企牵头，村集体经济组织、农民专业合作社、家庭农场、茶农积极参与的茶产业化联合体。四是构建泡（榨）菜经营体系。建立农户、合作社、泡（榨）菜企业三方联结、风险共担的利益联结机制。采用"公司+农户""公司+合作社+农户"等方式加强泡（榨）菜企业与农户的利益联结，发展蔬菜原料基地，带动农户增收。五是构建渔业经营体系。支持水产龙头企业以股权作为纽带，通过兼并、重组、收购、控股等形式组建企业集团，扶持影响力大、带动力强、科技含量高、具有规模优势的水产企业"上云、上规、上市"，培育在全国有影响力的龙头企业。发展"龙头企业+合作社+基地"生产经营形式，进行养殖设备改造和技术升级。

8.1.4.5 加强特色产业流通体系

完善农产品冷链物流体系，强化农产品分拣、加工、包装、预冷等一体化集配设施建设。依托中欧班列（成渝）、西部陆海新通道等国际铁路联运大通道以及长江黄金水道，提升区域冷链物流中心能级，打造川渝地区农产品进出口分拨中心。一是建设烘干冷链物流体系。构建烘干冷链物流体系，聚焦特色农产品"最初一公里"与"最后一公里"。以龙头企业、农民专业合作社、家庭农场等为主体，培育经营管理规范、服务水平高、有自主品牌的农产品产地烘干冷链物流示范运营主体。提升一批农产品烘干冷藏设施、田间小型仓储保鲜冷链设施、区域性农产品冷链物流集配中心，形成布局合理、覆盖广泛、衔接顺畅、功能集成的基础设施网络，建成全程温控、标准健全、绿色安全、应用广泛、运行高效的农产品烘干冷链物流体系。根据不同粮食品种生产情况和补足粮食产地烘干能力的需要，统筹已有烘干设施装备的改造提升和新增烘干能力建设，构建烘干点与烘干中心相结合的粮食产地烘干体系。构建"国家—省—市—县—乡（镇）—村（社区）"六级柑橘仓储冷链物流体系，根据柑橘种植分布，布局乡镇果园、田间仓储冷链物流点，村级仓储冷链物流设施。建设茶叶冷库、保鲜库、低温加工车间，采取资金补贴方式，鼓励合作社、家庭农场建设冷链保鲜设施。二是推进农产品集配中心建设。在粮油、柑橘、茶叶、渔业产地就近建设和改造集配中心、冷库、产地仓等设施，配备清洗、分拣、烘干、分级、包装等设备，增强产地商品化处理和错峰销售能力。在本区域合理布局区域农产品流通网络，与全国农产品流通骨干网络对接，形成全国网与区域网相结合、公益性与市场化相结合、实体网与虚拟网相结合、批发网络与零售网络相结合的农产品市场体系。构建现代粮食流通体系，加大粮食物流基础设施投资力度，积极发展多式联运。建设集商品化处理、冷链仓储、商贸物流、市场分析等于一体的柑橘商贸物流中心。建设茶叶智慧冷链物流园和批零集散地，打造集茶产品仓储保管、交易中转、精品茶叶展示、茶博物馆、散茶及成品茶交易区等综合交易功能的茶叶交易市场。

8.1.4.6 推进质量兴农品牌强农

立足本区域资源禀赋，坚持市场导向，提升产品品质，注重科技支撑，厚植文化底蕴，着力塑造品牌特色，增强品牌竞争力。分产业推进品牌整合，构建以各产业农产品区域公用品牌为支撑、农业龙头企业产品品牌为主体的农产品品牌体系。鼓励农业生产经营主体开展农产品品质品牌认定，壮大绿色、有机、地理标志和良好农业规范农产品规模。创新品牌营销方式，挖掘农产品品牌的文化内涵，加强宣传推介，提高品牌影响力。积极发展电子商务、直播带货、短视频营销等方式，构建特色农产品营销新业态。有序拓展国际市场，积极开展出口认证，发展壮大出口企业，鼓励企业在消费国设立办事处或营销中心，形成国内国际双循环的新发展格局。一是打造优质粮油品牌。加强粮油品牌推广培育，打造区域粮油公共品牌，鼓励粮油企业开展绿色、有机、地理标志产品认证。二是打造柑橘品牌。打破地域界限，跨越不同品种，以品质为核心，重点打造柑橘区域公用品牌。构建柑橘全产业链标准体系，稳固提升柑橘品质，维护产品名誉。搭建柑橘品牌展示、宣传、交流平台，积极组织柑橘企业参加境内外展会，充分利用展会平台展示展销柑橘产品。三是打造名优茶品牌。支持企业依靠特色生态、特质品种、独特工艺创制特色茶叶单品。建立健全茶叶品牌标准体系，加大贯标、用标力度。开展"两品一标""低碳生态茶"等质量管理体系认证。支持和鼓励茶叶品牌在重要节点城市建立茶品牌展示展销店，引导茶产业电子商务规范发展。组织重点龙头企业参加重大展示展销活动，常态化举办茶事活动。四是打造泡（榨）菜品牌。推动泡（榨）菜"互联网+"发展，引导企业、专业合作社和经纪人参与网上购销对接和"线上线下"市场拓展，建立产品融合发展机制，形成高中低端品牌错位发展的市场体系，满足各类市场消费主体需求。五是打造生态渔业品牌。以长江上游特色优质鱼类开发利用为突破口，充分利用信息技术平台，培育具有地方特色的水产品牌，争创驰名商标和著名商标，做大做强一批渔业知名品牌。

8.1.4.7 提升特色产业科技和装备水平

以粮油、柑橘、茶叶、水产品种为主线，加强种质资源保护利用，强化育种技术创新，加快高产优质、抗病抗逆、适宜机械化作业等优良品种选育。整合优化科技资源配置，加强多层次创新平台建设，强化协同创新，提升农业科技创新能力和成果转化能力。聚焦农业高新技术产业发展，集聚人才、技术、资本、信息等创新资源，打造区域农业科技创新中心，联合实施区域性农业重大研发项目。全面提升农业生产技术装备水平，强化农机农艺融合，促进良种、良法、良地、良机配套。鼓励家庭农场、农民专业合作社、农业企业等新型农业经营主体从事农机作业服务。一是提升粮油产业科技和装备水平。推进玉米、大豆、水稻、小麦国家良种重大科研联合攻关，大力培育推广优良品种。加大水稻、玉米、油菜、薯类全程机械化生产技术推广，以及水稻新型直播等轻简化栽培技术研发推广。二是提升柑橘产业科技和装备水平。强化柑橘优新品种选育、筛选储备和推广应用。集成研发推广柑橘水肥一体化、轻简化高效生产、花果调控、化肥农药减施增效、病虫害绿色防控、采收及贮运、绿色保鲜等实用技术。大力推进宽行窄株宜机化果园建设，加强农机装备和农艺技术创新与集成应用。三是提升茶产业科技和装备水平。开展区域内特色茶树资源新品种选育，优化良种繁育体系，建设标准化、智慧化茶树良种繁育基地，加快衰老茶园改造和茶树品种更新换代。推动科研院校和企业围绕茶产业链部署创新链，加强产学研企协同攻关，推进品种、设备、工艺、产品创新，集成推广先进适用技术。四是提升泡（榨）菜产业科技水平。引进和选育出泡（榨）菜专用蔬菜品种，提高泡（榨）菜原料的质量和产量。依托科研单位、龙头企业等研究力量，采取"产学研"紧密结合的方式，持续加强泡（榨）菜现代产业链关键技术研究集成与产业化示范。五是加强渔业科技攻关。开发利用长江上游特色经济鱼类资源，引进和选育新品种。开展水产养殖新技术、新模式的研发与集成，突出养殖尾水治理技术研发和渔业技术标准制定。加快水产饲料、疫病防控和冷链物流等产业链的关键技术研发。加快大数据在渔业中的应用，提高渔业信息化水平。

8.1.4.8 推动特色产业绿色发展

以绿色发展为导向，推动本区域特色产业走出一条产出高效、产品安全、资源节约、环境友好的现代化道路。持续推进粮油产业、柑橘产业、茶产业、泡（榨）菜产业基地化肥减量增效、农药减量控害、节水增产增效，强化农业废弃物综合利用。一是持续推进化肥减量增效。按照"高产、优质、经济、环保"的施肥理念，控制化肥使用总量、提高化肥利用效率。大力推广测土配方施肥、水肥一体化、绿肥种植，实施有机肥替代化肥行动，以粮油、柑橘、茶叶优势产区、核心产区和知名品牌生产基地为重点，逐步扩大有机肥施用面积。着力培育施肥社会化服务组织，推进施肥精准化、轻简化，智能化、专业化，逐步构建现代科学施肥技术体系。二是持续推进农药减量控害。深入推进化学农药减量行动，大力推广生态控制、生物防治、理化诱控、科学用药等绿色防控技术。推广农作物病虫害绿色防控新技术、新产品，提升绿色防控水平，强化技术集成应用，以主要粮油作物和柑橘、茶叶、蔬菜、棉花为重点，围绕控制病虫危害、减少化学农药用量，开展绿色防控集成试验示范。加快施药机械更新换代和新型植保机械推广应用。三是推进节水增产增效。根据水资源禀赋调整优化种植结构和空间布局，推进以水定地、量水生产、适水种植，扩大低耗水作物种植面积。加快推广节水品种、抗旱保水、水肥一体化等高效节水技术，提高农业抗旱减灾能力。重点围绕蓄水、保墒、集雨、节灌、抗旱五大环节，全面提升特色产业抗旱能力。推进精准灌溉，建立与高效节水灌溉相适应的节灌高效种植模式，分区域、分作物指导农民因墒因苗科学灌溉、节水灌溉。四是加强农业废弃物资源化利用。因地制宜实施秸秆肥料化、饲料化、能源化、基料化、原料化利用。实施农膜回收行动，普及标准地膜，加强可降解农膜研发推广，减少"白色污染"。开展农药包装废弃物回收处置。抓好水产养殖尾水治理。

8.2 沿嘉陵江现代高效特色农业转型发展示范带

8.2.1 基本概况

嘉陵江是长江流域面积最大的支流，也是我国最早实施全江阶梯级渠化开发建设的航道，连接了成渝双圈中的成渝主轴和城镇密集区，具有极大的区位优势。作为连接成渝、联系川渝的重要水系，嘉陵江依托区域内山地丘陵资源禀赋，为成渝地区双城经济圈农产品保供起到了重要作用，该区域范围包括南充、广安、合川、北碚两市两区（表8-3）。

表8-3 沿嘉陵江流域行政区划

省（直辖市）	地级市	市区县
四川省	广安市	广安区、前锋区、岳池县、武胜县、华蓥市
	南充市	顺庆区、高坪区、嘉陵区、南部县、营山县、蓬安县、仪陇县、西充县、阆中市
重庆市	—	北碚区、合川区

南充市位于四川盆地东北、嘉陵江中游，辖三区一市五县、人口703.21万人，辖区面积1.25万平方千米，是四川省第二人口大市、中国优秀旅游城市、国家园林城市、全国清洁能源示范城市、久负盛名的"绸都"，也是国家规划确定的成渝经济区北部中心城市、成渝城市群区域中心城市和川陕革命老区重要节点城市，中

心城区建成区面积 160 平方千米，常住人口 551.1 万人[①]。广安古称賨城，有记载的文明史可追溯到 3 000 多年前，北宋开宝二年（969 年）取"广土安辑"之意设广安军，历朝历代均在此建府设州置县，广安由此得名。1993 年 7 月设立广安地区，1998 年 7 月撤地设市，现辖广安区、前锋区、岳池县、武胜县、邻水县、华蓥市。辖区面积 6 339 平方千米，总人口 447.1 万人，常住人口 322.6 万人[②]。合川因嘉陵江、渠江、涪江三江汇流而得名，因钓鱼城保卫战改变世界历史而闻名。全区面积 2 344 平方千米，辖 30 个镇街，常住人口 123.4 万人。城镇常住人口 80.2 万人、城镇化率 65%，是全国文明城区、全国首批生态文明典范城市、国家卫生城区、国家循环经济示范城市、全国环境综合整治优秀示范城区[③]。北碚区地处缙云山麓、嘉陵江畔，是主城都市区中心城区，辖区面积 755 平方千米，辖 9 个街道、8 个镇，常住人口 83.79 万人[④]。

2023 年区域地区生产总值（GDP）6 053.84 亿元，比 2022 年增长 3.4%。其中，南充市地区生产总值（GDP）2 734.76 亿元，广安市地区生产总值（GDP）1 512.5 亿元，合川区地区生产总值（GDP）1 023 亿元，北碚区地区生产总值（GDP）783.58 亿元。

2023 年区域第一产业增加值 892.09 亿元，比 2022 年增长 1.3%；第二产业增加值 2 092.68 亿元，比 2022 年下降 3.7%；第三产业增加值 3 069.07 亿元，比 2022 年增长 9.7%。三次产业结构由 2022 年的 15.05∶37.15∶47.80 调整为 14.73∶34.57∶50.70。其中，2023 年南充市第一产业增加值、第二产业增加值和第三产业增加值分别为 506.98 亿元、949.21 亿元和 1 278.57 亿元，较 2022 年分别增长 4.1%、4.0% 和 7.4%。广安市第一产业增加值、第二产业增加值和第三产业增加值分别为 247.8 亿元、460.1 亿元和 804.6 亿元，较 2022 年分别增长 3.9%、7.2% 和 7.2%。合川区第一产业增加值、第二产业增加值和第三产业增加值分别为 116.62 亿元、324.29 亿元和 582.09 亿元，较 2022 年分别增长 4.8%、4.1% 和 5.6%。北碚区第一产业增加值、第二产业增加值和第三产业增加值分别为 20.69 亿元、359.08 亿元和 403.81 亿元，较 2022 年分别增长 5.0%、0.7% 和 7.7%。

---

① 数据来源：南充市人民政府，https：//www.nanchong.gov.cn/zjnc/ncgk/sqgl/t_625056.html.
② 数据来源：广安市人民政府，https：//www.guang-an.gov.cn/gasrmzfw/zjga/pc/list.html.
③ 数据来源：合川区人民政府，https：//www.hc.gov.cn/zjhc/hcgk/hcjj/202502/t20250218_12960740.html.
④ 数据来源：北碚区人民政府，https：//www.beibei.gov.cn/zjbb/bbgk/201912/t20191214_1182548.html.

2013—2023年区域农业经济不断增长，农村居民收入连续增长（表8-4）。区域农林牧渔业总产值从2013年的844.35亿元上升至2022年的1 427.84亿元，十年间增长了69.11%。2013年南充市、广安市、合川区、北碚区农村居民的人均收入分别为7 650元、8 492元、10 970元、11 853元，2022年分别为19 469元、20 964元、23 691元、25 632元，十年间分别增长161.15%、146.87%、129.57%、129.22%。

表8-4 沿嘉陵江区域农林牧渔业总产值和农村居民家庭人均可支配收入

年份	南充市		广安市		合川区		北碚区	
	总产值/亿元	可支配收入/（元/人）	总产值/亿元	可支配收入/（元/人）	总产值/亿元	可支配收入/（元/人）	总产值/亿元	可支配收入/（元/人）
2013	486.95	7 650	255.99	8 492	81.52	10 970	19.89	11 853
2014	509.08	9 353	265.29	10 305	85.96	11 899	20.05	13 169
2015	550.15	10 292	285.17	11 371	93.85	13 184	21.85	14 499
2016	585.90	11 273	294.78	12 479	102.30	14 516	23.83	15 898
2017	591.37	12 389	293.91	13 655	107.01	15 837	23.22	17 417
2018	611.18	13 583	307.21	14 931	113.65	17 254	20.45	18 897
2019	656.03	15 027	331.68	16 445	134.78	18 850	21.25	20 598
2020	763.92	16 431	384.44	17 867	159.23	20 377	23.81	22 258
2021	787.46	18 247	397.07	19 752	164.76	22 435	25.13	24 528
2022	830.81	19 469	401.87	20 964	169.13	23 691	26.03	25 632
2023	835.80	19 978	—	—	174.42	25 184	27.50	27 170

数据来源：2013—2023年各市（区）国民经济和社会发展统计公报，"—"表示无确切数据。

2023年末区域常住人口1 082.51万人，比2022年末减少3.59万人，其中城镇人口595.28万人，乡村人口491.93万人，常住人口城镇化率54.99%，比2022年末提高0.89个百分点。南充市2023年末常住人口551.1万人，比2022年末减少3.8万人，其中城镇人口291.15万人，乡村人口259.95万人，常住人口城镇化率52.83%，比2022年末提高1.08个百分点。广安市2023年末常住人口322.6万人，其中城镇人口150.2万人、乡村人口172.4万人，常住人口城镇化率46.57%，比2022年提高1.25个百分点。合川区2023年末常住人口124.5万人，其中城镇人口79.9万人、乡村人口44.6万人，常住人口城镇化率64.18%，比2022年降低了0.8个百分点。北碚区2023年末常住人口84.31万人，其中城镇人口74.03万人、乡村人口 10.28 万人，常住人口城镇化率 87.81%，比 2022 年增加了 0.24 个百分点。

8.2.2 产业基础

近年来，各区域立足区位、资源、环境等优势，大力发展特色农业。其中，南充市主要聚焦粮油、生猪、桑茶、晚熟柑橘、蔬菜等优势特色产业；广安市正构建"363"现代农业产业[①]，已连片建成现代农业基地 45 万亩；合川区的粮油、蔬菜、水果、水产品产量丰富，产量多年保持全市第一，是名副其实的"巴渝粮仓"；北碚区依托花木、粮油等特色产业，以农文旅融合提升产业附加值，着力发展都市现代农业。

根据四川和重庆统计年鉴的数据（表 8-5），2023 年沿嘉陵江区域粮食产量 577.41 万吨，占川渝粮食总产量的 12.31%；油料产量 73.92 万吨，占川渝油料总产量的 14.32%；禽蛋产量 37.57 万吨，占川渝禽蛋总产量的 16.04%；出栏生猪 1 123.93 万头，占川渝生猪出栏总量的 13.01%；蔬菜产量 820.76 万吨，占川渝蔬菜总产量的 10.55%。

表 8-5 2023 年沿嘉陵江区域主要农产品产量

产品名称	南充市 产量/万吨、万头	占比/%	广安市 产量/万吨、万头	占比/%	合川区 产量/万吨、万头	占比/%	北碚区 产量/万吨、万头	占比/%	四川省 产量/万吨、万头	重庆市 产量/万吨、万头
粮食	319.41	6.81	183.70	3.92	69.80	1.49	4.50	0.10	3 593.80	1 095.90
油料	55.26	10.71	15.30	2.96	3.25	0.63	0.11	0.02	438.60	77.46
禽蛋	25.83	11.00	8.50	3.63	3.10	1.32	0.14	0.06	181.12	53.10
生猪	618.22	7.16	384.20	4.45	117.09	1.36	4.42	0.05	6 662.70	1 974.91
蔬菜	450.40	5.79	295.00	3.79	55.40	0.71	19.96	0.26	5 417.87	2 362.01

数据来源：《四川省统计年鉴》《重庆市统计年鉴》。

注：生猪为出栏数。

分区域来看，2023 年南充市粮食作物播种面积 858.03 万亩，比 2022 年减少 1.0%，粮食产量 319.41 万吨，比 2022 年增长 2.3%；油料播种面积 294.12 万亩，

---

① "363"现代农业产业，即三大主导产业：粮油、生猪、蔬菜；六大优势特色产业：草食畜禽、水果、花椒、蚕桑、水产、花卉药材；三大支撑产业：现代农业种业、现代农业装备、现代农业烘干冷链物流。

比2022年增长7.8%，油料产量55.26万吨，比2022年增长9.1%；禽蛋产量25.83万吨，比2022年增长4.2%；出栏生猪618.22万头，比2022年增长1.7%；蔬菜播种面积264.64万亩，比2022年增长2.4%，蔬菜及食用菌产量450.40万吨，比2022年增长4.7%（表8-6）。

表8-6 2023年南充市主要农产品产量及增长速度

产品名称	播种面积/万亩	比上年增长/%	产量/万吨、万头	比上年增长/%
粮食	858.03	-1.0	319.41	2.3
油料	294.12	7.8	55.26	9.1
禽蛋	—	—	25.83	4.2
生猪	—	—	618.22	1.7
蔬菜	264.64	2.4	450.40	4.7

数据来源：《2023年南充市国民经济和社会发展统计公报》。

注：生猪为出栏数，蔬菜含食用菌。

广安市2023年全年粮食作物播种面积439.5万亩，比2022年下降1.0%，粮食产量183.7万吨，比2022年增长2.2%；油料作物播种面积99万亩，比2022年增长13.2%，油料产量15.3万吨，比2022年增长13.5%；禽蛋产量8.5万吨，比2022年增长2.4%；出栏生猪384.2万头，比2022年增长1.6%；蔬菜及食用菌播种面积115.5万亩，比2022年增长4.8%，蔬菜及食用菌产量295万吨，比2022年增长4.4%（表8-7）。

表8-7 2023年广安市主要农产品产量及增长速度

产品名称	播种面积/万亩	比上年增长/%	产量/万吨、万头	比上年增长/%
粮食	439.5	1	183.7	2.2
油料	99	13.2	15.3	13.5
禽蛋	—	—	8.5	2.4
生猪	—	—	384.2	1.6
蔬菜	115.5	4.8	295.0	4.4

数据来源：《2023年广安市国民经济和社会发展统计公报》。

注：生猪为出栏数，蔬菜含食用菌。

合川区2023年粮食播种面积168.1万亩，比2022年增长1.5%，粮食总产量

69.85万吨，比2022年增加2.1%；油料种植面积28.6万亩，比2022年增加10.8%，油料产量3.07万吨，比2022年增长3.6%；禽蛋产量3.07万吨，比2022年增长3.6%；出栏生猪117.09万头，比2022年增长2.0%；蔬菜播种面积55.4万亩，比2022年增长3.6%，蔬菜产量112万吨，比2022年增长4.4%（表8-8）。

表8-8 2023年合川区主要农产品产量及增长速度

产品名称	播种面积/万亩	比上年增长/%	产量/万吨、万头	比上年增长/%
粮食	168.1	1.5	69.85	2.1
油料	28.6	10.8	3.07	3.6
禽蛋	—	—	3.07	3.6
生猪	—	—	117.09	2.0
蔬菜	55.4	3.6	112.00	4.4

数据来源：《2023年合川区国民经济和社会发展统计公报》。

注：生猪为出栏数，蔬菜含食用菌。

北碚区2023年粮食播种面积13.87万亩，比2022年增加0.4%，粮食总产量4.51万吨，比2022年增加3.0%；油料种植面积0.92万亩，比2022年增加13.6%，油料产量0.11万吨，比2022年增长13.3%；出栏生猪4.42万头，比2022年增长31.9%；蔬菜播种面积12.85万亩，比2022年增长0.9%，蔬菜产量19.96万吨，比2022年增长3.2%（表8-9）。

表8-9 2023年北碚区主要农产品产量及增长速度

产品名称	播种面积/万亩	比上年增长/%	产量/万吨、万头	比上年增长/%
粮食	13.87	0.4	4.51	3.0
油料	0.92	13.6	0.11	13.3
禽蛋	—	—	—	—
生猪	—	—	4.42	31.9
蔬菜	12.85	0.9	19.96	3.2

数据来源：《2023年北碚区国民经济和社会发展统计公报》。

注：生猪为出栏数，蔬菜含食用菌。

8.2.3 目标思路

嘉陵江流域地区是成渝重要农业区域，南充、广安、北碚和合川是嘉陵江流域地区的重要组成部分，区域在生猪、粮油、蔬菜和柑橘等农业产业上具备较强的竞争力。结合区域四大产业的比较优势和农业发展的制约因素，从以下四个方面提出具体发展思路。

稳定生猪产业：以南充和广安13个生猪生产基地县（市、区）①、合川区2个市级资源保种场及扩繁场、北碚区1个国家级生猪产能调控基地为重点，加快推动国家优质商品猪战略保障基地建设。继续优化以能繁母猪为主的生猪产能调控措施。把住能繁母猪这个生猪生产和市场供应的"总开关"，根据市场需求和生产成本等因素，适时调整能繁母猪保有量目标。发挥好生猪市场预警信息的引导作用。强化以信息化为基础的产业预警体系建设，及时向社会发布生猪生产、价格监测等信息，引导养殖主体通过主管部门发布的权威信息作出科学合理的生产决策。建立生猪产业综合信息平台。强化全产业链监测预警，加快完善加工流通体系，更好发挥猪肉加工在调节短期市场价格中的"蓄水池"作用，平抑生猪价格波动，稳定生猪产能②。

抓实粮油产业：沿嘉陵江区域，高质量建设优质粮食和天府菜油示范项目，选择部分粮食主产县，支持其整县推进农业现代化示范区建设，连片建设一批粮食生产功能区，布局发展一批现代粮油园区，在仪陇县、南部县、阆中市、蓬安县、嘉陵区、西充县、高坪区、岳池县、邻水县、广安区、武胜县等重点县（市、区）建设国家优质粮油保障基地。持续推进粮食生产功能区和重要农产品保护区建设，实施优质粮油基地提升工程，开展优质粮食工程和"天府菜油"行动，建设一批"鱼米之乡"。

培优蔬菜产业：加强现代育苗中心、标准化生产基地提升建设，打造一批特色优势重点县、集中发展区，建设安岳县、蓬溪县、阆中市、高坪区、西充县、顺庆区、嘉陵区等盆地外销加工蔬菜生产区，在确保该区域内蔬菜稳产保供的基础上，积极推进外销型蔬菜产业发展。大力发展蔬菜加工工程，推进冬菜、辣椒、生姜、花椒、萝卜等成渝特色农产品加工产业集群发展。

做强柑橘产业：优化品种结构，促进柑橘优势品种在优势区域聚集，形成适度规模单类品种，提升区域柑橘影响力。稳定柑橘规模，推进产业精品化、标准化、集约化发展。聚力发展柑橘加工，促进果旅深度融合，推动产业链条延伸。推动品牌整体谋划、整体打造，注重质量安全，强化宣传推介，提升品牌价值，加快做响"成渝柑橘"品牌。

---

① 南充市9个生猪生产基地县（市、区）：顺庆区、高坪区、嘉陵区、南部县、营山县、蓬安县、仪陇县、西充县、阆中市；广安市4个生猪生产基地县（区）：广安区、岳池县、武胜县、邻水县。

② 资料来源：经济日报，https：//mp.weixin.qq.com/s/LgbqIS4x8dldorKI1y-HAA.

8.2.4 重大任务

8.2.4.1 推进农业基础设施建设，夯实农业生产基础

通过加强农田基础设施建设，特别是提升丘陵地区农田的宜机化水平，降低建设与维护成本，稳步拓展农业生产空间，推动粮食、生猪、蔬菜的高效稳定供给，为现代农业生产打下坚实的基础。一是加强农田标准化建设。深入实施藏粮于地、藏粮于技战略，以河谷平坝地区和一、二台地为重点，以整县级推进高标准农田建设全国试点为引领，积极推进机械化、规模化、标准化"三化"联动，推动高标准农田建设由数量增长向高质量发展转变。对已建项目区评估认定未达标的农田和建成投用时间较长的高标准农田有序开展改造提升行动，确保高标准农田达到能排能灌、旱涝保收、宜机作业、稳定高产、生态友好的建设标准，实现"吨粮田"。针对区域农业机械化程度低的问题，以"五良"融合为牵引，实施坡耕地"小变大、短变长、陡变缓、弯变直"宜机化改造，以机适地、以地适机相向而行推广适合丘陵地区作业的小型农机，有效提升丘陵山区农业机械化水平。二是夯实农田水利基础设施。大力实施水源保障行动。全力推进亭子口灌区、南部龙潭子、全民水库灌区、西充石牛庙水库、石庙子水库工程、观景口水利枢纽工程等骨干水利工程，逐步形成全域覆盖的现代水利基础设施骨干工程体系，有效应对旱涝交替等极端天气对农业带来的影响。围绕大中型水利工程，实施灌区配套工程，维修改造一批损毁严重、老化失修的渠系。加快构建"五横六纵"引水补水生态水网，继续实施已建成灌区续建配套与节水改造，探索"水源+骨干管网+田间灌水器"分类实施的建设模式，推进高效节水灌溉，改变农业靠天吃饭的面貌。提升运行管护能力和水平，消除存量隐患，建立健全病险水库常态化除险加固机制，实现水库安全良性运行。对镇村组分散管理的小型水库，实行政府购买服务、"以大带小"等专业化管护模式。完善雨水情测报、安全监测设施，健全水库运行管护长效机制。三是提升现代农业物质装备水平。加快先进农机装备、冷链物流、烘干设施等落地推广，推进畜牧养殖、高效设施农业、林果业发展，提升农业机械综合利用水平。围绕家庭农场、合作社等新型经营主体的需求，培育壮大农机专业户和服务组织，构建农机社会化服务体系与技术推广体系，提高社会化服务能力。加大新型农业机械研发力度，将现代信息技术和自动化技术的先进成果融入农业物质技术装备的研发制造中，实现农业物质技术装备作业的精细化、自动化、机械化。健全农机具购买和生产财政补贴机制，加大补贴力度，拓展补贴范围，并由"补机具"改为"补作业"。

8.2.4.2 促进现代农业产业集群，增强农业产业链条

依托地理位置、自然资源、特色农业等优势，促进农业生产要素在空间上集聚，推动产业升级，通过发展特色农业和提高产业集中度，促进农业向规模化、集约化和标准化转型。一是着力提升园区辐射带动作用。着力促进园区高端化、集聚化、融合化、绿色化，推动农业园区全面升级。持续开展市（区）级现代农业园区评选认定和县级农业园区梯次建设，支持嘉陵区创建国家现代农业园区，力争在区域各县（市、区）范围内实现"国字号"现代农业园区（示范区）全覆盖。引导农民以土地经营权、林权、设施设备等入股园区企业进行收益分成，结合服务供给，形成联农带农有效激励机制，使农民成为现代农业园区建设的参与者和受益者。盘活集体资产。鼓励村集体以集体资产量化入股等形式参与园区建设，探索建立市场价格风险保障机制，促进农民、村集体与主导产业同步发展壮大。继续加大粮油园区建设力度。在现代农业园区评定中，优先支持粮油产业园区，原则上每个有条件的涉农县都要建成2个以上具有引领带动作用的现代粮食产业园区，新参加省级星级园区评定的园区中粮油园区的数量占比原则上不低于50%。二是做大粮食、生猪、蔬菜等重要农产品产业集群。实现保障粮食安全和发展现代高效农业相统一，加快粮食产业基地向产业园区转变。通过实行"增、间、围、套"综合开发，切实提高耕地复种指数，开展二级优质稻、双低油菜、专用玉米、酿酒小麦、特色甘薯、高蛋白大豆、高油酸花生种植，促进粮油品种结构升级，大力推广水稻、小麦、油菜飞播技术，提升主要农作物耕种收综合机械化率。加快构建高质量现代生猪养殖、加工、流通、经营为一体的产业体系，着力优化养殖、屠宰、加工布局，鼓励国家优质商品猪生产基地县建设标准化屠宰加工企业和洗消中心，加快建立冷鲜肉品流通和配送体系，实施现代良种繁育体系建设工程，加大地方优良品种的保护和开发利用，支持"川藏黑猪"等培育品种的扩繁推广，加快构建联合育种平台。高标准推进生猪标准化规模化养殖，打造万亿级生猪产业链。坚持"稳猪禽、兴牛羊"战略，实施"以草换肉""以秸秆换肉奶"工程，实现"六畜"兴旺、草业发展。坚持"以养定种、以种定养"，大力发展种养循环经济。打造"区域现代蔬菜产业集群，坚持市场导向，发展商品蔬菜，合理安排茬口，优化供应结构，支持蔬菜基地引进和推广蔬菜新优品种、新技术，培训培养熟练工人，提高蔬菜生产效率。三是做实晚熟柑橘产业集群。建设以长江、嘉陵江、岷江、涪江、渠江、沱江、成渝中线"六江一线"为重点的柑橘产业集群，形成"三季有鲜果、八个月能加工"的特色产区。坚持果园去杂调形、深翻改土、聚土起垄、五网相通的

建设标准和要求，推动设施配套改造升级，引进晚熟杂柑、晚熟血橙、晚熟脐橙、晚熟柚及早中熟品种30个以上。发展柑橘订单农业，做活"互联网+"电商营销模式，开展现代农业专题招商、亚洲有机论坛、晚熟柑橘营销大会、"农博会""西博会"等重大营销合作交流活动，充分利用微信、抖音、广播、电视等全媒体网络，着力"柑橘"区域公用专属品牌整体打造和统一推广。大力推进"果城"商标的使用，争创全国驰名商标。按照"大基地、大品牌、大流通、大服务"的发展思路，推动柑橘产业向优势产区和优势基地进一步集中，共同培育知名品牌，组建果业集团。

8.2.4.3 完善现代农业经营体系，强化社会化服务供给

通过实施农业生产服务业跨越发展行动，加强农业社会化服务供给，提升小农户生产经营效率。一是提升生产托管服务。推动农业要素自由流动，采用土地入股、土地托管、代耕代种、联耕联种、统一经营等多种形式，加快推进土地适度规模经营，为培育社会化服务主体、破解农技推广面对一家一户不利局面提供平台。努力构建"主体多元、覆盖全程、综合配套、便捷高效"的新型农业社会化服务体系，细化服务流程，提升农业社会化服务能力和水平。二是提升农机作业服务。支持探索建设"全程机械化+综合农事"服务中心，为农户提供"一站式"田间服务。鼓励服务主体利用全国"农机直通车"信息平台、农机App等提高作业服务效率，加快推广作业监测、远程调度、维修诊断等大中型农机物联网技术。打造区域农机安全应急救援中心和维修中心。三是提升农资农技服务。围绕当地农业产业发展，通过培训农技人员、培养农业科技示范户、建设科技示范基地、农技推广等措施，指导农民采用测土配方施肥、化肥减量增效、水肥一体化、先进施药技术、病虫害统防统治、专业化动物疫病防治等技术。支持社会化服务组织与育繁推一体化种业企业加强合作，鼓励开发种子供求信息、品种评价、销售网点布局等信息在内的手机客户端，为农民科学选种、正确购种提供服务。

8.2.4.4 创新人才自由流动机制，强化人才队伍建设

依托农业科技领域资源优势，着力培育高素质农民，大力引进涉农领域创新型人才，激发现代农业发展的人才活力，为推进乡村全面振兴、加快农业现代化提供有力人才支撑。一是加快农民职业化转变。在乡村振兴先进县探索给职业农民购买城镇职工社保、评聘职称，让农民摆脱身份限制，建立职业农民长效机制。二是优化现代农业人才培训体系。紧密围绕现代农业经营管理、高新技能、产业创新、基

层治理等需求，探索创新高层次高技能人才的培育模式，推动农业职业技能培训提质增效、提档升级。三是健全人才入乡的激励机制。建立就业服务平台，探索设立返乡入乡创业资金，对农民工、中高等院校毕业生、退役士兵、科技人员等返乡下乡人员到农村创业给予政策支持。扩大业主招引和培育力度，重点实施乡土人才回引计划和"新农人"工程，鼓励引导热爱农村、愿意投身农村发展的经营型人才回流。四是探索城乡人才合作交流机制。引进高层次农业领军型人才和农业专家团队。探索城市人才适度编岗分离，积极推进城乡双向联体建设，引导城市教科文卫体等工作人员定期服务乡村。

8.2.4.5 加速农业科研成果转化，驱动农业科技创新

通过聚焦现代农业需求，建立更加高效的农业科研成果转化机制，运用信息技术、生物技术等前沿科技改造传统农业，推进农业科技现代化，引领农业向数字化、智能化、绿色化的高质量发展迈进。一是强化农业关键技术研发。深化与四川省农业科学院、西南大学等院校的合作，围绕"粮经复合种植、现代生物育种、精深加工智造、生态休闲农业"等领域设立科技攻关专项资金开展"揭榜挂帅"，攻克绿色、安全、高效种植养殖及深加工关键共性技术，形成一批具有自主知识产权的农业科技成果。二是加快打造农业科技创新平台。整合各级涉农科技资源，培育新区现代农业科技孵化与示范园区，支持厅市在园区共建丘陵山区农作物遗传改良重点实验室，支持高校、科研院所在园区内独立或者合作建设各类科技研发机构。配套建设农业科技服务示范区，辐射带动市（区）现代农业科技创新和成果转化应用。三是建设农业数字化平台。以农田智能检测、养殖环境监测、设施园艺精细管理和精准控制为重点，依托各类现代农业园区，引导支持有实力的经营主体建设数字植物工厂、养殖工厂、育苗工厂，培育数字农业新业态，推动农业产业数字化。推进"互联网+农机作业"，布局智慧农机综合服务项目、"数字田园"数据中心项目、智慧种植养殖和渔业基地，开展生猪智慧养殖平台建设，推进智能农机与智慧农业、云农场建设等融合发展。四是建立农业科技成果转化机制。将区域地方农业科技成果平台与国省级科技转移转化平台对接，与"全国农业科技成果转移服务中心""国家种业科技成果产权交易中心"等大型平台实现无缝对接，实现资讯共享、信息互通。通过引入社会工商资本组建产业基金的方式，建设"科技人员创业孵化与科技产业加速中心"，推动科研成果快速转化推广。五是做强农村电商平台。数字赋能，利用现代信息技术加大国际市场开拓力度，探索线上线下融合的二、三线城市跨境电子商务办展新模

式，与国内大型跨境电商平台企业合作，建立沿嘉陵江区域跨境电商产业园区和出口集散中心。完善县（市、区）电商公共服务中心及乡镇（村）服务站点的功能，扩大覆盖面，促进农村电商与乡村商贸流通融合发展。增加网络直播等新型营销方式，促进农产品线上线下同步营销。整合邮政、供销等现有资源，积极融入京东、阿里等社会资源，完善重点乡镇的电商物流基础设施，打造一批农特产品电子商务品牌。

8.2.4.6 健全现代农业投入机制，保障农业持续发展

建立健全财政支农投入稳定增长机制，调动市场和社会资本等多方力量，为全面推进区域农业转型升级注入源源不断的活力。一是优化财政投入方式。建议市（区）财政设立农业强市投资引导基金，与GDP增速同步持续加大投入，进一步撬动社会和金融资本投向农业发展。建议组建市级农业投资集团，引领金融资本和社会资本投入，推动实施市（区）跨越补短板行动，加快发展粮食、畜禽等基础性产业和现代种业、农业物质装备、烘干冷链物流业等先导性产业，巩固提升生猪、蚕桑、蔬菜等优势产业，打造2~3个百亿级产业集群，加快形成农业强市的"四梁八柱"。统筹行业内财政资金与行业间财政资金由县（市）自主安排，整合土地出让收入用于农业农村的资金，重点用于高标准农田建设、农田水利建设、现代种业提升及农业关键核心技术攻关等突出短板。二是深化农村金融制度改革。推进城乡金融服务均等化创新实践，保持农商行（农信社）等县域农村金融机构法人地位和数量总体稳定，支持市县构建域内共享的涉农信用信息数据库，加快建成比较完善的新型农业经营主体信用体系。破解经营权直接抵押、"经营权+地上附着物"抵押和第三方全程参与市场化风险处置的瓶颈。三是积极优化中小微企业的投入激励机制。着力用好普惠小微贷款增量奖励、支农支小再贷款等货币政策工具，切实加大中小微企业信贷投放力度。积极探索存货、应收账款、知识产权等动产和权利质押融资业务，降低对不动产等传统抵押物的过度依赖，进一步增强中小微企业信贷发放效率。着力强化中小微企业在设备购置与更新、技术改造、绿色低碳转型、科技创新等重点领域和薄弱环节的金融支持。四是加强科技创新，提高产业技术水平。强化科技创新，加强与科研单位合作，整合各科研单位力量，培育国内一流创新引领技术团队，加大制约产业发展的关键共性技术研发创新、集成示范，加快创新成果的中试、孵化、推广，让更多的科技成果从"实验室"走向"生产线"，落实到田间地头。

8.3 渝遂绵现代高效特色农业高质量发展示范带

8.3.1 基本概况

渝遂绵现代高效特色农业高质量发展示范带地处成渝中部地区，地理邻接呈现西北向东南狭长带状走向，地形以大片方山丘陵为主，海拔350~450米。示范带空间范围包括绵阳市、遂宁市、重庆潼南区、铜梁区两市两区，是盆中丘陵粮油主产区的重要构成，也是涪江优质耕地保护带，四地辖区面积之和约2.85万平方千米，占两省（市）面积约5.01%，2023年末常住人口902.76万人，占两省（市）常住人口的7.8%，其中城镇人口524.46万人，乡村人口378.3万人。

2023年，渝遂绵现代高效特色农业高质量发展示范带地区生产总值合计7 131.95亿元，占两省（市）地区生产总值的7.90%，其中，第一产业增加值合计779.66亿元，第二产业增加值3 038.62亿元，第三产业增加值3 313.18亿元，三次产业结构比例为10.9∶42.6∶46.5（表8-10）。与川渝地区三次产业结构9.0∶36.6∶54.4相比，经济结构服务化、高级化水平相对较低，农业产业占比相对较高。2023年产业带四地全体居民人均可支配收入为33 505元，略低于川渝两省（市）33 916元的平均水平（表8-10）。

表8-10 2023年渝遂绵区域社会经济基本情况

市区	地区GDP/亿元	第一产业/亿元	第二产业/亿元	第三产业/亿元	常住人口/万人		全体居民人均可支配收入/元
					城镇	乡村	
绵阳	4 038.73	393.19	1 599.05	2 046.49	275.07	216.03	32 354
遂宁	1 715.97	221.32	783.11	710.54	164.28	110.52	32 985
潼南	598.06	95.33	251.58	251.16	41.78	26.14	36 161
铜梁	779.19	69.82	404.88	304.99	43.33	25.61	41 164
合计	7 131.95	779.66	3 038.62	3 313.18	524.46	378.30	33 505

数据来源：各市区2023年国民经济和社会发展统计公报。

2022年，渝遂绵现代高效特色农业高质量发展示范带农林牧渔业总产值为1 171.8亿元，占川渝两地农林牧渔业总产值的9.1%。其中，农业产值587.03亿元，占比50.1%；畜牧业产值431.48亿元，占比36.8%；林业产值55.10亿元，占比

4.7%；渔业产值 57.23 亿元，占比 4.9%，农林牧渔服务业产值 40.97 亿元，占比 3.5%。示范带基本形成了以种植业、畜牧业为主导的农业经济发展结构（表 8-11）。

表 8-11 渝遂绵现代高效特色农业高质量发展示范带 2022 年农业经济概况

市区	农林牧渔总产值/亿元	农业/亿元	林业/亿元	畜牧业/亿元	渔业/亿元	农林牧渔服务业/亿元
绵阳	593.88	290.26	29.54	221.72	28.01	24.35
遂宁	344.24	158.92	13.81	147.76	11.28	12.48
潼南	131.46	91.04	8.39	22.56	8.05	1.43
铜梁	102.23	46.80	3.36	39.45	9.90	2.72
合计	1 171.81	587.03	55.10	431.48	57.23	40.97

数据来源：各市区 2023 年统计年鉴。

国土资源三调数据显示，渝遂绵现代高效特色农业高质量发展示范带拥有耕地 949.53 万亩，占川渝两地耕地总面积的 8.9%；园地 104.11 万亩，占比 4.7%；林地 890.62 万亩，占比 1.97%（表 8-12）。

表 8-12 渝遂绵现代高效特色农业高质量发展示范带农地资源利用现状

市区	耕地/万亩	园地/万亩	林地/万亩
绵阳	461.21	67.18	734.55
遂宁	301.74	17.45	25.79
潼南	110.86	12.57	56.90
铜梁	75.72	6.91	73.38
合计	949.53	104.11	890.62

数据来源：各市区第三次国土资源调查公报。

从农产品产量来看（表 8-13），示范带 2022 年农作物播种总面积 2 035.25 万亩，占川渝两地播种总面积的 19.54%。区域以水稻、小麦、玉米为主导，粮食作物产量 457.48 万吨，以水稻、小麦、玉米为主导。油料作物产量 83.72 万吨，以油菜籽和花生为主导。蔬菜产量 656.8 万吨，其中遂宁市、潼南区为重庆市的重要蔬菜供给区。水果产量 96.99 万吨，以柑橘、柠檬具有区域特色和优势，其中，遂宁鲜柑橘获评首批省级特色农产品优势区，潼南柠檬获批国家柠檬优势特色产业集群。肉类总产量 76.67 万吨，其中，猪肉产量占比 79.58%。绵阳市获批国家川猪优势特色产业集群建设，遂宁市获批"德遂"川猪省级优势特色产业集群。水产品规模相对较小（表 8-13）。

表 8-13　渝遂绵现代高效特色农业高质量发展示范带 2022 年主要农产品产量

市区	农作物播种面积/万亩	粮食产量/万吨	油料产量/万吨	蔬菜产量/万吨	水果产量/万吨	肉类产量/万吨	水产品产量/万吨
绵阳市	1 044.3	230.84	53.15	221.05	45.47	43.37	12.97
遂宁市	618.12	144.62	23.58	129.65	14.46	27.16	5.66
潼南区	233.88	36.81	5.35	226.11	37.06	6.13	4.30
铜梁区	138.94	34.75	1.64	79.99	0	0	4.11

数据来源：各市区 2023 年统计年鉴、2022 年国民经济和社会发展统计年报。

渝遂绵现代高效特色农业高质量发展示范带科创资源丰富，与中国农业科学院、中国农业大学、四川省农业科学院、四川农业大学、西南大学、西南科技大学、绵阳市农业科学院等多家高校院所建立了科技合作，拥有农业农村部级重点实验室（企业）5 家，四川省省级重点实验室 1 家，农业农村部实验站 1 个，科技部实验站 1 个，省级工程研究中心 2 家（表 8-14）。示范带重庆、遂宁、潼南与铜梁两市两区分别于 2015 年、2016 年获批科技部的国家农业科技园区称号，同时拥有国家级现代农业示范园（区）4 个，全国农业科技现代化共建先行区 1 个（潼南区），四川省星级现代农业园区 12 个（表 8-15），省（市）级农业科技园区 1 个（三台县），在油菜、生猪、柠檬、农田生态、种业创新等领域形成了较大的科技影响力（表 8-14，表 8-15）。

表 8-14　渝遂绵现代高效特色农业高质量发展示范带农业领域部（省）级重点实验室、工程研究中心、实验站名录

序号	实验室、中心、实验站名称	建设单位	所在地	等级
1	四川盐亭农田生态系统国家野外科学观测研究站（盐亭）	中国科学院水利部成都山地灾害与环境研究所	绵阳市	科技部
2	农业农村部南方坡耕地植物营养与农业环境科学观测实验站（三台）	四川省农业科学院土壤肥料研究所	绵阳市	农业农村部
3	农业农村部柑橘类精深加工重点实验室	重庆檬泰生物科技有限公司	潼南区	农业农村部

(续表)

序号	实验室、中心、实验站名称	建设单位	所在地	等级
4	农业农村部饲料及畜禽产品质量安全控制重点实验室	新希望集团有限公司	绵阳市	农业农村部
5	农业农村部小麦水稻及生物育种重点实验室	四川国豪种业股份有限公司	绵阳市	农业农村部
6	农业农村部猪禽数智化育种技术创新重点实验室	新希望六和股份有限公司	绵阳市	农业农村部
7	农业农村部地方猪育种与营养重点实验室	铁骑力士食品有限责任公司	绵阳市	农业农村部
8	国家（四川绵阳）生猪育种创新中心	四川铁骑力士实业有限公司、四川大北农农牧科技有限责任公司等	绵阳市	—
9	厅市共建作物特色资源创制及应用四川省重点实验室	绵阳市农业科学研究院	绵阳市	四川省
10	四川省农作物专用配方肥工程实验室（工程研究中心）	台沃科技集团股份有限公司	绵阳市	四川省
11	四川省杂环农药工程实验室（工程研究中心）	利尔化学股份有限公司	绵阳市	四川省

资料来源：公示公告—四川省科学技术厅（sc.gov.cn）。

表8-15 渝遂绵现代高效特色农业高质量发展示范带现代农业园区、科技园区建设名录

序号	园区名称	获评年度	所在地	等级
1	绵阳国家农业科技园区	2016	四川省	国家级
2	遂宁国家农业科技园区	2016	四川省	国家级
3	潼南国家农业科技园区	2015	重庆市	国家级
4	铜梁国家农业科技园区	2016	重庆市	国家级
5	潼南农业科技现代化共建先行县	2024	重庆市	国家级
6	江油市国家现代农业示范区	2017	四川省	国家级
7	船山区现代农业产业园	2022	四川省	国家级
8	射洪市农业现代化示范区	2022	四川省	国家级
9	潼南国家现代农业示范区	2010	重庆市	国家级
10	安州区粮油现代农业园区	2023	绵阳市	（四川省）五星级
11	梓潼县粮油现代农业园区	2022	绵阳市	（四川省）四星级
12	梓潼县蜜柚生猪种养循环现代农业园区	2023	绵阳市	（四川省）三星级
13	平武县果梅现代农业园区	2023	绵阳市	（四川省）三星级

(续表)

序号	园区名称	获评年度	所在地	等级
14	江油市粮油现代农业园区	2022	绵阳市	（四川省）三星级
15	涪城区蚕桑现代农业园区	2021	绵阳市	（四川省）四星级
16	盐亭县水产现代农业园区	2021	绵阳市	（四川省）三星级
17	三台县麦冬种养循环现代农业园区	2019	绵阳市	（四川省）五星级
18	射洪市粮食现代农业园区	2022	遂宁市	（四川省）四星级
19	安居区粮油现代农业园区	2022	遂宁市	（四川省）四星级
20	安居区红薯现代农业园区	2023	遂宁市	（四川省）三星级
21	船山区生猪种养循环现代农业园区	2019	遂宁市	（四川省）五星级

8.3.2 产业基础

《成渝现代高效特色农业带建设规划》指出：渝遂绵现代高效特色农业高质量发展示范带应统筹布局粮油、生猪、蔬菜、柠檬、蚕桑等优势特色产业，建设沿琼江涪江绿色蔬菜产业带、川渝菜都、畜禽种业创新基地、成渝（遂潼）合作农产品加工物流园区。从空间聚集和区域协同化发展现状看，围绕生猪、蔬菜、柠檬三大优势特色农业，产业带内已经形成了生猪优势特色产业集群、沿涪江流域优质蔬菜产业带、柠檬优势特色产业集群三大特色优势区。

绵阳市是国家优质商品猪战略保障基地、四川省生猪大市。2023年，全年能繁母猪存栏保持在22.5万头以上，规模猪场保有量稳定在1060家以上，生猪出栏385.3万头。全市拥有国家级生猪新品种配套系原种2个（天府肉猪和川藏黑猪），3家国家级生猪核心育种场，占全省近一半，并全部加入全国基因组联合育种计划（全国25家）。绵阳市纯种猪数量位居四川省第一、位居全国地级市第一[①]。2020年，三台县、江油市、梓潼县被选定为川猪全国优势特色产业集群建设项目县（市）。2021年，由绵阳明兴科技开发有限公司牵头，四川铁骑力士实业有限公司、四川大北农农牧科技有限责任公司等全省6家大型生猪龙头企业联合组建的国家（四川绵阳）生猪育种创新中心成立，以打造全国生猪种业"芯片"为目标，建设四川联合育种共享公猪站，搭建四川川猪生物科技平台，引领"川猪振兴"。遂宁市是国家现代畜牧业示范区、国家优质商品猪生产基地、国家优质生猪良种繁育供应基地，所辖县

---

① 资料来源：《绵阳市"十四五"生猪产业发展纲要》。

（市、区）均为国家生猪调出大县，2023年，生猪出栏量达380.7万头，居四川省第四位。在生猪产业链建设方面，遂宁市已初步形成了以高金、南大为龙头的生猪屠宰加工产业，以美宁、高金、三丰为龙头的罐头食品制造产业，以高盛包装、吉盛印铁为龙头的罐头包装产业。遂宁市有规模养殖企业1070家以上，有肉类罐头制造生产及配套企业60余家，军民融合罐头生产企业4家，是四川省肉食品出口（区域）基地，肉食品深加工能力占四川省的1/3，罐头产量占四川省的60%以上。生猪智慧化建设方面，遂宁市建有楼房式立体智慧猪场18栋，楼房猪场数量和规模居西南地区首位。2023年，射洪市、大英县、船山区、安居区、蓬溪县五地纳入了四川省"德遂"川猪产业集群建设。潼南区是国家级生猪优势区县级外调大县，截至2023年，全区已建成原种猪场1个、祖代扩繁场3个、能繁母猪达到5.1万头。建成年出栏生猪1000头以上的规模场338个，生猪规模化率达到58%以上，生猪年出栏量达82.45万头。铜梁区全区现有规模养殖场183家，其中，国家级生猪产能调控基地7家，市级产能调控基地6家。生猪年出栏量达52.69万头。2023年，渝遂绵现代高效特色农业高质量发展示范带生猪总出栏量达901.14万头，占川渝两省（市）的比重为10.43%（表8-16）。

表8-16 2023年渝遂绵现代高效特色农业高质量发展示范带生猪产业集群发展概况

市区范围	核心区县（乡镇）	出栏量/万头
绵阳	三台县、江油市、梓潼县、游仙区、盐亭县	385.3
遂宁	射洪市、大英县、船山区、安居区、蓬溪县	380.7
潼南	—	82.45
铜梁	—	52.69
合计		901.14

2023年，渝遂绵现代高效特色农业高质量发展示范带蔬菜播种总面积395.26万亩，产量达819.25万吨，占川渝两省（市）的比重分别为31.8%和10.5%。绵阳市蔬菜带的核心区主要分布在涪城区、游仙区、三台县和江油市4个县（市、区），辐射带动盐亭县、梓潼县、安州区联动发展，现有蔬菜面积约107万亩，产量约230万吨。已建成国家级蔬菜区域良种繁育基地（游仙）1处，培育蔬菜相关的国家级龙头企业1家、省级龙头企业7家，涵盖了蔬菜良种繁育、种植、加工、销售等环节。形成了蔬菜类区域品牌4个，其中，"涪城芦笋""安县魔芋"等特色农产品已具有一定的品牌影响力，"绵阳莴笋"种子在全国市场占据重要地位，占

比达50%以上。遂宁市是全国知名的冬春蔬菜基地、国家级食用菌标准化示范基地，也是重庆市超大城市菜篮子的重要供给区。现有蔬菜基地131万亩，产量265万吨，产值约50.2亿元。其中，"遂宁莲藕""遂宁白萝卜""遂宁食用菌"三大蔬菜特色品牌已经形成了一定的市场影响力。2023年，遂宁与德阳、成都一起纳入了国家设施蔬菜优势特色产业集群的建设，大力推进设施蔬菜产业的发展。潼南区为重庆市最大的蔬菜基地，有蔬菜基地约100万亩，产量约240万吨。已建成重庆最大的蔬菜种苗科技创新及繁育基地，生产、推广各类蔬菜、糯玉米品种逾100个。蔬菜精深加工产品以豆瓣酱料、酵素饮品、休闲食品等为主，年产值约12亿元。已成立绿色蔬菜种植专业联合社和蔬菜销售联合体，搭建3个农产品线上线下展销公用对接平台，建设产地集散市场51个。铜梁区是全国蔬菜生产重点区和重庆市保供"四个核心基地区县"之一，现有蔬菜播种面积约38万亩，产量约80万吨。建成标准化商品蔬菜基地20万亩，绿色蔬菜认证57个，拥有重庆市最大的工厂化豆芽菜生产基地，已注册蔬菜产品商标16个。其中，"铜梁莲藕"为国家地理标志农产品，"铜梁萝卜"入选名优产品目录，"白羊咸菜"为铜梁非物质文化遗产。先后培育蔬菜专业合作社142家，其中国家级专业合作示范社2家，市级专业合作示范社7家（表8-17）。

表8-17 2023年渝遂绵现代高效特色农业高质量发展示范带蔬菜产业带发展概况

市区范围	核心区县（乡镇）	播种面积/万亩	产量/万吨	特色/主导品类
绵阳	沿涪江流域的江油市太平镇、彰明镇、龙凤镇、西屏镇、青莲镇、方水镇；游仙区小枧镇、新桥镇、信义镇、松垭镇；涪城区丰谷镇；三台县永明镇、中太镇、芦溪镇、老马镇、刘营镇、石安镇、灵兴镇、新德镇、立新镇	121.06	232.34	芦笋0.3万亩
遂宁	蓬溪县红江镇、射洪市沱牌镇、船山区老池镇；安居区横山镇、石洞镇；蓬溪县天福镇、船山区永兴镇	131.50	264.30	白萝卜16.2万亩，莲藕10万亩，食用菌4.2万亩
潼南	桂林街道双坝社区	104.46	239.24	白萝卜10万亩
铜梁	沿涪江、琼江和小安溪流域的安居镇、高楼镇、少云镇、华兴镇、大庙镇、庆隆镇、围龙镇、永嘉镇、虎峰镇等	38.24	83.37	白萝卜0.1万亩，莲藕4万亩，芽苗菜2万吨
合计		395.26	819.25	

资料来源：《渝遂绵现代高效特色优势农业产业带实施方案》。

2023年，本区域柠檬的种植总面积达38.3万亩，产量达40.1万吨，占川渝两省（市）的比重分别为40%和36%左右。遂宁市的柠檬产区主要分布在大英县河边、射洪市瞿河、安居区三家、安居等乡镇，以"尤力克""塔西堤"等品种为主导，种植面积约6.3万亩，产量约5.1万吨、产值约2.1亿元。产品主要依托安岳、潼南经销商，销往北京、上海、广州、香港等市场和俄罗斯、东南亚等国家和地区，以鲜食产品销售为主，尚无柠檬加工产品。2023年底已培育了企业2家、专业合作社50家左右。潼南区的柠檬产区主要以琼江流域为核心，2023年种植面积达32万亩，产鲜果35万吨；出口备案基地面积累计达到2.8万亩，柠檬出口量3.98万吨，占全国的70%；着力推动创新链与产业链融合发展，打造柠檬产业研究院、柠檬工程技术中心等高端科创平台12个，自主研发柠檬精深加工技术300余项，建设柠檬产业数字化生产线10条，柠檬年加工能力达30万吨，加工产值达45亿元，深加工量居全国第一位①。同时，聚焦国际国内大市场、大流通、大消费，在全国布局七大区域营销中心，搭建了"中国柠檬交易中心"电商平台，孵化潼惠网、易田网购等本土主打柠檬产品电商。培育各类柠檬经营主体360余家，其中，科技型企业53家，链主企业1家。围绕"一带一路"共建，潼南柠檬及其加工产品已全面融入西部陆海新通道，出口俄罗斯、印度尼西亚、新加坡以及中国香港等30余个国家和地区（表8-18）。

表8-18　2023年渝遂绵现代高效特色农业高质量发展示范带柠檬产业集群发展概况

市区范围	核心区县（乡镇）	面积/万亩	产量/万吨	新型经营主体/家	链主企业/家	龙头企业/家
遂宁	安居区三家镇、玉丰镇、大英县河边镇等	6.3	5.1	52	—	2
潼南	琼江流域的崇龛、柏梓、塘坝、小渡、新胜、梓潼；涪江以北的龙形、古溪、米心等	32.0	35.0	360	1（檬泰）	50（国家级1家，市级49家）
合计		38.3	40.1	412	1	52

资料来源：《遂潼现代高效特色农业带建设规划》。

8.3.3　目标思路

　　至2035年，渝遂绵现代高效特色农业高质量发展示范带的优势特色产业发展

---

① 资料来源：《潼南区协同推进农业农村一体化发展助力成渝地区双城经济圈建设报告》。

应逐步实现三个转变。一是从破解人力成本的关键制约出发，从以"人力资本为支撑"向以"科技创新资本为支撑"转变；二是从破解西南山地丘陵资源环境的关键制约出发，从"扩面增产"向"稳面提质"方向转变；三是以优势特色农业全产业链化管理为关键，从"单环节技术创新"向"多点技术集成创新"转变。据此，面向2035年，渝遂绵现代高效特色农业高质量发展示范带工程科技发展的总体思路：提升设施化智能化水平、需求引导产业固链延链强链、大力发展资源替代技术、推动产业技术体系化升级、提升优势农产品国际竞争力。

第一，应对要素制约与产能趋势，提升生产设施化水平。积极应对山区资源环境约束和生产成本上升的关键挑战，聚焦现代设施技术与装备引领，开展设施农业现代化提升行动，成为渝遂绵现代高效特色农业高质量发展示范带向现代化、高效化生产方式转型升级的关键路径。以智能化养猪技术与装备、设施蔬菜技术与装备、柠檬智能化果园管理技术与装备为主要技术创新导向，大力提升示范带内生猪、蔬菜、柠檬优势特色产业的设施化、智能化水平。

第二，面向新消费新需求，技术赋能产业固链、延链、强链。面向居民食物消费向"粮肉菜果"多元型转变和从"吃得饱"向"吃得好"转变，满足农产品食品安全、营养、健康的市场需求，深入挖掘区域内生猪、蔬菜、柠檬的功能性、保健性等特质，从大宗农产品发展定位逐步向安全、营养、功效食品开发导向转型，深度拓展食物营养与健康领域，以大健康产业为导向，进一步强化功能性食品、保健性食品、健康食品等的创制与研发力度，做深做优食品工业产业，推动优势特色产业固链、强链、延链。

第三，面向农业绿色发展转向，大力发展资源替代技术。面向经济社会发展绿色化、低碳化转型，加强示范带农业资源环境的保护和治理力度，推动优势特色农业产业绿色转型发展。逐步加快示范带内生猪、蔬菜、柠檬优势特色产业绿色转型的科技创新步伐，广泛探索绿色增产增效、种养加循环、区域低碳循环技术模式的创新、示范和应用，进一步提高绿色农业投入品和绿色生产技术等成果供给能力，全面构建以绿色发展为导向的农业技术体系，推动示范带内符合地域特色的农业绿色发展制度与低碳技术模式的基本建立。

第四，以新质生产力为支撑，加速优势产业技术的迭代。一方面，应围绕产业链，优化布局创新链。重点立足示范带内生猪、蔬菜、柠檬产业的产业发展制约和关键技术瓶颈，进一步优化区域优势特色产业技术体系，逐步改善区域优势特色农作物品种对外依存度高、关键核心技术体系化支撑不强等局面。另一方面，应紧抓新科技革命和产业变革机遇，以信息技术、现代生物技术、先进材料技术等为主导的新一代高新技术为支撑，强化新一代高新技术与农业领域的融合和创新，助推生猪、蔬菜、柠檬优势特色农业在技术装备、劳动力资源、组织管理等生产要素方面进行变革，推动优势特色农业进一步向适度规模化、集约化、信息化发展转变，全面提升示范带优势特色农业的现代化水平，加速推进生猪、蔬菜、柠檬优势特色产业技术体系的全面升级。

第五，稳定全球市场份额，提升优势农产品国际竞争力。首先，应立足渝遂绵现代高效特色农业高质量发展示范带的农业产业基础、资源禀赋与环境等条件，进一步提升和扩大生猪、蔬菜、柠檬等产业的比较优势，以推动区域特色化、集群化、一体化发展为导向，以区域差异化、互补化、协同化发展融入成渝现代高效特色农业带的新发展格局。其次，积极应对国际地缘政治冲突、疫情的不确定性、美国等主要经济体经济刺激政策快速退出的溢出效应等一系列外部冲击，进一步降低优势特色农产品的关键贸易壁垒，以提升优势特色农产品的国际综合竞争优势为支撑，逐步提升和稳定优势特色出口型农产品的国际市场份额，推动区域农业贸易国际化向高质量发展转型。

8.3.4 重大任务

8.3.4.1 加快推动生猪产业向绿色、健康、韧性化发展模式转变

到 2035 年，围绕建设生态、高效、循环的生猪养殖体系、提升生猪全产业链管理水平和产业韧性等战略导向，以提升生猪自主繁育能力、提升生猪产业"集群化"水平、推动生猪全产业链绿色低碳转型为关键性突破，进一步强化科技引导和支撑，推动渝遂绵现代高效特色农业高质量发展示范带内的生猪产业向"绿色、健康、韧性"的可持续发展模式转变。

进一步夯实产业带生猪种业发展优势，以核心育种场建设为支撑，推动种业创新中心、种业实验室、试验站、专家工作站等平台建设，强化人才队伍建设，稳步提高本区域生猪种业创新能力，加强区域性现代生猪良种繁育体系建设，提升核心种源自给率，提高良种供应能力。强化现代种业提升工程投入，合理布局核心群、祖代群和父母代群，推动核心育种场建设与区域性生猪产能发展相适应，支持产业带内的猪保种场、保护区和基因库进一步完善基础设施条件，加强地方特色猪种保护与开发。拓展生猪品种影响力，逐步推动生猪品种供给向更大范围辐射带动，通过市场推广，扩大本区域生猪种业品牌影响力。

进一步提升生猪产业"集群化"发展水平，有序引导生猪散养户向适度规模化养殖场转变，进一步推进示范带生猪养殖的规模化率，提高生猪养殖业抗风险能力，稳定生猪产能，推动产业平稳发展。生猪养殖业提质增效。有序提升规模化养殖（场）企业的现代化养殖水平，以"品种优良化、装备智能化、管理智慧化、防疫规范化、生产绿色化、产出高效化"技术集成为关键，提升生猪规模化养殖水平。推动屠宰、精深加工企业进一步向园区集聚。以提升生猪数字化技术及全产业链智能化管理能力为关键，推动"养殖—屠宰—精深加工—销售"全产业链环节信息聚合，探索全产业链利益分配与风险监测与评估机制，提升生猪产业韧性管理水平。

推动生猪全产业链绿色低碳化转型，重点关注生猪养殖碳排放中的粪便管理系统和饲料粮种植环节[①]，探索生猪绿色低碳产业链的发展。以饲料粮种植结构优化、强化生猪智慧养殖、精准饲喂等集成技术的研发为关键，积极探索适用于本示范带的生猪产业绿色发展减排技术路径和措施，促进生猪产业在"双碳"目标下实现可持续发展。将环境保护与畜禽粪污资源化利用、优化养殖饲料和用药结构等措施相结合，广泛采用集约化经营、种养循环、资源化治理等模式，建立分区分层全面立体的畜禽粪污收集处理及循环利用工作管理体系，有效提升资源化利用覆盖率和效率，推进生猪产业绿色转型。

8.3.4.2 全面提升蔬菜产业的生产设施化、产地商品化水平

坚持大农业观、大食物观发展理念，以全力保障川渝地区蔬菜刚性需求和供给为前提，以区域性优势特色蔬菜产品为基础，以高质量发展为主线，重点针对蔬菜生产端农业农村劳动力大量净流出、成本逐步趋高、生产效益持续下降及产地商品化程度较低的现实制约，到2035年，以蔬菜生产环节轻简化和高效化、生产过程更加智能化和设施化为主要战略导向，以全面提升区域蔬菜设施化智能化水平、补齐蔬菜采后商品化处理及冷链仓储服务短板为关键性突破，推动成渝高效特色农业带的蔬菜产业向"资源节约、优质高产、保障有力"的高质量发展模式转变。

全面提升区域蔬菜设施化智能化水平，立足绵阳、遂宁、潼南区、铜梁区4个国家级农业科技园区的科技资源与优势，重点依托国家级设施蔬菜产业集群的建设，以提升蔬菜全产业链机械化水平为目标，从育苗、整地、播种、移栽、管理及

---

① 嵇晨晨，魏婧萱，丁莹."双碳"目标下畜牧业减碳增汇的实施路径研究［J］．可持续发展，2023，13（2）：751-759.

收获等关键环节的机艺融合进行突破，推动蔬菜生产装备从应用基础、关键部件、整机系统到集成示范的链式创新，全面提升示范带内蔬菜产业的设施化、机械化技术水平，促进蔬菜产业节本增效、高质发展。

补齐蔬菜冷链物流运输服务体系等关键短板，针对蔬菜产地处理装备能耗较高、效率较低、适配较差、品类较缺，小农生产与市场化大流通衔接依然存在困难，以及尾菜综合利用率不高等现状，研发适用于农业中小企业、农民专业合作社、家庭农场的小型化、智能化、移动式的分等分选、程序预冷、防伪包装、贮藏管控等技术装备和溯源信息平台，制定农产品品质—处理设备—信息融合的产地高效处理技术规程，创新蔬菜产地上行流通服务模式，构建大型龙头企业带动小农生产和代预冷、代分选、代包装、代贮藏等"四代"社会化服务体系，切实解决示范带内蔬菜产业小农户生产与大流通衔接过程中技术装备方面的瓶颈，全面提升区域蔬菜产地处理效能。进一步强化蔬菜尾菜加工利用技术的研制与应用，积极探索多元化的尾菜综合利用技术及模式。

8.3.4.3　全面提升柠檬产业的种业自主、节本增效及出口竞争水平

到2035年，重点破解示范带柠檬产业品种结构单一、生产成本优势降低、国际贸易出口压力逐渐加大等现实困境和制约，以培育具有国际影响力、竞争力的世界级优势产区和优势产业集群为战略目标，以强化柠檬新优品种的引进繁育、推动柠檬生产端的节本增效、提升柠檬产业出口竞争力、加快柠檬农文旅深度融合发展为关键性突破，围绕关键技术研发、创新与突破，力争示范带内柠檬种苗自给率达100%，柠檬产业精深加工产值占全产业链的比重达30%以上，推动示范带的柠檬产业向全产业链深度融合化、创新创意化、生活方式化发展模式转变。

强化柠檬新优品种的引进繁育，重点面向柠檬生鲜消费市场的健康化、多元化需求，着力从鲜食品种的多样化、无籽柠檬品种、加工专用性品种、酸果类品种的拓展性培育等方面着手，逐步改善示范带内柠檬品种结构单一、成熟期过于集中、冷藏时间较长的现状。进一步强化示范带内柠檬种苗的自主繁育能力，有效提升区域柠檬种苗自给率。

破解柠檬生产端的节本增效困境。首先，以基地标准化、机械省力化、专业分工化、生产高效化为关键，大力提升柠檬生产环节的节本增效水平；逐步建立和完善柠檬价格监管与预测预警机制，尽快形成一整套制度完备、运转高效的价格预测与监管机制，建立健全柠檬价格违法行为行政处罚规定，防止柠檬市场价格过度波动。其次，延长柠檬产业链，围绕健康消费需求和优势，重点强化柠檬精深加工环

节和技术装备的研发。推动柠檬产业从生鲜单一化消费，向食品制造、医药制造、保健康养等高附加值产品拓展。大力拓展柠檬的文化和旅游休闲功能，因地制宜发展乡村旅游、休闲农业等新产业、新业态。

有效提升柠檬产业出口竞争力，逐步建立与国际市场接轨的柠檬全产业链技术标准体系，以标准化为引领，提升示范带内柠檬的质量和品质，有效降低技术性贸易壁垒；积极培育具有国际贸易竞争力的本地化、外向型企业，引导企业创新对外合作方式，优化资源、品牌和营销渠道，构建畅通的国际物流运输体系、资金结算支付体系和海外服务网络，提升示范带柠檬的国际品牌竞争力；鼓励企业大力拓展国际市场，重点围绕"一带一路"及高效、畅通的国际贸易枢纽建设，强化双边和多边合作关系，维护国际供应链稳定，逐步扩大国际市场份额。

第9章　现代高效特色农业示范区建设

9.1　重庆主城都市区都市现代高效特色农业示范区

9.1.1　基本概况

重庆市是国家重要中心城市和中西部地区唯一直辖市，承担着成渝地区双城经济圈、西部陆海新通道、长江经济带高质量发展等多重国家重大战略使命。重庆市自直辖以来，社会经济快速发展，逐渐形成了以"主城都市区—渝东北三峡库区—渝东南武陵山区"三区协调发展的国土空间总体格局，特别是主城都市区已成为地区经济发展最为迅速、城镇化发展水平最高、城市空间拓展最为迅猛的地区，成为辐射带动整体区域协同发展的坚强基石。重庆主城都市区作为重庆高质量发展的优势区域，主要位于川中方山、丘陵和川东平行岭谷，地势相对平坦。目前已形成由中心城区、渝西地区和渝东新城三区组成的"多中心、多层级、多节点"的城市空间格局，共包括22个区（县），集中了重庆市近80%的城镇建设适宜区和60%的农业生产适宜区，以1/3的土地承载了2/3的人口和地区生产总值[1]。截至2022年，重庆主城都市区的GDP规模达到22 352.4亿元，占全市的76.74%，常住人口规模达到2 122.72万人，且城市化水平达到79.8%，高于全市平均水平8.84个百分点[2]。

"以城带乡、有效促进乡村振兴"是《成渝地区双城经济圈建设规划纲要》的基本原则之一。面对"城乡发展差距仍然较大"的共同挑战，《成渝地区双城经济圈建设规划纲要》提出"建设现代高效特色农业带"的重点任务，要求推动农业高质量发展，强化农业科技支撑，大力拓展农产品市场。2021年12月，川渝两省市

---

[1]　数据来源：《重庆市国土空间总体规划（2021—2035年）》。
[2]　数据来源：《2023年重庆市统计年鉴》。

政府办公厅联合印发《成渝现代高效特色农业带建设规划》，围绕率先在西部地区基本实现农业农村现代化的奋斗目标，提出成渝现代高效特色农业带建设的总体要求、主要任务和推进措施。其中，两大极核之一的重庆都市圈承担着高质量打造重庆主城都市区都市现代高效特色农业示范区的重大任务。全面深刻认识重庆主城都市区对成渝地区粮油、生猪、果蔬等重要农产品供给保障的历史性贡献和在建设成渝现代高效特色农业带中的重要战略地位，积极整合区域间农业特色优势产业，通过制度创新、技术创新、模式创新，构建集群成链、全链统筹、配置高效、联农带农的发展格局，推动产品型农业向功能型农业转变，对于重庆主城都市区加快打造都市现代高效特色农业示范区、推进农业农村现代化发展具有重要意义。历年川渝合作相关政策演进情况详见表9-1。

表9-1 历年川渝合作相关政策演进情况

年份	川渝合作相关政策
2001	重庆和成都签订《重庆—成都经济合作会谈纪要》，提出携手打造"成渝经济走廊"
2007	川渝签署《关于推进川渝合作共建成渝经济区的协议》，提出以重庆、成都为龙头，共同将成渝经济区建成国家新的增长极
2016	国务院正式批复同意的《成渝城市群发展规划》明确提出建设成都都市圈和重庆都市圈
2021	国务院印发的《成渝地区双城经济圈建设规划纲要》再次明确围绕重庆主城和成都培育现代化都市圈
2021	川渝联合印发《成渝现代高效特色农业带建设规划》，提出构建"一轴三带四区"空间格局
2024	国务院批复《重庆市国土空间总体规划（2021—2035年）》，提出构建"一带五区"农业空间总体布局

注：根据历年川渝合作相关政策梳理所得。

9.1.2 产业基础

粮食与重要农副产品生产稳中有进。重庆主城都市区作为典型的山地城市聚集区，集中了重庆市约45%的耕地资源，且连片性好、农业机械化程度和集约利用度较高。近年来，重庆市高度重视主城都市区的现代农业发展，坚持把粮食生产作为"三农"工作的头等大事来抓，通过深入实施农业生产"三化"（农机宜地化、土地宜机化、服务社会化）行动，加快培育农业生产社会化服务组织，制定一系列补助政策等，农业基本盘得到进一步牢固，农业综合生产能力不断迈上新台阶。2022

年，重庆主城都市区农林牧渔业增加值1 638.99亿元，占全市比重为53.41%；粮油生产保持稳定，粮食播种面积达877 027公顷、粮食产量达523.35万吨，粮食单产水平从2016年的5 956.88千克/公顷增至2022年的5 967.23千克/公顷，增长0.17%；油料作物生产得到有效提升，2022年油料产量29.27万吨，较2016年增长了10.1%。蔬菜保供能力持续增强，主城都市区蔬菜产量1 355.94万吨，蔬菜基地生产供应量占到全市60%以上，常住人口人均蔬菜占有量638.78千克，超出全国平均水平的12.76%；生猪综合生产能力稳步提升，2022年主城都市区生猪出栏头数达803.82万头，较2021年增加34.13万头，占全市生猪出栏头数的42.21%，猪肉产量62.94万吨，粮食及重要农产品供给保障有力，"米袋子""菜篮子"和"肉盘子"量足价稳（表9-2）。

表9-2 重庆主城都市区主要农产品产量及人均占有量变化

主要农产品	总产量/万吨			人均占有量/千克		
	2016年	2022年	增幅/%	2016年	2022年	增幅/%
粮食	578.66	523.35	-9.56	305.05	253.44	-16.92
油料	26.58	29.27	10.10	14.01	14.17	1.14
蔬菜	1 209.46	1 355.94	12.11	637.59	656.65	2.99
猪肉	71.63	62.94	-12.14	37.76	30.48	-19.29

注：根据2015—2023年《重庆市统计年鉴》整理分析所得。

农业特色优势产业快速发展。重庆市主城都市区以农业供给侧结构性改革为主线，充分挖掘丘陵山地生态资源优势，抢抓脱贫攻坚、乡村振兴和成渝双城经济圈建设重大历史机遇，全力推进特色经作产业发展，形成了柑橘、榨菜、柠檬、茶叶、中药材、调味品、特色水果等现代山地特色高效产业集群。2022年，主城都市区经济作物种植总面积683 455公顷。分产业看（表9-3），水果产业方面，重点打造柠檬产业集群、优质杂柑优势产区、血橙优势产区、地方名柚优势产区，2022年水果产量为214.08万吨，较2016年增长25.14%，居主城都市区前三位的分别是潼南区（37.06万吨）、江津区（27.46万吨）、长寿区（23.89万吨）。茶叶产业方面，茶叶产量为2.78万吨，较2016年增长17.97%，以永川、巴南、南川、荣昌为重点建设早市名优绿茶主产区，其中永川（0.87万吨）、南川（0.45万吨）、巴南（0.42万吨）、荣昌（0.37万吨）四区（县）茶叶产量占主城都市区茶叶总产量的75.58%。中药材产业方面，以潼南、铜梁、大足、江津、涪陵、南川等区县为重点，培育形成枳壳、百合、艾草、佛手、玄参等道地与优势中药材产业带。此外，还重点围绕江津、荣昌、巴南、长寿、南川、大足等区（县），培育发展优质花椒、大米、茶叶、荔枝、水产等高品质特色富硒产业集群。

表9-3　2022年重庆主城都市区特色农产品产量及占比

地区	茶叶产量/吨	占比/%	地区	水果产量/吨	占比/%
主城都市区	27 792	52.41	主城都市区	2 140 849	36.08
永川区	8 699	16.40	潼南区	370 564	6.25
南川区	4 537	8.56	江津区	274 571	4.63
巴南区	4 205	7.93	长寿区	238 930	4.03
荣昌区	3 691	6.96	涪陵区	225 299	3.80
江津区	1 884	3.55	璧山区	181 440	3.06
綦江区	1 673	3.15	合川区	175 581	2.96
璧山区	904	1.70	永川区	150 465	2.54
涪陵区	865	1.63	大足区	77 157	1.30
大足区	693	1.31	铜梁区	75 534	1.27
合川区	199	0.38	渝北区	73 835	1.24
潼南区	183	0.35	巴南区	73 229	1.23
铜梁区	155	0.29	南川区	69 302	1.17
长寿区	47	0.09	綦江区	67 780	1.14
北碚区	39	0.07	荣昌区	34 906	0.59
渝北区	15	0.03	北碚区	24 247	0.41
江北区	3	0.01	九龙坡区	13 908	0.23
大渡口区	—	—	沙坪坝区	6 494	0.11
沙坪坝区	—	—	南岸区	3 939	0.07
九龙坡区	—	—	大渡口区	2 328	0.04
南岸区	—	—	江北区	1 340	0.02

注：根据2015—2023年《重庆市统计年鉴》《重庆调查年鉴》整理分析所得。

农业科技创新多点发力。近年来，重庆市高度重视农业科技创新，深入实施藏粮于地、藏粮于技战略和种业振兴行动，加大力度补齐农机装备短板，推进农业关键核心技术攻关，将农业科技创新放在更加突出位置，进一步支撑农业现代化。2023年，重庆农机总动力达1 565万千瓦，农作物耕种收综合机械化水平达56.7%，农业科技进步贡献率达 63%（图 9-1）。一是创新体系逐步完善。优化设置水稻、玉米、薯类等 16 个农业产业技术体系创新团队，引进 12 名院士、专家担任荣誉首席，自上而下整合了市内涉农高校、科研院所、农技推广部门、涉农企业等产学研推人才 500 余名，形成了科技与生产紧密衔接、优质科技资源与优势产区紧密对接、国家与地方科研力量上下贯通的农业发展新格局。2023 年，潼南区、荣昌区成功入选首批全国农业科技现代化先行县。二是创新平台加速培育。国家生猪技术创新中心、长江上游种质创制大科学中心、中国（重庆）花椒产业研发中心等 14 个"国字号""区域性""特色化"平台加快建设。2023 年，成功获批 4 个农业农村部、重庆市政府批准的重大科技创新平台项目，2 个农业农村部授牌的部省共建重点实验室，并自主探索共建 1 个市级院地合作创新基地。三是关键核心技术攻关扎实推进。研究出台全市农业关键核心技术攻关实施方案，开展种质资源鉴定、育种材料创制、耕地保育技术研究、丘陵山区农机装备研发，力争成为服务大西南山地农业科技创新的"策源地"。2023 年，成功向农业农村部推荐农业主导品种 3 个、主推技术 3 项，市级发布农业主推技术 40 项，带动各区县发布主推技术 383 项，农业主推技术到位率达到 100%；根据农时季节发布技术指导要点 36 个，实施农业重大技术协同推广项目 20 个，建设农业科技示范基地 91 个，推动一大批新品种、新技术落地应用。庆油 3 号、庆油 8 号两个品种入选全国冬油菜推广面积前十大品种，推广面积分别达到 201 万亩、100 万亩[①]。四是农业绿色发展深入推进。深化落实长江"十年禁渔令"，江河水面基本实现"四清四无"。大力实施化肥农药减量增效行动（图 9-2），建立化肥减量"三新"集成配套示范 64.06 万亩，绿色防控和统防示范 81.93 万亩，2022 年主要农作物化肥、农药利用率分别提高到 40.3% 和 40.6%，秸秆综合利用率提高到 87%，规模养殖场粪污处理设施装备配套率达到 95% 以上[②]。

农业产业能级显著提升。当前，重庆紧紧围绕乡村产业振兴，着力推进现代农业农村产业体系、生产体系和经营体系建设，促进三产深度融合，农业产业的快速增长带动了整个涉农产业链条的发展。一是农产品加工业水平整体提升。重庆农产品加工产业发展门类齐全、底蕴深厚、基础良好。近年来，依托中心城市的区位优势和巨大城市人口的消费市场优势，重庆主城都市区形成了粮油、调味品、蔬菜及

---

① 重庆市农业农村委，https://nyncw.cq.gov.cn/zwxx_161/jdtp/202401/t20240129_12875460.html.
② 重庆市农业农村委员会. 重庆市实施乡村振兴战略与推进农业农村现代化形势分析与预测[M]. 重庆经济社会发展报告（2023）. 北京：社会科学文献出版社.

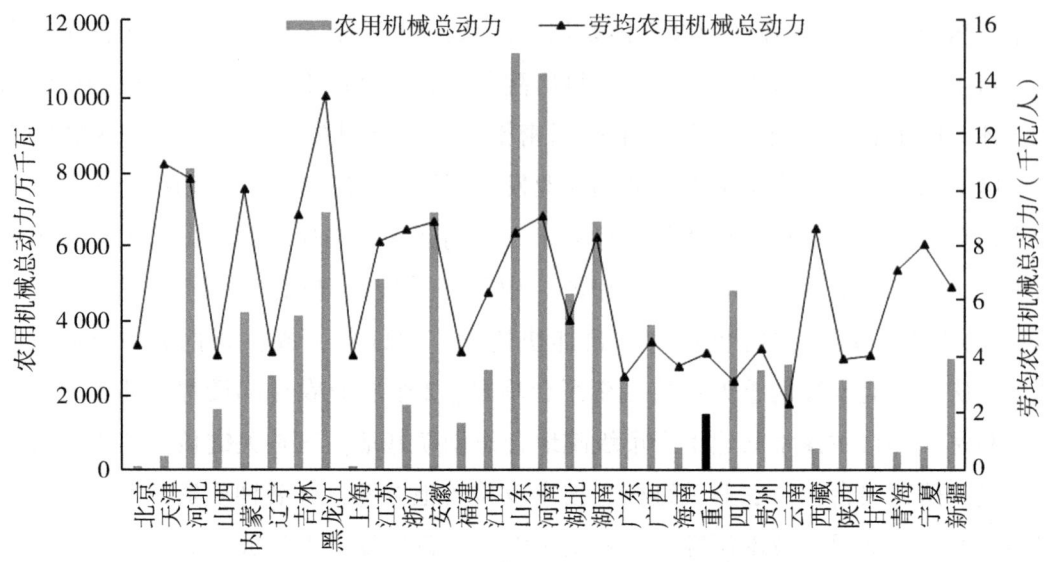

图 9-1　2022 年全国农用机械总动力情况

注：根据 2023 年《中国统计年鉴》整理分析所得。

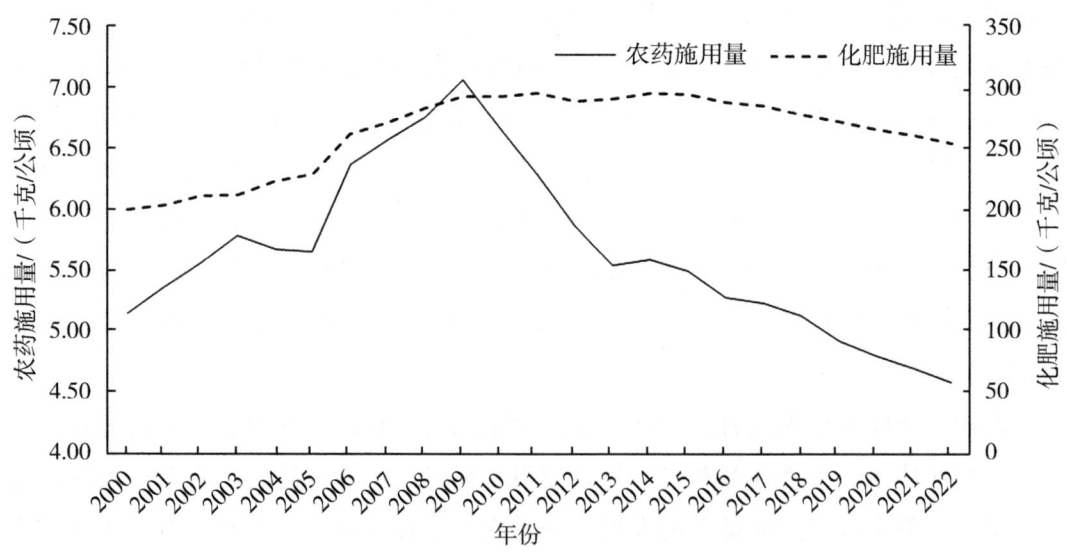

图 9-2　2000—2022 年重庆农药、化肥施用强度情况

注：根据 2023 年《中国农村统计年鉴》《重庆市统计年鉴》整理分析所得。

柠檬加工产业集群，2022 年成功举办食品及农产品加工高质量发展产业生态大会，签约投资项目 86 个、金额 459.33 亿元，设立百亿级产业生态基金，孕育出了涪陵榨菜、潼南柠檬、江津花椒等区域公用知名品牌。2023年，重庆市食品及农产品加工规模以上企业886家、较2022年增长6%，培育9个产值过百亿元的农产品加工子行业，实现产值2 341亿元，占全市规模以上农产品加工企业产值的88.9%，其中主城都市区实现农产品加工业产值2 613.99亿元，占全市的76.4%[①]。二是现代农业园区建设高速推进。重庆坚持产业"立园"、科技"强园"、主体"建园"、生态"兴园"，通过不断深化"院园合作"，组建六大科技创新联盟、14个现代农业产业技术创新团队，把现代农业产业园作为科技孵化器、应用场、示范区，以园区为平台，累计培育涪陵榨菜、恒都公司等30余家链主企业。目前，重庆正加快构建以国家级为龙头、市级为骨干、区县级为基础的现代农业产业园"三级联创"格局，成功创建国家级现代农业产业园10个、市级38个、区县级31个。2022年，全市现代农业产业园综合产值达到1 000亿元。三是农业品牌建设卓有成效。重庆市培育市级以上名牌农产品859个，全国名特优新农产品119个，全国特质农产品48个，地理标志农产品70个，重庆名牌农产品609个。其中奉节脐橙品牌价值达182.8亿元，位居全国脐橙类第一。涪陵榨菜品牌价值达147.32亿元，排名全国酱腌菜类第一。江津花椒品牌价值达64.04亿元，排名全国花椒类第二。荣昌猪品牌价值达50.98亿元，排名全国地方猪第一。潼南柠檬品牌价值达23.96亿元，排名全国柠檬类第二。开州区春橙、万州玫瑰香橙等出口泰国、马来西亚等东南亚国家和地区，万州玫瑰香橙出口额达3 500万元。万州鱼泉榨菜远销澳大利亚、新加坡等30多个国家和地区，连续20年出口居全国同类产品第一。

都市农业发展深入推进。近年来，为进一步拓展农业多种功能，率先实现农业现代化，重庆主城都市区着力发展精品农业、景观农业、设施农业、高效农业、生物农业、AI农业、会展农业等新业态，探索形成了一条超特大城市农业现代化发展路子。一是数字乡村、智慧农业发展步伐加快。加快打造全市"三农"大数据平台，汇聚整理涉农数据4亿条、同比增长4倍，共享涉农数据2 150万条，同步建成全市"地块级"耕地底图，覆盖2 700多万亩作物，全市数字乡村发展总体水平达到43%，位居西部地区第一。围绕粮、猪、菜保供产业和现代山地特色高效农业开展智慧农业技术攻关和智能化先行试点，先后获批荣昌区生猪、合川区蛋鸡、云阳县柑橘、南岸区渔业等4个国家数字农业创新应用基地，建成市级智慧农业试验示

[①] 重庆市人民政府关于支持农产品加工业高质量发展情况的报告，https://www.cqrd.gov.cn/web/article/12758720553260l5488/web/content_12758720553260l5488.html.

范基地290个、益农信息社9 441个，农民手机应用技能培训年超600余万人次①。生猪养殖规模化、标准化水平明显提升，设施蔬菜提速发展，鱼菜共生AI工厂等生态渔业蓬勃兴起。二是农产品电商产业、休闲观光农业及乡村旅游业加快发展。重庆市有全国乡村旅游重点村41个、全国乡村旅游重点镇（乡）6个；有市级乡村旅游重点村187个、市级乡村旅游重点镇（乡）14个，发布乡村旅游精品线路200余条，重点打造132条乡村休闲旅游精品线路，2023年，乡村休闲农业经营收入达1 009亿元，同比增长11.8%②。此外，重点策划打造长假游、清凉一夏、邮乐购直播等活动，举办渝北区放牛坪梨产品推荐会、巫山脆李品牌产销对接推荐会等，促进预制产品、夏日水饮等销量攀升，2023年重庆市农产品网络零售额208亿元、同比增长12%。三是国际合作窗口作用日益强化，示范效应持续放大。先后举办第十届中国畜牧科技论坛、第十四届中国奶业大会、第二十一届中国国际肉类工业展览会、第二十一届中国西部（重庆）国际农产品交易会（西部农交会）等多场全国性论坛展会活动，其中西部农交会签订农产品购销订单126.7亿元，签订乡村振兴招商引资重大项目投资协议311亿元。截至2022年底，西部陆海新通道已辐射18个省份、60个城市、116个站点，通达全球119个国家和地区的393个港口，对东盟农产品出口同比增长超17%③。

9.1.3 目标思路

聚焦"国家都市现代高效特色农业示范区"区域目标，围绕确保重庆主城都市区粮油肉蛋等大宗基础性主要农产品供应效率，增加城市应急保障能力，高效协调区域间粮油、生猪等基础农产品生产目标，通过生态补偿和异地基础设施共建等方式，增进产区生产积极性和协同性，确保"米袋子""菜篮子"供给安全，努力将重庆主城都市区建成全国山地特色生态农产品重要生产基地及西南地区大宗农产品保供物流与市场交易中心，打造国家都市现代高效特色农业示范区。到2035年，农业机械化实现全覆盖，农业生产方式基本实现现代化，农业绿色发展体系基本建成，以"巴味渝珍""三峡牌"为龙头，县级区域品牌为支撑，农业龙头企业产品品牌为主体的重庆山地农产品品牌体系基本建立，农业数字化转型取得显著成效，

---

① 重庆市农业农村委，https：//nyncw.cq.gov.cn/zwxx_161/mtbb/202308/t20230809_12227184_wap.html。
② 数据来源：《2023年重庆市旅游业统计公报》。
③ 重庆市农业农村委，https：//nyncw.cq.gov.cn/zwxx_161/jdtp/202401/t20240129_12875460.html。

智慧农业成为农业发展的重要支撑。其发展思路要落实"六个转型"。

第一，农业目标定位转型，向更加注重农业社会和生态功能转型。借鉴国内外都市农业发展的普遍经验，当都市农业发展到一定阶段后，"稳定产品功能、强化生态功能、突出生活功能"的发展选择是基本规律。立足重庆主城都市区实际、结合形势发展，"十五五"时期，重庆主城都市现代农业转型升级应以"保障供给、保护生态、促进融合、促进增收"为总体目标定位。一是保障供给。要结合大城市消费特征将"菜篮子"保障置于更重要的地位，充分保障价格稳定和质量安全；同时要优化"米袋子"的保障功能，突出保粮食生产能力，实现"藏粮于地"。二是保护生态。通过将基本农田和农业景观整体融入城市生态体系之内，重点构建由农田生态、农业带状生态和城市内部点生态等构成的都市农业生态格局，不断强化农业的生态功能。三是促进融合。都市农业的发展本身就是伴随农业与二三产业融合基础上实现由单一的农业生产功能向经济功能、生态功能、服务功能等多功能转变的过程，从进一步发展看，重庆主城都市现代农业重点要全面实现城乡资源和城乡产业之间的双重融合。四是促进增收。都市现代农业发展应促进农民增收功能的不断拓展，在增加农民农产品价格收入基础上，关键是全方位增加家庭经营收入、服务业收入和财产性收入。

第二，农业生产规模转型，向多元化农业适度规模转型。当前，分散小农户经营与都市现代农业发展的不适应性日益暴露，通过土地经营权流转和适度规模经营改变农业经营方式的需求进一步加强，要结合重庆主城实际和已有经验，以进一步加快土地经营权流转为基础创新适度规模经营的各种模式。一是创新农业适度规模经营模式。在尊重农民意愿的基础上，健全土地经营权流转市场和服务体系与网络，进一步创新和推广专业合作、股份合作、农业共营、土地经营托管、订单农业等与重庆主城地理特征相适应的多样化的农业经营模式和更紧密的利益联结机制。二是优化现代都市农业区域布局。按照功能错位、布局合理、带动有力原则，因地制宜分类设定重庆主城都市区的远郊区、近郊区和中心城区现代都市农业发展目标与重点任务，统筹规划城乡农业功能空间。开展区域"结对"联动及共建"飞地园区"行动。构建"中心城区（总部+前端+研发+孵化）+县城或乡镇（基地+后台+生产+产业化）"产业协同发展模式，在农业空间、产业、资源要素、招商引资等方面结对行动，聚合形成新的比较优势。

第三，农业经营体系转型，向现代农业经营体系转型。加快推进农业现代化，建强现代农业经营体系是关键。一是重点培育家庭农场、农民合作社、农业龙头企业以及农业社会化服务组织等适度经营规模的新型农业经营主体和服务主体。在家庭承包经营为基础、统分结合的双层经营体制下，新型农业经营主体和服务主体无疑是推动农业现代化的重要支撑力量。同时，各类新型农业经营主体和服务主体功能定位不同，在农业生产经营中优势互补、分工协作，形成了紧密联结的立体式复合型现代农业经营体系，加速传统农业向现代农业发展的过渡演变。二是给予龙头企业差异化的政策引导，严格企业准入制度，发挥农业企业在资源整合、技术吸纳、市场拓展、质量控制等比较优势，支持农业企业在与之适应的种苗、饲料、贮藏、保鲜、加工、购销等领域适度发展。三是开放性地引入城市"新农人"，强化城乡人才流动，支持外出务工人员回乡发展农业，鼓励有从事农业经营意愿的城市居民进入农业，支持城市"新农人"培养。四是创新发展新型农业社会化服务体系，大力推进农业生产服务的社会化、合作化、专业化，促进经营性服务与公益性服务有机结合，构建更有效率的社会化服务体系。此外，重庆人多地少的矛盾以及现实资源禀赋更是决定了农业生产经营和服务要一体推进。需要强调的是，小农经营依然是现如今重庆农业生产经营的主要形式，发展农业社会化服务就是要解决好小农生产经营中"办不了、办不好、办起来不划算"的主要与关键环节。

第四，农业产业业态转型，向高端农业和农业高端转型。要充分发挥重庆作为西部特大中心城市所聚集的市场、科技、信息、资本等优势，坚持走高端农业和农业高端发展之路，打造一批重庆主城都市区现代农业的"支柱产业"和"拳头产品"。一是着力打造现代高端种业，围绕重庆主城都市区粮食、畜禽、蔬菜、水果等优势明显的种业，打造一批全国一流、国际级的良种基地、良繁基地和育苗中心，占领农业发展的高端和前端。二是着力打造高端农产品，建设一批在全国有较大影响力和市场占有率的优质农产品大品牌。三是着力打造绿色有机农业，加快有机农业技术推广和有机农产品生产基地建设，着力建设完善从种子种苗到营销服务的有机农业产业链。四是着力打造农产品精深加工产业，以现代工业园区为载体，引进、培育和打造一批全国知名的航母级农产品加工企业。

第五，农业生产手段转型，向依靠农业机械和先进技术转型。面对生产成本刚性增长的严峻挑战和农业规模化快速发展的客观需求，重庆主城都市区的都市现代农业转型升级必须要走上依靠机械化和科技化的发展之路。一是推广实用农业机具。要以现代农业园区和基地为载体，积极推广适宜当地自然地理条件的新型农业机具，加快提高主要作物和关键环节的机械化作业水平。二是创新农机服务模式。以家庭农场、专业大户、合作社等新型农业经营主体为重点服务对象，鼓励农业生产经营者共同使用、合作经营农业机械，积极引导各类新型农机服务组织发展，创新农机推广服务模式。三是普及先进农业技术。推动产学研协作，促进科技与农业深度融合，健全技术创新激励机制，力争在优良品种培育、农产品精深加工等关键技术和共性技术上取得重大突破，集成推广普及一批先进实用的农业技术。

第六，农业经营方式转型，向农业数字化和信息化转型。山区农业的资源禀赋决定了特色和高效是其现代化的必然方向。持续推动数字、信息技术与农业产前、产中、产后环节的渗透融合，是破解传统山区农业生产难组织、成本难降低、产品难销售、风险难控制、收入难提升等问题的有效途径。因此，重庆主城都市区必须以物联网、大数据、云计算等技术为重点，加速推进都市农业向数字农业、智慧农业转型，实现农业的信息化。一是推进农业生产智能化。加快解决物联网在传感、传输和分析应用方面的技术突破，实现对农产品的生长环境及生产、加工、流通和销售等过程的全生命周期管理，提升重庆主城都市区都市现代农业生产、管理等各个环节的智能化程度，精准实现环境可测、生产可控、质量可溯。二是推进农业经营信息化。加快构建面向农业产业、农产品市场的大数据预测系统和跨行业的农业内外部数据的管理、链接与整合，实现农民、农村、农业三个层面的数据共享互通，运用云计算技术对农业生产对象的各种数据进行综合分析和信息发布，有效强化对都市现代农业的信息服务能力。三是推进农产品营销电子化。着力培育新型农产品营销主体，鼓励发展多种形式的农产品电子商务交易，加强农产品电子商务规制和标准化以及法律法规建设，规范信息发布、网上交易、信用服务、电子支付、物流配送等服务。

9.1.4 重大任务

9.1.4.1 以落实稳粮扩油行动为前提，全面保障粮食和重要农产品有效供给

一是全力稳定粮油生产。压实粮食安全党政同责，深入实施"稳粮扩油"工程、优质粮食工程、大豆和油料产能提升工程，开展粮油高产示范和单产攻关行动。持续加大粮食生产扶持力度，引导农户发展粮食适度规模经营，持续深化撂荒地盘活利用，不折不扣落实万亩油菜扩种任务，确保粮油面积和产量稳中有增。二是切实保障"菜篮子"产品供给。严格落实"菜篮子"区县长负责制考核，加强标准化蔬菜种植基地改造，大力发展以蔬菜生产为重点的设施农业，稳步提升蔬菜保供水平。持续做好以能繁母猪为重点的生猪产能调控，年出栏量确保稳中有进；

稳步推进禽、兔、蜂等特色畜禽发展，促进肉类供给多元化。深入实施水产品绿色健康养殖"五大行动"，提速扩面推广鱼菜共生、稻渔综合种养等模式，稳步提高水产品自给水平。三是充分发挥重庆主城都市区重要农产品战略保障"腹地"作用。重庆主城都市区需要根据自身的农业资源和产业特点，细化农产品安全保障任务和目标，包括提高农业生产效率、优化农业产业结构、加强农产品质量监管、建立健全应急储备体系等，增强自身的区域农产品应急保障能力、质量安全保障能力、协同保障能力、收储调控能力、产业支撑能力、现代化治理能力。与此同时，需要充分发挥中心城区作为重要农产品战略保障基地的作用，积极推动农产品的生产、加工、流通和销售，保障食品供应的安全和稳定。加强与外围地区的合作与交流，形成农产品产销对接机制，以确保在各种不确定因素下，既能稳定供应各类农产品，满足居民的基本生活需求，又能促进农业经济发展，充分发挥主城都市区重要农产品战略保障基地的"腹地"作用。

9.1.4.2 以补齐农业基础设施短板为目标，全面夯实农业高质量发展根基

一是大力支持农业生产基础设施建设。加大农业农村基础设施建设专项资金支持力度，进一步改善农村水、电、路、网、物流等基础设施条件。落实农田灌溉发展规划，扎实推进重大水利工程建设，持续推进大中型灌区建设和现代化改造。此外，要加快建设现代流通体系，抓好农产品产地冷藏保鲜设施建设，推动冷链物流服务网络向农村延伸，畅通农产品流通链条关键节点，不断提高农产品流通效率和现代化水平。二是统筹推进高标准农田建设和改造提升。在全面完成国家下达的高标准农田建设任务基础上，积极争取国家支持，谋划启动新申报的高标准农田专项项目建设。整合涉农资金和发行地方政府专项债，实施改大、改水、改路、改土和全面机械化"四改一化"，全面完成第二批高标准农田改造提升项目建设，逐步把永久基本农田全部建成高标准农田，推动更多"粮田"成为"良田"，强化粮食等重要农产品供给保障能力，全方位夯实农业现代化根基。三是简化设施农用地报建、报备审批程序。为新型农业经营主体和服务主体高质量发展提供制度保障。规范使用设施农业用地，建立设施农用地绿色通道，简化用地审批手续，满足农业生产经营者晾晒场、烘干设施、农资库房、厂房等农业配套设施用地需求。对于三产融合发展用地符合设施用地条件的，进一步简化审批环节，切实保障各类农业经营主体三产融合发展合理用地需求。

9.1.4.3 以加强农业科技创新为核心,全面提高农业土地产出率和农业劳动生产率

推进农业现代化,必须强化农业科技和装备支撑,加快农业关键核心技术联合攻关,提高农业科技创新效能。一是加大力度实施农业领域关键核心技术攻关工程,以科技自立自强破解"卡脖子"技术难题。加大科研经费投入,建立企业、高校、科研院所跨部门协作机制,将科研成果转化为实际生产力,不断提高农业科技贡献率。深入实施种业振兴行动,优先支持优质稻、大豆、油菜等急难紧要核心育种技术攻关,加快破解种业"卡脖子"技术难题。二是加快补齐农机装备短板,提高农机装备研发应用水平。继续因地制宜推广农业机械使用,大力培育农机服务组织,有效落实农机购置补贴政策,推进农业机械化向农业生产全过程发展,不断提升农作物耕种收综合机械化率;大力支持农机生产企业因地制宜研发适用于山区的小型农机装备,努力提高农机"宜地化"水平,有效解决重庆山区耕地破碎导致农机使用困难的问题。三是完善农业科技推广体系,培育壮大农技推广队伍。建立健全农业科技推广机构和管理体制,支持引导农业科技特派员、"土专家"等农技推广队伍下沉一线服务乡村振兴,推动农业科技创新技术在智慧农业、生态农业、创意农业等领域的推广应用。鼓励社会力量参与农业技术推广,建立多元化的推广渠道,促进信息互动共享,不断拓宽推广领域、提升推广效果。四是大力发展数字农业、智慧农业。大力推进5G技术与人工智能、大数据、物联网等现代信息技术在农业生产经营领域的运用。充分利用互联网及云平台促成农业信息化大数据共享,实现大数据和区块链等技术在农业生产、产品溯源、质量监管等农业现代化生产管理和市场分析研判上的集成应用,不断完善产、供、销一体的互联网全链条服务。

9.1.4.4 以促进三产融合发展为关键,全面推进山地特色高效农业的可持续发展

加快延伸农业产业链条,深化三产融合发展,以农业产业化推动农业现代化水平不断提升。一是优化农村产业结构,增强产业聚合力。充分发挥重庆主城都市区人才、资本等要素对农村产业发展和转型升级的引领作用,以"三品一标"提升行动和"三园两场"创建为重点,做大做强"巴味渝珍"区域公用品牌,加大力度推进柑橘、茶叶等品牌整合。推动新型农业经营主体围绕农业全产业链进行密切分工协作,促进产镇融合、产村融合发展,打造一村一品、一镇一特、一县一业新产业发展格局,不断调优产业结构,加快形成区域内产业集聚效应。此外,要突出抓好现代农业示范区、现代农业产业园等发展平台,优化基础设施和服务配套,优化

园区发展环境，推动优势品种向优势区域集中，强化良种选育、技术创新和管理管护，提质发展现代山地特色高效农业。二是深入挖掘农业多功能性，拓展农村新产业新业态。依托重庆主城都市区农业农村特色资源禀赋，聚焦"土特产"发展，发挥三次产业融合的乘数效应，推动农村产业全链条升级。打好"乡村牌"，以新技术推动新业态发展，以新产业促进三产融合发展。充分利用云计算、大数据、物联网、互联网、人工智能等现代新兴技术，拓展农业多种功能，发展创意农业、智慧农业、休闲农业、生态农业、体验农业、康养农业、共享农业、直播带货等多种形式的农业新业态。三是积极引导多元市场主体进入三产融合发展领域。探索放宽社会资本准入限制，平衡兼顾各方利益，以保障农民增加收入和实现农村产业兴旺、乡村振兴为出发点，引导各类市场主体与农户建立稳固的利益联结机制，形成利益共享、风险共担的命运共同体；要建立相关激励约束机制，促进"三产融合"有序发展，政府可在财政、税收、信贷、用地等方面给予相应的政策支持，同时要严格守好耕地红线和生态底线。

9.1.4.5　以壮大食品及农产品加工业为突破，全面提升农业发展质量效益和竞争力

一是大力推进主导产业集群化发展。以粮油、肉蛋奶、火锅食材等主导产业为重点，实施食品安全、种养基地建设、品牌建设、平台建设、园区建设、"头羊计划"六大专项行动，一体推进标准化原料基地建设改造以及农产品初加工、精深加工和综合利用加工，推动科研、生产、加工、贮运、销售等全链条融合发展，打造食品及农产品加工产业集中区和产业带。二是打造一批设施配套完备的农产品加工园区。优化布局园区研发、生产、加工、物流、服务等功能板块，完善仓储物流、标准厂房、供能供水、废污处理等配套设施，健全科技研发、融资担保、检验检测、电商营销等公共服务平台，创建一批50亿元级、100亿元级食品及农产品加工产业示范园区。三是着力培育壮大一批农业龙头和头部企业。实施"小巨人"企业培育工程，壮大亿元级企业群体，培育一批专精特新企业、龙头企业、头部企业和品牌企业。实施"头羊计划"，重点打造一批领军企业、高成长性企业、综合服务保障企业和上市后备企业，智能化绿色化改造一批农业企业。四是加强科技创新支撑。探索"产业技术研究院+产业园区+产业投资基金"模式，引导企业与高校、科研院所组建产学研联合体。支持有条件的企业建立开放式创新平台或协同创新中心，开展关键核心技术攻关。鼓励科研人员参与企业项目合作，或以科技成果入股企业。五是持续扩大农业对外合作。依托西部陆海新通道和中国南亚国家减贫与发展合作中心，加快扩大生态特色农产品出口，提升农产品对外贸易规模，着力打造三峡柑橘、涪陵榨菜、潼南柠檬等具有国际影响力的优势品牌，深化落实国际减贫等交流合作。

9.2 成德眉资都市现代高效特色农业示范区

9.2.1 基本概况

成德眉资区域位于"一带一路"和长江经济带的重要交汇点，属于成都平原经济区"内圈"，是"天府之国"的中心。涵盖四川省省会成都和德阳、眉山、资阳3个地级市，包含17区、18县（市），东西最宽约280千米，南北最长约250千米，区域总面积3.31万平方千米，约占四川省总面积的6.8%，占川渝地区总面积的5.83%[1]。成德眉资区域属于亚热带季风性湿润气候，热量丰富，降水丰沛，雨热同季，四季常青。年平均气温为15~17℃，年平均降水量为900~1 200毫米[2]。区域地形地貌丰富，区域西侧为龙门山、邛崃山，东侧为龙泉山，总体形成"两分山地、四分平坝、四分丘陵"的格局。区域内水系发达，包括岷江、沱江、涪江三大水系，为都江堰灌区的主要覆盖区域。

2023年，成德眉资四市实现地区生产总值27 845.3亿元，较2019年增长29.5%，占成渝地区双城经济圈、四川省的比重分别为34%、46.3%，其中第一产业增加值1 338.5亿元，占全省的22.1%，第二产业增加值8 772.7亿元，第三产业增加值17 734.2亿元，三次产业结构为4.8∶31.5∶63.7。2023年，区域人均地区生产总值为69 105元，高于四川省平均水平（67 777元）。农村居民人均可支配收入持续增长，城乡居民收入差距不断缩小，2023年成德眉资区域农村居民人均可支配收入25 134元，是全省平均水平19 978元的1.26倍，城乡居民收入比1.91∶1，差距小于全省2.26∶1的平均水平[3]。

2023年末，成德眉资四市常住人口为3 006.4万人，占全省常住人口的35.93%，比2022年末增加10.5万人。其中，城镇人口、乡村人口分别为2 180.7万人、825.7万人，城镇人口比2022年增加32.6万人，乡村人口则减少22.1万人。常住人口城镇化率为72.54%，比2022年末提高0.84个百分点。分区域来看，2023

---

[1] 数据来源：2023年成都市、德阳市、眉山市、资阳市、重庆市统计年鉴。
[2] 数据来源：成德眉资都市现代高效特色农业示范区总体规划（2021—2025年）。
[3] 数据来源：2023年成都、德阳、眉山、资阳市国民经济和社会发展统计公报。

年成都市常住人口增长较2022年增加13.5万人,德阳、眉山、资阳三市常住人口略有下降,依次下降0.8万人、0.6万人、1.6万人,成都、德阳、眉山、资阳四市常住人口依次位列四川省第一位、第八位、第十二位、第十六位。2023年成都市常住人口城镇化率较2022年提高0.61个百分点,德阳、眉山、资阳三市常住人口城镇化率较2022年分别提高1.16个百分点、1.2个百分点、1.2个百分点。从人口密度看,区域内人口富集。区域平均人口密度为908人/千米^2,成都、德阳、眉山、资阳依次为1 487人/千米^2、641人/千米^2、415人/千米^2、392人/千米^2,均高于全省平均人口密度(173人/千米^2)[①]。

成德眉资同城化交通体系取得显著成效,以成都国际综合交通枢纽为核心的多维立体路网全面升级。截至2023年底,成都国际航空枢纽运营67条国际及地区直飞航线,国际班列网络覆盖全球108个境外城市,国际通道建设规模连续保持中西部领先地位。在陆路交通方面,区域已构建"一环十二射"干线铁路网和"三绕十四射"高速公路主骨架,城际快速通道增至12条,跨界断头路贯通13处。轨道交通日均开行137对动车组,跨城通勤客流达4.2万人次/日,四市公交实现"一卡通行"。目前,都市圈1小时交通通勤圈已全面建成,以轨道交通为骨干的"通勤圈、生活圈、商业圈"三圈融合发展趋势日益凸显。

9.2.2 产业基础

成德眉资区域是重要的种业基地,其中,粮油种业主要分布在成都市的邛崃市、大邑县,眉山市的东坡区、彭山区,德阳市的广汉市、罗江区、旌阳区;畜牧种业主要分布在成都市的邛崃市,眉山市的洪雅县、仁寿县,资阳市的乐至县;水产种业主要分布在成都市的新津区和眉山市的东坡区[②]。截至2023年,本区域高质量建成四川省种质资源中心库、畜禽遗传资源基因库、畜禽(蜂蚕)保种场(保护区)、水产种质资源保护区、林木种质资源保存库和重点林木良种基地并投用。2023年,四川省10个县(市、区)被农业农村部认定为新一轮国家级制种大县,数量居全国第一位,成德眉资区域邛崃市、东坡区、罗江区、旌阳区等多个县(市、区)上榜。成都市实施制种基地大提升三年攻坚行动,高效推动了各类育制种基地建设。2023年,邛崃市杂交水稻制种面积稳定在2.8万亩以上,年产杂交水

---

① 数据来源:2023年四川省国民经济和社会发展统计公报。
② 资料来源:成德眉资都市现代高效特色农业示范区总体规划(2021—2025年)。

稻种子约620万千克。简阳玉米制种面积达2 300余亩，计划2024年扩大到5 000余亩。2022年，德阳市建成水稻制种基地2万亩、油菜制种基地3万亩，建设4个种子加工中心，生产优质种子800万千克以上[①]。成德眉资位于四川省核心区域且处于川渝地区重要地带，交通网络发达，便于种业相关的物资运输、技术交流与市场拓展，能够快速响应周边地区乃至全国的种业需求，降低物流成本，提高产业运营效率。本区域拥有众多科研机构与高校，人才资源丰富，有利于开展跨区域、跨学科的种业协同创新研究，加速新品种培育与技术突破。尤其是"现代种业产业链"作为成都规划的20个产业链中的唯一农业产业链，依托位于邛崃的天府现代种业园，在产业链前端，整合国家分子育种中心等高能级研发平台在蓉布局；在产业链中端，瞄准国际国内种业20强龙头企业，吸引一批领军型育繁推一体化重大种业项目落地发展；在产业链后端，持续做优天府国际种业博览会等会展品牌，搭建国际国内种业技术成果和产品交易平台，提升了现代种业发展水平。成德眉资产业发展各具特色又相互关联，在种业产业链上可实现上下游协同。例如，成都的科研创新力量可与成德眉资的制种生产基地紧密结合，提高种业科技成果转化效率，增强整个区域种业产业的市场竞争力。

成德眉资积极推动粮油产业发展，粮食产业主要分布在崇州、邛崃、彭州、金堂、双流、郫都、大邑、新都、都江堰、简阳、中江、绵竹、广汉、什邡、旌阳、仁寿、东坡、彭山、雁江、安岳、乐至；油料产业主要分布在崇州、邛崃、金堂、简阳、中江、广汉、旌阳、罗江、仁寿、东坡、雁江、安岳、乐至[②]。成都市大力推进高标准农田建设，提升农业机械化水平，为粮油生产提供了良好的基础设施保障。德阳市凭借其较为成熟的农业技术推广体系，助力粮油种植技术的普及与应用，提高了粮油单产。眉山市和资阳市则注重农业产业化发展，积极培育和引进粮油加工企业，初步形成了从种植到加工较为完整的产业链条。2023年，成德眉资全年粮食播种面积达1 857.3万亩，产量914万吨，较2022年分别提高0.9%、1.7%；油料播种面积496.68万亩，产量94.16万吨[③]。根据《"天府粮仓 百县千片"建设行动方案（2024—2026年）》布局安排，2024年成德眉资区域将建成222个粮油千亩高产片区，其中水稻74片、油菜47片、玉米41片、小麦37片，大豆和马

---

① 由成都、德阳、眉山、资阳市农业农村局提供资料和数据。
② 资料来源：成德眉资都市现代高效特色农业示范区总体规划（2021—2025年）。
③ 数据来源：成都、德阳、眉山、资阳市2023年国民经济和社会发展统计公报。

铃薯分别为 17 片、6 片①。

成德眉资区域粮食种植面积下降，但产量保持相对稳定。2012—2022 年，成德眉资区域的粮食产业整体保持相对稳定。具体来看，相较于 2012 年成德眉资粮食种植面积和产量略微下降，但自 2017 年起，粮食播种面积和产量均保持相对稳定，种植规模保持在 120 万公顷以上，在四川占比 19.4% 左右，在川渝占比 14.7% 左右，历年波动不超过 0.3%；粮食产量保持在 710 万吨以上，在四川占比 20.4% 左右，在川渝占比 15.5% 左右，历年波动不超过 0.3%。油料作物种植规模和产量有所提升，但在川内、川渝地区所占比重有所下降。油料产量方面，成德眉资区域在过去十年间实现了显著增长。具体而言，2012 年油料作物种植面积为 33.61 万公顷，2022 年增加到 39.364 万公顷。由于农业结构的优化调整以及油料作物种植技术的不断提升，产量由 2012 年的 88.72 万吨跃升至 2022 年的 107.32 万吨，增长率达 20.96%。尽管油料作物种植面积和产量实现双增长，但在全省、川渝地区的占比却有所下降（图 9-3、图 9-4）。

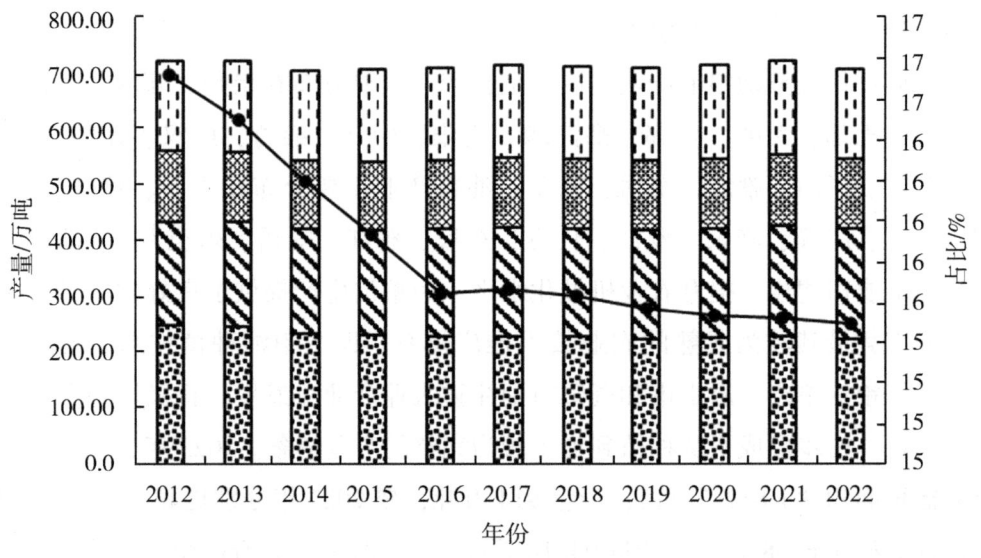

图 9-3　成德眉资现代高效特色农业示范区粮食产量及其占川渝地区的比重

数据来源：2013—2023 年《四川统计年鉴》《重庆统计年鉴》。

---

① 数据来源："天府粮仓　百县千片"建设行动方案（2024—2026 年）。

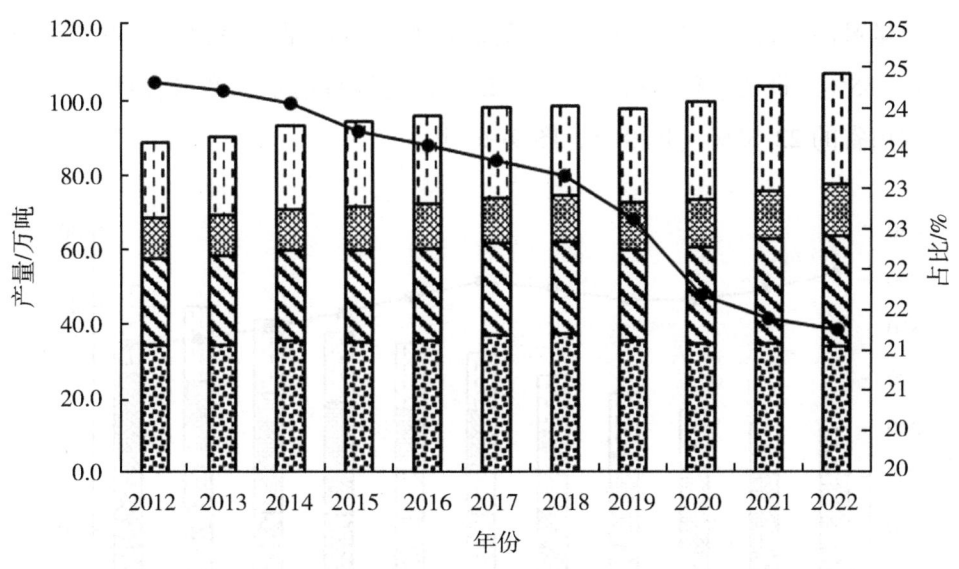

图 9-4 成德眉资现代高效特色农业示范区油料产量及其占川渝地区的比重

数据来源：2013—2023 年《四川统计年鉴》《重庆统计年鉴》。

成德眉资区域属成都平原产区的核心区。该区属亚热带季风性湿润气候区，冬无严寒、夏无酷暑、四季分明，适宜多种水果生长，冬春季主产草莓、晚熟柑橘，夏季主产桃、枇杷等各种伏季水果，秋季主产猕猴桃，通过不同品种熟期搭配，可实现月月供果。同时，成德眉资紧紧围绕柑橘、枇杷、葡萄等特色农业，将农业生产与乡村旅游、农事体验、科普研学、生态康养、节庆赛事等有机结合，举办节庆活动和开展采摘体验，大力发展休闲农业，成功举办了梨花节、枇杷节、中国农民丰收节等重大活动。晚熟柑橘产业主要分布在青白江、蒲江、金堂、东坡、彭山、仁寿、丹棱、青神、资中、雁江、罗江、中江；柠檬产业主要分布在安岳、乐至、安居；猕猴桃产业主要分布在蒲江、都江堰、彭州、邛崃、彭山、绵竹；伏季水果产业主要分布在龙泉驿、青白江、简阳、双流、大邑、广汉、罗江、彭山、仁寿、乐至①。

2022 年成德眉资水果产量占四川省近 1/3、川渝地区超 1/5，其中柑橘产量尤为突出，占成德眉资水果总产量近六成，在四川省柑橘产量中占比也接近一半，且特色水果产量在四川省也有较高占比，规模优势显著。2022 年，成德眉资水果产量

---

① 资料来源：成德眉资都市现代高效特色农业示范区总体规划（2021—2025 年）。

为439.94万吨，占四川省水果总产量的31.87%，占川渝水果总产量的22.26%，其中柑橘产量最高，达262.2万吨，占成德眉资水果总产量的59.6%，占四川省柑橘产量的46.55%。枇杷、猕猴桃、桃、草莓、葡萄等特色水果产量合计达110.95万吨，占四川省的22.85%（图9-5、图9-6）①。

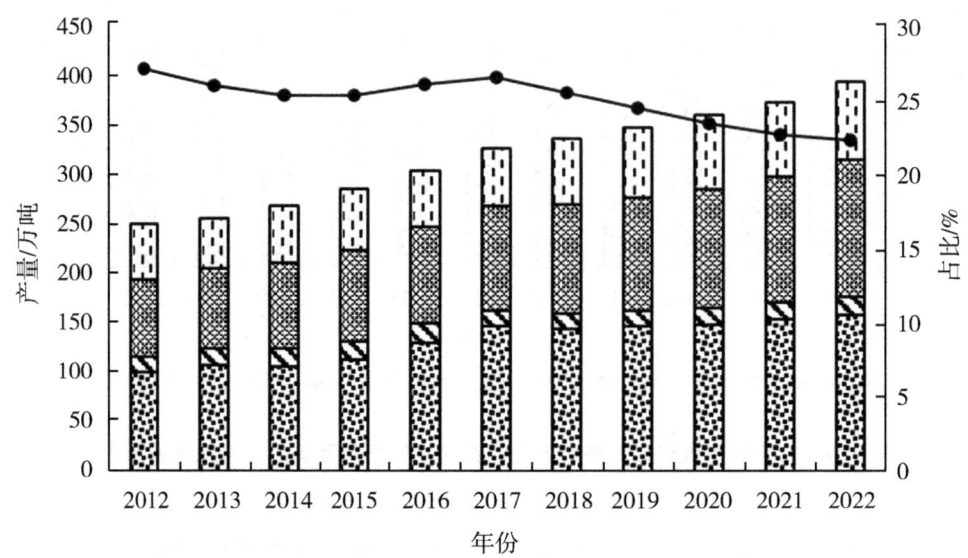

图9-5　成德眉资现代高效特色农业示范区园林水果产量及其占川渝地区的比重

数据来源：2013—2023年《四川统计年鉴》《重庆统计年鉴》。

9.2.3　目标思路

一是加大科技创新，做强种业企业，推动种业做优做强。首先，强化种业创新体系建设，通过构建企业主导的商业育种新生态，深化产学研合作，共建生物育种创新联盟，创新育种模式，培育专业的种业服务机构，提升育种创新机制的运行效率。同时，加大种质资源开发与创新力度，持续开展资源普查与收集，完善种质资源保护与利用体系，并加强育种科研平台建设，深化生物育种理论研究，加速现代精准育种技术体系的构建。其次，加大种业科技成果的应用转化。加速建设种业科技成果转化平台，推动农业科技成果转化模式转变，并发挥良种繁育基地和农业科

---

① 资料来源：《四川统计年鉴2023》。

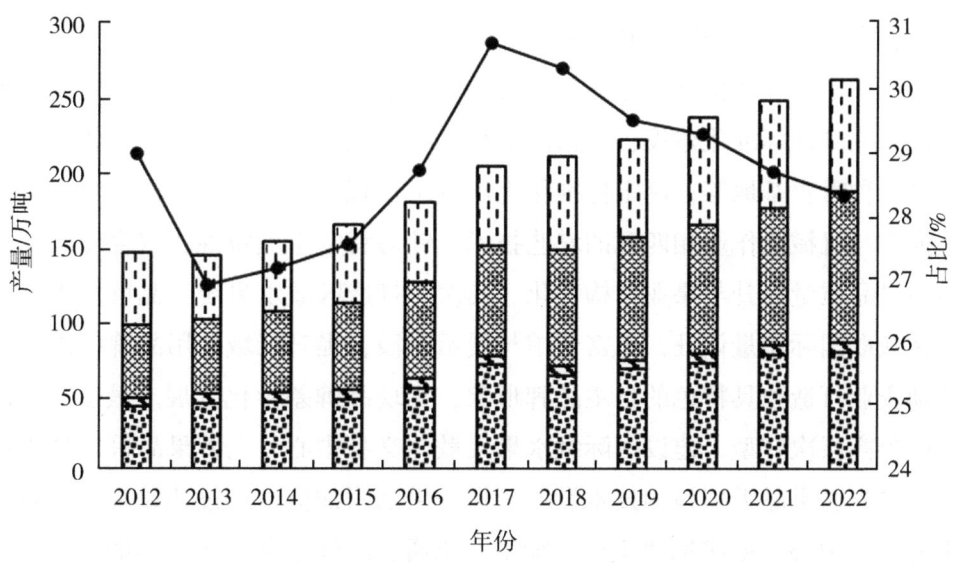

图 9-6 成德眉资现代高效特色农业示范区柑橘产量及其占川渝地区的比重

数据来源：2013—2023 年《四川统计年鉴》《重庆统计年鉴》。

技园区的示范引领作用，完善良种推广服务体系，为用种主体提供全方位服务。最后，提升现代化监管与服务能力。深化种业"放管服"改革，加强种业知识产权保护，完善监管机制，并加大对种业产品的抽检力度，确保种业产品质量安全。推动种业向更高层次发展，为农业可持续发展提供有力支撑。

二是稳定粮油产业，提高粮油产业现代化稳产保供能力。首先，建设国家优质高产高效保供基地，围绕水稻、小麦等粮油产业，打造成都平原优质粮油基地，并连片建设多个粮油生产功能区。加强成德眉资区域协同，创建国家级现代农业产业园区，提升现代农业园区建设水平，推动农业现代化示范区创建。其次，加快建设国际农产品加工产业园，以中国（成都）国际农产品加工产业园区为核心，构建"核心区+配套区+多点基地"布局，推动成德眉资区域内农产品加工园区协同发展。在特色农业产区布局初加工基地，打造农产品食品加工"智能装备"示范基地，加速现代技术在食品工业装备中的应用，推动农产品加工产业向高端化、国际化发展。最后，搭建国际农产品交易服务中心，运用现代信息技术构建综合性平台，促进农产品供需信息的精准匹配，降低交易成本，提高交易效率。推动建立国际认可的农产品质量标准体系，加强与"一带一路"合作伙伴协作，发展会展农业和跨境电商，培育跨境农产品交易等生产服务性配套产业，建设西向农产品国际贸易大通道，提升农产品国际贸易能力。

三是提质增效发展柑橘（柠檬）果业集群，提升集群国际竞争力。首先，加速推进现代果业基地标准化建设，包括眉山晚熟柑橘优势区、蒲江猕猴桃优势产区及国家柠檬良种繁育基地等，制定标准化生产技术规程，提高机械化应用水平，并深入研究推广与机械化作业相匹配的农艺技术。针对特定土壤特性，培育专用砧木品种，推动果品质量提升与果业结构优化。其次，打造区域水果统一品牌体系，引导水果产品获取国际质量认证，丰富营销与展示手段，提升区域公用品牌的国际影响力。鼓励企业打造独具特色的自主品牌形象，实现品牌差异化发展。最后，推动果业加工向更高层次转型，建设国际级水果集散与交易中心，完善果品采后处理设备配置，引进先进果品无损检测技术设备，提升果品附加值。通过建设晚熟柑橘、柠檬等交易服务中心，形成集"生产、加工、流通、品牌建设"于一体的全产业链集群，提升成德眉资地区特色水果产业的国际竞争力。

9.2.4 重大任务

9.2.4.1 完善创新体系，突破关键技术，加速种业转型升级

（1）强化种业创新体系建设

构建企业主导的商业育种新生态。强调企业在创新中的核心地位，推动人才、技术和资金向企业汇聚，为创新型种业企业提供有力支持。通过"金融+财政"的双重激励，加大对种业企业的扶持力度，激励企业积极投身于新品种的选育与试验，从而激发其内在的创新活力。深化产学研合作，共建生物育种创新联盟。充分发挥高校、研究院所和企业的各自优势，鼓励形成新型的创新合作机制。积极探索科研院所入股企业、企业建立研究院以及"企业+科研机构+基地"等多种合作模式，加快构建风险共担、利益共享的合作体系，促进科研与企业的深度融合与协同发展。加速向以生物技术和信息化为标志的种业 4.0 时代迈进。借鉴海南省的种业 CRO 模式，培育一批专业的种业 CRO 服务机构，为种业发展提供全方位、跨全产业链的专业服务，进一步提升育种创新机制的运行效率。

（2）加大种质资源开发与创新

持续开展资源普查与收集，完善"一库多圃"的种质资源保护与利用体系，充分利用科研机构和高校的资源优势，建立专业化、智能化的资源鉴定评价与基因挖掘平台，对种质资源进行深入评估，发掘具有显著产业化潜力的优质资源。完善种质资源

信息公开与共享机制，积极推动创新种质及相关技术的市场化交易、企业投资入股、质押融资等，推动资源优势向产业优势转化。不断加强育种科研平台建设，推进四川省种质资源中心库及中国南方蔬菜种业创新中心的建设步伐。吸引大量的科技人才和社会资本的积极参与，推动科研与企业的深度融合。深化生物育种理论研究，加速组学、全基因组选择、基因编辑等生物技术与物联网、大数据、5G、人工智能等信息技术的育种应用，构建现代精准育种技术体系。深入实施良种联合攻关，力求在良种核心技术研发与重大品种选育方面取得新的突破，为新一轮作物良种更新换代和新一轮畜禽遗传改良提供有力支撑。

(3) 加大种业科技成果的应用转化

加速建设种业科技成果转化平台。推动农业科技成果转化模式由政府主导型向市场主导型转变。借助互联网和区块链技术，打造种业科技成果转化平台，整合全产业链数据资源，为各方主体提供便捷的信息查询、共享和精准对接服务，从而提升交易效率。发挥良种繁育基地和农业科技园区的示范引领作用。遵循"先试验、再示范、后推广"的原则，建立水稻、油菜、大豆、生猪等新品种的展示、试验和示范基地，并优先在这些基地内转化种业创新成果。定期举办种业科技成果推介会和新品种展示观摩活动，通过实地试验、示范观摩和评比活动，推动良种的广泛推广与应用。完善良种推广服务体系。构建"政策引导+企业主体+服务组织+种植户"四位一体的综合服务体系，支持种业企业与各类农业技术服务组织建立直接联系，为用种主体提供涵盖种子销售、种植指导到收获环节的全方位服务。

(4) 提升现代化监管与服务能力

深化种业"放管服"改革，加强种业知识产权保护，完善省、市、县三级联动监管机制，优化种业发展环境。优化品种准入管理，强化事中事后监管，推行质量认证，探索"宽进严管"的种业监管新模式，为种业创新创业营造公平公正的发展环境。建立种业安全监测预警体系，完善救灾备荒种子省级储备制度，提升种业安全风险防控能力。加强行业信用建设，建立种业行业诚信评价机制和企业黑名单制度。同时，加大对农作物种子、种畜禽精液、蚕种、林木种苗、牧草种子等产品的抽检力度，确保种业产品质量安全。

9.2.4.2 建设保障基地，聚焦精深加工，保障粮油综合生产能力

(1) 建设国家优质高产高效保供基地

围绕水稻、小麦、油菜、大豆、甘薯等粮油产业，以崇州、邛崃、简阳、中江、广汉、东坡、仁寿、安岳、乐至等平坝和浅丘优质粮油生产区域为重点，建成

一批成都平原优质粮油基地，连片打造多个粮油生产功能区。以"天府粮仓·千园建设"为牵引，坚持"十化"同步标准提升，建设成都市"一带十五园百片"和德阳、眉山、资阳三市市级农业园区，持续开展国家级现代农业产业园和省市县级（星级）现代农业园区认定梯次建设，其中粮油类园区占比不少于50%。推动成德眉资协同创建一批集生产、加工、科研等功能于一体的国家级现代农业产业园区。加强毗邻区域交流合作，支持彭州、简阳、金堂、蒲江、什邡、中江、仁寿、丹棱、雁江、乐至等毗邻区域现代高效特色农业园区建设。加快蒲丹都市现代农业融合发展园区、简雁乐农旅融合发展示范区等园区建设，谋划简阳仁寿粮油农业产业园区、青白江广汉农产品加工产业园区，推动国家级农业现代化示范区创建。

（2）加快建设国际农产品加工产业园

加快建设中国（成都）国际农产品加工产业园区，按照"核心区+配套区+多点基地"总体布局，立足各区发展现状，以彭州蒙阳农副产品专业物流港为核心，推进青白江—广汉农产品加工园区协同发展，提升带动成德眉资区域内现有各类农产品加工园区。在优势特色农业产区布局产地初加工基地（园区），构建成德眉资区域农产品加工产业发展协同体系。打造全国顶尖的农产品食品加工"智能装备"示范基地，依托特色产业集中区，推动标准化、智慧化、机械化升级。融合冷链物流、保鲜贮藏、精深加工及个性化定制技术，加速"大数据+""互联网+""智能制造+"在食品工业装备中的应用，为特色农产品国际化注入现代工业动力，促进农产品加工产业向高端化、国际化迈进。

（3）搭建国际农产品交易服务中心

运用大数据、云计算等现代信息技术，构建集信息发布、交易撮合、物流配送、金融服务于一体的综合性平台，促进国家与地区间农产品供需信息的精准匹配，降低交易成本，提高交易效率，推动农业资源的优化配置与高效流通。同时，推动建立国际认可的农产品质量标准体系，增强消费者对"一带一路"共建国家农产品的信任与认可，促进农产品贸易的持续增长。充分发挥青白江成都国际铁路物流港的优势，加快融入国际农产品贸易体系，提升"买全球、卖全球"系统能力，按照"辐射西南、带动全国"的思路，加强与"一带一路"共建国家（地区）协作，发展会展农业和跨境电商，培育跨境农产品交易、清算、融资、保险和法律服务等生产服务性配套产业，建设内陆地区联通丝绸之路经济带的西向农产品国际贸易大通道。

9.2.4.3　加大标准化建设，提升品牌影响力，建设柑橘（柠檬）果业集群

（1）加快现代果业基地标准化建设

加速推进眉山全国晚熟柑橘优势区与蒲江等地的猕猴桃优势产区建设，推进建设国家柠檬良种繁育基地，打造中国柠檬产业共同体，促进中国柠檬"金三角"健康发展。着力打造蒲江、都江堰、丹棱、安岳等一系列国家级及省级现代农业示范标杆。制定标准化生产技术规程，推动水肥药一体化、绿色防控、高光效修剪等新技术集成，完善果园基础设施配套，提高机械化应用水平，扩大新品种应用比例，同时，深入研究并推广与机械化作业相匹配的农艺技术，包括耕作、施肥、植保、修剪及采摘等环节，确保技术设备与果园生产管理的机械化进程深度融合。针对龙泉山脉土壤特性，培育适合碱性土壤的专用砧木品种，并建立抗重茬、耐盐碱的专用砧木繁育基地。通过示范引领，推动果品质量提升与果业结构的优化升级。

（2）打造区域水果统一品牌体系

促进水果产品获取国际质量认证，以引导国内外市场实施更为精细的分级销售策略。丰富晚熟柑橘、柠檬、猕猴桃及伏季水果等区域特色水果的营销与展示手段，组织地方政府、行业协会、企业、合作社等生产经营主体积极参展"农博会""广交会"、中国香港"亚洲国际果蔬展"，俄罗斯"国际食品展览会"及日本"国际农业展"等一系列重要商贸盛会，提升区域公用品牌的国际影响力。同时，鼓励企业依据自身特色，在公用品牌的基础上，打造独具特色的自主品牌形象，实现品牌差异化发展。

（3）推动果业加工向更高层次转型

加快建设国际级的水果集散与交易中心，并配置完善果品采后处理流程中的清洗、分级、包装及预冷等环节设备。同时，积极筛选并引进先进的果品无损检测技术设备，以精准测量果品品质（如大小、糖度等）。建设中国晚熟柑橘交易服务中心及中国柠檬交易服务中心，进一步提升晚熟柑橘、柠檬等果品附加值，提升成德眉资地区特色水果产业的国际竞争力，形成集生产、加工、流通、品牌建设于一体的、全国规模最大的晚熟柑橘、柠檬、猕猴桃及伏季水果全产业链集群。

9.3　渝东北川东北现代农业统筹发展示范区

9.3.1　基本概况

万达开地区位于川渝东北、三峡库区和秦巴山区腹心地带，总面积2.41万平

方千米，是长江上游生态屏障的重要关口和成渝地区东出北上的主要门户。万达开地区包括重庆市万州区、开州区和四川省的达州市，其中达州辖通川区、达川区、万源市、宣汉县、大竹县、渠县、开江县、达州高新区、达州东部经开区二区四县一市及两个市直园区。2023年末，万达开地区常住人口805.55万人，户籍人口974.65万人，其中乡村人口452.22万人。

近年来，万达开地区的交通条件得到了显著提升和发展，形成了较为完善的铁路、公路、航运和航空运输网络，铁路有达成铁路、达万铁路、达渝铁路以及正在建设中的西渝高铁，正式融入国家"八纵八横"高速铁路网；高速公路有达渝、达陕、达万、达巴、南大梁、营达、巴万、万利等和正在建设中的开梁、镇广高速等；万达开地区正在积极打造长江上游航运枢纽，健全以长江干线为主干，渠江和小江等支流为骨架的航道网络，建有以万州港区新田作业区为母港、秦巴（达州）国际无水港和开州港区为辅港的智慧物流港；在航空运输方面，万达开地区拥有万州五桥机场和达州金垭机场两个机场，已开通航线60多条，形成了较为完善的航空运输网络。万达开地区是成渝地区双城经济圈战略中十分重要的区域协同板块，与周边地区保持着密切的联系和合作，是川东北渝东北一体化发展的重要引擎，在战略定位、区域协调与联动发展、交通物流枢纽建设、生态环境与绿色发展以及公共服务与民生改善等方面都发挥着重要作用。

万达开地区地处川东平行岭谷区，背斜成山，向斜成谷，山谷相间，彼此平行，是我国最典型的褶皱山区。山岭两侧的硬砂岩常形成单面山，山脉大多具有"一山二岭一槽"或"一山三岭二槽"的特征，海拔高度106~2 626米。万达开地区属亚热带季风气候，四季分明，冬暖、多雾；夏热，多伏旱；年均温17~19℃，10℃以上活动积温5 500~6 100℃。年降水量1 100~1 200毫米，最高达1 500毫米，是中国西部地区降水最为充沛的地区，常年无霜期达330天以上。区域内河流纵横，河流、溪涧切割深，落差大，高低悬殊，呈枝状分布，均属长江水系。主要河流有巴河、州河、渠江、流江河、小江、普里河、长江、钟溪河、杨何溪、龙宝河和苎溪河等，河流水流充沛，水力资源丰富。万达开地区是天然的动植物大观园，山上森林茂密，植物种类繁多，有松科、杉科等120余种，在成片的亚热带原生植被中，有楠木、马尾松、柏、杉、栎、活化石桫椤、银杏、水杉等数百种树种，出产许多地道川产药材如川芎、黄白、党参、茯苓等，有多种野生动物栖息繁殖。万达开地区现有耕地面积61.78万公顷，其中万州区9.14万公顷、达州市43.07万公顷、开州区9.59万公顷；土壤类型以紫色土、黄壤土和冲积土为主，pH值为5.0~

7.0，矿质养分丰富，肥力高，适宜多种作物生长（图9-7）。

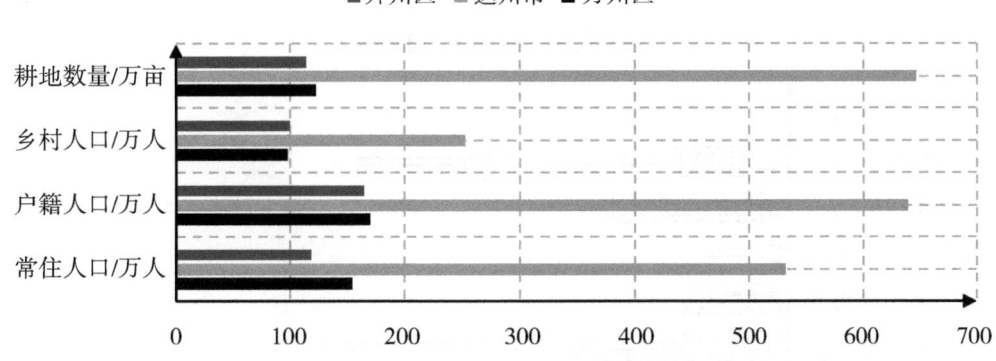

图 9-7　2023 年万达开地区农业基本情况

2023 年万达开地区实现地区生产总值 4 518 亿元，其中万州区实现地区生产总值 1 179.39 亿元，比 2022 年增长 6.9%；达州市实现地区生产总值 2 656.7 亿元，增长 6.5%；开州区实现地区生产总值 686.91 亿元，增长 6.7%；万州区、达州市、开州区城镇居民人均可支配收入和农村居民人均可支配收入分别为 51 548 元、22 364 元，43 167 元、21 359 元，42 708 元、20 530 元（图 9-8）。

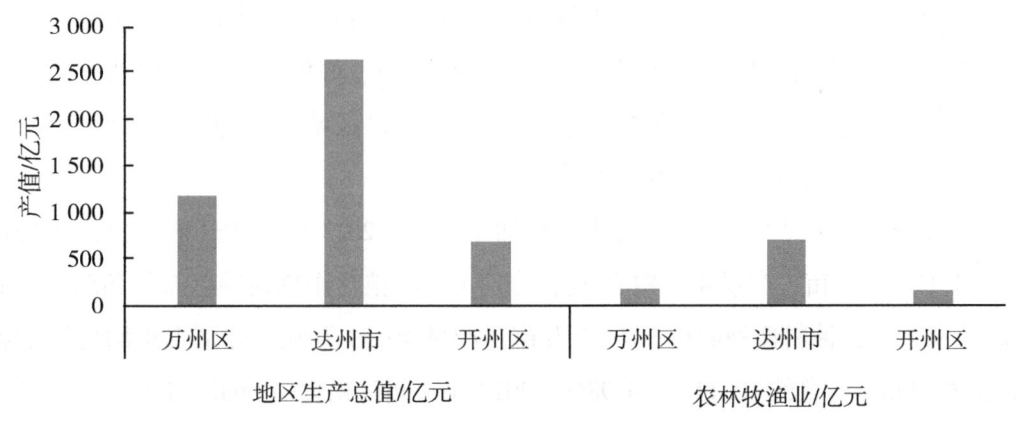

图 9-8　2023 万达开地区农林牧渔业总产值情况

2023 年万达开地区农林牧渔业总产值 1 032.07 亿元，其中万州区农林牧渔业总产值 175.95 亿元，达州市农林牧渔业总产值 707.8 亿元，开州区农林牧渔业总产值 148.32 亿元。2023 年万达开地区粮食播种面积 1 178.58 万亩，粮食产量 434.81 万吨；油料产量 51.4 万吨、蔬菜产量 530.98 万吨。2023 年万达开地区肉类总产量

74.74万吨，生猪出栏693.24万头、存栏421.09万头，肉牛出栏40.03万头，肉羊出栏192.73万头，水产品产量17.74万吨（图9-9）。

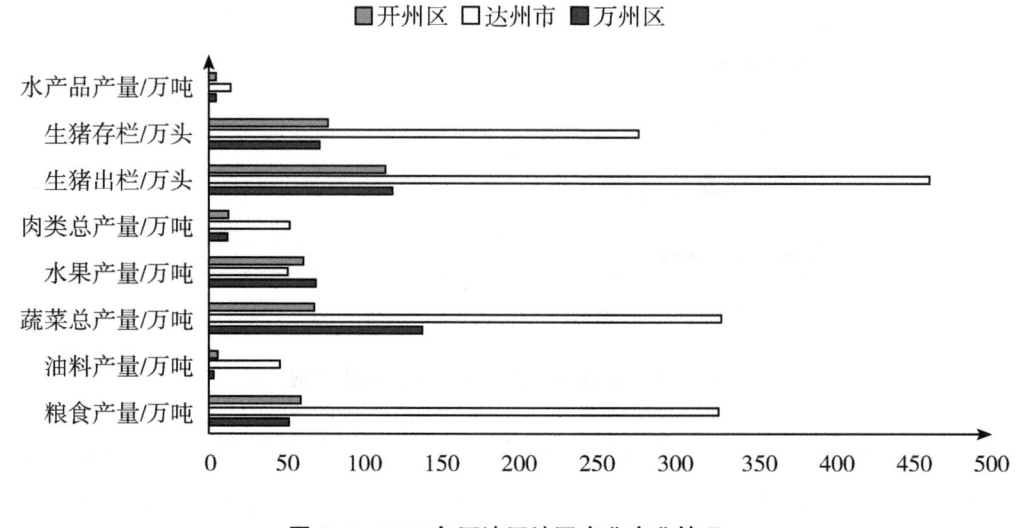

图9-9　2023年万达开地区农业产业情况

9.3.2　产业基础

万达开地区在筑牢粮食安全底线基础上，立足自身特色，突出产业优势，加快农业结构调整，大力发展"小规模、多品种、高品质、好价钱"现代山地丘陵特色高效农业，农业结构从"粮猪型"为主到重点发展以区域资源为基础的特色农业，在山地丘陵特色高效农业方面取得显著成绩。

万达开地区是"川渝粮仓"的优质粮油主产区。2023年万达开地区粮食作物播种面积1 178.58万亩，产量434.81万吨，分别占川渝粮食作物播种总面积和总产量的9.32%、9.27%；油料播种面积307.23万亩，产量49.89万吨，分别占川渝地区油料播种总面积和总产量的10.11%、9.98%。2023年万州区粮食播种面积150万亩，产量49.97万吨，产量创近15年来新高；油料作物种植面积17.90万亩，产量2.42万吨。万州还是川渝地区粮食的主要集散地，每年从万州过境的粮食达400多万吨。达州市是四川省产粮大市、川东北地区的重要粮仓，粮食作物以水稻、玉米和小麦为主，油料作物以油菜为主。2023年达州市粮食播种面积855.9万亩，产量326.6万吨，连续获得四川省粮食总产"十一连冠"；油料种植面积256.6万亩，产量44.5万吨，分别增长3.4%、1.7%。2023年开州区粮食播种面积172.59万亩，产量58.24万吨，分别位居重庆市第一位和第三位；油料种植面积32.73万亩，产量4.48万吨，产量增长13.6%。此外，开州区10万亩"开州再生稻"3次创同纬度单产世界纪录（表9-4）。

表9-4 2023年万达开地区山地丘陵特色高效农业发展现状统计

类别		万州区	达州市	开州区	四川省	重庆市	万达开地区	万达开地区占川渝/%
粮食	播种面积/万亩	150.09	855.9	172.59	9 606	3 038.9	1 178.58	9.32
	产量/万吨	49.97	326.6	58.24	3 593.8	1 095.9	434.81	9.27
油料	播种面积/万亩	17.90	256.6	32.73	2 593.5	445.4	307.23	10.11
	油料/万吨	2.42	44.5	4.48	438.6	61.1	49.89	9.98
生猪	出栏/万头	116.36	460.1	116.78	6 662.7	1 974.91	693.24	8.03
	存栏/万头	70.91	255.7	71.32	3 855	1 173.2	397.93	7.91
猪肉	产量/万吨	9.26	33.9	9.32	489.7	158.21	52.48	8.10
蔬菜	播种面积/万亩	77.28	151.6	37	2 374.5	1 243.5	265.88	7.35
	产量/万吨	136.45	342.3	67.13	5 417.9	2 362.01	545.88	7.02
水产品	产量/万吨	2.36	11.9	3.48	178.9	58.89	17.84	7.50
茶叶	播种面积/万亩	6.5	39.8	2.3	598	108.5	48.63	6.88
	产量/万吨	0.34	1.5	0.09	42.5	5.2	1.93	4.04
水果	产量/万吨	61.78	59.44	55.74	1 380.5	593.28	176.96	8.97
柑橘	播种面积/万亩	41	31	35	540	385.2	107	11.57
	产量/万吨	54	39	35.7	560	463.9	128.7	12.57
中药材	播种面积/万亩	10	81	50	850	301.6	141	12.24
	产量/万吨	3	20	12.3	300	104.5	35.3	8.73

数据来源：各地区2024年统计年鉴及国民经济和社会发展统计公报。

万达开地区是川渝地区生猪养殖的重要区域。2023年万达开地区肉类产量达81.50万吨，占川渝地区总产量的9.15%。其中，猪肉产量52.48万吨，占川渝猪肉总产量的8.1%。生猪养殖方面，万达开地区生猪出栏693.24万头，占川渝生猪出栏数的8.03%；生猪存栏397.93万头，占川渝生猪存栏数的7.91%。2023年万州区出栏生猪116.36万头，生猪存栏70.91万头，猪肉产量9.26万吨，生猪出栏量居重庆市第三位。现有生猪规模化养殖场407个，生猪产能150万头以上，祖代种猪场、种公猪站、生物有机肥厂和饲料厂等配套设施完善，已初步建立"育种、饲料、饲养、肥料、屠宰、加工"产业链。2023年达州市出栏生猪460.1万头，居四川省市（州）生猪出栏量第四位，生猪存栏255.7万头，猪肉产量33.9万吨。已建成国家生猪调出大县5个、四川省生猪生产基地县7个，有生猪部省级标准化养殖示范场51个，国省生猪调控基地342个。2023年开州区生猪出栏116.78万头，生猪存栏71.32万头，猪肉产量9.32万吨，其中生猪出栏和猪肉产量均位居重庆市第二位。2020年以来，开州区引进正大农牧、特驱集团等龙头企业，发展"公司+家庭农场"代养模式。有生猪存栏量200头以上的规模养殖场达699家，规模养殖产能70万头、养殖规模化率超过65%。

万达开地区是川渝地区重要的保供蔬菜基地。2023年万达开地区蔬菜播种面积265.88万亩，总产量545.88万吨，分别占川渝地区蔬菜播种总面积和总产量的7.35%和7.02%。2023年万州区全年蔬菜播种面积77.28万亩，产量136.45万吨，产量位居重庆市第三位。2023年达州市蔬菜播种面积151.6万亩，产量342.3万吨。建设100亩以上蔬菜标准园49个，县级以上蔬菜现代农业园区16个，商品蔬菜自给率达60%以上。2023年开州区全年蔬菜播种面积37万亩，产量67.13万吨。在山东省潍坊市的对口支援下，成功引进了"寿光模式"，在临江、南门等乡镇建设了鲁渝（寿光）蔬菜现代产业园，园区采用"六统一分"运营模式，贯通了育苗、种植、销售及运营全过程。

万达开地区是川渝地区重要的水产养殖区。2023年，万达开地区水产品产量为17.84万吨，占川渝地区水产品总产量的7.5%。近年来，万州区推进特色水产产研对接，形成"基地+工厂+餐饮+休闲+垂钓+科普+教育"的全产业链发展。2023年水产养殖面积达到5.78万亩，水产品产量达2.36万吨，同比增长2.845%，渔业产值实现6.19亿元。近年来，达州市实施特色水产养殖、稻渔综合种养以及生态绿色养殖工程，特色水产养殖呈现出高速发展态势。2023年达州市水产品产量11.9万吨，居全省市（州）第七位。达州市开江县（以县级人民政府为主体）、大竹县的四川百岛湖生态农业开发有限公司（以生产经营单位为主体）获评国家级水产健康生态养殖示范区，四川百岛湖生态农业公司入选国家水产种业阵型企业名单；"开江大闸蟹""开江小龙虾"等地理标志产品已享誉成渝。2023年开州区渔业养殖面积达5.7万亩，水产品产量达3.48万吨，同比增长4.95%。开州区谭家镇侯家溪冷水鱼养殖基地是我国最大的冷水鱼养殖基地。

万达开地区地处北纬30°世界黄金产茶带。茶产业是万达开地区的优势特色产业，具有悠久的历史，品种丰富，品质优良，在川渝地区占有重要地位。2023年万达开地区的茶叶播种面积48.63万亩，产量1.93万吨，分别占川渝地区茶叶总播种面积和总产量的6.88%、4.04%。2023年万州茶叶播种面积6.5万亩，毛茶总产量稳定在3 400吨，产值超4亿元，基本形成了"一个公用品牌"三峡天丛，"三大生态茶区"长江生态屏障茶区、铁锋山生态茶区、七曜山富硒茶区，"三类优质产品"针型绿茶、改进型工夫红茶、茉莉花茶的产业格局。2023年达州市茶叶播种面积39.8万亩，产量1.5万吨；达州市作为"川东北高山生态茶产业带"的重要组成部分，已初步形成茶产业"一带两核四区"生产布局，建成基地规模上万亩的精品茶园6个、省级现代农业园区1个、市级园区1个。"万源富硒茶""宣汉漆碑茶""大竹白茶"获国家农产品地理标志保护产品认证。2023年开州茶叶播种面积2.3万亩，产量900吨。作为中国最古老的茶区，开州区茶叶生产历史悠久。

万达开地区地处长江上游柑橘产业带核心区。2023年，万达开地区水果产量176.96万吨，占川渝地区水果总产量的8.97%。其中柑橘播种面积107万亩，占川渝柑橘播种总面积的11.57%，产量128.7万吨，占万达开水果总产量的72.73%，占川渝柑橘总产量的12.57%。2023年万州区水果产量61.78万吨，其中柑橘种植面积41万亩，产量54万吨，品种以"古红桔""玫瑰香橙""青柠檬"为主。万州古红桔种植面积达10万亩，占全国种植规模的1/2，年产量13万吨，占全国总产量的3/4。"万州红桔栽培系统"被评为中国重要农业文化遗产。"万州柠檬""万州玫瑰香橙""万州红桔""万州粉黛脆李"先后入选全国名特优新农产品。2023年达州市水果产量达59.44万吨，其中柑橘播种面积31万亩，产量达39万吨。"达州脆李"获国家地理标志农产品认证，注册"达州脆李"区域公用品牌，创建水果现代农业园区42个。2023年开州区水果产量55.74万吨；开州拥有渝东北最大的晚熟柑橘良繁场，形成以"开县春橙"为主的柑橘种植面积35万亩，年产鲜果35.7万吨，年产值超过18亿元。"开县春橙"已成为全国知名的水果品牌，获得"全国特质农品""绿色食品""地理标志农产品""中国驰名商标""中华名果""中国区域品牌50强"等多项荣誉。

万达开地区是名副其实的川渝"药库"。万达开地区中药材种植面积141万亩，产量达35.3万吨，分别占川渝地区的12.24%和8.73%。2023年万州区中药材播种面积10万亩，拥有佛手、枳壳、金荞麦、金槐、无花果、黄精、虎杖、何首乌、石斛、石菖蒲等大宗药材品种30多个，年产量3万吨，年产值3亿元。2023年达州市中药材播种面积达81万亩，居四川省前列。野生中草药资源2 386种，占四川省品种的60%，占全国品种的22.3%，中国药典收载431种。创建省市级现代中药材农（林）业园区7个，打造规模化道地中药材生产基地41个，年产优质中药材20万吨，确定乌梅、天麻、淫羊藿三大特色优良品种，建成全国最大的淫羊藿、百部种苗繁育基地和四川省最大的天麻林下仿野生种植基地，建成中药材种植重点县3个、中药材现代农业园区5个、"秦巴药乡"示范乡镇14个，"达川乌梅"入选2024年第二批全国名特优新农产品名录。开州区已初步建立集道地药材标准化种植示范基地、产品研发、生产加工、质量追溯、集中展示于一体的全产业链发展体系。2023年开州区中药材播种面积50万亩，产量12.3万吨，产值近10亿元。其中"开县木香"年产量占全国总产量的40%，产量超3 000吨，并获得国家地理标志证明商标、生态原产地保护产品等荣誉，已成为开州中药材产业的重要名片，木香、黄连等6味中药材入选"渝十味"。

此外，达州市的竹产业、苎麻产业规模较大。2023年，苎麻种植基地28.8万亩，产原麻3.23万吨、精干麻1.4万余吨，纺纱0.7万余吨，年综合产值30亿元以上。注册达州苎麻区域公用品牌"巴山纤子"，加强苎麻良种繁育、种植基地提升、经营主体培育，盘活本地的玉竹麻业、金丰麻业、南国印染公司。引进湖南华升集团、四川棉麻集团、四川亚缇纺织、国泰麻纺龙头企业，苎麻标准化种植、机械化打剥、脱胶技术、精深加工等全产业链取得突破性发展。达州市竹林面积突破100万亩，建立现代竹林基地20万亩、现代竹产业园区2个。大竹县、渠县积极创建四川省竹产业高质量发展示范县。大竹竹笋入选2024年第二批全国名特优新农产品名录。

万达开地区农产品加工蓬勃发展。万达开三地围绕优质粮油、特色水果、道地中药材、生态畜牧、生态林产业等优势特色农业资源，加快构建农产品生产供应链、精深加工链、品牌价值链"三链同构"的发展格局，不断提高产地初加工率和精深加工率，全面提升链群能级、企业规模、创新能力和品牌效益。万州区围绕"7+5"现代化农业产业体系，划定了区级和乡镇级农产品加工聚集区，基本形成饲料加工、屠宰及肉类加工、烤鱼及休闲食品加工、粮油加工、调味品及果蔬加工、中药材加工和茶叶加工等七大加工类别。2023年万州区拥有农产品加工企业400多家，其中，国家级农业产业化加工龙头企业5家，专精特新企业4家，绿色食品加工企业11家，上市后备企业1家，重庆市领军企业和成长型企业8家；实现全口径产值48.68亿元。达州市农产品加工业门类齐全，主要有粮油食品、肉类制品、果蔬食品、苎麻制品、茶叶加工、酒水饮料、木竹制品、中药材制品、生物质加工等九大类。2023年达州市农产品加工集群产值达680亿元，建成农产品加工集中区4个、农产品加工园区6个，其中通川区、渠县的农产品加工园区被评为省级示范区。现有产值过亿元的企业70家，有规模以上农产品加工企业223家，总产值达363亿元。市级以上龙头企业204家，其中国家级4家、省级35家，四川东柳醪糟有限责任公司跻身中国农业产业化龙头企业500强，成功引进"三类500强"企业7家。开州区紧扣农产品精深加工"牛鼻子"，围绕特色农业资源，建立了食品加工、生物医药、智能家居三大加工产业园，构建"3+N"农产品加工发展格局，2023年开州区农产品加工业产值突破150亿元，培育加工规模以上企业60家；园区平台集聚提升，启动建设2.47平方千米食品加工园、开州春橙数字化集配园、现代农业创新园、江里农产品商品化处理交易集散中心、大进农产品加工产业园、鱼子酱加工园等平台项目，育强"县乡村"三级加工平台，共建"中国香肠之乡""中国春橙之都"，构建"开州金厨带精品"营销平台。

万达开地区因地制宜发展乡村旅游。万州区大力发展乡村旅游，推动农旅融合，形成"生态观光""康养旅居""休闲避暑"三大产品体系，建成太龙小桔灯农旅融合景区、万州机场空港农业融合园、双河口永清产业融合示范园，营运高峰街道朝阳村美丽乡村，并启动翠屏山"瞰江揽月"气象科普公园、五桥民强村户外运动园、水上娱乐园建设，形成机场都市乐、五桥农家乐、长岭体验乐、高峰（双河口）休闲乐、九池民宿乐近郊乡村旅游环线。2023年万州区共有213个村（社区）开展休闲农业与乡村旅游接待，经营主体659个，成功创建市级休闲农业和乡村旅游示范镇6个、示范村19个、示范点32个，发展乡村旅游村居超过120个，2023年乡村旅游累计接待游客超500万人次、直接旅游收入约2.5亿元。达州市统筹推动乡村旅游产业发展，深化"产业+文化""产业+旅游"全链条赋能，通过四季乡村体验游、乡村旅游节会等宣传本土乡村文化，培育旅游新业态。"十四五"以来，全市高品质打造云峰茶谷、帝源生态农场等乡村旅游与休闲农业示范点,高规格提升渔人部落、农耕文化博物馆等农事体验基地,高起点培育巴山云海、月亮坪等农文旅融合发展示范综合体,高标准建成拾光小筑、陌上森林等中高端乡村旅游民宿。截至2023年,达州市成功创建乡村旅游类A级景区18个,中国美丽休闲乡村6个,天府旅游名镇名村5个,国省乡村旅游重点村21个,休闲农业与乡村旅游专业村26个,四川省休闲农业重点县2个;建成了万源茶文化原乡、巴山云海茶文化中心等一批农文旅融合景点,打造了乡村旅游特色线路7条,举办农业活动20余场;宣汉县荣获"2022年四川省休闲农业重点县","万源茶旅融合环线2日游"入选"春季踏青到茶园"全国茶乡旅游精品线路。开州区坚持生态优先、绿色发展,创新旅游业态,通过推出"赏花""体验""避暑"等主题精品线路,重点打造各类相关地标项目。实施"旅游+"战略,促进产业融合,巩固提升农旅融合产业基地21.5万亩。依托国家三峡柑橘产业集群,打造江里现代柑橘主题公园。策划推介万达开乡村旅游精品线路6条;建成市级休闲农业与乡村旅游示范镇村(点)52个,区级以上"一村一品"示范镇村82个(市级32个,国家级3个);2021年乡村旅游接待游客716万人次,实现综合收入35.8亿元,同比增长25.6%。

9.3.3 目标思路

以习近平新时代中国特色社会主义思想为指导,深入贯彻党的二十大精神和习近平总书记对重庆、四川工作系列重要批示精神,全面落实党中央、四川省委、重庆市经济工作会议、农村工作会议部署,学习运用"千万工程"经验,抢抓新时代西部大开发,加快建设成渝地区双城经济圈重大契机,牢固树立"一盘棋"思想和"生态优先、绿色发展,优势互补、错位发展,多极发力、协同发展"理念,聚焦万达开三地优势特色产业,强化区域顶层谋划、政策衔接、项目落地,以"推进产业协同、推进市场协同、推进科技协同、推进品牌协同、推进农业要素协同"为重点,按照"稳粮保猪、兴蔬优果、扩药升茶、延链强链、强基助旅,区域协同、服务周边、面向全国"的发展思路,凝心聚力共同推进万达开川渝现代农业统筹发展示范区建设,联手打造国家粮猪供给战略保障基地、特色农产品集散重要门户枢纽、丘陵山区现代农业协同发展示范区、长江上游农业绿色发展先行区和全国知名乡村休闲旅游目的地。

——国家粮猪供给战略保障基地。深入实施藏粮于地、藏粮于技战略,切实加强粮食生产功能区、重要农产品生产保护区建设,严格落实好粮食安全党政同责要求。加强标准化规模养殖场建设，提高生猪规模养殖水平，支持中小养殖场（户）向规模化发展、标准化提升、生态化转型，发挥"巴蜀大粮仓"重要作用，在服务国家重大战略中展现更大担当作为。

——特色农产品集散重要门户枢纽。发挥川渝鄂陕辐射交汇中心带、东向开放桥头堡的区位优势，助力湘鄂西、陕南、黔北等区域特色农产品穿山越水，全面对接"蓉欧""渝新欧""渝昆泛亚""西部陆海新通道"等国家大通道、运输大动脉，畅联直达京津冀、长三角、粤港澳大湾区、关中城市群、中原城市群、长江经济带和"一带一路"，合力建设吸引西部特色农产品集散枢纽。

——现代农业协同发展示范区。牢固树立生态优先、绿色发展理念，坚持优势互补、错位发展、多极发力，聚焦万达开特色主导产业，以统筹生产保供给、联防联控保生态、提质增效促增收为主攻方向，着力深化改革创新、破除体制机制障碍，推动生产要素合理流动与资源高效利用，探索一二三产业融合发展新方向、协同发展新模式，努力形成目标同向、措施一体、优势互补、利益相连的现代农业协同发展新格局，在川渝东北发挥率先突破、引领带动作用。

——长江上游农业绿色发展先行区。坚持学好用好"两山论"，走深走实"两化路"，认真贯彻《中华人民共和国长江保护法》，协同建设国家农业绿色发展先行区、三峡库区生态优先绿色发展示范区、农业面源污染综合治理示范区，协作举办万达开省际毗邻地区绿色发展高端论坛，探索"一张农业产业负面清单管三地"，厚植"秦巴腹心·三峡库心"高质量发展底色，努力在推进长江经济带绿色发展中发挥示范作用。

——全国知名乡村休闲旅游目的地。以共建全国乡村休闲旅游示范县为抓手，立足"秦巴·三峡"大山大水、自然生态等特色资源禀赋，联动打造一批观光休闲、避暑康养、文化体验、研学旅行、遗景探秘、乡韵风情等乡村旅游精品线路，共同推介一批特点鲜明、魅力浓郁的巴山文化、三峡文化、农耕文化、红色文化、移民文化乡村旅游名镇名村，提质建设一批以万州大瀑布、长江三峡游、达川乌梅山、宣汉巴山大峡谷、万源八台山、开州雪宝山、开州汉丰湖等为代表的旅游景点，成立乡村旅游全产业链合作联盟，推行投资开发、主体壮大、金融服务、营销宣传"四位一体"，推动乡村旅游实现从"门票经济"到"产业经济"、从"乡村休闲"到"乡村度假"转型升级，打造省际交界地区乡村旅游一体化协同发展新名片。

9.3.4 重大任务

9.3.4.1 发挥资源禀赋优势，建设万达开地区产业协同载体

突出富硒、绿色、生态、有机等特色，围绕粮油、生猪、晚熟柑橘、道地中药材、生态茶叶、乡村旅游等优势特色产业，加快产业集聚，推进优势特色产业带协同共建。依托万达开地区优势特色产业带，联合申报建设一批国家现代农业产业园和产业集群等重大项目。打破行政区划界线，融合三地资源要素配置，把现代农业合作园区建设作为推动万达开三地现代农业统筹发展的重要抓手，着力构建三地现代农业园区梯级发展体系。打造农业产业强镇，建设"一村一品"示范村镇，推进产城融合、产村融合发展。建设一批国家、省级农村产业融合发展示范园、科技示范园区和现代林业产业示范区、现代林业园区。积极发展休闲农业和乡村旅游，推进农业与旅游、教育、养老等产业深度融合。

9.3.4.2 延伸农业产业链条，构建万达开地区农业全产业链

延伸产业链，提升价值链，打造标准化生产、规模化经营、网络化营销、精深加工、一体配送的区域协同优势特色产业全产业链。聚焦粮油、畜禽、水果、蔬菜等优势特色产业，统筹农产品仓储冷链物流基础设施设备建设；支持新型农业经营主体、烘干冷链物流运营主体加快烘干、预冷、冷藏冷冻保鲜、冷链运输等基础设施建设。发展农产品精深加工，通过龙头企业带动，形成"公司+基地+农户"的利益共担机制，延伸和拓宽农业产业链，提高农业附加值。创新农产品新型流通业态，加快发展"互联网+农业"平台，大力培育平台电商、社区电商、垂直电商等在线农产品销售平台，采取电视、抖音、快手等传播方式，推进线上线下联动、多维立体营销，不断拓宽农产品销售渠道。

9.3.4.3 共创区域产品品牌，推动万达开地区农业价值提升

支持万达开地区打造区域农产品品牌是引领产业高质量发展的重要引擎，是提升区域农业价值，打造渝东北、川东北地区现代农业增长极的重要着力点。按照"基地直供、品牌互认、互设专柜、联展联销"工作思路，充分挖掘三地优质特色农产品品牌文化，围绕万达开三地优势柑橘、优质稻米、特色水产、绿色茶叶、地道药材等农产品资源，构建以"三峡牌""巴山食荟""开味开州"等区域公用品牌为龙头、行业知名品牌和企业产品品牌为支撑的农产品品牌体系。

9.3.4.4 强化农业科技后盾，推动万达开地区农业稳健增长

根据万达开地区现代农业高质量发展需要，突出农业科技的先导地位，通过加强区域农业科技创新、完善农业科技推广体系、强化区域协同产业创新人才培育等途径，落实相应的农业科技创新与转化推广服务项目支撑。持续完善农业科研创新体系，推进"高校院所—重点学科—项目平台—企业对接—产业创新"一体化建设，实施一批重大农业科技专项，促进龙头企业、产业园区、高校科研院所深度合作。实施关键核心技术攻关揭榜制，加强品种创新、高产栽培、绿色防控、精深加工、副产品综合利用和质量安全等关键技术研究，集中解决一批关键技术问题。

9.3.4.5 整合农业要素市场，促进万达开地区农业要素流动

探索建立区域农产品及土地、资金、人才、技术等资源要素流动机制，以政策衔接、机制创新、标准协同、市场共建等为重点，建立区域协同、绿色高效的现代农业发展合作工作机制，提升产品流通及资源配置效率；围绕重点区域、重点领域、重点项目开展三地农业现代化建设的合作工作，探索建设跨区域深度融合、特色突出的现代农业融合发展示范区。

9.4 川南渝西现代农业融合发展示范区

9.4.1 基本概况

川南渝西现代农业融合发展示范区地处四川盆地南部与重庆西部的交界地带，是成渝现代高效特色农业带的核心区域。该示范区包括四川省的自贡、泸州、内江、宜宾四市以及重庆市的江津、永川、荣昌三区，总面积约 4.1 万平方千米。

在地形地貌方面，示范区主要由低山地和丘陵组成，平均海拔低于 500 米，地势较为平坦，这种地形特征不仅有利于农业的规模化种植与开发，也为多样化农业生产模式提供了条件。在区域交通与经济区位上，示范区位于长江上游，依托长江黄金水道，拥有便捷的水运交通网络，同时公路、铁路等交通基础设施也较为发达。示范区作为连接成渝两大经济圈的关键纽带，在成渝地区双城经济圈建设的战略布局中具有重要地位，是区域经济协同发展、资源共享与产业互动的核心区域之一。

截至 2022 年底，示范区户籍人口总数达到 2 100.48 万人，其中乡村人口为 1 303.87 万人，占川渝两省市乡村总人口的 30.36%，农业劳动力资源丰富。这同时也意味着在乡村振兴与农业现代化发展进程中，示范区面临着较大的就业安置与民

生改善压力。在经济总量方面,示范区展现出强劲的经济实力,地区生产总值达到13 643.83亿元,占川渝地区经济总量的15.11%。其中,第一产业增加值为1 541.47亿元,表明农业在区域经济中占据着重要地位且具有较大的发展规模。2022年,示范区农林牧渔总产值高达2 395.9亿元,占川渝两省市的18.53%。2022年,示范区农村居民人均可支配收入均超过川渝两省市的平均农村居民人均可支配收入(表9-5)。

表9-5 川南渝西地区社会经济情况

地区	户籍人口/万人	乡村人口/万人	地区生产总值/亿元	第一产业增加值/亿元	农村居民人均可支配收入/元	农林牧渔总产值/亿元
内江市	396.70	287.40	1 807.00	297.00	22 507	457.77
自贡市	312.30	199.27	1 750.00	260.00	23 514	408.86
泸州市	502.00	300.00	2 726.00	281.00	21 268	464.15
宜宾市	547.50	340.60	3 806.64	404.00	23 375	646.22
荣昌区	83.49	40.72	871.20	69.20	24 686	100.79
江津区	145.37	75.14	1 401.59	139.37	27 222	189.74
永川区	113.12	60.74	1 281.40	90.90	26 834	128.37
四川省	9 071.40	3 390.00	60 133.00	6 057.00	19 978	9 859.75
重庆市	3 412.71	903.98	30 145.79	2 074.68	20 820	3 068.44
川南渝西	2 100.48	1 303.87	13 643.83	1 541.47	—	2 395.90

数据来源:2023年国民经济和社会发展统计公报,农林牧渔总产值为2022年数据。

9.4.2 产业基础

9.4.2.1 农产品稳产保供能力强,但人均产量较低

川南渝西地区在农业综合生产中投入不断增强,粮食作物及生猪等关键产业的发展保持稳定态势。该地区不仅满足了本地的发展需求,而且在确保川渝地区粮食安全和重要农产品供应方面扮演了至关重要的角色。据统计,2022年川南渝西地区粮食作物的播种总面积达到2 420.31万亩,粮食总产量达到930.03万吨,区域粮食单产为384千克/亩,其产量占川渝两省市总产量的20.35%。此外,蔬菜、水果、水产品等重要农产品的生产实力雄厚,在川渝两省市中占据了举足轻重的地位,对

川渝地区乃至整个西部地区的农业产出和农业发展起到了不可替代的作用。2022年，川南渝西地区蔬菜产量达到1 511.85万吨，占川渝两地产量的20.3%；水果产量为276.85万吨，占川渝地区水果总产量的14%；茶叶年产量为15.27万吨，占川渝地区茶叶总产量的34.25%。川南渝西地区亦是川渝地区乃至全国重要的生猪养殖基地，2022年生猪出栏量达到1 572.82万头，猪肉产量为115.41万吨，占川渝两省市猪肉总产量的18.38%（表9-6）。

表9-6 川南渝西地区农业生产情况

地区	粮食作物播种面积/万亩	粮食总产量/万吨	稻谷产量/万吨	玉米产量/万吨	蔬菜产量/万吨	水果产量/万吨	茶叶产量/万吨	猪肉产量/万吨	生猪出栏量/万头	生猪存栏量/万头
内江市	476.88	169.41	66.11	58.81	370.56	56.91	0.32	18.77	260.52	148.68
自贡市	360.525	140.25	74.48	23.74	263.38	50.98	1.65	13.56	189.54	111.96
泸州市	614.25	230.23	108.43	61.87	304.41	32.47	2.15	30.37	415.36	259.15
宜宾市	654.705	251.42	122.83	71.26	324.52	90.51	9.72	37.97	515.35	327.69
荣昌区	67.665	28.33	32.5	3.92	62.52	3.49	0.37	5.01	66.44	43.30
江津区	145.935	62.76	35.37	13.56	110.76	27.45	0.87	6.47	82.74	41.63
永川区	100.35	47.63	33.84	6.60	75.7	15.04	0.19	3.26	43.00	31.00
四川省	9 695.175	3 510.53	1 462.28	1 046.22	5 198.70	1 380.50	39.28	478.00	6 548.45	4 158.55
重庆市	3 070.065	1 072.83	485.24	256.37	2 272.36	593.28	5.30	149.94	1 904.43	1 197.10
川南渝西	2 420.31	930.03	473.56	239.76	1 511.85	276.85	15.27	115.41	1 572.82	984.10

数据来源：2023年《四川农村统计年鉴》。

尽管农产品总产量在增长，但由于川南渝西地区密集的人口数量使得农产品的人均占有量相对不足。2022年数据显示，川南渝西丘陵山地区人均粮食产量为0.44吨，人均蔬菜产量为0.75吨，人均水果产量为0.13吨。除人均蔬菜产量高于四川省、重庆市及全国平均水平外，其余人均农产品产量均低于或处于上述三个区域水平之间（图9-10）。

9.4.2.2 特色产业发展势头强劲，但小农分散经营主导影响优势产业形成

随着质量兴农、绿色兴农战略的深入实施，川南渝西地区农业产业结构调整取得了显著成效。农业生产区域布局持续优化，农业绿色化、优质化、特色化、品牌化水平稳步提升，特色农业发展实现了快速升级。截至2023年底，围绕酿酒专用

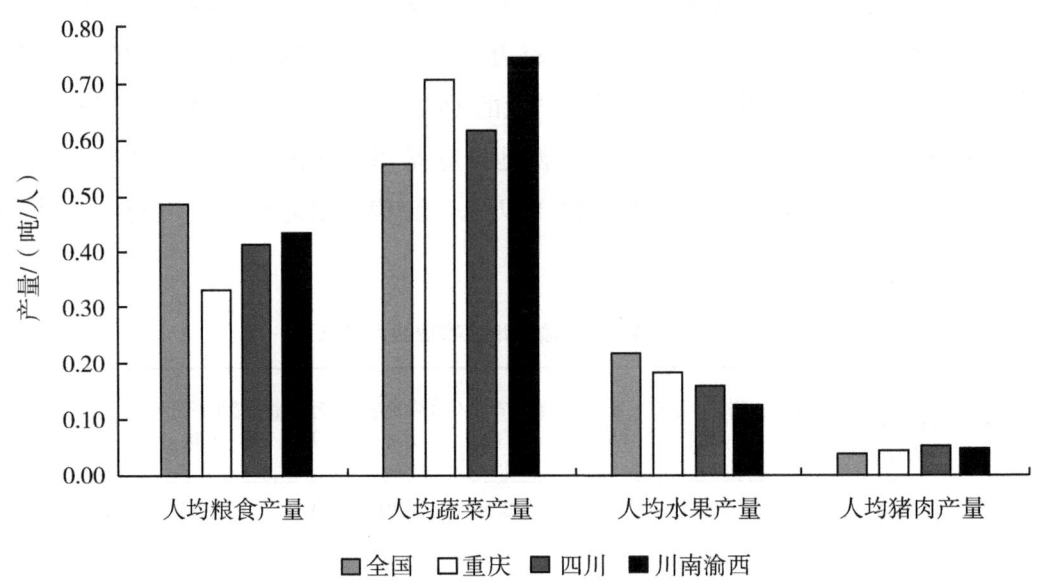

图 9-10　2022 年全国及川南渝西地区人均农产品产量

粮、露地蔬菜、花椒、荔枝、龙眼、早茶、生猪、肉兔、水产等优势特色产业的发展，该区域成功创建了全国休闲农业重点县 1 个（重庆市江津区）、全国农业现代化示范区 2 个、优势特色产业集群 4 个、国家现代农业产业园 5 个（表 9-7）、中国美丽休闲乡村 21 个，以及"两品一标"农产品 1 000 余个①。

表 9-7　川南渝西地区特色农业产业建设情况

序号	类别	名称
1	全国农业现代化示范区	重庆市荣昌区
2		重庆市江津区
3	优势特色产业集群	重庆荣昌猪产业集群
4		四川早茶产业集群
5		宜宾优质白酒产业集群
6		自贡肉兔产业集群

---

① 数据来源：农业农村部，http：//www.moa.gov.cn/xw/qg/201905/t20190516_6306211.htm；中国绿色食品发展中心，http：//www.greenfood.agri.cn/．

(续表)

序号	类别	名称
7	国家现代农业产业园	国家现代农业产业园
8		重庆市江津区现代农业产业园（花椒）
9		重庆市荣昌区现代农业产业园（生猪）
10		四川省隆昌市现代农业产业园（稻渔）
11		四川省资中县现代农业产业园（血橙、生猪）
12		自贡市大安区现代农业产业园

数据来源：国务院，农业农村部。

结合高标准农田建设，该区域开发出稻鱼、稻虾、稻蟹、稻鳖、稻鳅等多种稻渔综合种养模式，复合种养面积超过30万亩，实现一田多收。泸州、宜宾、江津等白酒产业聚集区的酿酒高粱产量占比超过川渝地区的一半。内江威远作为四川唯一的无花果园区，种植面积位居全国无花果三大主产区之首。泸州合江是川渝地区唯一的荔枝产地，凭借其"质佳、晚熟"，获得全国果品区域优势品牌50强称号[①]。宜宾早茶以其采摘时间早、品质优良而著称，外形扁平、色泽翠绿、香气馥郁，深受消费者喜爱，不仅在市场上表现抢眼，还入选了中国茶区域品牌价值TOP20，2022年综合产值320亿元[②]。荣昌猪作为世界八大优良种猪之一、全国三大种猪之首，通过实施"两品一标"农产品、中国驰名商标等多种形式的品牌培育战略，提升、扩大荣昌猪品牌公信力、影响力和附加值，并入选"农产品区域公用品牌名单"。2022年自贡全市肉兔出栏4 421.5万只，约占四川省出栏总数的25%、占全国的12%，其肉兔饲养量和兔肉消费量稳居四川省第一位[③]，目前自贡肉兔产业成功入选国家级优势特色产业集群项目，推动肉兔产业全产业链、全业态融合发展。川渝两地政府还共同打造"川菜渝味"等具有区域特色的农业品牌，有效提升了区域农产品市场知名度与竞争力。

当前部分地区农村产业基地"小"而"散"，缺乏统一标准，主体集聚度低，规模经济难发展，集群化少，市场认识把控力度低，难以开展下游加工及进入城市大市场，导致优势产业不优势。比如，宜宾的水果产业存在规模小、产业聚集度低

---

① 泸州市人民政府，https://luzhou.gov.cn/sq/lylz/tcmk/mspp/tssg/content_986861.
② 筠连县人民政府办公室：宜宾早茶产销对接会签约金额2.3亿元，https://www.scjlx.gov.cn/sy/ylyw/202302/t20230213_1822841.html.
③ 数据来源：2023年四川农村统计年鉴。

的问题，碎片化严重，区县各自发展形成多"产业孤岛"，规模效应低。全市县级以上农业园区中，主导产业相对集中连片规模在 10 万亩以上的水果园区仅有樟海镇油樟林业园区，占比仅 4.5%；面积在 1 万亩以下的水果园区占比达 51.3%；川南再生稻灌浆期避开高温，灌浆质量更高，稻米品质普遍比头季稻更好，但绝大部分再生稻谷还是被当作普通稻谷售卖，品质与价格不对等，农民种植效益低，再生稻产值收益减少超 50%。此外，小农户仅涉生产环节，村镇缺乏农产品分等分级等基础设施与深加工环节，产业链短，多靠周边采摘与集贸批零销售鲜果，电商发展缓，少量依赖微商电商且随行就市，不利于品牌培育，附加值低致市场竞争力弱。泸州是世界晚熟龙眼优势区域中心、中国特早茶之乡、中国晚熟荔枝之乡等，再生稻、糯红高粱、荔枝、桂圆和竹林种植面积均居四川省第一位，油茶种植面积居四川省第二位[①]，但这些农特产品的规模和品牌效应还不够突出，区域公用品牌价值品牌感知力不高，无一品牌进入中国区域农业产业品牌影响力指数 TOP100。川南地区的柑橘品种包括爱媛、春见、血橙、沃柑和长宁 4 号脐橙等，柑橘种植户中、小散户占比近 80%，使柑橘生产难以形成规模化、集约化效应，不利于机械化作业和统一管理，增加了生产成本，也限制了产业的整体效益，除资中血橙外无强竞争力大品牌，产业融合缓慢，尤其一二产业、二三产业融合滞后，特色优势产业发展受限。川渝地区其他柑橘产区如眉山、蒲江、安岳、奉节、忠县等发展迅速，形成了各具特色的柑橘产业带，在市场上具有较高的知名度和竞争力。

9.4.2.3 农业现代化进程显著加速，但农业现代化综合发展水平不高

川南渝西地区农业现代化进程显著加速。在农业科技领域，生物技术广泛应用于育种环节，大幅提高了农作物的产量与品质，例如泸州新型杂交水稻品种的培育成功，使单位面积产量实现了质的飞跃。在农业机械化水平方面，大型联合收割机、智能播种机、高效灌溉等设备得到普及应用，不仅减轻了农民的劳动强度，还显著提高了作业效率。在农业经营管理模式方面，新型农业经营主体如家庭农场、农民合作社、农业企业等蓬勃发展，他们通过规模化经营、标准化生产、品牌化营销，将分散的小农户组织起来，形成了强大的农业生产合力，提升了农业产业的整体竞争力与抗风险能力，增加了农民第一产业收入。

根据农业现代化评价模型，测算川南渝西地区农业现代化发展综合水平指数为

[①] 四川省农业农村厅：做好乡村产业发展两篇文章 让泸州禀赋变为泸州优势，https://nynct.sc.gov.cn/nynct/c100632/2024/2/29/8ebfb7e542684269805625d918dead7d.shtml.

0.44，处于起步阶段。其中农业现代化综合发展水平指数最高的为宜宾市（0.70），处于初步实现阶段；指数最低的为永川区（0.31），处于起步阶段；其余地区的农业现代化水平为泸州（0.48）>荣昌（0.42）>内江（0.41）>自贡（0.40）>江津（0.35），均为起步阶段，农业现代化建设水平还有待提高（图9-11）。

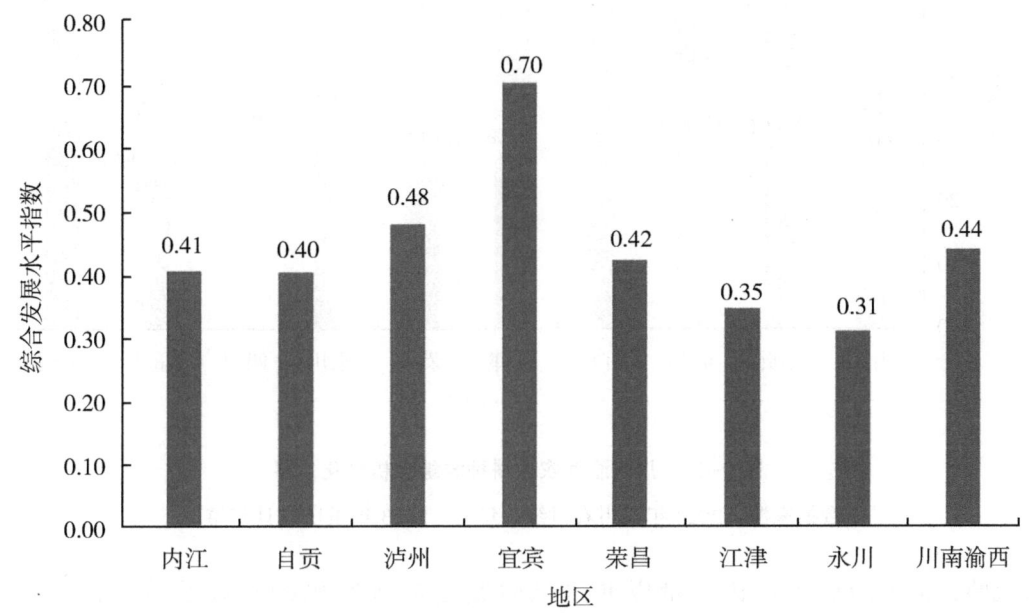

图9-11　川南渝西农业现代化综合发展水平指数

农业耕种收综合机械化水平是反映农业装备水平的重要指标。2022年全国农作物耕种收综合机械化率达73.11%，其中机耕率、机播率、机收率分别达到86.42%、61.91%、66.56%。四川省农作物耕种收综合机械化水平为67%，重庆市为53.50%。川南渝西整体农作物耕种收综合机械化水平低于全国平均水平。川南渝西现代融合发展示范区中的自贡市农作物耕种收综合机械化水平为63.92%，泸州市为64.80%，宜宾市为60.20%，江津区为61%，荣昌区为60.15%，而永川区达到74.05%。除永川区略高于全国平均水平外，其他市、区的农作物耕种收综合机械化水平均低于全国水平（图9-12）。

丘陵山地适用的农机，由于所需品种多研发难度大、单型号机具市场规模偏小、作业效率低、售后服务成本高、利润薄，有实力的农机企业不愿涉足，小型农机企业又缺乏足够实力，许多产业所需的关键环节机具"无机可用""无好机用"问题突出。已经开发的一些地方特色产业发展所需的特殊、小众机具也由于技术不

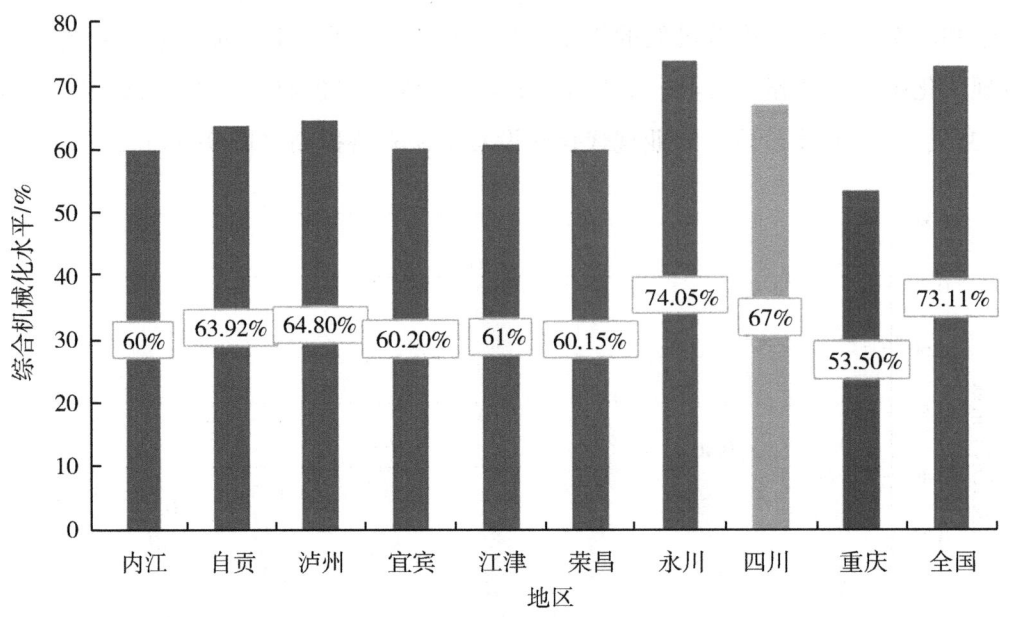

图 9-12 川南渝西农业耕种收综合机械化水平

数据来源：2023 年四川农村统计年鉴，2023 年重庆统计年鉴。

够成熟、标准滞后等原因，难以通过试验鉴定进入农机购置补贴范围，得不到推广。

9.4.2.4 农业生产经营模式多元丰富，但农村人才支撑不足

随着乡村振兴战略不断推进，传统农业经营模式的分散化、无序化、碎片化等方式限制了农村生产力的发展，川南渝西地区通过多元化经营手段，增加土地利用率，建立了农业产业链。在农业社会化服务中，永川区通过新型经营主体培育，不断健全农业社会化服务体系，开展"耕—种—收"社会化服务，促进了小农户和现代农业发展的有机衔接，推动了农业社会化服务的快速发展；内江依托水稻和高粱、油菜轮作，发展订单农业；内江市把现代农业园区作为现代农业要素加速集成应用的主阵地，以创新体系赋能生产体系，东兴区稻菜现代农业园区与四川农业大学、内江市农业科学院等高校和科研机构开展深度合作，在种植端推动农机、农技、植保、耕作等技术集成，园区内 90% 以上的水稻采取无人机直播、无人机施肥和高效病虫害绿色防控、机械化收割；泸州白酒开展"酿酒企业+专业合作社+高粱基地+农户"的产业化经营模式，打造原粮基地为乡村造血。

受成渝两大超级城市发展的影响，农村劳动力外流导致农业从业者老龄化问

题日益严重,同时农业生产经营面临缺乏专业人才支撑的困境,川南渝西地区乡村人口、乡村劳动力资源数量一直呈下降趋势。2022年乡村人口占全区域总人口的62%,但农村生产、经营、管理、服务型人才及高素质农民等各类人才占农业人口的比例不足10%[①]。年轻劳动力和专业人才的短缺,农业生产者在不同生产经营模式中无法全面及实时捕捉市场信息、对农业科技政策的理解程度不深等,致使农村经济活动缺乏活力,农村农产品加工、乡村旅游业等二三产业的发展受限,农业生产收益低,农民收入增长乏力。

9.4.2.5 区域产业协作发展水平提升,但区域协调发展不够

协同推进现代产业集群、科技研发推广等农业生产发展项目,夯实粮食及重要农产品生产根基,共同推动川南渝西现代农业协同发展示范区建设。围绕鳜鱼养殖、种质资源、三产融合等方面,川南渝西抱团做大鳜鱼全产业链;泸州市与永川区、江津区充分发挥地域相连的优势,聚焦优势特色农业"接二连三",打破行政界限集中连片规划,实施了100万亩优质粮油及稻田综合种养产业带、50万亩长江中上游晚熟龙眼荔枝产业带、100万亩优质茶叶产业带建设、35万亩酿酒用糯红高粱产业带等8个重点项目[②];大力推广中稻—再生稻、稻—油、稻—虾(鳅、鱼)、稻—菜(菌)等复合生态种养模式,促进节本增效、绿色发展,2022年建设优质粮油及稻田综合种养基地31万亩[③],提升粮油种植效益;泸州市、永川区、江津区签订了共建60万亩花椒产业带战略合作协议,携手打造全国领先的花椒育苗基地、西南地区最大的花椒绿色生产基地、西南地区最大的花椒加工基地、川南渝西花椒产销中心,培育具有竞争力的区域品牌,合力推动现代农业产业高质量发展;荣昌内江联手打造了我国首个跨省市国家现代农业高新技术产业示范区,协同打造种植、饲料、养殖、屠宰、深加工、物流仓储等全产业链条;宜宾、泸州、江津白酒产业牵手,令其成为全国唯一兼具"浓酱清"的优质产区。

该区域分属四市三区,行政分割致地方壁垒存在,政策、禀赋、发展阶段与利益诉求皆不同,缺少区域整体利益驱动,合作难深入,农业协同发展难实现。两地

---

① 数据来源:《四川统计年鉴2023》《重庆统计年鉴2023》。
② 渝西都市报,共赴"希望的田野"泸永江携手打造现代农业区域协作高水平样板,https://www.cqcb.com/yunongpengyouquan/yunongzixun/2023-03-24/5211834_pc.html.
③ 重庆市永川区发展改革委,关于重庆市永川区2022年国民经济和社会发展计划执行情况及2023年计划草案的报告,https://yc.cq.gov.cn/zwgk_204/zfxxgk/zfxxgkml/ghxx/gmjjhshfzgh/202306/t20230626_12094569.html.

主导产业与发展目标相近，对优质要素、资源需求大，在加工、农旅融合环节易重复建设，存在同质化竞争强、园区特色弱等现象。虽签有合作协议或备忘录，但无强制约束力，多为合作意向，区域共识不稳，合作机制受领导调动影响严重，现代农业合作目标、重点与资金需求不明。

9.4.3 目标思路

以习近平新时代中国特色社会主义思想为指导，遵循市场导向原则，运用新科技作为核心驱动力，对农业产业结构进行优化调整，推动区域农业生产效率的提升、产品质量的改善、效能的优化以及功能的增值。在确保粮食安全的基础上，以主导产业发展为核心、特色产业为支撑，致力于发展特色农业、绿色农业以及高附加值和高效益的现代农业，构建以大农业观为核心的现代农业体系。以农业数字化为先导，以农业机械化为实施手段，强化先进装备供给；以农业绿色化为基本色调，攻关重点关键技术；聚焦产业链，延长价值链，以农业品牌化为终极目标，加强农业科技、耕作、植保、加工和流通等环节的有效衔接，促进农业初级产品向食品、加工品等终端产品转化。

9.4.4 重大任务

9.4.4.1 以早春茶为特色的茶产业现代化发展路径

一是推进茶叶基地提质增效。加大茶苗优良品种繁育技术攻关力度，推进优质茶树资源普查、保护与利用，科研单位加快推进早茶树新品种的选育和推广，引选一批优良茶树新品种，有效推动茶产业良种化进程和结构调整。加强茶园路网、水利、轨道运输等基础设施建设，完善水肥一体化设施，推进相对连片区域的茶园标准化建设，改造低产低效茶园，改善茶叶基地基础条件。加强与重庆市农业科学院茶叶研究所、四川省农业科学院茶叶研究所、宜宾市茶产业研究院等合作，加强对茶树良种、栽培、植保及茶叶加工等全产业链技术指导，合力推进早春茶产业提质增效。

二是增强茶产业技术赋能。开展生态低碳茶园创建，强化茶园绿色防控、统防统治、鲜叶快检等重点建设，对茶农、茶企、农资经营主体、镇农技中心人员等开展分类分级培训，推广生物农药、农残快检技术，试点推广病虫害统防统治社会化服务，切实保障茶叶源头安全，建设生态低碳茶园。强化数字赋能，利用5G网络、大数据、物联网等信息化手段，依托现代农业科技，打造"智慧茶园"示范园，建立茶叶种植基地数据监测采集体系，实现农产品单品种质量安全可追溯、全产业链环节实时监测预警，实现茶叶生长环境信息智能采集监测。

三是强化早春茶叶品牌建设。用好"宜宾早茶""永川秀芽"等区域公共品牌，引导企业规范使用"宜宾早茶""永川秀芽"等区域公共品牌标志，制定、实施宜宾早茶等团体标准体系，引导企业通过标准体系加强品牌建设，提升区域公共品牌影响力，塑造"宜宾早茶""永川秀芽"等优质安全品牌形象。积极拓展国内外茶叶市场，组织茶企参加国际茶叶博览会等各类农产品展销活动，举办茶文化旅游节、斗茶大会、茶文化论坛、采茶节等活动，打造现象级宣传热点。优化由专业茶叶市场、品牌形象店、电子商务组成的"线下+线上"营销体系，与知名奶茶店、名酒等建立长期合作关系，推动区域早茶品牌走向国内国际市场。

四是抓好茶叶主体培育。加大政策支持，撬动社会资本，推进各类茶企加工能力提档升级；构建起"龙头企业+茶叶初制厂+社会化服务组织+村集体经济组织+茶农"的利益链，培育茶叶专业社会化服务组织创新开展"合作式""订单式""托管式"等专业性有偿社会化服务，形成"龙头企业卖好茶、茶叶初制厂做好初制茶、社会化服务组织和村集体经济组织管好茶、茶农种好茶"的利益共同体。

五是推动茶文旅深度融合。整合川渝早茶资源，统筹编制茶旅融合专项规划，充分利用现有古树茶资源，打造精品旅游线路，辐射带动周边区域的茶旅融合专项发展规划；加强相邻地区古树名山茶区"串珠连线"，形成聚合效应。完善古树名山茶区综合交通网络建设，加速乡村道路提质改造；同步推进茶文化、茶体验、茶庄园在住宿餐饮、休闲娱乐等方面的配套基础设施规划建设，提升综合承载能力。培育茶文化旅游龙头企业，组建名山名茶企业联盟，加强招商引资和人才引进，开发茶乡生态游、茶工艺体验游、茶马古道探险游等茶旅融合新产品，不断创新业态模式，做好"旅游+"文章；丰富旅游形式，推动早茶产区开展"搭配游""补贴游""互补游"等，培育区域旅游新的增长极。

9.4.4.2 以生猪为支柱的畜牧业现代化发展路径

一是提高保种育种能力。加强现代生猪良种繁育体系建设，实施生猪遗传改良计划，提升核心种源自给率，提高良种供应能力。加强和完善生猪良种繁育基础设施建设，构建与现代生猪生产相适应的育、繁、推一体化生产供应体系。加快建设国家级（荣昌）生猪区域性种业创新基地，建成国际顶尖父系育种基地、国家核心种公猪站荣昌猪育种基地、区域性地方猪种质资源活体保护中心和中国地方猪种质资源冷冻保存库。强化荣昌猪、内江猪等生猪遗传资源品种保护工作，做好本土品种血缘保持工作。持续培育新品系，培育出强适应性猪新品系或新群体，做强本土品种。

二是提升规模养殖水平。以"品种优良化、装备智能化、管理智慧化、防疫规范化、生产绿色化、产出高效化"为主要内容，大力度推进生猪养殖场规模化、标准化、智能化建设。加快设施装备提档升级，加快大数据、人工智能、云平台及5G传输技术等现代信息化技术的推广，提高产出效益，提升综合竞争能力。大力扶持生猪中小养殖场（户）发展规模养殖，支持龙头企业借助数字化技术与中小养殖场（户）相互连通，推广"公司+农户""公司+合作社"等多种模式，带动中小养殖户发展现代生猪养殖。持续推动生猪产业大数据平台建设，用好国家级生猪大数据中心，互联共享，实现产业信息现代化。

三是大力发展现代化饲料兽药生产。支持大中型生猪饲料生产企业进行技术改造升级，加强安全高效环保技术创新和集成应用，推动饲料产品升级，提升优质饲料兽药供给保障能力。加快绿色、安全、高效的新型饲料和兽药产品研发、推广和应用，加大农副产物和加工副产物饲料资源开发力度，提高利用效率，积极推进饲用豆粕减量替代；加强兽用抗菌药综合治理，稳步推进兽用抗菌药使用减量化行动。强化饲料兽药监管能力建设，健全完善事前事中事后全程监管体系和质量安全监测体系，加强安全风险预警能力建设。

四是持续推动绿色生态循环发展。推进生猪全产业链绿色化生产。严格饲料和饲料添加剂、兽药、疫苗的使用，严格投入品使用规范，严格落实兽药休药期管理制度和兽用处方药制度。集成绿色高效发展技术，支持规模养殖场加快节水节料、节能设备、环境控制等设施装备升级，创建生产全程机械化示范养殖场。促进畜禽养殖规模与资源化利用相匹配，完善畜禽粪污肥料化利用标准，支持农民合作社、家庭农场等在种植业生产中施用粪肥。建设粪污厌氧发酵池、沼液收集池、好氧处理池、粪肥田间贮存池、沼液田间输送管网等设施，支持有机肥生产，支持粪肥处理利用社会化服务。结合优质粮油、蔬菜、水果、茶叶等基地建设，建立种养良性循环发展基地。

9.4.4.3 白酒产业现代化发展路径

一是推进白酒酿酒优质原粮基地建设。按照"政府搭台、部门配合、企业带动、科技支撑、市场运作、农户参与"的工作思路，采取"龙头企业+科研院所+农技部门+专合组织+基地+农户""县乡政府+龙头企业+农技部门+科研院所+专合组织+农户""龙头企业+流通组织+专业大户"等发展模式，坚持"谁建设、谁投入、谁受益"的原则，以白酒企业为龙头，以项目建设为载体，以发展绿色、有机原料为目标，在宜宾、泸州、江津、自贡等地适度规模发展，建设全国白酒优质原料基地。充分发挥育种联合攻关、现代农业产业技术体系四川（重庆）创新团队科技支撑作用，用好用活国家、省级重点实验室、工程技术研究中心等资源，提升酿酒专用粮生产水平，加快选育一批高产、优质、抗逆性强、适应机械化作业的酿酒专用粮新品种。推进各原粮基地从种子、种植到收储全程管理，建立完备的质量管理体系，从"耕、种、管、收、存"等方面全过程把控原料质量。鼓励支持各地探索构建以高产、优质、高效为中心的生产体系，以白酒企业为核心的经营体系，形成"订单保底、收购上浮、分级加价、增益返利"专用粮价格形成机制。加强酿酒地生态环境保护，严格控制酒类生产园区和重点企业周边生态规划和建设。

二是推进白酒产业技术工艺创新。在坚守传统固态酿造工艺基础上，支持宜宾、泸州、江津等地白酒产业园区提档升级、联动发展，建设全国领先的白酒生产基地和智能酿造基地，带动自贡、荣昌等地原粮种植、设计包装、基酒酿造等产业发展，培育一批优质白酒产业集聚区，提高白酒全产业链发展水平。鼓励和支持企业开展酿酒全生产线的技术创新和工艺创新，加快数智赋能，加强关键技术突破及设备研发，引入自动化酿酒和包装设备、智能检测、智能仓储物流配套设施，打造"灯塔工厂""数字领航"企业和智能酿造优秀场景、示范工厂，提高酿酒生产能力，提升产品优质品率。支持企业加强与科研院所合作，加快推动生物工程、基因工程、现代信息等新技术在酿酒行业的应用。在继续做好传统白酒产品的同时，实施酒类产品创新，开展酒类消费趋势研究分析，支持企业细分目标市场，推出创新酒品，开发一批酒旅文创周边产品。加快推动白酒产业与农业、旅游、文化等产业的融合发展，支持重点产区规划建设以白酒为主体，集餐饮、休闲文旅等于一体的"酒镇酒庄"，发展以参观白酒酿造为主的工业旅游、酒文化旅游等。

三是大力实施品牌提升工程。发挥川南渝西全国唯一"浓香、酱香、清香"白酒产区独特优势，加快培育食品饮料优势产业集群。深挖"川酒"文化内涵，创作川酒标识、宣传片、宣传册、主题曲、诗歌集等；推动中国白酒申报联合国教科文组织非物质文化遗产。持续巩固龙头企业优势，聚焦宜宾、泸州、江津等优势产区，推动名优酒企成长为具有全球重要影响力和话语权的龙头企业，加快品牌企业培育。建设集文化推广、品牌展示、产品直销于一体的"浓香、酱香、清香"形象馆，在全国主流媒体开展品牌宣传，加强名优白酒知识产权保护。着力培育产业链配套企业，支持原酒企业向品牌转化、开发自主品牌及产品。打造酒类包装包材行业领军企业。出台促进名优白酒出口工作方案和海外推广规划，降低企业在物流、推广、流通等环节成本；推动国际市场开拓，积极组织开展国际交流合作和产销对接，协助企业针对目标市场进一步改进推广渠道、品牌营销、销售体系、价格机制等。

第 10 章 成渝现代高效特色农业带建设的重大工程

10.1 国家优质高产高效粮油保障基地建设工程

一是实施产业基地提升工程。支持以崇州市等 90 个粮油主产大县、邛崃市等 48 个产油大县为重点,连片建设一批粮食生产功能区,布局发展一批现代粮油园区,建设西部"鱼米之乡"。大力发展优质稻和双低油菜,支持泸州、宜宾与永川共建酿酒专用粮生产基地。二是实施新型经营主体培育行动。加大种粮大户、家庭农场、专业合作社、龙头企业等新型经营主体培育力度,不断提升粮油产业社会化服务水平,支持把小农户带入现代农业发展轨道。三是实施粮油加工业提升行动。支持粮油产业全产业链发展,发展现代农业装备、现代农业烘干冷链物流和线上线下销售相结合,建设数字农业示范区。

10.2 国家优质商品猪战略保障基地建设工程

一是实施现代良种繁育体系建设工程。加强内江猪、巴山牛、成都麻羊、四川白兔等地方优良品种保护与利用开发,探索共建国有或控股的种猪场,提升核心种源自给率,打造全国畜禽育种供种高地。二是推动现代生猪产业高质量发展。推进金堂县等 81 个生猪生产重点县规模化、智能化、清洁化健康养殖,加快饲料兽药产业提档升级,实施屠宰加工、低温分割、冷链流通、肉制品系列开发等重点工程,持续增强猪肉供应保障能力。三是坚持"稳猪禽、兴牛羊"战略。实施"以草换肉""以秸秆换肉奶"工程,促进形成满足市场多元需求、特色鲜明、优势突出、效益良好的畜禽产业结构,实现"六畜"兴旺、草业发展。建设国家畜牧科学城及健康养殖技术创新中心、国家生猪大数据中心。四是建立疫情联防联控机制。提升草地贪夜蛾、非洲猪瘟等重大动植物疫情监测预警、信息共享、应急处置、监督执法协作水平。

10.3 国家都市现代高效特色农业示范区建设工程

一是加快推动成德眉资都市农业一体化建设。继续推动成德眉资都市现代高效特色农业示范区建设，下好成渝现代高效特色农业带建设的"先手棋"，实现政策协同、项目统筹、平台共建、利益共享。二是实施都市"米袋子""菜篮子""果盘子"保障工程。优化国土空间布局，调整农业生产结构，保障优质粮油、生猪、果蔬等重要农产品有效供给。三是打造中国休闲农业之都。依托农业产业功能区，探索川西林盘保护性开发，培育乡村精品民宿等农文旅融合发展新业态，建设高端休闲体验目的地。

10.4 西部特色优势农产品产业集群建设工程

一是建设全国绿色优质蔬菜产业带。重点支持彭州市等45个蔬菜（食用菌）生产重点县、朝天区等20个辣椒生产重点县，建设四川盆地外销加工蔬菜及盆周山区高山蔬菜、川南早春蔬菜和攀西冬春喜温蔬菜优势区，实施川菜渝味工业化工程，建设川菜"中央厨房"，支持眉山打造全球泡菜出口基地。实施川菜渝味品牌促进工程，推广天府菜油、四川泡菜、郫县豆瓣等特色品牌，建设"成渝麻辣经济走廊"，打造世界美食之都。二是建设长江上游柑橘产业带。打造以长江、嘉陵江、岷江、沱江、成渝主轴"四江一轴"为重点的柑橘产业集群，以及四川安岳、安居、重庆潼南、大足100万亩中国柠檬"金三角"产业集群，支持安岳建设中国柠檬集散交易中心。三是建设全国道地中药材产业带。推进以盆周山区、秦巴山区为重点的中药材优势区建设，打造中药材品种资源库和科研中心、西部中药材集散交易中心。发展中医药保健食品、养生食品、功能型化妆品、日化产品等中药大健康产业。支持川渝共建川药"大市场"，力争中药材初级产品和中高端药品产量、交易量均达到全国20%以上。统一打造川药品牌，打造集道地药材种植、加工、制药、检验检测、电子商务、现代化物流和药商培育于一体的西部现代化药都。四是建设长江上游名优茶产业带。优化调整茶叶品种结构和茶产业布局，做大做强"天府龙芽"等区域公用品牌，构建现代茶产业体系，打造千亿茶产业。五是建设长江上游生态渔业产业带。打造池塘健康养殖、循环水养殖、都市休闲渔业、水库生态渔业产业集群，构建资源节约、环境友好、质效双增的现代渔业。六是建设林竹产业亮丽风景线。加快发展竹子、木本油料、森林药材、木材、花卉苗木等特色生态产业，建设国家珍稀用材林基地。实施"大熊猫+"行动，建设成都平原竹文化创意区、大熊猫栖息地竹旅游区，打造龙门山竹产业带。建设川南竹产业带，支持宜宾、泸州与永川共同打造西部竹产业发展高地。

10.5 现代高效绿色农业园区建设工程

一是创建一批高质量发展的现代农业园区。市县分级分类规划建设园区，合理布局种养循环、加工物流、科技研发、综合服务、休闲旅游等功能板块，加大省级农业园区培育力度，争取创建一批国家现代农业产业园、农产品加工园区、国家农村产业融合发展示范园、科技园和全国农村创业创新园区（基地）。二是创建一批国家农业绿色发展先行区。以现代农业园区为重点，全面推进农业绿色发展，坚持投入品减量化、生产清洁化、废弃物资源化、产业模式生态化，实施化肥农药使用量零增长行动，推进畜禽粪污无害化处理和资源化利用，加强秸秆综合利用，建设一批粮经饲统筹、农牧渔结合发展的种养循环基地。三是实施农产品质量安全提升行动。率先在农业园区全面建立农业产业准入负面清单制度，加强土壤污染治理与修复，建立健全农业生产规范标准体系、农产品质量安全追溯体系和农业资源环境监测预警体系，严格落实农产品生产经营主体责任制、食品安全监管责任制和责任追究制。推行食用农产品合格证制度。四是开展农产品品牌提升行动。培育一批国际国内知名品牌和区域公用品牌，扩大地理标志涵盖范围，实现优质产品转化为优势品牌，提升品牌竞争力和影响力。探索建立川渝特色优势农产品品牌共建共享机制，实现"借帆出海"，打造一批成渝地方名片。

10.6 高效节水灌溉农业示范区建设工程

一是加快推进高标准农田建设工程。支持整村整乡整县推进高标准农田建设，开展耕地质量保护和提升行动，实现旱涝保收、宜机作业，为农业机械化、规模化、现代化打好基础。优先在粮食生产功能区、重要农产品生产保护区布局建设高标准农田。开展高标准农田建设整县推进试点示范。二是加快实施"再造都江堰"

水利大提升行动。加快构建"五横六纵"引水补水生态水网，推进向家坝灌区北总干渠一期、亭子口灌区一期等重大水利工程建设，继续实施已建成灌区续建配套与节水改造。三是实施高效节水灌溉提升行动。以高效节水、绿色发展为重点，全面推广管道灌溉、微灌、喷灌以及水肥一体化灌溉技术，解决农田灌溉"最后一公里"问题。加快病险水库水闸除险加固等工程建设，健全水利工程运行管护机制，构建节约高效、承载有力的水安全体系。

10.7 全国农业科技创新中心建设工程

一是建设国家种质资源库西部中心库。实施动植物种源保护设施建设工程，加强农业种质资源保护与开发利用，建设杂交水稻、小麦、油菜国家制种基地。发展育繁推一体化种业企业，建设长江上游现代农业种业高地。二是加快推进农业装备提升行动。坚持农业机械化、信息化、智能化、数字化发展，引进先进适用的现代农机装备，强化薄弱环节自主研发，率先在现代农业园区推进良种、良法、良制、良田、良机"五良"融合发展，打造西南丘陵山地现代农业智能装备技术创新中心。三是实施现代烘干冷链物流体系建设工程。强化农产品烘干、分拣、加工、包装、预冷等一体化集配设施建设，完善仓储和冷链物流体系，提升智能化水平。四是打造国家级科技创新平台。优化整合成渝两地农业科技资源，支持四川大学、四川农业大学、西华大学等院校与重庆西南大学等院校合作，建立科技创新联盟，支持成都市创建国家农业高新技术产业示范区，推动内江、荣昌共建国家现代农业高新技术产业示范区，建设集优质良种繁育、先进技术攻关、农业机械研发于一体的科技创新平台。大力发展农村电商，发展适合消费者多样化需求的产品，培育一批网红品牌。建设西部智慧农业·数字乡村示范区。

10.8 宜居巴蜀产村相融示范带建设工程

一是同步规划产业发展与美丽乡村建设。前瞻谋划村庄规划，推动农商文旅体康养医跨界融合发展，推进农产品产地初加工、休闲农业、农村电商等产业设施与乡村公共服务设施配套建设，建设以产促村、以村促产、产村相融、宜居宜业的美丽乡村。二是实施农耕文明与现代文明融合发展行动。加强农耕文化保护与开发利用，发展乡村特色文化产业，沿长江、嘉陵江、岷江、沱江、涪江、渠江等流域，建设一批休闲乡村、特色小镇、农耕文化博物馆、农业博览园、农业主题公园，繁荣乡村文化。三是创建美丽巴蜀宜居乡村示范村。依托风光秀美的巴山蜀水和多姿多彩的农耕文化，以农村人居环境整治"五大行动"和路水电气信"五网建设"为主攻方向，布局建设一批美丽休闲乡村和农村人居环境整治示范村。四是打造宜居巴蜀产村相融示范带。重点支持沿长江、成渝高速公路沿线、渝广达沿界地区，布局建设技术领先的垃圾焚烧发电、大型污水处理区域中心、废弃资源回收再利用科技创新平台等重大项目，实施人居环境综合整治绿化、亮化、美化提升工程，推动资阳、大足共建农文旅融合发展示范区。

10.9 国家农村改革先行示范区建设工程

一是争取适度扩大国家城乡融合发展试验区试验范围。按照省委关于推进成德眉资同城化发展的决策部署，争取将德阳、眉山、资阳全域纳入国家城乡融合发展试验区试验范围。二是建立吸引各类人才返乡入乡创业激励机制。实施乡村振兴人才培育聚集工程，允许符合条件的返乡就业创业人员在原籍地或就业创业地落户，健全农业转移人口市民化成本分担机制。三是建立城乡统一的建设用地市场。推进集体经营性建设用地就地入市或异地调整入市，允许依法收回农民自愿退出的闲置宅基地、废弃集体公益性建设用地使用权入市，推进集体经营性建设用地使用权和地上建筑物所有权房地一体、分割转让。四是建立农村产权保护交易制度。建设县域农村产权交易平台，加快推进农村资源变资产、资金变股金、农民变股东"三变"改革，探索构建"三权分置"的现代农村产权制度。建设西部农业资源资产交易中心，以成都农村产权交易中心为载体，推进农业资源证券化。五是建立城乡普惠的金融服务体系。推进农村集体经营性建设用地使用权、集体林权等抵押融资以及承包地经营权、集体资产股权等担保融资。在深化农村宅基地制度改革试点地区探索农民住房财产权、宅基地使用权抵押贷款。健全农业信贷担保机构。

10.10 全国农业对外开放高地建设工程

一是加快推动农业"走出去"。按照四川省委关于"四向拓展、全域开放"决策部署，实施深化南向开放合作三年行动计划，深化与粤港澳大湾区、北部湾经济区对接合作。支持企业积极参与"南南合作"和"一带一路"建设，深化农业国际合作，探索建立一批境外农业产业园。二是持续推进农业"引进来"。建好中法、中以等合作产业园，引进建设更多国别合作园区。推动中国（成都）国际农产品加工产业园和中国青白江区农业对外开放合作试验区建设，扩大农产品进出口。三是联合举办高水平农业展会。加快建设中国天府农业博览园，支持与重庆市联合举办西博会、农博会、茶博会等农业展会，打造"永不落幕"的田园盛会。积极开展农民丰收节等特色节会和"川货全国行""万企出国门"等市场拓展活动。四是建设西部"一带一路"农产品集散交易中心。充分发挥成都国际铁路港区位优势，支持青白江区农业对外开放合作试验区建设，开展农产品国际贸易、农业国际交流与合作，建设西部"一带一路"农产品集散交易中心和期货交易市场。

第 11 章 战略保障机制研究

11.1 战略保障机制现状

11.1.1 一体化融合保障机制现状

11.1.1.1 工作协同机制逐步优化

自 2020 年以来，川渝两省市之间的业务交流日益增多，合作不断深化。两地农业农村部门积极推动省市级层面的工作联动机制，联合印发了关于优化调整农业带建设推进机制的通知，设立了专项工作组，进一步提升了合作效率。此外，两地在省级层面互派挂职农业干部，增强了两地在农业领域的交流与协作[①]。国家层面的长效工作机制也得到了进一步巩固，重庆市农业农村委员会发展规划处与四川省农业农村厅发展规划与农业园区处共同设立了联合推进办公室，负责牵头制订成渝现代高效特色农业带的实施方案和年度工作计划，并开展了共建农业带的绩效考核工作。这一系列举措有效推动了两地农业合作纵深发展，为区域农业现代化奠定了坚实基础。

11.1.1.2 会议轮值机制协商构建

为进一步推动两省市农业合作，成渝两地建立了推进会议轮值制度，每半年轮值召开一次推进会。会议主要研究和讨论合作的相关事项，协商解决年度计划执行中遇到的具体问题，确保各项合作工作顺利推进。在会议中，对于工作推进中的重点和难点问题，双方及时向两省市分管领导汇报，请求协调解决。两省市农业农村部门的沟通和合作不断加深，双方相关处室积极开展交流互访和双向考察活动，以

---

① 川渝共耕农业"实验田"，https://www.sc.gov.cn/10462/12771/2021/7/7/f281084bc01140c-09086de18f39179a0.shtml.

加强对农业发展经验的相互学习和资源共享。至今,两地农业农村部门主要领导已互访多次,相关处室也进行了多次双向考察。

11.1.1.3　城市结对机制加快推进

成渝两地积极推动共建成渝现代高效特色农业带,成立了专项合作组,专门由两省市农业农村部门相关业务处室、局及事业单位的主要负责人担任组长,分管负责人担任副组长。合作组的主要任务是共同研究和制订年度工作计划,确保两地在农业带建设中的各项工作高效有序推进。同时,双方积极争取农业农村部及其他国家部委相关司局对项目的资金和政策支持,推动重大项目、平台和改革的实施。为了深化合作,重庆市已有16个区县与四川省19个市县结成了共建对子,在项目合作、技术支持、资源共享等方面展开密切协作。

11.1.1.4　任务合作机制不断完善

川渝两省市在农业合作方面不断深化,已梳理出《川渝主要农业政策对比清单》共77项,为进一步推动合作奠定基础。四川省农业农村厅和重庆市农业农村委员会签署了5项重大合作协议,涵盖了多个领域的深度合作,包括:《建设成渝现代高效特色农业带战略合作框架协议》《共建动植物疫情及农作物重大病虫害联防联控机制战略合作框架协议》《共同推进川渝地区双城经济圈农业会展高质量发展战略合作框架协议》《共同推进川渝地区农业生态环境与资源保护战略合作框架协议》《成渝地区协同实施长江十年禁渔推动渔业高质量发展合作协议》等。截至2024年末,川渝两地省、市、县三级农业农村部门累计签署了170余份合作协议,进一步加强了层级间的协同合作。两地还积极组织各类合作活动,已共同举办超25次的重要活动。在第二十一届中国西部(重庆)国际农产品交易会和第九届四川农业博览会期间,成功设置了"成渝地区双城经济圈"展馆,并举办了重大项目签约仪式,推动了区域间的农业产业对接与合作。依托两省市的特色优势产业,川渝两地还成立了包括柠檬、泡(榨)菜等在内的10个产业合作组,进一步推动产业协同发展。为促进具体领域的合作,川渝两地通过举办专业论坛和培训班方式,如"2022成渝现代高效特色农业带小龙虾产业发展论坛""2024川渝水产生态健康养殖技术培训班"[①],为两地农业合作注入新的活力和动力。

---

① 2024川渝水产生态健康养殖技术培训班在成都顺利举行,http://nyncw.cq.gov.cn/wsdw/cqsscz/qxdt/202412/t20241203_13853071_wap.html.

11.1.1.5 重大事项会商机制确立

两省市在农业农村领域的重大事项协同机制不断完善，始终遵循"统一谋划、一体部署；相互协作、共同实施；优势互补、共建共享"的基本原则。为确保高效推进合作，川渝两地农业农村部门牵头的相关处室坚持每季度召开定期碰头会，共同商讨和制订年度工作计划，围绕重大项目、重大平台和重大改革等领域展开协作，进一步明确支持政策和实施细则。在此基础上，双方还积极开展经验交流，相互借鉴先进做法，及时协调解决在执行过程中遇到的困难和问题。通过不断加强沟通和协调，两地已成功召开农业带建设工作会商会议58次以上，有效推动了合作项目的顺利落实，确保了各项工作的高效推进。

11.1.2 资源要素流动保障机制现状

11.1.2.1 要素流动平台不断完善

科技资源力量不断整合，川渝两省市不断加强农业科技交流，涉农科研部门全方位合作，加快共建国家现代农业产业科技园区、国家农业高新技术产业示范区、西南特色作物种质资源库和区域性畜禽基因库、国家现代农业产业科技创新中心、畜牧科技城及国家级重庆（荣昌）生猪大数据中心等。交易平台不断完善，2024年，重庆市九龙坡区农业农村委与成都农村产权交易所签订《农村产权交易数字信息应用合作协议》。目前，成渝两地农村产权交易所实现微信公众号项目互推互挂，并开通了成渝专区板块、开放农副产品数据及农村产权流转项目录入功能。合作示范园区联动深化，两省市以毗邻地区农业合作园区为依托，充分发挥园区示范引领作用，引导市场资源要素聚集集中，吸引各类经营主体广泛参与，推动适度规模经营，辐射带动川渝两省市全域现代农业加快发展。

11.1.2.2 土地流转制度不断健全

川渝两省市严格落实国家关于新增建设用地计划指标总量8%支持农业发展的政策要求，通过多种方式优化土地资源配置。为支持农业发展，两地积极推动土地增减挂钩和户乡挂钩等土地利用方式，累计落实产业园集体建设用地692亩，设施农业用地708亩，为农业产业化发展提供了充足的土地保障。同时，两地还积极探索并推广土地股份合作模式，通过成立股份经济合作社的方式，促进土地资源的有效流转和农业产业的集约化发展。在多个行政村设立了股份经济合作社，采取股份合作的方式成功带动了超1.26万户农户参与合作，实现了土地的增值和农民的增收。此外，通过"土地流转+保底分红"的模式，带动了超1 985户农户参与现代农业发展，进一步提高了农民的收入水平和社会参与度。这些措施有效促进了农业资源的优化配置，为推动农业现代化和乡村振兴战略实施提供了有力支持。

11.1.2.3 资金支撑不断强化

政策资金投入不断加强。以船山区—潼南区农业合作园区为例，川渝两省市出台现代农业产业园财政重点支持意见、财政涉农资金统筹整合实施方案、农业产业发展金融扶持资金实施方案等，持续不断地向产业园加大中央奖补资金、省级奖补资金以及各级财政投入，整合各类奖补资金超10亿元，形成了上下联动、共同推进的资金支撑。撬动各类资本赋能产业园，发挥财政资金引导撬动作用，通过以奖代补、贴息、担保等方式，引导本地及外部企业参与产业园建设，撬动金融社会资本投入超54亿元，推动产业持续健康发展。创新金融服务模式，探索推广"政府+银行+担保"金融服务模式，设立风险保障基金，全面推进乡村振兴农业产业发展风险保障担保贷款。以遂宁市为例，遂宁市政府指导四川农信（遂宁）、农发行遂宁分行等各类银行向产业园新型农业经营主体累计发放担保贷款超77亿元，对生猪、大豆生产、加工、品牌营销等环节开展贷款贴息、保险服务支持等工作，落实农业政策性保险以及特色农业保险保费补贴2 298.41万元。建立完善的资金使用管理制度，建立项目全过程管理服务机制，组建项目专班，实行中央奖补资金专账管理，促进资金管理使用制度化、规范化、程序化。

11.1.2.4 人才激励机制不断优化

深化农村人才"两库两引"机制，开展农村集体经济组织"职业经理"试点，持续推进人才"五进"活动，依托产业园主导产业集聚专业技术人才。建立科技人才参与产业园建设的激励机制，依托已建立的科研平台通过柔性引才等方式，持续引进高端人才，建立科技特派员队伍。加大培训力度，培训新型农业经营主体带头人、农业职业经理人、高素质职业农民等，开展新型职业农民、实用技术人才培训。出台返乡创业激励措施，建立农民工服务中心等各类农业创业创新平台和农村孵化实训基地，激励各类人才下乡进园创业。

11.1.3 产业链协作互补保障机制现状

11.1.3.1 精深加工能力不断提升

川渝两省市积极以毗邻地区农业合作园区和成德眉资都市现代农业园区等平台

为载体,推动区域间农业合作与联动发展。通过"串点连线、连线成片、连片成带"的战略布局,逐步实现农业规模化和集约化发展,促进了特色优势产业的共同发展。截至2024年末,两省市已成功建设国家农业现代示范区25个,国家级现代农业产业园27个,优势特色产业集群14个,并且培育了19个国家乡村振兴示范县。在此基础上,川渝两地继续深化合作,致力于推动区域内农业合作园区的创建和培育。2021年和2023年,两省市分别培育了2批次、共计8个(6+2)农业合作园区,其中涵盖了6个重点园区和2个特色园区。同时,四川省在2022年和2023年培育了2批次、共计8个成德眉资都市现代农业园区,进一步推动了城乡一体化发展和农业产业的现代化进程。

11.1.3.2　冷链仓储水平稳步提升

川渝两省市积极推动农产品流通领域的重大建设项目,致力于提升市场基础设施建设和管理服务水平,促进农产品流通的效率和稳定性。通过对农产品批发市场进行系统性改造和升级,完成了市场场地的科学规划和优化布局,拓宽了交易通道,并增加了仓储空间。这些举措有效提升了市场运营效率,使农产品流通更加顺畅,交易环境更加便捷。同时,两省市协同完善冷链物流体系,建设了多个农产品冷链配送中心,涵盖了猪肉、柑橘等农产品品类,配备了先进的冷藏设备和技术,确保了农产品的存储和运输过程中温控条件的精确管理,大大提高了市场供应的稳定性和农产品的质量保障。川渝两省市还共同建设了国家骨干冷链物流基地,推动了冷链物流和农业产业园区的深度融合,进一步完善了从农产品生产到销售的全程冷链运输体系。

11.1.3.3　品牌营销模式创新发展

2020年以来,川渝两省市积极推动产业共生与品牌共建,致力于共同打造"川菜渝味"等区域公用品牌,全面提升农业合作水平,扩大农业对外开放,拓展农产品市场。两地通过联合举办川渝农交会等大型活动,已连续3年成功组织农产品推介、采购对接等交流合作,深化了农产品的市场影响力和区域协同效应。为进一步增强品牌效应,两省市充分发挥区域公用品牌协会、农业营销公司等主体的引领作用,整合资源,推动形成了"官方网站+电商平台+线下体验店"相结合的多元化营销模式,广泛拓展农产品及其加工产品的销售渠道。通过这一综合营销体系,不仅提高了农产品的市场覆盖率,还增强了品牌的市场辨识度和竞争力[①]。

在国际市场方面,两省市积极开拓海外销售渠道,第九届四川农业博览会特设

---

① 纪怡璠. 川渝农产品直播电商发展现状问题及对策[J]. 南方农业,2024,18(24):81-83.

重庆馆，充分展现了川渝农业特色。同时，联合优化物流运力，推动中欧班列（成渝）农产品专列的开通，增强了两地农产品在国际市场上的竞争力。此外，两省市还共同建设出口食品质量示范区，通过提升农产品质量标准，进一步提升了农产品的国际影响力和品牌形象，促进了川渝农业产品的国际化发展。

11.1.3.4 农文旅发展加速融合

为丰富乡村旅游内涵，提升农业的综合效益，川渝两省市持续推进观光农业与乡村旅游的融合发展。两地政府高度重视这一领域，积极策划和新建了一批观光农业基地，打造了一系列富有地方特色的"故里民宿"等农文旅基地。这些新兴旅游项目不仅促进了地方经济的多元化发展，也大大提高了乡村旅游的吸引力和竞争力。同时，川渝两地还注重打造具有地方文化特色的乡村旅游品牌，力求在市场上形成独具特色的旅游产品。如遂宁市与重庆市潼南区联合举办了遂潼首届农民丰收运动会、船山区村级"微马赛"等一系列农业休闲观光旅游活动。这些活动吸引了大量游客前来体验，推动了休闲农业与乡村旅游的收入快速增长，带动了地方经济的持续增长，并有力促进了农民增收和乡村振兴。

11.2 战略保障机制存在问题

11.2.1 一体化融合程度不高

11.2.1.1 跨区域、跨部门和跨领域联动不够

尽管川渝两地在地理上毗邻，但因隶属不同行政区划，要素资源流通面临诸多行政壁垒和制度障碍，竞争大于合作的问题长期顽固，跨区域、跨部门的要素资源整合力度明显不足。一方面，行政区域之间的合作和协同不足。两地政府间高层次的协同磋商机制未能有效构建，行政区域封闭性建设特征明显，"单打独斗"多、跨区域联动少，特别是在重大产业规划、重大工程项目平台建设方面，各地政府多从自身利益出发，局部性制度政策较多，而事关全局的顶层设计明显缺失，难以形成错位发展、优势互补的格局。导致区域共建成渝现代高效特色农业带及川渝毗邻地区农业现代化的互补性和协同效应未能充分发挥，阻碍了农业现代化建设[①]。另

---

① 冯晟臻，王学华，黄蘋，等．成渝农业现代化协同发展研究［J］．中国国情国力，2022（7）：37-43．

一方面，缺乏有效的沟通与合作机制。尽管川渝两地签订了一系列合作框架协议，但由于部门之间壁垒较高、合作交流不够密切，使得既有合作多是小范围或局部性的合作，很多合作仅停留在一纸合约上，未能落地实施，限制了川渝两省市跨区域联动作用的发挥。

11.2.1.2 辐射带动作用较弱

一是投入资源的配置状态和水平不均衡。川渝两省市由于各自发展的侧重点有所不同，重点支持的领域和项目也存在差异，不同部门之间在项目监管、资金投入、支持标准、绩效管理、土地使用等方面的投入和配置状态不均衡，难以充分了解彼此之间的建设重点和进展情况，使一些跨区域的项目难以协调推进。两省市的重点产业和支持政策也不同，毗邻地区面临难以确定明确产业发展方向的问题，导致产业培育进展缓慢。二是合力辐射带动作用较弱。川渝两省市的基础设施建设未进行统一规划和协调，不同地区建设进度参差不齐，道路、水利、电力等基础设施不完善，无法满足现代农业发展的需求。三是技术推广、人才培训等的力度和资源较为分散，新技术、新品种等的推广也难以在两地形成统一的力度和节奏，两地农业生产无法形成集中优势，阻碍了辐射带动作用的发挥。

11.2.2 两地资源要素流动不畅

11.2.2.1 资源要素流动平台机制不完善

尽管川渝两地政府已着手推动农村产权市场的建设与发展，但由于两省市农村产权可交易的产品和信息不够流畅，当前市场上可供交易的农村产权产品类型仍相对有限，未能全面覆盖农村土地承包经营权、农村集体经营性建设用地使用权、农业设施所有权、林权等各类重要农村产权。信息流通方面，川渝两省市农村产权交易市场的信息传递机制尚待完善。目前两省市的市场信息发布渠道不够广泛，信息更新速度较慢，导致交易双方难以及时获取全面、准确的市场信息，影响了交易效率和市场透明度，市场活跃度较低[①]。此外，农业资源要素在川渝地区的自由流动也面临一定障碍。尽管两地政府已出台了一系列政策措施，旨在促进农业资源要素的自由流动和优化配置，但在实际操作中，仍存在一些体制机制障碍和政策壁垒，

[①] 夏文汇，肖潼，曾红．川渝农产品流通效率与经济发展协同耦合研究[J]．物流研究，2024(4)：1-14.

限制了农业资源要素在区域内的顺畅流动①，农业资源要素在川渝地区未充分实现自由流动。

11.2.2.2 土地要素流通约束明显

土地资源的有效流转和再利用在川渝等地区受到多种因素制约，包括但不限于土地流转程序复杂、市场信息不对称、流转平台功能不完善等，这些问题共同导致了土地要素难以在更广泛的范围内实现顺畅流通，进而影响了农业生产的规模化、集约化经营，以及农村经济的多元化发展。作为农村集体产权制度改革重要部分的集体收益分配权也亟待完善，川渝两省市集体收益分配权的转让往往局限于特定的村域或社群内部，难以跨越更广泛的地理和社会界限，市场难以形成对集体收益分配权的客观、公正的价值评估体系，导致无法通过市场价值准确衡量和评估集体收益分配权的真实交易价值，削弱了其作为经济要素的流动性与增值潜力。

11.2.2.3 资金支撑来源单一

川渝两省市农业发展的资金支持主要依赖于各级财政拨款和扶持资金，其中包括中央和地方财政的投入，这部分资金构成了农业发展资金供给的主体部分。虽然财政资金的保障在一定程度上确保了农业发展的基本需求，尤其是对农业基础设施建设、科技创新和生产力提升等方面起到了重要支持作用，但这种高度依赖财政资金的局面也存在一些问题。首先，财政资金的规模相对有限，难以满足日益增长的农业现代化建设需求；其次，财政资金的使用效率在一定程度上受制于行政审批流程和预算管理体制，影响了资金的有效配置和高效利用。此外，川渝两省市农业发展中的资金来源渠道较为狭窄，主要依赖政府资金，缺乏社会资本的广泛参与和投入，未能形成一个多元化、可持续的融资体系，这使农业现代化建设在资金层面面临较大压力。

11.2.2.4 人才培养和引进不平衡

尽管川渝两地政府及相关部门已高度重视并加大了对农业科研人才的培养力度，但在实际执行过程中，仍面临着一些亟待解决的问题。一是农业科研人才培养体系尚不够完善，缺乏科学的规划和系统的培训机制，导致人才培养的质量参差不齐，难以满足日益复杂的农业发展需求。二是高端人才缺乏，虽然已努力培养高端人才，但由于缺乏针对性和长期规划，人才培养的深度和广度未能与农业现代化的

---

① 王源，杨海丽. 成渝地区双城经济圈农村统一大市场构建的现实价值与实现路径研究[J]. 当代农村财经，2024（12）：32-38.

步伐相匹配，尤其是在农业前沿技术和创新领域，高端科研人才的供给仍显不足。三是科研人才引进难，尽管川渝两地已经出台了一系列政策措施，力图吸引和留住优秀的农业科研人才，如提供税收优惠、科研经费支持等，但由于两地经济发展水平、科研资源配置及生活工作环境等方面的差异，高端人才的引进效果并不理想，未能形成一支稳定且高效的人才梯队，科研创新和技术突破的整体效能受到限制。尤其是科研设施和创新环境的差距，使一些优秀科研人才在选择工作地点时更倾向于经济发达地区，这进一步影响了两地农业科研力量的集聚。

11.2.3 产业链协作互补不够

11.2.3.1 产业同质化竞争严重

在成渝现代高效特色农业带与川渝毗邻地区农业现代化建设的推进过程中，川渝两省市的花椒、柠檬、泡榨菜等特色农业产业合作取得了一定进展，主要集中在种苗培育、种植生产和技术推广等环节，但在品牌建设、市场开拓、产品创新等更为核心的环节，合作的深度和广度仍然较为有限[1]。两地在基础层面的合作已经较为成熟，但在提升产品附加值和拓展更广泛的市场空间方面，还尚未形成强有力的产业整合和市场竞争力。同时，川渝两省市各市场主体在技术水平和产品质量上趋于一致，缺乏在差异化竞争方面的独特优势。这种同质化的生产模式使得两地在核心竞争力上的差距较小，导致在价格、产量等方面的竞争愈加激烈，部分产品面临产能过剩的问题，难以在市场中脱颖而出[2]。这不仅加剧了市场价格的波动，也影响了整个区域特色产业的稳定发展，甚至削弱了产业的整体竞争力和可持续发展潜力。

11.2.3.2 跨区域产业协同不深

在推动全产业链发展的过程中，两省市在产业链上下游的衔接与融合方面仍显不足。从农产品的种植、养殖到加工、流通、销售等各个环节的合作，尚未形成紧密的协同关系，导致产业链条在某些环节出现断裂和重复建设的现象，影响了资源的高效利用和产业的整体效益。尤其是在农产品精深加工、品牌建设、市场开拓等高端增值环节，双方的合作力度与深度明显不足，尚未形成完整的产业链条，缺乏

---

[1] 刘建辉. 新时期推进安岳柠檬高质量发展的思考［J］. 四川农业科技，2024（3）：89-91.
[2] 冯永泰，王丽铭，刘玲琳. 成渝地区双城经济圈协同推进乡村振兴研究［J］. 西部经济管理论坛，2022，33（5）：1-7.

高效协同的产业发展格局[①]。在跨区域联合打造优势特色产业集群和推动全产业链发展的过程中,各自的比较优势尚未充分发挥,双方的资源未能有效整合,各区域之间的协同创新机制和资源共享机制仍不完善,合作的深度和广度仍有进一步加强的空间,产业集群的规模效应和协同效应未能充分发挥,资源的最优配置尚未实现。

11.3 战略保障机制建议

11.3.1 提升一体化融合程度

11.3.1.1 进一步健全完善工作机制

一是推动建立国家层面长效工作机制。《农业农村部 四川省人民政府 重庆市人民政府共同推动成渝地区双城经济圈现代高效特色农业带建设战略合作协议》已由四川省人民政府、重庆市人民政府主要领导完成签署,2024年初已报送农业农村部。建议后续进一步积极推动部省市三方战略合作协议农业农村部签署工作,建立起部省市联席会议制度,争取农业农村部会同国家相关部委参与,统筹协调农业合作的重大事项,解决合作中遇到的重大问题,确保区域农业协同发展的高效推进。二是建立科学的信息管理和共享机制。建立统一的信息共享平台,制定完善的信息管理规范,确保两地间的数据互联互通,加强区域内农业生产、科技创新、市场需求等信息的实时更新与共享,提高农业决策的科学性与精准性。三是推动区域内政策协调融合。落实习近平总书记"要坚持'川渝一盘棋',加强成渝区域协同发展"重要指示精神,统筹16市农机、农综、水利、农业产业化项目等涉农专项资金,全面构建成渝经济圈农业产业创新发展政策体系,设立成渝经济圈农业新质生产力政府投资基金,统筹推进农业技术前端研发、中端熟化、后端推广,促进熟化技术由点到线到面推开,持续提升农业科技创新能力和农业科技成果转化效能。

11.3.1.2 全面推动两省市农业农村工作交流互动

一是完善省市政府协调会商制度。为进一步推动成渝现代高效特色农业带建设,川渝两地农业农村部门应定期召开共建成渝现代高效特色农业带的工作推进座

---

① 周学红. 国土空间规划背景下省际边缘县区域协同发展研究:以四川省合江县为例 [J]. 资源与人居环境, 2020 (9): 20-23.

谈会，每年举行至少2次，深入交流合作进展，协调解决实施过程中的具体问题。同时，推动"巴味渝珍"与"天府粮仓"两省市农业公用品牌的交流合作，每年至少开展2次相关活动，增强川渝两地农业品牌的市场影响力和竞争力。针对生猪屠宰、柑橘等行业的高质量发展，建议每年定期组织2次川渝两地行业交流活动，促进经验共享与技术创新。二是加强区域协同发展成效调研监测，建议协助川渝两地人大农业农村委员会开展"共建'巴蜀鱼米之乡'助力川渝乡村全面振兴"协同调研活动，进一步提升乡村振兴战略的实施效果。三是继续做好成渝农业科技创新联盟科技交流工作，建议每年定期召开至少一次成渝地区双城经济圈农业科技创新联盟年度会议，加强农业科技创新平台的建设，推动科技成果转化，提升区域农业产业的整体竞争力和可持续发展能力。

11.3.1.3 协同谋划农业带建设年度重点工作

针对川渝两地农业农村部门联合印发的《推动成渝地区双城经济圈建设联合办公室现代农业专项工作组工作要点》，进一步细化和落实农业带建设重点任务。为确保各项任务落到实处，紧密结合《重庆四川党政联席会议第八次会议》议定事项以及《重庆四川合作推动成渝地区双城经济圈建设重点任务》等八个双圈建设工作方案中的现代农业相关任务[①]，进行详细分解，并明确具体责任部门和时间节点。同时，采用清单化、责任化的推进方式，建立详细的工作进度跟踪和责任考核机制，以确保各项任务的高效实施。定期召开联席会议，及时解决实施过程中遇到的问题，确保各项农业带建设任务按计划顺利推进，为成渝地区双城经济圈的现代农业发展打下坚实基础。

11.3.1.4 建立成渝现代高效特色农业带建设长效评估机制

针对成渝现代高效特色农业带建设规划实施情况开展全面评估，客观分析规划实施所取得的进展与成效。在评估过程中，精准识别落实规划过程中遇到的难点和堵点，特别是政策执行、资源配置、产业协同等方面的具体问题。根据评估结果进行针对性的改进与完善，推动相关政策的调整和优化，以解决实施过程中存在的瓶颈。同时，结合中期评估成果，制定切实可行的强力举措，推动规划目标的深入落

---

① 包括《成渝地区双城经济圈交通一体化发展五年行动方案（2023—2027年）》《成渝地区双城经济圈科技创新协同发展工作方案》《成渝地区双城经济圈先进制造业协同发展实施方案》《成渝地区双城经济圈生态环境保护联防联控工作方案》《成渝地区双城经济圈公共服务一体化深化便捷生活行动方案》《成渝地区双城经济圈金融协同发展工作方案》《成渝地区双城经济圈乡村振兴协同发展工作方案》《成渝地区双城经济圈改革开放协同试验方案》。

实，确保成渝现代高效特色农业带建设能够稳步推进并取得更为显著的成果。

11.3.2 打通资源要素流动堵点

11.3.2.1 持续深化成渝两地要素流动平台建设

加快推进成渝地区双城经济圈科创中心、九峰山科研基地建设，争取国家级科研平台落户。针对重庆市推进国家生猪技术创新中心、西部（重庆）科学城种质创制大科学中心、山地农业科技创新基地、重庆（潼南）农科城等平台建设，重点深化实施与中国农业科学院13个联合攻关项目。加快推进四川省万安（种业）实验室启动运行，落实崖州湾国家实验室战略合作协议并推进基地建设，在川新建农业农村部学科重点实验室。借鉴江苏省在农业资源配置方面的成功经验，通过建立农业资源共享平台，整合川渝土地流转、资金投入、技术创新等资源，推动农业要素的高效配置。同时，出台税收优惠、财政补贴等政策，鼓励社会资本、科技企业等投入农业现代化建设中，促进资源要素的流动和集聚，提升农业生产的整体效益。

11.3.2.2 优化土地流动配置制度

进一步加强合作，共同研究制定更为全面、具体的政策措施，以推动农村产权交易市场的健康有序发展。包括拓宽可交易产品种类、完善信息发布机制、加强市场监管，以及深化体制机制改革等，以此打破政策壁垒，促进农业资源要素在川渝两地实现自由流动和优化配置。此外，拓宽集体收益分配权的转让范围，建立健全市场价值评估机制，强化信息透明度与交易规范性，从而激发农村集体产权的市场活力。

11.3.2.3 引入多元化资金渠道

为了推进农业现代化建设，建议各级政府和相关部门积极拓宽资金筹措渠道，优化资金配置结构，充分发挥政府资金引导作用，鼓励社会资本、金融机构及民间投资积极参与农业产业发展。创新金融产品和服务，针对不同农业产品的发展特点，设计适应各产品的多样化融资模式，如农业产业基金、农业保险、绿色信贷等金融工具，以满足农业生产、科技创新、基础设施建设等各方面的资金需求。同时，完善农业投资政策体系，出台更多支持政策，尤其是加大对农业技术创新、生态农业、智慧农业等领域的重点支持，吸引更多私人资本和外部资金参与。加强农业投资领域的风险防控机制建设，建立健全农业投资风险评估、预警和应急处理机制，降低金融机构对农业投资的风险认知，确保资金投入的安全性和稳定性。通过政府引导、政策保障、市场化运作的多方联动，推动形成更加多元化、可持续的资金支持体系，为农业现代化建设提供强有力的资金保障，助力两地农业经济的繁荣与可持续发展。

11.3.2.4 构建科学人才激励机制

一是加大人才引进力度，制定专门的农业人才引进政策，鼓励优秀人才从事农业科技创新和技术研发，特别是面向农业科研、技术创新和高端农业管理领域，吸引更多具备专业知识和创新能力的人才。二是完善农业科研人才的培养机制，全面优化农科设置、人才培养模式，注重实践能力的提升和跨学科的融合，鼓励两地涉农院校聚焦农业新兴产业与未来产业，实施"平台+团队"整建制引进首席科学家及团队成员，培养一批具有原创精神、交叉学科素养、掌握前沿农业科技的高素质创新型人才，以满足农业现代化和产业升级的需求。同时，构建科学合理的人才激励机制，合理设定薪酬待遇、科研奖励、晋升机会等激励措施，激发人才的创新活力和工作积极性。三是加强与高校、科研院所和企业的合作，打造产学研结合的创新平台，为农业科研提供充足的人才支撑。借鉴安徽省的政策创新经验，通过出台农业现代化支持政策和创新政策，加强对农业企业、科技创新、产业协作等方面的财政补贴和税收优惠。四是优化人才流动机制。通过建立灵活的人才流动与合作机制，打破地域和体制的束缚，为优秀人才提供更广阔的发展空间和发展机会，推动人才资源的合理配置和优化流动，确保农业科研人才队伍的稳定与持续发展，从而为农业现代化建设和高质量发展提供坚实的智力支持和人才保障。

11.3.3 推动全产业链协同发展

11.3.3.1 推动农业产业示范区功能平台建设

助推川渝毗邻地区合作共建功能平台建设，川渝两地农业农村部门联合四川省隆昌市、重庆市荣昌区编制《内江荣昌现代农业高新技术产业示范区建设2024年工作要点》，加快内荣农高区川渝共建。聚焦成渝地区双城经济圈科创中心及九峰山科研基地的建设，通过加强科技资源共享、协同创新机制建设等措施，协同推进两大科研平台的规划布局与建设进度，力求在关键技术攻关、科研成果转化、人才培养引进等方面取得实质性进展。同时，积极对接国家相关部委及科研机构，争取国家级科研平台落户内荣农高区，为区域农业科技创新提供强有力的支撑与保障。

11.3.3.2 深化共建川渝毗邻地区农业合作园区

加快荣昌—隆昌、大足—安岳、梁平—开江、船山—潼南、武胜—合川、合江—江津等川渝毗邻地区6个合作示范园区建设，指导合作示范园区加快构建现代农业产业体系。深化四川天府新区都市现代农业园区、绵竹市都市现代农业园区、眉山市东坡区都市现代农业园区、资阳市临空经济区都市现代农业园区、蒲江县都市现代农业园区、广汉市都市现代农业园区、洪雅县都市现代农业园区、安岳县都市现代农业园区等成德眉资8个都市现代农业园区建设，持续提升成德眉资都市现代高效特色农业示范区建设水平。制定《川渝毗邻地区农业合作园区建设方案》，提前谋划新一轮农业合作园区建设规划，力争实现川渝毗邻地区四川省内6市17县全覆盖。

11.3.3.3 协同打造川渝农产品产业集群

深化拓展农产品精深加工，发展农业新业态，支持农村电商发展，强化农产品品牌培育，健全与农民的利益联结机制，提升园区综合效益。建好"中国西南种业硅谷"，持续推进川渝育种联合攻关和关键核心技术攻关。加快推进粮油、生猪、蔬菜、柑橘等产业集群化发展和现代生物育种产业化示范，共同推动智慧柠檬、智慧粮油、智慧养殖等基地建设。借鉴福建省在农业产业集群化发展方面的经验，通过产业园区、科技孵化器等形式，推动农业产业链各环节的企业合作，形成农业产业的创新链、供应链和价值链。协同推进优质粮油、优质蔬菜、生态畜牧、柑橘、蚕桑、渔业、茶叶等产业集群化发展。联合打造具有国际影响力的中国优质柠檬产区。新建设国家级优势特色产业集群2个（其中重庆1个，四川1个），国家级现代农业产业园4个（其中重庆2个，四川2个）。借鉴浙江省在推进农业一体化方面的经验，通过区域内农业资源的合理配置和产业链的整合，形成"生产、加工、物流、销售"一体化的产业链，提升整体生产效率。

11.3.4 建设新时代现代化大农业

11.3.4.1 切实保障川渝地区粮食安全

川渝地区粮食安全问题尤为重要。为了保障川渝地区粮食安全，推动成渝现代高效特色农业带及川渝毗邻地区农业现代化建设，必须制定和实施一系列切实可行的政策措施，确保粮食生产稳定供应、质量安全以及生态可持续性。首先，着力提高农业生产效率和增强粮食供给保障，继续推进高标准农田建设，优化耕地质量，提升土地的利用率，鼓励农民采用绿色种植技术，减少对化肥和农药的依赖，提高农业可持续发展水平。其次，完善粮食产后减损机制。牢固树立"减损就是增产"的理念，率先支持产粮大县完善烘干仓储设施，分区域、分品种开展产后机械化节约减损应用示范，打造一批粮食产后减损标准化示范基地。在区域内建设健全的粮食储备库、物流系统和调配机制，同时，强化粮食价格监测和调控机制，确保在自然灾害或市场波动时能够及时调配粮食储备，防止粮食价格的大幅波动，保障农民利益和消费者的粮食供应。最后，加大农业基础设施建设力度。特别是在水利设施、灌溉系统、农田基础设施和农村物流体系方面进行重点投资，加大丘陵山地农田基础设施和宜机化改造财政支持力度，根据地块不同给予差异化补贴，配套建设集中育秧设施，推广现代化的农田灌溉和排水系统、精量播种技术，为机械化、智能化保障粮食安全创造条件。

11.3.4.2 强化科技创新与农业产业创新融合

一是强化创新资源整合。高水平建设天府种业实验室、重庆市种子实验室并争取融入崖州湾国家实验室体系，管好用好四川省种质资源中心库；发挥成渝地区双城经济圈农业科技创新联盟作用，在生物育种、耕地保护利用、现代农机装备、农产品精深加工与营养健康等领域，争取一批国家重点实验室（国家技术创新中心、新型研发机构）、国家农业基础性长期性野外台站落地川渝地区，全面提高农业科技原始创新能力，加快形成一批突破性品种、适用技术模式、丘陵山地农机装备。二是发挥企业在科技创新中的"出题人""答题人""阅卷人"作用。鼓励企业与科研院校、金融机构等组建农业科技创新联合体，共同攻克生物育种、农机装备、农业人工智能、农产品精深加工等领域技术难题；完善"揭榜挂帅""赛马制"科研项目立项和组织机制，加快构建川渝农业科技型企业库，立项支持企业牵头开展以产业应用为导向的集成创新，增强科技创新对成渝农业特色带产业和经济的源头供给能力，培育一批生物育种、农业合成生物、植物工厂、农机装备、农业传感器芯片、农业人工智能等细分领域"隐形冠军"企业，打造西部涉农科技型企业集聚区、成渝农业硅谷。三是以建圈强链为抓手培育一批农业新产业新模式。围绕成渝特色高效农业带产业布局，率先支持产业园区、产业化龙头企业集成应用具有先进性、实用性的农业新品种、新技术和新装备，加快发展智慧农业、绿色生态农业，做强做大农产品精深加工业，形成良种、良技、良田、良机、良制"五良"融合的区域性现代高效特色农业集中示范片；积极培育"农业+信息""农业+健康""农业+文旅"等交叉融合的都市农业新业态，大力发展农业生物智造、农业低空经济等未来产业。

11.3.4.3 提高川渝地区农业智慧化数字化水平

川渝地区的农业面临着加快智慧化、数字化转型的迫切需求。为推动成渝现代高效特色农业带及川渝毗邻地区农业现代化建设，需要实现农业的智慧化和数字化发展。一是加大对川渝地区农业数字化基础设施的投资，重点建设农业物联网、5G网络、云计算平台等基础设施，建立完善农产品产地冷库与冷链物流设施，借鉴山东省在推动农业数字化方面的经验，建立智慧农业示范区，通过物联网、大数据、人工智能等技术提升农业生产的精准度和效率，切实提高川渝地区农业生产的智能化和数字化技术支撑水平。二是协同建设川渝地区农业数字化平台，提高川渝两地农业数据的采集、存储和分析水平，为农业生产提供全链条的数据支持，提升农业决策的精准度和效率。三是加大对农业智能技术的引进和应用，通过政府补贴和税收优惠等方式，鼓励农业企业和农民采用智能化生产设备，特别是精准农业、无人驾驶农业机械、智能灌溉系统等技术，全面提高农业生产效率，降低生产成本。四是推进数字经济与成渝"土特产"深度融合，规范发展直播电商，实现成渝农产品物美价廉与优质优价。五是设立区域智慧农业专项基金，重点支持农业企业和科研机构开展农业数字化技术的研发和应用试点，积极推动川渝两地农业智慧技术的创新，特别是在精准农业、智能灌溉、自动化作业等领域的研发。

11.3.4.4 做好新时代川渝地区农业对外开放

在新时代背景下，川渝作为西部重要农业省市，面临着进一步提升对外开放水平、推动农业现代化的重要任务。提高川渝地区农业对外开放水平也是推动成渝现代高效特色农业带及川渝毗邻地区农业现代化建设的重要一环。一是构建更加高效的农业对外开放合作平台。通过组织农业资源推介会、农业技术交流活动、农业投资洽谈等，吸引外资进入川渝农业领域，推动农业产业的全球化布局；依托"一带一路"倡议、区域全面经济伙伴关系协定（RCEP）等国际合作框架，加大对外贸易和农产品出口的政策支持，深化与东南亚、南亚及欧洲等地区的农业合作，优化出口产品结构，提升川渝农业对外市场的占有率；鼓励企业与国际农业科技机构合作，开展农产品加工、精深加工技术的引进和创新，加大农产品质量认证体系的建设力度，通过国际认证的标准提升川渝农业产品在全球市场的竞争力。二是加强农业科技领域的对外合作与交流。积极引进国外先进的农业技术、设备和管理模式，通过与国际农业科研机构的合作，推动农业科技创新，尤其是在数字农业、精准农业、绿色农业等领域，借助国际化的技术力量提升农业生产的现代化水平，同时加大对川渝本土农业科技企业的支持力度，鼓励其通过国际合作提升自主创新能力。三是进一步优化农业对外开放的政策环境。建立更加灵活、透明的农业投资政策，促进国际资本、技术和人才的流入；同时，强化农业对外贸易的便利化措施，推动川渝地区农业产品的跨境电商平台建设，提升农产品外贸的流通效率。

附　录

附录1　国内主要经济区农业协调发展典型案例

1.1　京津冀农业科技创新联盟

为了落实京津冀协同发展战略，推动区域农业科技协同创新，解决区域内农业发展面临的共性问题，提升区域农业整体竞争力，2016年由北京市农林科学院牵头，联合天津市农业科学院、河北省农林科学院等京津冀地区的农业科研院所、高等院校、涉农企业等单位共同发起成立京津冀农业科技创新联盟。旨在通过共建联合实验室、共建创新团队、共享科技条件资源、共同培养创新人才、成立创新合作基金等方式，构建开放、协同、畅通、共享的农业科技合作、共享平台。已发展壮大至100家成员单位，创建蔬菜生物育种全国重点实验室、天津市智能农业研究院、京津冀联合实验室、分支联盟等25个区域创新平台，建立核心示范基地20家。

联盟聚焦区域农业发展重大科技需求，联合开展"京津冀蔬菜无人农场研发与应用"等科研项目50余项、经费超3亿元，成员单位研发创新成果506项，涵盖果蔬、食用菌、水肥一体化、病虫害综合防控、农产品产后加工、智慧农业等多个领域，累计举办各类学术交流、成果展示与对接等活动60余场，线上线下参与超过73万人次。北京市农林科学院、天津市农业科学院在石家庄建设农业科技创新基地，累计引进1700余个京津果蔬新品种和水培韭菜、大白菜丸粒化播种等多项国内领先新技术，构建了"京津研发、河北中试、就地转化、率先推广"协同创新格局。加强技术交流和成果转化。三省（市）农业科研机构、技术推广部门及创新团队紧密合作，通过开展品种联合审定、技术观摩、交流培训、擂台赛等数百场活动，推动新技术、新品种、新产品试验、示范和推广，培训技术人员、农业生产者

9.6万人次。北京市农林科学院已在沧州、唐山、武清示范推广杂交小麦品种60万亩，实现节水3 000万吨，增产4 500万千克[①]。北京市农林科学院和石家庄市农林科学院合作攻关的设施蔬菜生态环境智能调控技术，在石家庄、廊坊等7个地市累计推广20.8万亩，新增经济效益2.44亿元[②]。

京津冀农业科技创新联盟的成功表明，跨区域合作能够有效整合资源，解决区域共性问题，提升整体竞争力。联盟通过联合攻关和平台建设，推动了农业科技创新，为区域农业高质量发展提供有力支撑。联盟的成功离不开科研院所、高校和企业的深度合作，这种产学研结合的模式为其他区域提供了可借鉴的经验。政府的支持和资源整合是推动区域协同创新的重要保障。

1.2 广东珠海金湾台湾农民创业园

广东珠海金湾台湾农民创业园（简称台创园）是2008年经农业部、国务院台湾事务办公室（国台办）批准成立的广东省首家台创园，列入广东省人民政府与农业农村部共建的国家级现代农业园区和2009年省级现代农业园区，被广东省纳入《珠江三角洲地区改革发展规划纲要》。台创园规划总面积4.5万亩，设核心区和辐射区，其中核心区7 655亩，辐射区约37 000亩。截至2025年3月，园区已入驻企业40家，其中涉台企业15家，台资总额7 104万美元。珠海台创园致力于以科技创新驱动，高端谋划确立了以"园艺作物种业"为产业引领，积极实施"园区带动"战略，不断发挥台创园的示范带动功能，促进现代农业产业健康快速发展。按照"一二三产业融合发展"目标，提升园区景观，强化园区辐射带动能力。

承担广东省政府重点项目——广东（珠海）现代种业发展中心。2015年，"广东（珠海）现代种业发展中心（广东省现代种业发展分中心）"项目落户珠海台创园，同时，国家级农作物种子储备繁育基地主体建设项目一并放在珠海台创园建设。该项目是广东省政府2015年重点项目，选址台创园核心区二期，占地900亩，定位立足珠海、辐射华南、面向国际的现代种业"硅谷"，以打造一流园艺种业研发中心、孵化中心、国际种业交易中心、特色园艺作物品种繁育试验基地为目标，

---

① 北京市农业农村局．共绘强农图 同圆兴村梦——京津冀推进农业农村协同发展十年成效综述，https：//nyncj.beijing.gov.cn/nyj/snxx/gzdt/436370114/index.html.
② 中华人民共和国农业农村部．立足功能定位 优化资源配置 推动京津冀农业农村协同发展走深走实，http：//www.qys.moa.gov.cn/qyfz/202409/t20240923_6463066.htm.

成为广东省农业新品种、新技术、新成果展示推广窗口和现代农业发展的助推器。项目建成后，预计直接带动本地新增就业1 000人以上，辐射推广面积100万亩以上，新增经济效益超30亿元。

高端谋划园区建设，一二三产业快速融合发展。不断加大资金投入，大力推进核心区基础设施升级改造。不断引导企业转型升级，促进一二三产业融合。以"北纬22°绿珍珠"为主题，注册"北纬22°绿珍珠"商标，整体提升台创园建设水平和品牌形象。建设园区科普教育基地，不断提升农业生产附加值。通过实施核心区景观提升工程，建设科普教育基地等一系列配套项目，台创园农业休闲观光经济形势喜人。年均接待来访嘉宾、考察团体100多批次5 000余人，游客50 000人，取得了良好的经济效益和社会效益。台创园还被文化和旅游部办公厅、团中央办公厅联合授予"全国青少年农业科普示范基地"称号，入选农业农村部和文化和旅游部联合认定的"全国休闲农业与乡村旅游示范点"榜单。

入园台商企业经济效益显著提高。据统计，广东莲雾田头价格每斤（1斤＝0.5千克）40元，每亩产值16.2万元；杧果田头价格每斤18元，每亩产值9.7万元；芭乐（番石榴）田头价格每斤6元，每亩产值14.4万元；巨峰葡萄田头价格每斤13元，每亩产值3.9万元；台农二号水果木瓜田头价格每斤5元，每亩产值2万元。永呈园艺公司销往福建、广西、深圳、佛山、珠海本地斗门、平沙等地苗木（罗汉松、南洋杉、牛樟苗、水果苗）和采摘销售水果产值共计1 200万元（其中苗木产值400万元，水果800万元），利润600万元；珠海绿色未来生物科技有限公司50亩土地，销售种苗800多万元，利润350多万元，在珠海带动推广种植面积1 500多亩，并推广到广西、四川、江苏等地区；珠海富乐花卉种苗有限公司蝴蝶兰花产值900多万元，销售利润100多万元①。

园区示范带动辐射功能显著增强。一是以台创园科技创新基地为平台，狠抓农业新品种、新技术引进示范推广，提高农业经济效益。通过台创园平台年均引进新品种30个、新技术20项，举办了各类技术培训班40余期、培训农民3 000余人。二是积极承担国家、省、市科研课题，强化农业科技研发与成果转化。园区共承担国家、省、市各级科研课题17项，获得省级农业推广奖3项，制定地方标准9项，获得国家专利5个，通过广东省农作物新品种审定3个。其中，具有自主知识产权

---

① 广东珠海金湾台湾农民创业园概况，http：//la.crnews.net/hzwtwnmcyy/gd/zhjwtwnmcyy/yqgk/884560_20161011044448.html。

的"珠玉糯1号"玉米品种在2016年通过国家审定,成为广东第一个获得国审通过的糯玉米品种。

1.3 长三角"田园五镇"乡村振兴先行区

长三角"田园五镇"乡村振兴先行区由上海市金山区的廊下镇、吕巷镇、张堰镇和浙江省嘉兴市平湖市的广陈镇、新仓镇五个地缘相近且各具特色的小城镇组成;总规划面积255平方千米,合力打造长三角乡村振兴共同富裕新高地。这一区域的建设是在乡村振兴和长三角区域一体化两大国家战略的指引下,通过党建引领和毗邻党建联盟的建设,打破了行政壁垒,实现了跨区域合作的新模式。

2019年3月25日,五镇共同签署了《长三角"田园五镇"乡村振兴先行区五镇联盟共建协议》,标志着长三角"田园五镇"乡村振兴先行区建设的正式启动。长三角"田园五镇"乡村振兴先行区将各镇资源进行有机融合,着力打造以都市农业、品牌农业为代表的现代绿色生态农业,以中央厨房、鲜食加工等为代表的农产品加工业,以文化商业、休闲体验等为代表的文旅产业。目标是使田园五镇成为长三角农业农村发展的新高地和创新创业的集聚地。"田园五镇"将打造都市绿色现代农业品牌,以金山现代农业园区和平湖市农业经济开发区为核心,建设长三角现代农业园区,推进农业的绿色化、优质化、特色化、品牌化。统筹布局廊平公路"百里菜园"精品蔬菜生产带、金石公路"百里果园"特色农产品种植和体验带、漕廊公路"百里花园"乡村休闲带。培育特色农产品,以蟠桃、蘑菇、色拉菜、西甜瓜、芦笋(石刁柏)、树莓等特色农产品生产区和南北山塘古村、新仓童车城等特色空间为依托,大力推进特色农产品生产、加工、体验和消费融合的新模式。塑造一年四季以传统文化、田园风光、地方民俗、产业交流等为内容的节庆主题活动,打造沪浙田园文化节庆品牌,形成乡土田园的活动体验。

长三角"田园五镇"乡村振兴先行区具有以下几个特征。一是党建引领是核心。长三角"田园五镇"乡村振兴先行区的成功离不开党建引领。通过"毗邻党建"的新模式,打破了行政壁垒,实现了跨区域合作。二是规划先行是关键。长三角"田园五镇"在启动建设之初就制定了详细的规划和发展纲要。三是项目带动是抓手。长三角"田园五镇"通过实施一系列重点项目,推动了乡村振兴的全面发展。在乡村振兴过程中,要注重项目带动,通过实施一批具有示范效应和带动作用的重大项目,推动农业产业升级、农村环境改善和农民增收致富。四是人才支撑是保障。长三角"田园五镇"注重人才培养和引进工作，为乡村振兴提供了有力的人才保障。五是跨区域合作是趋势。在推进乡村振兴过程中，要加强跨区域合作和交流，打破行政壁垒和地域限制，实现资源共享和优势互补，通过跨区域合作推动乡村振兴向更高水平发展。

1.4 经验总结与启示

通过对京津冀地区、粤港澳大湾区和长三角地区三地农业协同发展案例分析，有以下五点启示。一是强化政策支持与资源整合。政府应加强对区域农业协同发展的政策支持，通过项目扶持、资金投入和资源整合，推动农业科技创新和产业升级。二是推动科技创新与成果转化。区域农业发展应以科技创新为核心，通过建立科研平台和创新团队，推动农业科技成果的转化和应用，提升农业竞争力。三是促进产业融合与协同发展。区域农业应注重一二三产业的融合发展，通过打造农业全产业链，推动农业与旅游、文化等产业的深度融合，实现农业的多元化发展。四是深化产学研结合与人才支撑。区域农业发展应加强与高校、科研院所的合作，建立"产学研推"一体化模式，培养和引进高素质农业人才，为农业发展提供智力支持。五是加强跨区域合作与交流。区域农业应打破行政壁垒，加强跨区域合作与交流，实现资源共享和优势互补，推动区域农业协同发展向更高水平迈进。

附录2 成渝主轴现代高效特色农业带一体化发展示范区典型案例

2.1 成渝现代高效特色农业带合作园

2.1.1 背景介绍

2021年，在成渝双城经济圈发展战略框架下，重庆市荣昌区与四川省内江市隆昌市共同发起了成渝现代高效特色农业带合作园（以下简称"双昌"合作园）建设，这是在川渝毗邻地区规划建设的3个跨省农业合作园区之一。从地理位置看，"双昌"合作园坐落于重庆市荣昌区与四川省隆昌市的接壤地带，处于成渝主轴腹心，享有得天独厚的区位优势，是促进两地农业协同发展的理想之地。"双昌"合作园是内江荣昌现代农业高新技术产业示范区（内荣农高区）的核心组成部分，由荣昌区的安富街道、盘龙镇、龙集镇、荣隆镇，以及隆昌市的石燕桥镇、胡家镇、届市镇、普润镇等"七镇一街道"构成，总占地面积19.6万亩（荣昌占地10.1万亩、隆昌占地9.5万亩）①。从园区土地资源来看，涵盖坡地、旱地和水田等多种地形资源，为不同作物生长提供了良好环境。如在坡地发展油茶和猪场茶叶种养循环，在旱地推广高粱、油菜轮作，在水田开展稻渔综合种养等。在气候条件方面，该区域属于亚热带季风气候，具有四季分明、降水充沛、光照充足等特点，这种气候条件对于发展粮油、生猪以及特色经果林等十分有利。依托四川省农业科学院、四川农业大学、西南大学等科研机构和院校专家团队的支撑，"双昌"合作园农业产业实现了"生产+科技+加工+服务"一体化发展，重点建设"双昌"智慧猪场、稻渔基地、玉米种业基地、农产品加工区、现代农业科技展示厅、农特产品展示展销中心以及民宿农家乐等农文旅融合项目。

2.1.2 经验借鉴

荣昌、隆昌两地打破行政区划界限，在"双昌"合作园区内按照坡上猪场—茶叶（油茶、果树）种养循环、水田稻—渔综合种养、旱地高粱—油菜轮作的发展思路进行产业布局，打造集标准化生产示范、科技推广、产地加工、休闲观光等多种业态于一体的田园综合体，探索出优势互补、产业协同、资源共享、政策叠加、合作共赢的跨区域合作新模式。

（1）跨越行政边界，机制联建推动务实合作，共筑协同发展共同体

为克服行政边界带来的"各自为政"问题，隆昌和荣昌政府成立了指挥部，建立了联席会议制度，积极主动对接落实园区内重大项目、重点任务，确保跨区市重大事项共同策划、共同实施落地，力争实现"1+1>2"的合作效果。为优化管理结构，提高决策效率，双方推行了"领导小组+指挥部+管委会"的组织架构，积极组建党工委和管委会，通过党建引领，实现决策、协调和执行的高效协同。跨越行政分界线的不仅是行政机构，还包括荣昌区龙集镇与隆昌市石碾镇共建的首个川渝合作"新风小院"，该工作室通过加强两地司法所和村调解委员会的合作，解决川渝边界地区的矛盾纠纷，以形成调解工作的合力。同时，园区大力推行"村务助

---

① 数据来源：《内江荣昌现代农业高新技术产业示范区总体方案》。

理""小院长"等先进治理模式,创新实施"星级农户"评定,建立边界治理中心,跨区域组建联合执法队2支,协同推进治理水平和治理能力提升。园区也在尝试创新项目管理模式,采取项目共建,共谋化解土地制约,成功解决了"双昌"智慧猪场等5个项目落地问题。针对项目招标程序多、时间长,按相关文件要求,园区以村委会为业主,走简易程序,加快项目落地。园区还推出"国有平台公司+村集体投、建、管、营"一体化自建模式,破解政策投资瓶颈。

(2)资源整合统筹,要素联结推动系统集成,共搭一体发展新平台

实现真正跨区域融合,荣昌区和隆昌市之间构建了"七统一"机制,统一园区名称、规划设计、主导产业、建设标准、政策标准、管理服务与科技服务,将"双昌"合作园区打造成为一个有机统一整体。如在统一主导产业上,双方确定主导产业为生猪和粮油,突出荣昌猪、内江猪地方优良品种保护和开发利用;通过实施丘陵山区高标准农田改造提升示范项目,建成一批"宜机宜耕、能排能灌、高产稳产、旱涝保收"的高标准农田,大力发展稻渔生态立体种养。又如,在统一政策标准上,园区内土地流转费,以及对待园区内各类涉农企业、专业大户、合作社等支持补贴政策等,实行一个标准、一个政策、一视同仁。在统一管理服务上,双方共同出地、共同出资、共同出人、共同推动基础设施建设。在统一科技服务上,两地联合聘请专家团队入驻合作园区,成立农业科技专家大院,为园区内生猪养殖、稻渔综合种养等提供科技支撑与服务。"七个统一"为园区的发展提供了坚实基础,促进荣昌、隆昌两地人才、技术、资金、物流和信息等要素资源高效配置和聚集协作。

(3)发挥特色优势,产业联合推动质效提升,共创融合发展新模式

基于农业特色产业禀赋优势,"双昌"园区围绕生猪、稻渔等产业不断深化合作,在提升特色优势产业竞争力方面协同发力。在稻渔综合种养方面,双方共建稻渔综合种养基地,协同发展稻鱼、稻虾、稻蟹、稻鳖、稻鳅等多元综合种养模式,提高水稻优质率和稻田产出率,共建40万亩国家级稻渔综合种养示范区,实现了"一田多收"的立体、生态、高效产业模式,亩均增收超过4 000元,着力打造中国西部"鱼米之乡"。同时,双方还联合建立了稻渔米精深加工中心,探索推行订单式农业发展模式,联合创建"双昌"稻渔公用品牌,联合开发农特产品和农耕文创产品,带来了显著的经济效益和生态效益。在生猪产业方面,荣昌猪是重庆畜牧业标志性品种,隆昌内江黑猪养殖规模同样庞大,两地都具备较优的生猪养殖资源禀赋和悠久的养殖文化传统。为充分发挥荣昌猪、内江猪独特品种资源优势,推动传

统养猪产业提质升级，双方合作建立了优质生猪战略保障基地和种猪保种基地、共建智慧猪场，依托国家生猪技术创新中心、国家生猪大数据中心、四川省农业科学院、西南大学、重庆市畜牧科学院等科技支撑，推进规模化、智能化、清洁化健康养殖。通过"龙头企业+合作社/集体经济+农户"方式，与村级集体经济和农户建立紧密的利益联结机制，促进村集体和农户增收。

（4）强化科技赋能，共建科技创新团队，助力实现跨越式发展

"双昌"园区围绕生猪、稻渔、柑橘等优势特色产业，不断深化合作，尤其注重技术赋能提升农业产业核心竞争力。"双昌"园区充分发挥荣昌国际畜牧科技城、国家生猪技术创新中心、国家级生猪大数据中心、国家生猪交易市场等国家级平台优势，依托川渝两地涉农高校及科研院所等高水平科技力量，联合建立博士专家工作站、科研试验基地及科技专家大院，开展智能化、数字化、现代化生猪养殖展示，水稻新品种、新技术推广展示，鱼菜共生、稻渔全程绿色防控展示，不断深化产学研合作，将合作园区打造为在西南地区乃至全国都具有一定影响力的现代农业技术人才洼地和农业高新技术成果转化高地。并通过"高校+政府+导师+学生+乡土人才"的合作模式，形成了系列农业科技服务模式，为"双昌"合作园提供技术支持和创新驱动，为下一步打造国家畜牧科技创新高地、全国生猪种源基地、数字农业发展样板区、丘陵地区农业现代化示范区提供了有力支撑。

2.2 遂潼优质蔬菜生产带建设

2.2.1 背景介绍

四川遂宁市船山区与重庆潼南区是成渝地区重要的"菜篮子"，自成渝双城经济圈建设以来，两地围绕优质蔬菜生产带建设，携手共建集蔬菜供应、加工、销售于一体的优质蔬菜产业集群，创新开拓"三统、四链、五良、六创"的发展路径，成为成渝毗邻地区在农业协同方面走深走细走实的一个切口。

2.2.2 经验借鉴

遂宁、潼南两地不断加强交流合作，坚持"规划共商、基地共建、标准共制、品牌共创、成果共享、利益共联"的发展思路，持续深化建设合作交流平台，共同搭建人才、技术、设备设施资源共享平台，探索区域协同联动机制。

(1) 聚焦"三统"建设体系

遂潼两地聚焦"三统"建设体系，统一推进蔬菜产品按标生产、按标上市，共同打造高质高效优质蔬菜生产带。一是坚持统一谋划。遂潼两地共同编制渝遂绵优质蔬菜生产带建设实施方案，沿涪江流域共同打造37万亩优质蔬菜生产基地，其中船山区17万亩、潼南区20万亩。二是坚持统一标准。两地统一基地建设硬件标准，统一制定蔬菜种植技术规程，共同组建蔬菜行业协会，制定、修订蔬菜种植标准24项，推动建立特定蔬菜产品全产业链标准体系，建立产品质量安全追溯、产品加工、仓储物流和入市流通等标准体系，探索"鲜货+互联网"等运营模式，确保市场供应渠道畅通、产品优质、价格稳定。三是坚持统一项目。用好、用活涉农资金统筹整合机制，共同投入建设资金，聚焦产业基地、现代科技装备、加工物流、新产业新业态和品牌营销等重点发力，全面形成成渝两地政策引导及资金共享格局。

(2) 聚焦"四链"优结构

一是健强生产供应链。充分利用涪江流域连坝成带资源优势，成片、成带、成规模发展白萝卜、白菜、莴笋等特色优势蔬菜，协同开展植物疫情与农作物重大病虫害联防联控。二是完善农产品加工链。实施农产品加工提升工程，共建鲜菜加工配送车间、洗消中心、冷藏冻库、烘干房等加工设施50余座，蔬菜初加工处理能力达85%以上，积极开发萝卜卷等加工新产品。三是拓展业态功能链。坚持蔬菜产业与和美乡村建设一体化推进，扎实推动遂潼涪江风情画廊、蔬菜大地景观等农文旅融合项目，园区年接待游客达50万人次[①]。

(3) 聚焦"六创"强保障

创新开拓"农事服务、土地承包、用地改革、主体培育、集体经济、利益联结"6项保障机制。累计培育家庭农场、农民合作社、农业产业化龙头企业500余个，成立绿色蔬菜种植专业联合社，统筹利用区域内现有新型农业机具，探索多主体多业态的农事服务体系，打造遂潼农事协作服务平台；在船山区深入实施"三块地"改革，累计解决土地细碎化问题4 000亩，探索完善"最低保护价+二次返利"等利益联结机制，创造就近就业岗位130个，实现村集体收入增长30%以上，户均增收1.5万元[②]。

---

① 中国农业农村信息网，https://www.agri.cn/zx/xxlb/sc/202410/t20241016_8679699.htm.
② 同①.

（4）聚焦品牌"共创"利益"共联"

遂潼两地坚持"区域品牌+产品品牌"融合发展，整合"遂宁鲜""潼南绿"品牌营销优势，遂潼两地将优质农产品共同展示展销，深度推进品牌"共创"。如两地依托白萝卜等特色农产品，成立绿色蔬菜种植专业联合社和蔬菜销售联合体，搭建起多个农产品线上线下展销公用对接平台，共同培育名优农产品品牌，联合纵深开拓市场。同时，通过"产业带头人+大户+农民专业合作社+农户"机制，两地高效整合区域内人才、土地、资金、技术、劳动力资源。两地共同组建起120人的高素质人才队伍，聚集500亩以上的种植大户50余户，成立专业合作社90余个，实现年产值40亿元，带动农户1万余户人均增收1 200元[①]。

2.3 安岳—潼南—大足柠檬产业集群

2.3.1 背景介绍

成渝主轴属于典型的亚热带湿润季风气候，是我国最接近柠檬原产地的地区，柠檬种植具有得天独厚的生态条件和资源优势，是世界三大优质柠檬产地之一。主轴上安岳县和潼南区是我国柠檬最主要的产区，两地柠檬产量占据全国市场的九成以上。2022年，两地联合成立了中国柠檬产业科技创新联盟，并发布了《中国柠檬产业科技创新联盟宣言》。目前，安岳、潼南、大足三地农业农村部门已建立起协调机制，联合共建100万亩"柠檬金三角"，年均产值达到200亿元，产业集群效应显著。

2.3.2 经验借鉴

成渝主轴地区的潼南、安岳、大足三地具有良好的柠檬产业基础，率先开展了各类联动协同工作，在产业规划、基地建设、科技研发、人才培养、项目资金等方面开展广泛的尝试与探索。

（1）协同推进老旧柠檬生产基地改造提升

一方面，支持三地基地提升改造。支持老旧基地通过高接换种进行品种改良，三调地类为园地的果园采用重新种植等方式改造提升柠檬新品种基地，对按柠檬标

---

① 中国农业农村信息网，https：//www.agri.cn/zx/xxlb/sc/202410/t20241016_8679699.htm.

准化种植技术要求完成改造提升的基地给予一次性补贴，并对老旧柠檬基地换种新植给予扶持。鼓励三调地类为园地的柠檬低效果园开展宜机化土地平整，安装水肥一体化设施，深沟厢种植优质营养袋苗木，优先支持建设水肥一体化管网以及物理、生物防治病虫草害设施设备，对完成此类改造的基地进行一次性补贴。另一方面，支持三地积极开展绿色食品、有机农产品、GAP（良好农业规范）、出口果园注册等升级认证，对新获得绿色食品认证证书的企业、有机（转换）农产品年度续认证书的基地、新（续）获得GAP等出口欧盟认证证书的基地、首次获得出口果园注册的各级证书的基地等进行补贴。在园区内接入气象、视频监控、土壤墒情等遥感设备，实现科学决策和智慧管理"一图统揽、一图集成、一图感知"，打造了全国首个集"生产、加工、服务、监管、营销"于一体的柠檬全产业链数字化模型，服务成渝主轴地区柠檬各环节的实时、精准管理。

（2）联动川渝柠檬科技产业联盟体

安岳、潼南、大足三地联合设立柠檬科创专项资金，支持各类科研机构依托柠檬国际科技合作基地、博士后创新实践基地、院士专家工作站、天府学者等平台载体，采取联合、柔性引进、社会化服务等方式，与国内外一流大学、科研机构、企业等，围绕柠檬产业链关键技术开展科研合作、人才培养、设施完善、技术引进、试验示范等工作，对相关开支及人才给予按月保障。联合开设柠檬专业职业教育班，对参加教育班的学生给予教学补贴，对授课教师评先评优、职称评聘等方面给予倾斜。支持柠檬产业从业者评优柠檬星级人才，支持柠檬产业从业者申报柠檬专业职称。支持符合条件的种植基地、加工企业、营销企业等挂牌设立"柠檬技能人才教学实践基地"，在项目扶持等方面对基地给予优先支持，对聘用柠檬专业毕业职教生的企业，优先享受各项激励政策。檬泰生物科技公司获批了农业农村部唯一柑橘类精深加工重点实验室，自主研发了世界首台（套）干湿两用柠檬果胶生产线。研发出四大类350余种柠檬产品，打造中国第一柠檬产品研发基地。

（3）拓展柠檬消费市场

支持企业提升营销能力，对首次获得农业产业化国家级、省级、市级龙头企业称号的柠檬企业，给予一次性奖励。支持柠檬外贸企业在国外注册企业商标并常态化使用，对注册成功并常态化使用的，给予企业一次性奖励。加强营销推广，统筹利用"安岳柠檬""潼南柠檬"品牌资源，充分利用媒体资源推广柠檬特色农产品，鼓励支持柠檬企业、种植户参加国内外展会，增强潼南柠檬品牌影响力和竞争力。截至2024年，潼南、安岳、大足的柠檬远销俄罗斯、马来西亚、新加坡等30

余个国家和地区，出口份额达到全国的45%。

(4) 各类资金协同投入机制

三地财政统筹资金设立柠檬产业发展风险补偿金，撬动资金重点投入柠檬产业标准园创建、仓储物流、龙头企业等。积极引导金融资源重点向柠檬产业倾斜，支持金融增加对柠檬基地建设、冷链仓储、精深加工企业等的信贷投放，拓展信用担保服务领域，支持融资租赁机构开展柠檬精深加工核心设备、智能生产线等融资租赁业务。

2.4 成渝高效特色农业带粮药合作示范园区

2.4.1 背景介绍

成渝现代高效特色农业带粮药合作示范园区（以下简称大安农业园）是川渝三大农业合作平台之一，位于四川省资阳市安岳县与重庆市大足区交界处，由安岳县和大足区共同打造，是川渝两省市推进成渝地区双城经济圈建设的关键项目。大安农业园区涵盖大足与安岳的铁山、高升、合义3镇（乡）16村（社区），规划核心区及拓展区面积12.86万亩（其中大足片区6.66万亩，安岳片区6.20万亩），主导产业为稻渔、中药材。大安农业园区启动建设以来，大足、安岳两地深入合作，以"强园推动强县建设、强县服务强国"为目标，按照共编"一规划"、共建"一片地"、共养"一只虾"、共育"一株药"、共听"一堂课"、共抓"一条链"的方式共同推进园区建设，农业协同发展取得较显著成效。2022年，园区生产总值达到13.90亿元，同比增长8%；通过"三变"改革和合股联营的实践，园区持续发展壮大村级集体经济，10个村的集体经济收入累计达到203.75万元，带动6 000余人实现季节性务工，农村居民人均增收超过700元，高于所在区县平均水平21.83%[①]。

2.4.2 案例经验

(1) 创新粮药轮作模式——助推特色产业发展与农民增收

大安农业园区实施粮药轮作模式，即在同一块土地上同时进行粮食作物和中药

---

① 重庆日报，https：//www.cqrb.cn/content/2023-03-06/1361982_pc.html。

材的种植。目前，该园区已成功实现了川芎与水稻、白芷与水稻、黄精与大豆和玉米的间作模式。园区内，主要中药材品种包括川芎、白芷、枳壳、黄精、青蒿、艾草等，其中，川芎种植面积已经突破1 000亩。粮药轮作模式不仅显著提高了土地利用率，还较好地实现了"一田双收"经济效益。与此同时，合作园区还实施了高标准农田建设项目，田土调型面积达2 816亩，中药材基地完成土地流转和整治1 100亩。经过多年发展和探索实践，大安合作园区的"粮药套种"基地已经取得了显著成效。这种粮药套种模式充分利用了土壤、水分和光照等自然条件，降低了管理成本，实现了粮食和药材的"双丰收"，推动了大安农业园的产业发展。

（2）引入种养综合模式——立足农业结构优化与产业创新升级

大安农业园区通过引入稻渔综合种养以及鲜食葛根种植等先进技术，实现了农业产业结构的优化升级，推动种养业多元化发展。园区实施的综合种养技术涵盖了稻渔综合种养、中药材种植、小龙虾养殖等多种高效农业模式，旨在构建以稻鱼（虾）、中药材为核心的综合种养示范区，打造出具有特色的农业融合产业带。在稻渔综合种养模式中，改善了鱼类生物活性和土壤结构，并增加了土壤肥力，稻谷产量提升了10%。同时，农户在保持原有水稻种植的基础上，每亩可额外获得20~40千克的水产品产量。这种综合种养模式显著提升了稻谷和水产品品质，产品价格提升了20%，综合效益达到了单种水稻的两倍。

（3）推动三产融合创新实践——完善产业链，打通产业融合

大安农业园区通过构建创新型山地稻渔综合种养产业基地，成功引进农业创新与创业基地、生物育苗中心、电子商务贸易中心等关键项目，不仅为农业园区引入了先进科技要素，还极大提升了农产品市场竞争力。为完善药材产业链，园区成功引入了惟德药业。自2021年该企业试种起，每年为园区提供了约15 000人次的就业机会，工人月收入介于2 500~3 000元，有效提升了土地产出价值和农民收入。在推动产业链延伸的同时，大安农业园也致力于推进产业融合发展。园区通过策划各类文化和旅游活动，如利用春风桃李旅游文化节的围炉煮茶、古筝演奏、春日写生及农特产品直播展销等活动，促进农业与旅游业的深度融合。

（4）革新园区管理模式——多元合作模式驱动农业高效发展

大安农业园采取了基于地形地貌特征的标准化分区生产策略，在平坝地区，园区建立了以水稻为主的标准化生产示范区；在丘陵地带，布局了以中药材为主的标准化生产示范区。这种分区规划方法不仅优化了作物的种植结构，而且通过标准化管理，显著提升了农产品产量和品质。同时，大安农业园通过实施"基地+加工+科

技+服务"的模式,形成了"一核一带二园四中心"的农业发展结构。重点建设包括农业科技服务、信息化、粮油及中药材初加工、即食龙虾深加工等中心。园区立足资源禀赋,采取"科研院所+龙头企业+专业合作社+农户"的模式,构建起能够包容多元主体参与的农业经营组织模式。在园区创新管理模式下,大安合作示范园在基础设施、产业培育和招商引资等方面取得了显著进展,形成了具有区域特色的高效农业发展模式,较好地实现了区域农业协同发展效应。

附录3 沿长江现代高效特色优势农业产业带典型案例

3.1 粮油产业发展案例

3.1.1 宜宾市粮油产业发展案例

(1) 发展概况

近年来,宜宾正加快打造新时代更高水平"天府粮仓"宜宾示范区,已累计建成高标准农田378.8万亩,推动全市农作物和主要农作物综合机械化水平分别达59.24%、69.71%,基本实现主要农作物生产全程机械化。此外,已成功争取到5个省级现代农业产业集群项目,高标准建成省星级现代农业园区13个、市级现代农业园区48个、县级现代农业园区37个,形成以点带面、串珠成线的现代农业产业基地梯次发展体系。2023年,宜宾市粮食产量居四川省第三位[①]。

(2) 主要做法

一是加强高标准农田建设。2023年宜宾市级财政投入7 974万元用于高标准农田建设,高标准农田建设新建和改造提升任务27.2万亩。宜宾排查、整治撂荒耕地、治理流出耕地全部恢复用于种粮。对低质低效经果林,宜宾实行腾退种粮政策,已制定农业种植园地5年优化改造方案,采取直接还田种粮、间套作种粮、轮作种粮3种整改模式。对无力种、无人种、无法种的耕地,通过土地流转、土地入股、代耕代种、统防统治、统种统收等形式,农业国有(集体)公司已兜底种粮

---

① 宜宾日报. 宜宾:以"新"护"粮仓",http://www.yibin.gov.cn/zzzq/jryb_17319/202403/t20240320_1967163.html.

4.02万亩①。

二是强化科技创新。宜宾市联合四川省农业科学院、四川农业大学、宜宾市农业科学院等科研院所和高校，聚集良种和良技，在全市探索建立高产攻关点。共建立了30个百亩超高产攻关点、54个千亩高产片以及8个万亩高产带动区，推广宜香优2115、宜香4245、泸优727、荃优603、品香优桐珍等优质品种，从围绕缩小植株间距、提高水肥管理精准度、探索病虫害高效防治三方面开展攻关②。

三是注重示范引领。宜宾万亩"天府粮仓"核心示范区正打造农田高标准、基地高产量、管理高效率、产业高效益、品牌高名气、农民高收入的粮油产业示范基地。目的是提高粮油产业综合生产能力、保供调控能力和助农致富水平，实现粮油生产良田、良种、良法、良机、良制，加工转化产业链、价值链、供应链、创新链、利益链，市场营销产、购、储、加、销一体化，力争建成川南第一、全省典型、全国知名的"天府粮仓"示范区。2023年宜宾万亩"天府粮仓"核心示范区已完成3 000亩高标准农田建设，实现灌排分离、水旱轮作，耕种管收农业生产全程机械化率达到95%，超高产攻关区创造了中稻亩产806.97千克的川南最高纪录③。

3.1.2　江津区粮油产业发展案例

（1）发展概况

近年来，江津区加快建设国家新型工业化（粮油·食品加工）产业示范基地，2023年，江津区第一产业增加值139.37亿元，增长4.4%④。培育了中粮集团、益海嘉里等粮油加工重点企业，并成功集聚了"金龙鱼""福临门""鲁花""红蜻蜓""福达坊"等粮油品牌。德感工业园已累计入驻粮油食品加工及配套企业100余家，形成了以益海嘉里为龙头的全市最大的粮油食品加工基地。

---

① 中新网四川. 宜宾：建设高产高质高效"天府粮仓"示范区，http：//www. sc. chinanews. com. cn/bwbd/2023-11-02/198141. html.

② 川观新闻. 宜宾小麦中稻玉米产量刷新历史纪录　良种良技做大丰收"基本盘"，https：// baijiahao. baidu. com/s？id=18087703620696 38455&wfr=spider&for=pc.

③ 红星新闻. 宜宾万亩"天府粮仓"核心示范区超高产攻关区中稻亩产806.97公斤，创川南纪录，https：//new. qq. com/rain/a/20240313A085UF00.

④ 江津区统计局. 2023年重庆市江津区国民经济和社会发展统计公报，http：// www. jiangjin. gov. cn/bm/qtjj_69023/zwgk_81474/zfxxgkml/jczwgk/tjlyjczwgk/tjsj/sjfb/tjgb/202403/t2024-0322_13059235. html.

（2）主要做法

一是推动数字化转型。江津区积极推进企业利用大数据、云计算、人工智能等新一代信息技术开展数字化转型。全区食品及农产品加工产业共计建成市级数字化车间13个，智能工厂4个。推动食品及农产品企业开展数字化转型诊断调研评估，实现了食农产业企业100%全覆盖。打造标杆示范企业，益海嘉里被工业和信息化部评为智能制造示范工厂，数字化转型初见成效。

二是注重品牌建设。江津区培育了以几江白酒、玫瑰米花糖等5个中华老字号，芝麻官、荷花米花糖等17个重庆老字号为代表的具有江津辨识度的食品品牌。推动"江小白·梅见"纳入全市食品及农产品加工产业十大爆品打造，成功举办2024江津火锅年欢节暨第九届江津富硒美食文化节。开展"6·18"电商节系列活动，积极引入"与辉同行"等知名IP，引燃"爆点"、打造"爆品"、培育"爆款"。江记酒庄、桥头食品等7家企业11个产品被纳入重庆市经济信息委2023—2025年重庆市消费品工业"爆品"培育清单[①]。

三是培育产业集群。江津区强化国家新型工业化产业示范基地（粮油·食品加工）引领带动作用，围绕白沙工业园打造西南最大的清香型白酒示范基地，将江津工业园区打造成为西南农产品加工示范基地，充分发挥各平台优势，推动各平台之间差异化、集群化发展。形成了以益海嘉里、中粮粮油、鲁花食用油等为代表的粮油企业集群，以桥头食品、帅克食品等为代表的火锅食材产业集群，以江记酒庄、江津酒厂为代表的白酒产业集群，以桃李面包、芝麻官实业为代表的休闲食品产业集群。截至2024年9月，江津区食品及农产品加工规模以上企业达60家，总量继续保持全市第一位。

3.2 柑橘产业发展案例

3.2.1 眉山市丹棱县柑橘产业发展案例

（1）发展概况

眉山市丹棱县是"中国橘橙之乡"，国家级绿色杂柑原料基地、全国最大的

---

① 江津区农业农村委. 江津有味"味"来可期——我区食品及农产品加工产业高质量发展纪实, http://www.jiangjin.gov.cn/bm/qnyncw_69004/dt_81485/202411/t20241126_13831408.html.

"不知火"生产基地,是"眉山春橘"核心产区,当地"丹棱桔橙"种植面积18万亩,总产值达30亿元,从业果农达8万余人,果农70%以上的收入来自橘橙产业。近年来,丹棱县因地制宜,按照全国晚熟橘橙优势区发展战略,坚持以"质量兴农、效益优先、绿色导向"为主线,以实现农民就业增收为核心,推动标准化、规模化、商品化、品牌化、信息化"五化"并进,引导优势产业合理布局,延伸橘橙全产业链、提升价值链,促进一二三产业融合发展,成功走出了"'标准化'种出好果子、'规模化'形成好产业、'品牌化'创出好名气、'市场化'实现好收入"的特色产业发展新路子①。

（2）主要做法

一是注重品种改良与科技创新。丹棱县注重柑橘品种的培育和改良,通过建立柑橘种苗无毒繁育基地,保持品种的优良属性。同时,加强新品种引进试验和自主研发力度,培育大雅柑、金乐柑、夏雅柑3个具有自主知识产权的柑橘新品种,属极晚熟品种。丹棱晚熟柑橘已形成了10—12月爱媛、1—2月春见、3—5月不知火、4—7月夏雅柑4个主要品种格局,基本实现了橘橙全周年供应②。不断强化科技支撑,与中国农业科学院柑桔研究所、四川农业大学、四川省农业科学院等科研机构和院校合作,组建两个专家团队,建成中国晚熟柑橘专家大院、科技小院,开展新品种研究,提供技术培训和生产指导,提升产业可持续发展能力。

二是坚持标准化种植。丹棱县制定了相关生产标准和产品标准,推广测土配方施肥、生态有机循环、留树保鲜等先进种植技术,确保果品质量。印发《丹棱县全域实施"双替双升"行动 推进农业绿色发展工作方案》,在全县范围内推广,建立"双替双升"（即让有机肥替代化肥,用绿色防控替代化学防治,从而提升土壤、大气质量及农产品品效)。率先制定了全国首套《绿色食品丹棱不知火桔橙生产技术规程》生产标准和《绿色食品丹棱不知火桔橙》产品标准,全县"三品一标"认证产品保有量51个③。

三是推动产业融合发展。充分挖掘柑橘价值,鼓励发展精深加工,联合企业开展优质果品与果酒技术研发创新,推出"果小酒"等果酒系列,年产值超过8 000

---

① 四川科技报.以"桔"为媒 丹棱8万果农实现"橙色梦想",http://kjb.sckjw.com.cn/5b459bc3c5344ed19895fa18b0929e68.

② 中新网.四川丹棱推出极晚熟新品种夏雅柑,http://www.farmchina.org.cn/ShowArticles.php?url=ADwGYw1tU2YIOVYwADEEYlQy.

③ 丹棱县人民政府.丹棱县致力"丹棱桔橙"品牌打造,https://www.scdl.gov.cn/info/1444/239653.htm.

万元。建设中国晚熟柑橘商贸交易中心,具有博览、会展、销售、服务等诸多功能,打造"橘橙总部经济"。发展"农业+旅游""农业+文创"等一三产业融合发展新业态,打造"质朴原乡"幸福古村、龙鹄橘橙小镇、橘香稻田等农旅融合新场景,发布橘橙 IP 文创产品①。

四是强化联农带农。积极推动成立丹棱县丹橙产业联合体,深入推进"企业+合作社""企业+合作社+基地+农户"模式,将所有柑橘种植户纳入合作社进行统一管理,对种植户实行价格指导制度,避免分散经营、单兵作战。依托专家大院持续开展技术培训,以丹橙产业化联合体为核心,建立农事服务中心,开展统防统治、套袋、采果、采后处理等全产业链社会化服务,带动联农带农发展,吸纳农村剩余劳动力,年服务面积达 2 万亩次②。

3.2.2 奉节脐橙产业发展案例

(1) 发展概况

奉节县脐橙种植面积达到 37.5 万亩,年产量高达 40 余万吨。奉节脐橙获得了"中国驰名商标""地理标志证明商标""中国生态原产地保护产品"等认证③。奉节脐橙在规模化经营、品牌建设、市场推广等方面取得了显著成就。

(2) 主要做法

一是坚持科技兴橙。1978 年奉节就已成立奉节县脐橙研究所,集聚和培养了一大批专业人才。近年来,奉节不断加强与中国农业科学院柑桔研究所、西南大学、华中农业大学等科研院所和高校的合作,成立国家柑橘产业技术体系甜橙综合试验站,建成 1 个脐橙科技协同创新中心、1 家脐橙科技小院、26 个科技服务站,每年开展专题技术培训 500 场次,培育脐橙种植技术员 250 余名,发展土专家 80 000 余名。为培育优质脐橙品种,奉节还与西南大学柑橘研究院等院校深入合作,培育出了 4 个具有完全自主知识产权的脐橙品种,进入国家果树种质资源库。优化早、

---

① 丹棱县人民政府. 丹棱县调整产业结构做强桔橙产业,https://www.scdl.gov.cn/info/1444/242546.htm.

② 丹棱县人民政府. 丹棱县探索新路子书写柑橘产业新篇章,https://www.scdl.gov.cn/info/1444/244698.htm?wbtreeid=1002.

③ 奉节县人民政府. 从全国产煤百强县到脐橙单产第一县 奉节如何弃"煤"启"绿"做大脐橙产业,http://www.cqfj.gov.cn/sy_168/qxdt/202501/t20250108_14069649.html.

中、晚熟品种结构达3∶4∶3,实现四季有鲜果[①]。

二是强化脐橙加工。奉节坚持精益品种生态链、迭代生产供应链、延伸加工流通链、拓展品牌价值链发展思路,深入推进"三品一标"提升行动。已建成脐橙商品化处理分选线30条、冷链仓储库30 000立方米,引进汇源集团入驻落户奉节,开发果酒、果汁、果糕、蜂蜜等全产业链产品,培育加工企业25家,加工年产值达5亿元。携手汇源集团全方位打造脐橙全产业链条,加快建设18万吨橙汁生产线、西南片区最大脐橙分选交易中心,带动三峡柑橘形成集群效应[②]。

三是重视品牌打造。近年来,奉节已在重庆、成都、上海、北京等城市举办品牌推介活动,并常态化开展"奉上好品进成都""万吨脐橙进山东"行动。奉节脐橙先后荣获中国驰名商标、中国地理标志证明商标、中国橙都、中国百强农产品区域公用品牌、生态原产地保护产品等国家荣誉,入选国家特色农产品优势区,荣获中华品牌商标博览会金奖。品牌价值高达182.8亿元,《2024中国果品地理标志农产品区域公用品牌声誉》显示,在全国1 097个果品地理标志品牌中,奉节脐橙位列第五。

3.3 茶产业发展案例

3.3.1 雅安市茶产业发展案例

(1) 发展概况

雅安市是四川省三大茶叶优势产业带之一。雅安市8个县(区)都产茶。近年来,雅安坚持做好茶文化、茶产业、茶科技"三茶统筹"融合发展大文章,始终聚焦"一绿(蒙顶山茶)一黑(雅安藏茶)",实施单品突破(绿茶主推蒙顶甘露,黑茶主推芽细藏茶),以质量安全为根本,以品牌打造为重点,以市场拓展为目标,以主体培育为核心,以雅茶集团为抓手,打好"组合拳",强力推动雅茶产业高质量发展。

(2) 主要做法

一是科技赋能茶产业转型升级。近3年来雅安市与科研单位合作,发布新品种

[①] 中国金融信息网.数说奉节脐橙的"甜蜜事业"——写在2024年度奉节脐橙订货会顺利举办之际,https://finance.sina.com.cn/money/bond/2024-10-16/doc-incsthwz0012262.shtml.

[②] 同①.

3个、新技术3项、新产品2个、新标准2项。通过与中国工程院院士陈宗懋、刘仲华的深度合作，建立了1 500亩茶叶绿色防控示范基地，示范推广茶树病虫害全程绿色防控集成技术，建成全国绿色食品原料（茶叶）标准化生产基地面积达59.71万亩，新增鲜叶效益超5 000万元①。通过深化市校合作项目成果转化工作，先后建成了名山茶叶、雨城藏茶特色产业工程试点示范基地5个，核心示范区超5万亩，并与四川省农业科学院茶叶研究所茶叶专家联合开展"科技下乡万里行活动"，茶叶专家们围绕茶叶品种选育、栽培、管理、加工、机改等方面，对茶农和茶企开展科学技术应用指导，有力地提升了茶农的种植管理和茶企生产加工水平②。

二是聚焦品牌打造。始终聚焦"蒙顶山茶""雅安藏茶"两大区域公用品牌，集中打造以蒙顶甘露等为代表的绿茶、以雅安藏茶为代表的黑茶产品品牌。举行万人品蒙顶甘露（成都站、重庆站）、雅安藏茶（上海）推介会、"非遗藏茶重走茶马古道·仁真杜吉重回布达拉宫"、川藏农业交流合作暨雅茶西藏行等推广活动。"蒙顶山茶"品牌价值54.76亿元，连续八年入围全国十强，品牌强度全国第一，品牌资源力全国第一，品牌经营力全国第一，品牌传播力全国第六，品牌发展力全国第三。"雅安藏茶"品牌价值达33.38亿元，位列中国黑茶"第一方阵"。雨城区被授予"世界黑茶发源地"称号。"蒙顶山茶"入选农业农村部2023年全国"土特产"推介名单，雅安茶厂和塔山茶业获"四川老字号"称号③。

三是加强主体培育。培育市级及以上农业（茶叶）产业化重点龙头企业59家，其中国家级1家、省级26家（全省各市、州获评数量最多）。全市规模以上茶企37家，其中绿茶企业34家、藏茶企业3家。国家级农业产业化重点龙头企业跃华茶业成功申报为四川省农产品加工助推乡村振兴重点企业。雅茶集团建成"一绿一黑"两个茶厂，总产能达1 100吨/年，签订销售订单1.7亿元，实现综合营业收入1.57亿元④。

四是做强茶旅融合。雅安市依托百万亩茶园，打造茶园民宿、研学线路等持续

---

① 雅安日报. 打好"三茶"融合"组合拳"推动雅茶产业高质量发展——我市持续深化雅茶"三茶"统筹工作综述，https：//www.yaan.gov.cn/zhangzhe/show/9d3977c4-3953-4c0b-ae86-fbb6663bad97.html.

② 中国经济网. 四川雅安以科技赋能推动茶产业高质量发展，https：//tech.chinadaily.com.cn/a/202404/01/WS660a7a70a3109f7860dd7daa.html.

③ 同①.

④ 雅安市农业农村局. 2023年雅茶产业十大关键词，http：//nynct.sc.gov.cn/nynct/c100632/2024/1/8/b6eeb1b7f30b46b5b7be29ab264e8bae.shtml.

做强雅安茶旅融合。以名山区为例，名山区做好"茶+"大文章，链接文化、会节、旅游、非遗等要素，推进茶文旅深度融合。具体举措包括：大力打造节会活动、民宿餐饮、研学体验、休闲观光等旅游产品，从2004年到2024年，已连续举办二十届蒙顶山茶文化旅游节，持续提升蒙顶山及蒙顶山茶的知名度和影响力；民宿产业从无到有，走上了多点开花的发展道路，已建成运营旅游民宿46家，总投资4亿元，累计接待游客70万人次，实现营业收入约2.6亿元；打造集茶叶制作、茶叶销售、茶叶鉴赏、茶叶康养、茶文化宣传于一体的非遗传习所5个，非遗工坊4个，非遗大师工作室3个，茶旅综合体6个[①]。

3.3.2 乐山市犍为县新茶饮产业发展案例

（1）发展概况

近年来，犍为县在推进茉莉花茶全链条发展的同时，抢抓新式茶饮发展机遇，推动花茶新茶饮原料产业规模化、产业化、链条化发展。"芬芳经济"产业全链条年综合产值突破140亿元，成为名副其实的农民增收支柱产业、农业产业化主导产业，犍为县也发展成为品质全国最优、规模全国第二的茉莉花主产区，创成省五星级茉莉花农旅现代农业园区，犍为茉莉花茶荣获国家地理标志保护产品和集体商标，先后获评中国茉莉之乡、中国名茶之乡、中国茶乡、中国茉莉茶之都、国际花茶高质量发展示范区。

（2）主要做法

一是探索发展模式。犍为县坚持"宜花则花、宜粮则粮"，持续创新探索"稻花轮作"模式，推动花茶产业规范化、规模化、产业化发展，建成茉莉花基地8.6万亩、栀子花基地8万亩、茶叶基地26.5万亩，茉莉花种植面积居西南第一位，全国第二位，年茉莉花产量达2.58万吨、产值14.42亿元；鲜叶产量达2.8万吨、产值11.9亿元；栀子花产量7.2万吨、产值达36亿元。犍为县的花茶加工企业与多个知名新茶饮品牌合作，被古茗、沪上阿姨、霸王茶姬选定为源头供应商[②]。

二是坚持标准生产。由茶叶相关企业、相关科研单位及行业协会共同发起制定《茉莉红茶》国家级行业标准、《栀子花茶》省级行业标准、《犍为茉莉茶》团体标准等，形成犍为首创、国内独有的茉莉花茶和独具特色的茉莉红茶。

---

① 雅安日报. 名山区茶香飘溢山水间 文旅融合绘新篇，https：//www.yaan.gov.cn/app/article.html?id=ebb39b77-dd5a-4e63-a310-0b48887f5fdf.

② 资料来源：课题组调研资料。

三是坚持创新引领。以花为媒，抢滩新茶饮，大力开展栀香清茶、栀香柠檬茶、玫瑰花茶、兰花茶、桂花茶等新茶饮研发。研发鲜花萃取技术工艺，以实现芳香的精准量化，便于生产标准化和品控，适应海外市场和饮品的工业化生产要求。

3.4 泡（榨）菜产业发展典型案例

3.4.1 眉山市东坡区泡菜食品产业集群发展案例

（1）发展概况

眉山市东坡区泡菜食品产业集群目前是全球最大的泡菜生产基地、世界泡菜研发中心，泡菜品类的市场份额占全国的1/3、四川省的1/2，入选《2024年度中小企业特色产业集群公示名单》。集群以泡菜产业为主导特色，辅以调味品、饮料、休闲食品、冷冻食品及食品配套产业，2023年，集群实现产值191.77亿元[①]。眉山泡菜产业园区（"中国泡菜城"）是眉山市东坡区泡菜食品产业集群的重要组成部分，是全国首个同时也是规模最大、功能最全、工艺最新的泡菜产业园区，园区实现了"七个全国唯一"，包括泡菜食品产业城、国家级泡菜质量检验中心、泡菜产业技术研究院、泡菜专业博物馆、泡菜行业国家4A级旅游景区等。园区规划面积17.94平方千米，现已建成2万亩蔬菜种植基地及5.1平方千米核心工业区，涵盖生产、运输、包装、电商、旅游、餐饮、研发等产业环节，入驻企业109户，规模以上企业48户[②]。

（2）主要做法

一是重视技术创新与研发。东坡区泡菜食品产业集群重视泡菜产业的技术创新，建立了四川东坡中国泡菜产业技术研究院，构建以研究院为龙头、科研院所为支撑、企业为主体的科研体系，开展加工新技术、新工艺、新装备及新产品研发。首创"稳态发酵""盐渍菜—泡菜"理论，创新发酵泡菜渗香、亚硝酸盐降解等关键技术研究，创新研发标准化、清洁化、自动化生产线，多项成果居国内甚至国际领先水平。荣获四川省科技进步奖一等奖3项、国家级行业科技进步奖一等奖1项、

---

① 川观新闻. 国家级名单公示！眉山东坡泡菜食品产业集群拟上榜，https://baijiahao.baidu.com/s?id=1809371487019676340&wfr=spider&for=pc.

② 人民网. 眉山东坡区：小菜坛里"泡"出百亿大产业，http://sc.people.com.cn/n2/2024/0315/c345167-40777454.html.

授权国家发明专利30余项。现已建立泡菜微生物菌种资源和基因数据库，收集泡菜菌种资源11 000多株。主导制定的泡菜国际标准ISO 24220《泡菜（盐渍发酵蔬菜）规范和试验方法》成功发布，实现了四川省在ISO框架下制定食品国际标准"零"的突破①。

二是打造良好的营商环境。眉山市东坡区先后出台《强力推进泡菜产业发展的决定》《关于扶持中国泡菜城泡菜产业发展的意见》《眉山市东坡泡菜产业发展扶持奖补办法》等奖补政策，扶持园区产业、激励泡菜企业。针对不同特点的企业，东坡区采用不同的招商引资政策和优惠政策。从企业签订协议、决定入驻园区之后，为企业提供从拿地到建设过程的每一个环节保姆式的服务。

三是强化现代化营销。眉山市东坡区以"东坡泡菜"为统揽，应用现代营销手段，增强品牌效益。自2009年以来，成功举办13届"中国泡菜博览会"，2018年经商务部批准更名为"中国泡菜食品国际博览会"，实现向国际级展会的跨越。展会自举办以来，参会领导、专家学者、企业代表、采购商、媒体记者等累计达1.2万余人次，参展企业累计超2 500家次。"东坡泡菜"成功创建国家地理标志保护产品、产地证明商标，拥有中国驰名商标5个（吉香居、李记乐宝、川南、味聚特、惠通），荣登2022年中国区域品牌（地理标志）百强榜第29位，品牌价值108.1亿元。"东坡泡菜"营销网络遍布全国，跨出国门远销日本、韩国、新加坡、美国、英国等多个国家和地区②。

3.4.2 涪陵榨菜发展案例

（1）发展概况

近年来，涪陵区聚合产业链、供应链优质资源，因链施策、一链一策，充分发挥重庆市涪陵榨菜集团股份有限公司的链主企业牵引作用，以小切口撬动产品质量大提升。涪陵区以标准为引领、以科创为支撑、以品牌为统揽，构建起榨菜产业"大生产+精加工+高科技+深融合+强服务"全产业链格局，打造"涪陵青菜头、全形榨菜、方便榨菜、出口榨菜"四大系列200多个品牌，产品畅销全国各地，并出口至50多个国家和地区。"涪陵榨菜"是中国农特产品中一张金招牌，先后荣获"中国榨菜之乡、全国果蔬十强区（市、县）、全国绿色食品原料（青菜头）标准

---

① 中国食品安全网. 四川省眉山市"中国泡菜城"泡菜核心产区，https：//www3.cfsn.cn/2023/05/25/99346809.html.
② 同①.

化生产基地、榨菜全产业链典型县"等10余项国家级荣誉称号①。

（2）主要做法

一是政府引导与行业自律发展。为了推动涪陵榨菜产业发展，涪陵区政府成立了全国唯一的榨菜管理办公室，专门负责榨菜产业战略规划、政策制定、统筹协调、指导服务以及涪陵榨菜地理标志证明商标的管理使用等行政管理工作，是3件榨菜地理标志商标的权利人。出台了《关于深化品牌涪陵工程建设的意见》《涪陵榨菜品牌建设规划》《关于加快涪陵榨菜产业发展的意见》等多项政策措施。涪陵榨菜管理办公室牵头成立了全国规模最大的榨菜行业协会，由全区榨菜企业、数十名榨菜行业专家加入，发展了60余家榨菜专业合作社，充分发挥协会和专业合作社的作用，有效平衡和保证了菜农、初加工户、榨菜企业三方的利益，推动榨菜品牌建设规范有序发展。

二是多方面培育榨菜品牌。近些年，涪陵区先后注册了"涪陵榨菜""Fulingzhacai""涪陵青菜头"等地理标志证明商标，全区41家榨菜生产企业中，有24家使用"涪陵榨菜"地理标志，拥有榨菜商品商标200余件，"涪陵榨菜""乌江""辣妹子""餐餐想"4个榨菜商标被认定为中国驰名商标。涪陵区以区块链技术、"互联网+"、主流媒体、国内外展会参展等形式，全方面宣传展示推广涪陵榨菜品牌文化、品牌形象和产品功能。通过制定榨菜国际标准、打造涪陵榨菜爆品等具体措施，不断提升整个榨菜的品牌价值。2023年，"涪陵榨菜"获中国地理标志农产品（蔬菜）品牌声誉百强榜单第一位。人民日报社的调研显示，涪陵榨菜在消费者偏爱的佐餐开胃菜品牌中占据了77.7%的份额。

三是大力发展榨菜出口。涪陵区现有出口榨菜企业13家，备案出口原料基地6.5万亩。涪陵区搭建榨菜"智慧出口平台"，优化通道、结汇、退税业务流程并简化相关手续，支持企业开展AEO认证，切实降低榨菜企业出口成本。开展榨菜出口操作实务培训，引导企业加强HACCP、ISO9000等质量体系认证和美国FDA、中东清真等国际市场准入认证，增强榨菜企业出口竞争力。2023年全区出口榨菜产品1.8万吨，出口总额1.67亿元，同比分别增加8.4%、11.3%，销售网络覆盖80多个国家和地区②。

---

① 新华网．涪陵榨菜：嫩脆鲜香　营养丰富，https：//www.xinhuanet.com/info/20241210/31bda8ae65cc4e1b868464caae0304be/c.html.

② 华龙网．涪陵：发挥基地优势助力榨菜出口　预计2025年出口额超5亿元，https：//news.cqnews.net/1/detail/1197949322324365312/web/content_1197949322324365312.html.

3.5 渔业发展案例

3.5.1 乐山市现代渔业发展案例

（1）发展概况

乐山是畜禽水产养殖大市，2023年水产品产量12.34万吨，排名全省第三位；畜牧和渔业总产值177亿元，占农业总产值的38.6%。乐山市在设施渔业和冷水鱼养殖方面表现突出，在设施渔业方面，乐山市建成设施渔业养殖水体15.97万立方米，2022年设施渔业产量2 344吨，主要投放鲈鱼、鳜鱼、黄颡鱼、鮰鱼等经济鱼类，年产值5 000万元。冷水鱼养殖以峨眉山市为代表，该市的冷水鱼养殖业经历了从无到有，从有到精的发展历程，养殖面积达76亩，共有9家冷水鱼养殖企业，2023年全市冷水鱼产值达2 960万元[①]。

（2）主要做法

一是强化养殖尾水治理。乐山接连制定了《乐山市养殖水域滩涂规划（2017—2030年）》《乐山市池塘标准化改造和尾水治理实施方案》等政策。按照"管治转"思路，建立"塘长制"水产养殖尾水监督管理体系，落实1 154名塘长，对市中区和井研县养殖池塘尾水排放进行全面监督，坚决杜绝偷排、漏排及不达标排放等情况发生。针对池塘养殖基础设施薄弱、生产效能滞后、资金投入不足等问题，乐山市有序推进池塘标准化改造和尾水治理，以市中区和井研县为重点，建成集中尾水处理点21个，通过三池两坝、多级沉淀、人工湿地、鱼菜（稻）共生、机器处理等模式进行水产养殖尾水治理2.1万亩，通过原位沉淀和水生生物治理循环综合利用2.99万亩，并在24个50亩以下的养殖池塘安装了尾水治理设备[②]。

二是促进产业绿色转型。乐山市围绕建设现代农业园区和生态经济先行区，积极探索设施渔业模式推进渔业绿色转型升级，采取陆基高位池养殖、工厂化循环水养殖、池塘循环水养殖和零排放桶圈养等模式，以减少水产养殖尾水

[①] 微峨眉. 年产值近3 000万元 峨眉这一产业值得期待, https：//www.scnjw.com/.content/myarticle/myarticle/2f8ffb7a-4d42-11ef-a2fe-04d9f5394155/.

[②] 四川在线. 统一水产养殖业水污染物排放标准近一年 乐山有何变化？https：//leshan.scol.com.cn/rdxw/202406/82555868.html.

排放。

3.5.2 万州渔业发展案例

（1）发展概况

万州是"中国烤鱼之乡"，全国经营万州烤鱼的有1.6万家，以"万州烤鱼"命名的有1.3万家，烤鱼产业有力地带动了渔业发展。万州区水域总面积38.1万亩，渔业面积5.7万亩，2023年水产品总产量达到2.3万吨。鱼类品种繁多，共有天然鱼类108种、养殖鱼类20余种，拥有岩原鲤、中华倒刺鲃、鲈鲤、厚颌鲂、四川白甲、华鲮等长江中上游独特鱼类。近年来，通过鲁渝协作引进山东微山湖四鼻孔鲤鱼等，发展稻田鱼等生态渔业养殖[①]。

（2）主要做法

一是加强政策支持。加快推进渔业高质量发展，坚持宜渔则渔，统筹发展和安全、生产和生态，制定了《万州区渔业高质量发展行动方案（2023—2027年）》等政策。

二是重视科技应用。以万州区长滩镇龙泉社区为例，该社区开发出一套智慧养鱼系统——"鱼慧养"平台，通过配套建设物联网等基础设施，实现水产养殖过程的全生命周期数字化管理，并生成数字模型，指导渔业养殖。结合"鱼慧养"平台，在渔业养殖技术上进行创新，建立"跑道鱼池"，让鱼群自然瘦身。探索形成了阶梯式循环水生态养殖、池塘内循环微流水养殖、特色脆皖鱼养殖等多种养殖模式，最高亩产值能达到10万元。

三是强化加工及美食体验。万州区研发各类烤鱼食品品类20余种，包括礼盒装万州烤鱼、休闲即食烤鱼等，2023年，万州烤鱼食品产量近2 000吨，年产值超1亿元。全区经营烤鱼菜品店铺近3 000家，专营烤鱼门店500余家，打造万州烤鱼味型共30余种[②]。

[①] 万州区人民政府．重庆市万州区商务委员会关于办理区政协六届四次会议第204号提案的复函，http://www.wz.gov.cn/zwgk_266/zfxxgkml_3393/jytabl/zxwytabl/202409/t20240927_13664975.html．

[②] 同[①]．

附录4 沿嘉陵江现代高效特色优势农业产业带典型案例

4.1 南充市:"三链同构"促现代农业进阶①

作为传统农业大市,近年来南充统筹推进农业生产供应链、精深加工链、品牌价值链"三链同构",奋力推动现代农业高质量发展,全力向现代农业强市跃升。

4.1.1 特色产业持续壮大

2018—2023年,南充市农林牧渔业总产值从611.2亿元增长到835.8亿元,年均增速5.4%;第一产业增加值从366.6亿元增长到507.0亿元,年均增速5.0%,居四川省前列。"一区两地三乡"建设深入推进,8个县(市、区)列入"全国生猪战略保障基地县""全国千亿粮食生产重点县",粮食、生猪、晚熟柑橘、蔬菜等重要农产品产量保持稳定增长。2023年,全市粮食产量319.4万吨、居全省第二,蔬菜产量450.4万吨、居全省第二,出栏生猪618.2万头、居全省第一。

4.1.2 集约集群发展卓有成效

截至2023年,南充市建成现代农业园区116个、园区产业基地规模达296.1万亩,园区数量和规模稳居四川省第一。其中,"国字号"农业示范区(园区)8个、省星级园区12个、省级培育园区2个;嘉陵区现代农业产业园成功入围国家现代农业产业园创建名单,成为全国唯一以蚕桑为主导产业的国家现代农业产业园。全市粮食播种面积858万亩、居全省第一,蔬菜种植面积264.6万亩、居全省第二,晚熟柑橘种植面积80万亩、居全省第一;桑树栽种面积40万亩、居全省第三。

4.1.3 产业链条不断延伸

截至2023年,南充市培育农产品加工规模以上企业205家,清洗分拣、贮藏保鲜等产地初加工能力大幅提升,预制菜产业加快布局。南充市农产品加工业产值达

---

① 南充市委政研室,市统计局联合课题组. 南充:"三链同构"促现代农业进阶[J]. 四川省情,2024(5):56-58.

698.3亿元，农产品加工业产值与农业总产值之比为2.091∶1。农业与旅游、文化、教育等产业深度融合，建成全国休闲农业与乡村旅游示范县2个、全国乡村旅游重点镇（村）3个、国家A级乡村旅游景区20处。

4.1.4 品牌影响不断提升

截至2023年，南充市创建绿色食品原料标准化生产基地58万亩、有机农产品认证规模23万亩，注册农产品商标5 247件、中国驰名商标4个、省级著名商标40个、地理标志证明商标24个，"两品一标"总量达400个。以"好充食"农产品区域公用品牌为核心、国家农产品地理标志商标为支撑、中国驰名商标为特色的南充农业品牌集群初步构建。

4.1.5 主体培育成效明显

截至2023年，南充市培育市级以上农业产业化龙头企业260家（国省级64家）、发展农民合作社9 929个（国省级示范社272个），培育家庭农场22 136家（省级示范家庭农场306家），以龙头企业为核心、合作社为纽带、家庭农场和专业大户为基础的现代农业经营主体快速成长。探索出流转土地、管护务工、入股经营、返租倒包等多种利益联结机制，辐射带动98万户农民参与现代农业发展。

4.2 合川区："四改"带"四化"，让农业有奔头[①]

近年来，重庆市合川区深入推进实施"藏粮于地、藏粮于技"战略，始终把高标准农田建设作为保障粮食安全的重要抓手，以"四改"带动"四化"，实现粮食产量持续稳定增长，推动农业高质量发展。

4.2.1 坚持"四改"同步，让农业"田好种"

合川区以"改大、改水、改路、改土"为主要内容，累计建成高标准农田80.1万亩。一是灵活改"大"。灵活运用拆田坎、小改大、零改整等措施，2022年改造单块面积1亩以下的耕地3万亩。二是科学改"水"。改善田间地头沟渠、大中型

---

① 重庆市合川区农业农村委. 合川区"四改"带"四化"让农业有奔头[J]. 农村工作通讯，2023（15）：13.

灌区和农村水网设施配置,实现能排能灌,农田灌溉保证率90%以上。三是统筹改"路"。统筹进行田间道路和生产便道建设,搭好田块进出接口,田间道路通达度100%。四是精准改"土"。因地制宜开展测土配方提升耕地质量,实现"瘦土"变"肥土",改造后耕地质量等级提升到4.5等以上。

4.2.2 坚持"四化"提升,让农民"种好田"

合川区坚持"以用定建",以机械化、水利化、产业化、数字化打造升级版高标准农田。一是机械化水平显著提升。坚持"地机相适""机艺协同",借助农机社会化服务,加快丘陵山区农机装备推广和应用,促使良地、良机配套,农作物耕种收综合机械化率达到60.63%,高于重庆市7.13个百分点。二是水利化水平显著提升。加强灌区续建配套与现代化改造,提升灌排保障能力,累计建成中小型灌区128个,灌溉面积达36.045万亩。三是产业化水平显著提升。将"巴掌田""鸡窝地"整合为适宜规模化、标准化、集约化发展的产业地,累计打造50万亩集中连片优质粮油基地、5万亩稻渔综合种养基地。四是数字化水平显著提升。依托区域智慧农业中心,建设智能无人驾驶农机系统、病虫害绿色防控,构建数字化应用场景和社会化服务应用场景,实现从"会种田"变成"慧种田"。

4.2.3 坚持"质效"融合,让农村"种田好"

合川区通过建设高标准农田,实现粮食增产、农民增收、农业增效。一是粮食产能有提升。改造后的农田地力普遍提升0.24个等级,轮作增加一季收益;玉米大豆带状复合种植增产100斤以上,粮食产量连续17年居重庆市第一位。二是农民收入有增长。将零散耕地整合为连片大田,农户以"土地作价+项目资金入股"等方式,开展"村集体经济组织+大户"合股联营,构建"保底+收益分红"的利益联结方式,实现富民增收。三是集体增收有动力。集体经济组织通过承接土地托管、代耕代种、统防统治、发展产业等,打造"一村一品、一村一景、一村一韵",实现年收入10万元以上。

4.3 广安市:小田变大田,扎实推进高标准农田建设[①]

广安市处在四川盆地边缘,以丘陵为主的地形造成了田土细碎、不平整,客观

---

① 农民日报.试点探路 深化改革 为农业农村现代化发展增动力添活力,https://www.guang-an.gov.cn/gasrmzfw/c111074/pc/content/content_1828239892853211136.html.

存在的承包地细碎化现状，制约了农业农村现代化发展。近些年，广安市大力开展高标准农田建设，坚持集中连片规划，组织"千名英才千村行"活动，选派科技、农业等领域的专业技术人才，组建30个专家服务团，全程指导高标准农田建设，结对培养农村实用人才，将"望天田"打造成了田成方、地成块、路相连、渠相通的"高产田"。2019年以来，新建高标准农田107.63万亩，较改造前亩均增产粮食100千克以上，农民年人均综合增收约500元[1]。2023年，广安市新建高标准农田23.5万亩，亩均投入近3700元，同比增长24.5%[2]。

4.3.1 "三图"稳定承包权，变"要我干"为"我要干"

广安市坚持农村土地集体所有制和家庭联产承包责任制不动摇，聚焦消除群众顾虑和隐忧，落实土地承包关系稳定并长久不变政策要求，创新"以图稳权可溯源"工作举措，更好保障农户承包权益。"一图溯源"，在发动群众时，运用农村承包地确权颁证成果图，逐户核实农户承包地面积、四至界线，尊重农户意愿，厘清承包权属。"两图固权"，在农田建设前，对田土原貌进行无人机航拍，形成承包地现状航拍图，叠加承包地确权颁证矢量图，逐一勾绘出每户承包地地块，锁定实际影像、空间位置、坎埂边界，变"实地界线"为"影像界线"，让农户看得清、看得懂，明白承包地权属。"三图管地"，在农田建设后，再次进行无人机航拍，形成建后航拍图，套合土地确权成果图、建前航拍图，在图纸上将建成的大田块还原出农户的小田块，充实和完善农户承包档案，切实保障农户权益，工作开展中得到了群众的一致认可和支持。有序推进国家级、省级第二轮土地承包到期后再延长三十年试点，保持土地承包关系稳定并长久不变，进一步维护好农户承包权益，充分调动农民群众积极性和主动性。

4.3.2 "三措"并举建农田，变"不宜干"为"适宜干"

广安市以改革思维推进高标准农田建设，为解决承包地细碎化提供项目支撑；以解决承包地细碎化试点为政策引领，为高质高效推进高标准农田建设探索有效路径。一是依形就势分类建，在平坝地区，通过拆坎并埂，实现"格田化"；在浅丘

---

[1] 人民日报．四川广安扎实推进高标准农田建设小田变大田　乡村绽新颜，http://paper.people.com.cn/rmrb/html/2023-12/29/nw.D110000renmrb_20231229_2-07.htm.

[2] 四川人大．"广"夯"耕"基　护粮有"安"——广安市人大常委会持续助推丘区高标准农田建设，https://mp.weixin.qq.com/s/s5Wj5uq5N6G_9R9RZKYoPg.

带坝地区，通过变零为整，实现水田"条田化"、旱地"梯台化"；在深丘山地地区，采取水田适度归并、旱地适度放缓坡，改善耕种条件。二是设施成网一体建，坚持互联互通、共享共用，一体推进水网、路网建设，配套末级小微水利设施，完善农田水利网络；构建以生产便道、跨田通道、下田坡道为主的田间作业道路体系，全面实现"能排能灌、旱涝保收、宜机作业、稳产高产、生态友好"。三是产业成片系统建，考虑永久基本农田分布、农业产业布局、灌区覆盖范围等因素，以高标准农田为基础，规划建设现代农业园区，实现产业集群式发展。按照"完善高标准农田建设、验收、管护机制"的决策部署，全域分步推进高标准农田建设，持续优化配置土地资源，大力发展现代农业，建设100万亩优质粮油基地，创建100个国家级、省级、市级、县级四级现代农业产业园区，将高标准农田建设的成效转化为农业现代化发展的质效。

4.3.3 "三策"放活经营权，变"不好干"为"能干好"

广安市深化承包地所有权、承包权、经营权分置改革，构建与生产力水平相适应的新型生产关系，促进人才、技术、资金向农业农村流动，确保耕地有人种、种得好。一是保障群众耕种，对有劳动能力和种植意愿的农户，引导在"近家临路靠水"区域，优先选择自种地块，基本实现农户相对集中耕种。二是规范土地流转，出台土地流转政策，规范土地流转行为，明确流转用途，固定流转期限，控制流转规模，建立健全工商资本流转土地审批机制、履约保险机制，在防风险中实现适度规模经营。三是提升服务水平，整市开展农业社会化服务试点，培育壮大农业社会化服务主体，推广代耕代种、代管代收等模式，健全便捷高效的县、乡、村三级社会化服务体系，以农业社会化服务引领农业现代化发展。群众纷纷表示现在种地比以前方便还划算，收入也增加了。四是坚决巩固和完善农村基本经营制度，不断完善农业经营体系，发展多层次农业保险，满足不同农业主体的多元需求；健全联农带农利益联结机制，实现小农户与现代农业有机衔接，促进农民增收，让广大农民共享农村改革和发展成果。

4.4 北碚区："七化"赋能现代农业高质量发展[①]

近年来，重庆市北碚区以推进乡村振兴为抓手，围绕柳荫镇、三圣镇、金刀峡

[①] 资料来源：https://www.sohu.com/a/446661465_100186348.

镇贫困地区深入推进农田建设，一手加强项目区基础设施建设，一手强力推进生态观光农业发展，以科技创新为驱动力，聚焦建设智慧农业园区示范点，高标准农田正日益成为北碚区智慧农业产业发展的重要载体和平台。

4.4.1 整合资源夯实高标准农田建设基础

"六分丘陵、三分山地、一分平坝"是对北碚区自然特征的独特写照，北碚区属西南坳褶带，区内由低山槽、山麓裸丘、浅丘和沿江河谷构成，多山地丘陵，平坝较少。受先天条件制约，如何破解农业发展"瓶颈"，成为北碚区亟待解决的难题。

2017年以来，北碚区高标准农田项目累计投资9 757万元，建成高标准农田6.49万亩，改善节水灌溉面积1.15万亩，新增耕地1 034亩。实施高标准农田建设，为了使规划建设内容满足实际需要，农田建设达到"七化"（即宜机化、水利化、生态化、园田化、规模化、标准化、智能化）标准，组织保障与资金来源成为重点。

北碚区坚持多部门联动机制，成立由区政府主要领导担任组长、相关部门主要负责人组成的高标准农田建设领导小组，由北碚区农业农村委牵头，发展改革委、规资局、财政局、水利局、土储中心配合参与，项目涉及镇村协调推进，形成"区政府领导、各部门协作、镇村协同"的多级联动齐抓共管工作机制，确保高标准农田建设项目有序推进。在项目实施中，各部门共同出谋划策、技术骨干相互流动交流，镇村人员实地监督，构建合力格局，确保高标准农田建设项目顺利实施。资金来源方面，按照"财政拨款为主、社会资本为辅"的原则，坚持高标准农田建设多元投入机制。在确保财政资金投入的同时，发挥集约资源优势，撬动社会金融资本投入高标准农田建设，累计整合各类资金3 643万元。此外，北碚区还将高标准农田建设与管护协同发力，利用"互联网+卫星"等现代信息技术手段，全周期、多维度对项目进行动态监管。建立完善项目工程运行管护机制，建立建后管护台账，开展每季度一次的定期巡查。在农田建设成效评价上，建立完善监督评价和问题反馈机制，积极开展项目区满意度测评，进而夯实高标准农田建设基础。

4.4.2 促进农田建设与产业发展有机结合

高标准农田建设项目的实施，伴随而来的是新型农业主体的引进与产业发展的有机融合。北碚区坚持项目跟着产业走，为产业发展增强后劲。如柳荫镇顾治彬的猕猴桃基地里，在总长1 853.5米的33条生产便道下方建成渗渠，拦截并收集地下水至基地最左侧的一个蓄水池。蓄水池占地面积1 600多平方米，2米高，可蓄水3 000吨左右。北碚区农业农村委还在顾治彬猕猴桃基地地势最高处建起了提灌设施、化粪池，基地大棚上架设了滴灌管道，大力推进水肥一体化灌溉。在三圣镇德圣村，重庆润璞生态农业科技有限公司流转土地349亩，利用坡改缓、小改大、开大厢起小垄设计，形成路成网、沟相通、渠相连、涝能排、旱能浇、有绿化、环境美的现代化农业机械化果园，并进行一二三产延伸，成功打造以科技种植、采摘体验、亲子游乐、康复养老为一体的生态农业观光体验园——打造"三生三世桃花源"基地，带动年解决当地村民20余人务工，年人均可实现务工收入15 000元以上。

自2017年以来，北碚区将高标准农田"七化"建设目标与农业产业"专业化、品质化、集约化"的发展要求结合在一起，按照经济效益、社会效益、生态效益相统一的原则，组织农业、建筑、经济等专家对高标准农田项目进行严格筛选，确保审查通过项目符合北碚区特色产业的发展需求。综合布局农业、水利、科技、林业等治理措施，做到建好一片、成型一片、受益一片，从而培育了"歇马果苗""缙云甜茶""槽上萝卜""诗进葡萄"等一批地方知名品牌，进一步推动农田建设与产业发展、生态保护和环境整治的有机结合，为都市农业高质量发展探索新路子。

4.4.3 科技赋能助推现代农业高质量发展

北碚区作为重庆市的科教强区，拥有西南大学等高等院校4所、市级以上科技研发平台92家。为了加快科技成果的转化，近年来，北碚区按照"科技促进智慧，智慧融入农业"的发展思路，以农业智慧园区为核心，聚焦北碚智慧农业园区示范点建设。如北碚智慧农业示范园（以下简称"示范园"）现已开始规划实施，规划总面积约2 629亩，重点规划以中柑所为核心的柑橘种植区、以玉米研究所及水稻研究所为主的大田作物区和以枇杷与蔬菜为主的园艺作物区，三区域面积分别占地1 281亩、289亩、259亩。目前，该示范园灌溉系统已初步形成，且园内针对不同的地形地貌，因地制宜地对平坝区域及丘陵区域进行土地平整、梯田修筑、土壤改良与田间道路建设，使种植行间机械无障碍通达率超过90%。为了充分发挥智慧化建设，示范园计划运用5G技术，开展"5G+智慧园区""5G+工业互联网"应用试点示范，建立信息采集系统，做到对园区气象环境监测、土壤墒情监测、病虫害监测、作物长势监测、无人机精准测绘。利用实时环境监测农作物生长环境中的主要参数，利用植物本体传感器让灌溉施肥更有效，实现"农业+无人机+多光谱"应用。通过建立数据模型，对气候环境、土壤环境、空气质量、虫情监测、水体环境监测等多种维度的数据分析，对用户直观展示数据，形成可视化数据。后续该园区还将实现通过特定的手机 App 为农机自动驾驶系统提供高精度位置数据支撑，实现全自主作业，作业区域全覆盖。

附录 5　渝遂绵现代高效特色优势农业产业带典型案例

5.1　遂潼优质蔬菜产业区域合作典型经验

为贯彻落实《成渝地区双城经济圈建设规划纲要》《遂潼川渝毗邻地区一体化发展先行区总体方案》，四川省遂宁市与重庆市潼南区对渝遂绵优质蔬菜产业区域协同、一体化发展进行高起点谋划、系统性建设，并取得了显著成效。2021 年，遂潼两地围绕优质蔬菜生产带签订协议，围绕农业农村一体化"五带一走廊"总框架，遂潼两地坚持"规划共商、基地共建、标准共制、品牌共创、成果共享"发展思路，持续深化建设合作交流平台，共同探索区域协同联动机制。从区域合作的典型经验看，主要涵盖了协同规划、统一品牌、统一技术规程、基地共建、资源共享五个方面。

（1）联合编制产业带发展规划

围绕渝遂绵优质蔬菜产业带的发展，以涪江流域为核心，做好产业带的顶层设计，制定发展任务，出台《渝遂绵优质蔬菜产业带实施方案》。规划到 2025 年，共建设 400 万亩渝遂绵优质蔬菜生产带，其中绵阳 150 万亩、遂宁 150 万亩、潼南 100 万亩。渝遂绵优质蔬菜产业带建设也被纳入四川省"十四五"农业农村现代化规划等，是推动成渝地区双城经济圈建设的重大项目之一。

（2）联合注册区域公共品牌

遂宁市与潼南区重点依托白萝卜、食用菌、莲藕、芥菜、苕尖等特色优势蔬菜品种，已成功打造了"遂宁鲜""潼南绿"等区域性公共品牌。其中，以遂宁市长白萝卜为代表的优势特色出口型农产品，其规模化种植面积达到了 16 万亩，位居四川省第一。同时，遂宁、潼南两地联合注册了"遂潼白"区域公有品牌，成立了绿色蔬菜种植专业联合社和蔬菜销售联合体，搭建起了 3 个农产品线上线下展销公用对接平台，共同培育出 7 个名优农产品品牌，联合纵深开拓市场，以进一步提升区域蔬菜国际化竞争力。

（3）联合出台特色蔬菜标准技术规程

为推动渝遂绵蔬菜产业带的高质量发展，遂宁市与潼南区以标准化种植技术引导为关键，针对优势特色蔬菜产品，联合出台区域一体化标准，推动两地蔬菜产业协同发展。两地先后出台了《渝遂绵（遂潼）优质蔬菜 白萝卜》《渝遂绵（遂潼）优质蔬菜 白萝卜种植技术规程》《渝遂绵（遂潼）优质蔬菜 结球甘蓝》《渝遂绵（遂潼）优质蔬菜 结球甘蓝种植技术规程》等 4 项区域性团体标准。

（4）以合作园区为引领强化技术示范

以毗邻地区为支撑，遂宁与潼南两地超前谋划，2023 年签订了遂潼涪江创新产业园区乡村振兴助推农业产业发展的战略合作协议，破解"三农"领域融资难题，促进遂潼川渝毗邻地区一体化发展先行区农业适度规模经营和现代农业发展。遂潼涪江创新产业园区包括老池镇、西眉镇、崇龛镇、双江镇等 16 个乡镇（街道），总体规划面积约 450 平方千米，规划布局城镇建设用地约 110 平方千米，形成"一心两带五组团"的空间发展结构，其中，遂潼涪江蔬菜乐园等项目建设正加快推进，700 吨蔬菜冷藏冻库已全面竣工。

（5）技术、人才与资源共享

以遂潼两地为主导，搭建人才、技术、设备设施资源共享平台，建立经纪人制度、项目人才库，组建起了约 120 人的高素质人才队伍。同时，遂潼两地已互通共享农机、冻库设施等 700 余台次，举办交流培训会 40 余场，联合申请蔬菜产业国家科技计划 2 项，建设项目转化成果库 1 个、高新技术产业化基地 1 个，加快蔬菜产业前沿性创新成果的转化落地。

5.2 柠檬产业集群区域合作典型经验

（1）产业集群区域联盟化

柠檬产业，是 2020 年农业农村部、财政部批准建设的 50 个全国优势特色产业集群之一。柠檬种植的优势区主要分布在四川省遂宁市、广安市、达州市、资阳市（安岳县）和重庆市江津区、合川区、大足区、铜梁区、潼南区 9 个柠檬产地。为深入贯彻落实《成渝地区双城经济圈建设规划纲要》，深化川渝毗邻区市县的协作，加快建设成渝现代高效特色农业带，推动千亿级柠檬优势特色产业集群的高质量发展，2021年，成渝地区双城经济圈国际柠檬产区联盟正式成立，遂宁、潼南等9个柠檬产地共同签署了《成渝地区双城经济圈国际柠檬产区联盟宣言》①。以"共享、共兴、共建、共创、共赢"为宗旨，产区联盟致力于形成集资源集聚、协同创新、技术支撑、服务咨询、交流合作等五大功能于一体的共同发展平台，聚焦于延长产业链、培育创新链、提升价值链，打造具有全球影响力的柠檬产业集群，以形成柠檬产业深度融合、优势互补、成果共享的新发展格局，全面提升成渝地区双城经济圈柠檬产业的影响力和竞争力。

(2) 突出区域优势特色和链主企业培育

潼南区是中国柠檬三大主产区之一，被誉为"柠檬之都"。为了与安岳县的柠檬进行差异化发展，潼南区着力从标准化基地建设管理、高新技术研发引领、多元化产品体系构建三个方面带领区域柠檬产业实施差异化发展。标准化基地建设方面，以适度规模化、标准化基地的示范和建设为支撑，全面提升柠檬种植技术和果园管理水平，与安岳柠檬的小农户、散户种植为主导的模式形成区别。目前，潼南区的柠檬种植基地90%以上实行了规模化、标准化种植，户均种植面积近80亩。高新技术研发引领方面，以培育具有全球影响力的链主性企业为关键，引育了本地链主企业——檬泰集团，以"卡脖子"技术"果胶生产与研发"为引领，以集柠檬科研、植保技术服务、精深加工、销售、大数据应用与管理于一体的柠檬全产业链建设为抓手，以高新技术为引领，优化和提升区域柠檬产业生态圈格局。多元化柠檬产品体系构建方面，突出大健康产业的定位，先后开发了柠檬精油、柠檬烯、柠檬汁、果胶、冻干粉、柠檬精粹液、柠檬纳米汁等多种高附加值产品，以开发在重庆市乃至全国具有影响力的消费品工业"爆品"为关键，延伸柠檬产品链。

(3) 科技协同创新与成果共享

在协同机制方面，建立柠檬产业定期研判协商重大合作事项联席会议制度。在协同创新方面，以产业联盟为支撑，强化科技创新支撑引领，推动大数据、智能化赋能柠檬产业，加快构建柠檬产业高产、优质、高效、生态技术体系，加速关键共性技术、前沿引领技术、现代工程技术的协同创新。在成果共享方面，以共同打造

---

① 重庆日报. 川渝九地携手打造柠檬优势产业集群. https：//cqrb.cn/content/2021-10/22/content_347109.htm.

国际柠檬技术转化应用基地为核心，开展地方合作伙伴对接、法律法规咨询、财务顾问、融资对接等全流程服务，加快实现柠檬科研成果集中、技术配套集成、链主企业集群、人才金融集聚化发展，形成中国柠檬科技成果转化网络。

附录6 重庆主城都市区都市现代高效特色农业示范区典型案例

6.1 渝北——西部现代农业科技高地的实践路径

6.1.1 基本概况

渝北区，地处重庆市西北部，属主城都市区中心城区，是典型的南方丘陵地形，"馒头山、巴掌田、鸡窝地"随处可见。截至2023年末，渝北区年末户籍总人口160.63万人，乡村人口30.97万人，占比19.28%，城镇化率90.2%。近年来，渝北全面启动"3+6+1"现代农业产业体系建设，"3"是围绕现代设施农业、都市体验农业、临空高效农业三大方向精准发力；"6"是打造优质水果、绿色蔬菜、高端花卉、道地药材、生态渔业、特色兔业六大品牌；"1"是高水平建设国家农业高新技术产业示范区，不断延伸产业链、提升价值链，推动农业产业发展规模上档、质量升级。2023年，渝北区实现农林牧渔业总产值47.46亿元，较2022年增长5.1%，第一产业增加值33.77亿元，增长4.8%，增速高于全市平均水平。农村常住居民人均可支配收入26 515元，较2022年增长6.4%，高于全市平均47.6个百分点[①]。

渝北国家农业高新技术产业示范区（简称"渝北农高区"）前身是渝北国家农业科技园区，是重庆首个验收挂牌的国家级农业科技园区，有着临空临港临铁便捷立体的区位交通优势，得天独厚的自然生态环境。经过22年发展，渝北农高区抢抓唯一申报国家农高区、主城唯一乡村振兴综合试验示范区的重大机遇，紧扣成渝地区双城经济圈建设，坚持农业农村优先发展，坚持城乡融合发展，强化科技创新、制度创新、模式创新和数字赋能，奋力书写建设农业科技强区新

---

① 数据来源：《2023年渝北区国民经济和社会发展统计公报》。

篇章。

6.1.2 主要探索

渝北农高区总体规划面积 122 平方千米，以丘陵山地数智农业为建设主题，以丘陵山区高效特色作物为主导产业，以数字技术、现代农业技术、生物技术为基础，践行"大食物观"，解决丘陵山区土地分散零碎、难以集约生产、相对效益较低等问题，依靠科技赋能探索"丘陵山地"特色条件下的高效农业和特色农业实现现代化的有效路径，主要做法如下。

第一，以 3.19 平方千米建设用地为核心，打造农业高新技术产业集聚区。该区域定位为重庆（国际）食品城，分为北区和东区，按照"一年成势、三年成型、五年成城"的总体计划，打造包含食品研发、加工和配套服务的百亿级食品特色产业集群。其中北区由北向南布局食品加工产业园（功能性食品企业孵化园）、健康食品产业园，东区自西向东规划布局总部基地、现代农业智慧物流示范园、西部农业产业科技创新中心。目前，已签约落地年产值 30 亿级的西南乳业标杆项目天友乳业和重庆最大规模的农投大厨良选肉食品项目。

第二，以渝北农高区创新示范基地为载体，打造数智和科技农业生产示范场景。重点建设合玄土壤渝北农高区实景效果图修复示范基地、江南大学研究院、重庆市级院士工作站以及设施农业示范区，形成丘陵山地数智农业生产场景和科技农业产业化场景，作为渝北乃至重庆农业科技创新成果和农业产业发展成效的重要展示窗口，旨在打造可复制、易推广的丘陵山地智慧高效农田建设运营示范点，3 年内成为引领西部的数智农业展示带。重庆临空都市农业开发建设有限公司投资 3 亿元建设的农高区创新示范基地、投资 1.5 亿元建设的合玄土壤修复示范基地 2023 年 10 月全面开工。

第三，以特色大田农业为基底，打造农文旅融合发展的和美乡村生活场景。大力推广"美丽经济+创意产业+幸福生活+数字农业"的产业融合模式，重点建设巴渝时光、国家级数字农业电商直播产业园、农业会所项目，同时建设集中连片、辨识度强、展示效果佳的大田作物轮作区，意在打造宜居、宜业、宜文、宜游的创新型田园综合体新典范，集中呈现农耕文化传承、创意农业发展、传统村落保护有机融合的和美乡村生活场景（附图 6-1）。

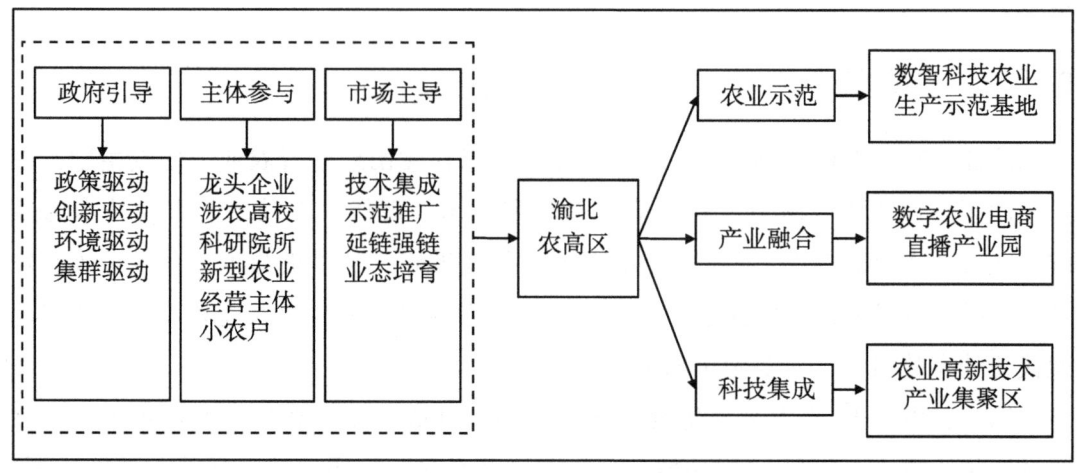

附图 6-1 渝北农高区科技创新形成机制

6.2 江津——西南特大综合性农产品流通平台

6.2.1 基本概况

重庆市江津区，地处重庆西南部，自古是渝西川南水陆交通枢纽和商贸中心，现更是成渝地区双城经济圈重要战略支点，辐射川南黔北的重要门户。江津历来是重庆粮食大区、农产品主产地之一，有"中国花椒之乡""中国柑橘之乡"之称，曾获"全国粮食生产先进县（区）"称号。目前已形成以花椒产业为主，柑橘、甘薯产业为辅，蛋鸡、瘦身鱼、枳壳等产业为特色的"一主两辅多特"产业体系，2023年江津区粮食产量64.35万吨、蔬菜产量116万吨，实现农业总产值197.08亿元，农产品加工产值373.6亿元，居重庆市第一[①]。依托承东启西、接南转北、通江达海的区位优势，建有中国西部（重庆）东盟商品、农副产品分拨中心，西南地区最大的综合性一级农产品批发市场——双福国际农贸城，是西南地区粮食等重要农产品的供应地。

双福国际农贸城是重庆市实施"菜篮子工程"和"民生工程"的重要载体，也是西南地区最大的综合性一级农产品批发市场。农贸城于2014年正式投入运营，由重庆物流集团运营管理，总占地2 455亩、主体商品交易区35万平方米，建有

---

① 数据来源：《2023年江津区国民经济和社会发展统计公报》。

2.5万吨大型冻库1座,小型冻库300余个。农贸城入驻经营户5 000余户,汇聚蔬菜、水果、粮食、食用油、干货、副食、肉类、水产、蛋品、冻品、花卉等16个类别,年均提供就业岗位10万余个。农产品销售辐射面积大,重庆80%的生鲜、水果、蔬菜从农贸城集采分拨,服务人口达到6 000多万人①。

6.2.2 主要探索

近年来,双福农贸城始终致力于打造"全国领先的农产品流通平台商",通过改革创新,不断优化营商环境,强化风险防控,市场交易稳步增长,自主经营不断突破,实现了农贸城的跨越式发展。2019—2023年,农贸城每年的交易量及交易额均呈两位数增长,2023年市场交易额为423.1亿元,交易量为458万吨(附图6-2),主要做法如下。

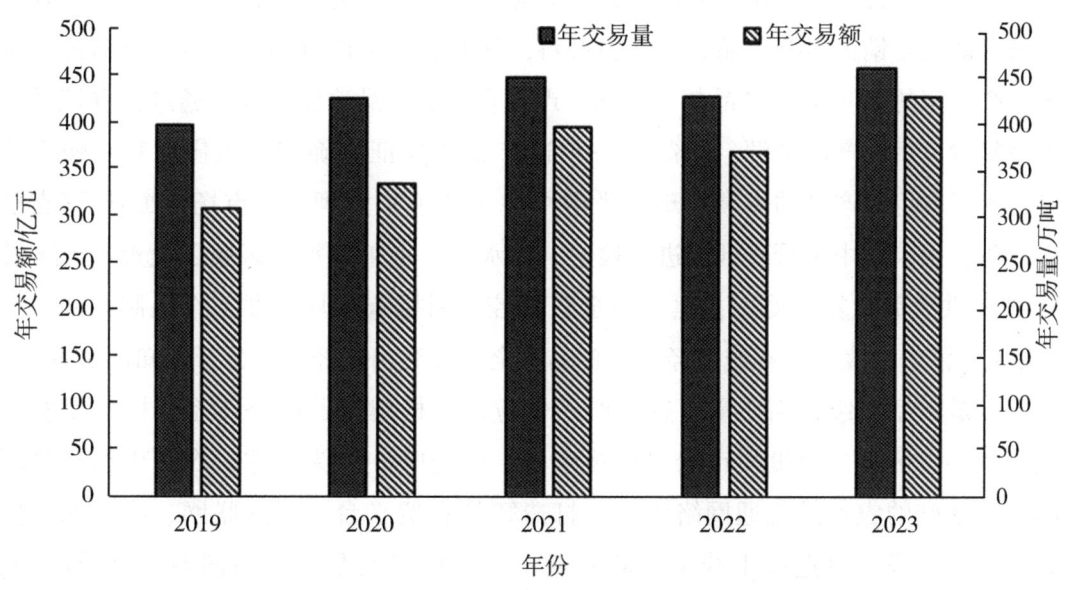

附图6-2　2019—2023年双福农贸城农产品销售情况

一是顶层设计,改革创新实现提质增效。经多方深入考察调研,立足市场发展形势,分析优劣势对比,以延伸产业链为抓手,确立了"提档升级、提质增效"的"双提"目标。"提档升级"方面,以营造客商良好交易环境为抓手,满

---

① 王磊,孙小飞.编牢织稳巴渝"菜篮子"——访重庆双福农贸城原党委书记、董事长卫永生[J].农村工作通讯,2024(20):21-23.

足客商经营需求为出发点，开展划行规市、增设冻库、改扩建大棚、设置配送专区等，加强配送业务终端服务，创新商业模式，拓展线上销售平台，实现"双福到家"自营平台正式上线运营。创新推行"临时月租"、新增花鸟市场、培育白条猪交易市场等，市场业态更加丰富、资源利用更加合理，市场基本满足"一站式"采购需求。"提质增效"方面，积极对接陆海贸易新通道建设，打造东盟农产品分拨中心，东盟进口水果比例占全重庆70%以上；积极服务成渝双城经济圈建设，推动成渝农批市场联盟开展业务对接，广泛吸纳四川地区农副产品集散交易，2023年，协同推动四川水果进场16万吨、蔬菜进场47万吨，达到市场蔬菜水果进场量的15%。

二是抓好监管，严把食品安全"入口关"。完善食用农产品入场预登记制度，并建立食用农产品快速检测室150平方米，配备专职检测人员，开展食用农产品快速检测，凡不合格的禁止入场销售；严格落实农产品入场查验，市场食品安全管理人员主动向经销商索要产品合格证明材料，凡涉及无生产日期、无质量合格证以及无生产厂家的"三无"产品禁止入场。严格食用农产品追溯管理，通过预登记系统准确掌握食用农产品来源，印制"一单通"销售凭证准确记录销售方和采购方信息，实现食用农产品的追溯管理；严格秤支（计量）管理，对市场3 200把秤支登记造册，每年集中报管理部门进行检定，在水产、水果等重点区域还设置了公平秤11把，供消费者复核使用；建立健全日管控、周排查、月调度工作机制，创新了"黄牌"警告制度，对不诚信经营、食品安全问题突出的经销商公开告知消费者。

三是转型升级，高质量打造农产品供应链。构建流通网络体系，构建以农贸城为核心，区县二级批发市场（分拨中心、配送中心）为支撑，农贸市场及终端门店为基础的农产品流通网络体系。打造智慧农贸平台，以互联网、物联网、信息技术为手段，打造线上线下互联互通，集"电子交易、产品溯源、电子商务、市场信息管理、数据应用"于一体的智慧农贸平台。2023年通过平台发出快递单量200余万件，输出货物8 000余吨。构筑新型产业链，以"西部陆海新通道"建设为契机，借助"南向通道"资源，打造集水产品和水果交易、冷链仓储、分拨配送、展示分销、美食体验于一体的多功能复合型商贸综合体，并配备建设相应软硬件系统，在平台基础上实现农产品全程从产地到消费者的冷链物流运输、全程质量追溯、大宗产品的季节性调配、区域集采供应等主要功能，构筑"互联网+批发市场+线下体验"的新型产业链。此外还加快农商互联、实施产地对接。引导农产品产销衔接机制从松散、短期、易变向紧密、长期、稳定转变，积极与产地农业经营主体签订战略合作（保供）协议，发展订单农业，全面提升农贸城带动能力（附图6-3）。

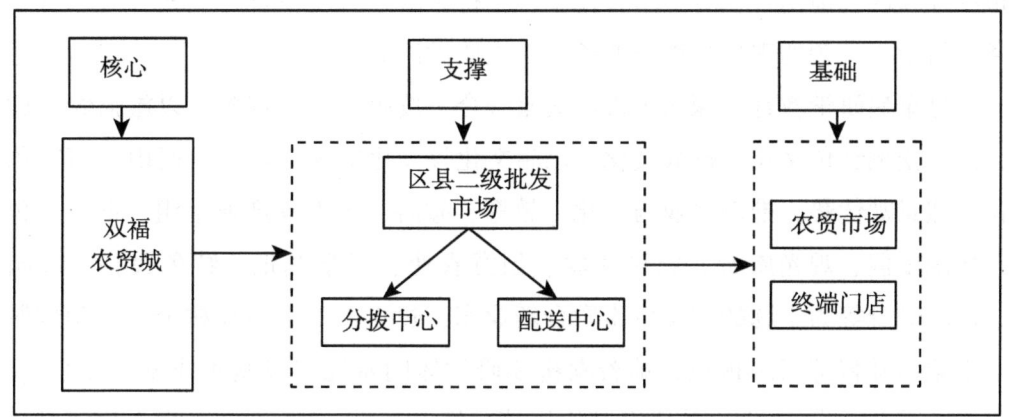

附图6-3 双福农贸城农产品流通网络体系

6.3 沙坪坝——研学统领农文旅融合发展道路

6.3.1 基本概况

沙坪坝区，地处重庆市西南部，属主城都市区中心城区，是西部陆海新通道始发地、西部（重庆）科学城主阵地、巴渝文化重要发源地、抗战文化重要发源地和红岩精神重要发祥地。沙坪坝区现有9个涉农镇街，48个行政村，农村常住人口4.21万人、耕地面积6.27万亩，常住人口城镇化率97.18%。2023年，农村常住居民人均可支配收入达28 650元，同比增长6%，居重庆市前列[①]。随着工业化、城市化水平越高，城镇人口越多，作为都市乡村的沙坪坝区，农村区域被主城都市区消费市场环绕，都市农业市场潜力巨大。2023年以来，沙坪坝区坚持以人居环境整治为先导，以大场景营造为重点，以研学统领发展现代都市农业为核心，着力建设宜居宜业和美乡村，高水平打造以中梁山脉和缙云山脉为骨架，基本农田和生态林地为支撑的"一带一区"现代都市农业新格局。

---

① 数据来源：《2023年沙坪坝国民经济和社会发展统计公报》。

6.3.2 主要探索

依托都市乡村特色资源，深入挖掘乡村文化，科学布局特色产业。近年来，重庆市沙坪坝区因地制宜，着力培育蔬菜、乡村旅游"一主一辅"特色产业，探索出一条以研学为统领的现代都市农业道路，主要做法如下。

一是聚焦研学教育，深入推进农文旅融合。按照"以农促旅，以旅强农"的理念，深入挖掘红色文化、抗战文化、巴渝文化等文化资源，发挥"两山一河"山水林田自然景观优势，推动农业与文化、教育、旅游、康养等产业重组，催生红色旅游、休闲度假、观光旅游、农耕体验、创意农业、研学基地、特色民宿、田园养老、田园健身等为主题的农文旅康融合新业态，建立美丽都市乡村全域休闲旅游体系。中梁山脉智慧田园板块，灿若湖耕读研学休闲基地建设基本成型，开心农场、太寺垭森林公园等18个农旅融合基地提档升级，歌乐—中梁20千米农耕研学示范带基本建成，以研学为统领的现代都市农业发展加快，全区29个稳定存在村与82所中小学签订"校村共育"项目协议，开展"寻根·行走山乡"研学实践活动，研学达24万人次、乡村游达314.5万人次，分别增长200%、20%，乡村旅游综合收入达4.17亿元[①]。

二是聚焦特色农业，加快打造现代都市农业产业园区。以建设中梁乡村振兴示范带和都市村庄展示区为目标，整合花卉、水果、蔬菜、渔业等特色农业产业资源，联动发展茶叶、酒类、食用菌、花卉、萤火虫等旅游产品加工业，配套智慧农业装备和农产品加工流通设施，持续推动与农业观光、乡村旅游等业态融合发展，精心策划办好荷花节、郁金香节、采果节等休闲农业节会活动，打造以斐然湖片区为核心、农村产业深度融合的现代都市农业产业园区。建立2023年和2024—2025年衔接推进乡村振兴项目库，储备重点项目合计48个、1.46亿元，成功申报农村综合性改革试点、财金协同支持镇乡产业发展等重点项目4个。全面盘活农村闲置土地，按照高标准农田建设规范，对全区5 000余亩闲置土地进行改造，因地制宜发展"油菜花"产业，支持新建5个特色农业产业基地，推动萤火谷等18个基地提档升级，13个基地成功与村集体建立利益联结机制，2023年村级集体经济组织经营性总收入达9 700万元，收入低于20万元的村基本消除，高于50万元的村占比60%[②]。

---

① 重庆市农业农村委，https://nyncw.cq.gov.cn/zwxx_161/qxlb/202401/t20240104_12783877.html.
② 同①.

三是聚焦基础保障，着力夯实产业发展根基。农业生产方面，夯实农村水利发展基础，加强农田水利设施建设与改造，加快补齐生产用水短板。支持庆丰山村粮油基地等5个基地完善灌溉管网以及蓄水池等建设，助力颐麓欢歌等8个基地建设水肥一体化设施，新建或改建蓄水池等水利设施6个，铺设灌溉管网42千米。农村生活方面，按照"补齐短板""完善提升"的原则，加强农村道路、电网等基础设施建设、农村人居环境改造、农村公共服务配套，加快推进城乡基础设施一体化发展。2023年，新建"四好农村路"30千米，整治农房风貌150栋，改建户厕325户，改圈舍柴棚2 000余处，建成歌乐—中梁—丰文30千米农村人居环境示范线，沿线创建市级美丽宜居乡村18个、市级美丽庭院2 200个、建成"四美庭院"85个①（附图6-4）。

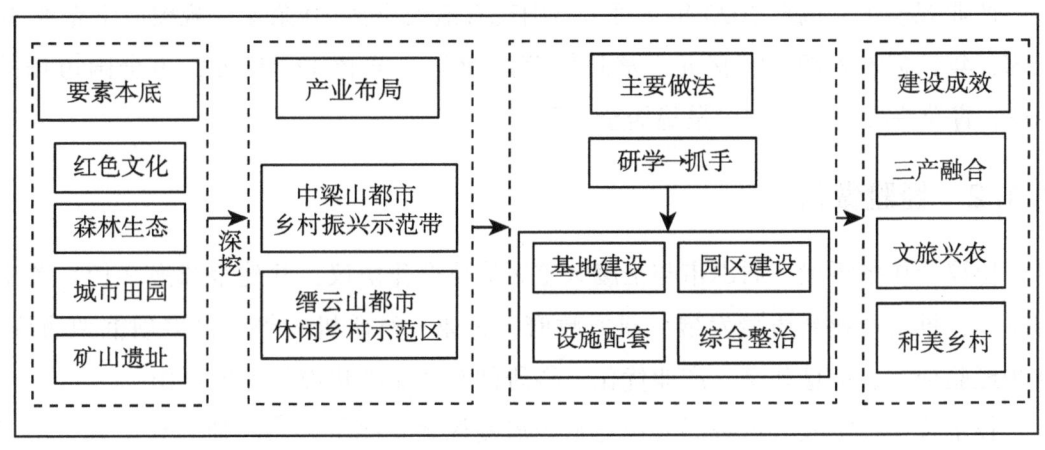

附图6-4　研学统领农文旅融合发展模式

附录7　成德眉资都市现代高效特色农业示范区典型案例

7.1　眉山涪陵共建泡（榨）菜产业集群

7.1.1　基本概况

眉山"东坡泡菜"和重庆"涪陵榨菜"是国内外"生产规模大、要素集聚度

---

① 重庆市农业农村委，https://nyncw.cq.gov.cn/zwxx_161/qxlb/202401/t20240104_12783877.html.

高、产业链条完整、品牌知名度高、发展潜力好"的两大区域性特色优势产业。两地泡（榨）菜产业经过多年发展，不仅在自然资源上具有独特优势，而且在品牌培育、品牌文化、科技研发、加工能力等方面也形成了特有优势。

产品品牌化。眉山泡菜获得多项国内外认证和荣誉，"东坡泡菜"品牌价值达110.94亿元，荣登2023年国家区域品牌百强榜第27位。涪陵榨菜品牌价值更高达147.32亿元，获2022年中国地理标志农产品（蔬菜）品牌声誉百强榜单第一位，并在40多个国家和地区成功注册或核准，国际市场影响力显著[①]。

技术专业化。眉山构建"产—学—研"科研体系，成立泡菜产业技术研究院，荣获多项国家和省级科技奖项，首创多项理论和技术，引领行业发展。涪陵榨菜依托科研院所，形成完善的芥菜研究体系，技术水平领先。

产业规模化。截至2023年7月，眉山现有泡菜企业50余家，规模以上企业30余家，年销售收入超220亿元。涪陵榨菜产业年产值超130亿元，占全国市场的60%，青菜头种植面积和产量稳居全国第一。

7.1.2 经验做法

协议合作搭桥梁。眉山市与涪陵区签署战略合作协议，共建全球泡（榨）菜出口基地，推动产业高质量发展。双方政府、企业、科研机构等签订多项框架协议，实现经验交流、信息共享、产业优化、科研创新及品牌建设等深度合作。

技术合作强本领。吉香居公司与重庆涪陵榨菜集团等签订科研合作协议，实现技术交流与合作，共同提升泡（榨）菜产业的技术水平和创新能力。

互参展会联感情。双方通过共同举办和参与国内外展会，如中国泡菜食品国际博览会、涪陵榨菜产业国际博览会等，加强市场拓展，提升品牌影响力。同时，利用展会平台开展合作机遇分享会，促进经贸交流。

7.2 资阳市安岳柠檬产业

7.2.1 基本概况

2023年，资阳市柠檬种植面积49.75万亩、产量56.79万吨，均位列全国第

---

① 眉山市农业农村局提供。

一，其中安岳柠檬48万亩、53万吨，面积和产量均占全国70%，是世界柠檬五大产区之一，被授予"中国柠檬之乡"。

产业规模效益扩大。2023年，建成苗圃和智慧化高效示范基地，实现苗木年出圃量50万株，砧木繁育量60万株以上；行业协会规范有序，构建产业联盟，实现年内种植、营销和加工等相关主体50%以上进入协会，运行基本规范。2023年，安岳柠檬种植面积达48万亩，产量达53万吨，综合产值达154.34亿元。2023年，海关累计监管出口安岳柠檬货值1.28亿元，同比增长78%，成为四川首个出口破亿元的新鲜果品[1]。

产业链条不断完善。"培育—种植—贮藏—加工—销售"链条不断完善。柠檬加工规模扩张。现有加工企业561家，其中规模以上企业30家，年加工能力30万吨，产品涉及19大类39个品种200余种产品，主要为柠檬冻干片、柠檬即食片、柠檬茶等。营销渠道拓展，线下营销企业3 328家，线上电商企业5 300余户，从业人员12.5万人。其中年销售柠檬1 000吨以上的200余户，5 000吨以上的16户[2]。

品牌影响力持续提升。安岳柠檬获得国家地理标志、中国驰名商标、全国50强区域公用品牌，品牌价值达到190.86亿元，位列全国第十四位[3]。入选首批100个中欧地理标志协定保护名录，获评品牌价值领跑者、首批全国"土特产"，2023年度卓越品牌30强、第九届四川农博会最受欢迎农产品品牌。安岳柠檬、华通柠檬入选首批"天府粮仓"精品（培育）品牌名单。

7.2.2　经验做法

主体协同，构建"5+2"合作体系。以国企为引领带动柠檬基地、加工企业、社会化组织、柠檬协会抱团发展，突出银行、保险等金融赋能，构建国企、基地、加工企业、社会化组织、协会+银行、保险的柠檬产业"5+2"合作体系，形成紧密型利益共同体，促进安岳柠檬提质转型发展。

科技支撑，推动柠檬产业提质转型。通过技术创新与品种改良，引进并培育高产优质的柠檬品种，同时强化对病虫害的防治措施，确保柠檬产业的持续健康发

---

[1] 资阳市农业农村局提供。
[2] 同[1].
[3] 同[1].

展。推动建立柠檬苗木繁殖及品种资源保护与开发基地，深化与四川农业大学、四川省农业科学院等高等教育机构及科研单位的合作关系，建设集优质柠檬高效生产技术于一体的示范基地。同时，增强柠檬加工企业的技术改造与扩展能力，将科技创新成果转化为实际生产力，促进柠檬产业的质量提升与转型。

聚焦特色，深化产品品牌培育推广。明确特色产业定位，安岳县将柠檬产业作为农业主导产业，通过政策引导、资金扶持、技术支持等措施，推动柠檬产业快速发展。培育和推广"安岳柠檬""中国柠檬之乡"等品牌。用活用好"农业+互联网"，拓展媒体宣传、网络营销渠道，举办国际果蔬展，积极参加国际展会，提升安岳柠檬国际国内的知名度和影响力，打造特色鲜明、竞争力强的柠檬品牌。

产业融合，促进柠檬产业多元化发展。在安岳县柠檬产业的发展历程中，通过与其他行业的跨界融合，促进了产业的多元化发展。依托安岳柠檬的知名度和美誉度，积极发展以柠檬为主题的旅游文化产业。建设以柠檬为主题的公园、柠檬文化博物馆等旅游项目，吸引游客前来参观体验，并销售具有柠檬特色的商品，从而实现旅游业与产业的共同繁荣。推动柠檬加工企业的技术革新和产业升级，发展柠檬深加工产业。引进和研发柠檬饮料、柠檬保健品、柠檬化妆品等多样化产品，以延长产业链并提升产品的附加值。同时，发展与柠檬产业相关的服务业，包括物流配送、仓储管理、金融服务等。建立完善的柠檬产业服务体系，为种植户、加工企业等提供全面的支持和服务，以促进柠檬产业的持续健康发展。

7.3　蒲丹都市现代农业融合发展示范区

7.3.1　基本概况

四川省蒲江县、丹棱县作为成眉同城化区域的重要节点，抢抓同城化机遇，两地从竞争到合作，从"隔壁子"到"内伙子"，以"橙"为媒，共谋区域产业发展，共建川渝晚熟柑橘产业集群，联动成眉农商文旅体融合，迈出了蒲丹都市现代农业融合发展示范区建设的坚实步伐，推动实现成眉同城与乡村振兴的同频共振。

蒲丹两地在多年的磨合下，达成了相互协作共推产业发展的共识，区域农业农村同城化发展势头良好，"蒲丹都市现代农业融合发展示范区"被确定为成德眉资交界地带融合发展首批启动项目。

柑橘产业品质提升。立足晚熟柑橘产业发展优势，抱团提升产业标准化程度和产品品质。以蒲江丑柑协会和丹棱果业协会为引领，印发《蒲丹柑橘贮藏规范》《蒲丹柑橘电商销售服务规范》《蒲丹柑橘社会化服务组织管理规范》团体标准，实施"两个替代"（有机肥替代化肥、绿色防控替代化学防治）行动，大力培育"两个替代"绿色农资经营门店示范门店20个，打造高标准绿色、零农残"两个替代"示范基地92个，示范带动两地农产品"零农残"生产种植2万亩①。蒲江县已建立起网络交易大数据监管系统，搭建蒲江农产品质量安全追溯平台，并将丹棱等周边区域纳入进来，实现统一管理，做到周边柑橘产业联防联控，保证柑橘品质。

产业价值不断提升。区域内晚熟柑橘销往全国30多个省市，出口北美、东南亚、欧盟等地区。蒲江、丹棱柑橘分获中国农产品百强标志性品牌，入选中国农业品牌目录，2022年"蒲江丑柑"品牌价值达到100.06亿元，"丹棱桔橙"品牌价值达53.21亿元。品牌效应的凸显，实现了晚熟柑橘从论斤卖到论个卖的华丽转变。晚熟柑橘已成为两地农民增收的支柱，是农民增收的强大"引擎"。2022年，蒲江县、丹棱县分别实现农村居民人均可支配收入30 204元、25 080元，同比增长均在6%以上，均高于四川省平均水平。

县域产业融合发展。一是县域互融。蒲江、丹棱地缘相近、人文相亲、产业相似，蒲丹都市现代农业融合发展示范区以晚熟柑橘产业发展为突破口，不断加强沟通交流合作，充分发挥了两地地理区位优势、空间承载优势、资源禀赋优势，以实际行动助力成都都市圈区域协同发展。二是产业互融。蒲丹两地在夯实柑橘产业基础的同时，积极培育新业态，突出柑橘特色元素，打造了蒲江临溪橘园、丹棱龙鹄柑橘小镇等农商文旅融合项目，赋能乡村振兴，提升成都都市圈现代农业质效。

7.3.2 经验做法

创新管理体制，共谋产业转型升级。蒲江县与丹棱县共同组建示范项目工作专班，建立同城发展联席会议、都市现代农业融合发展工作专班等制度，由两县政府分管领导任组长、县农业农村局主要负责同志任副组长、相关县级部门为成员。统筹谋划、整体推进启动项目建设，整合两地农业种植资源，全域推广农业标准化生

---

① 眉山市农业农村局提供。

产,改造提升标准化基地2.3万亩①。

搭建基础平台,健全项目招引促建。持续推进蒲丹快速路建设及区域内重点项目干道规划,打通成眉"断头路"和村组瓶颈路,提升改造村组道路,建立区域交通微循环。通过全域土地综合整治、新增用地指标、川西林盘保护修复工程、土地流转等方式增强项目承载力。健全"企业吹哨,部门报到"、项目服务专员"一对一"等项目招引促建制度机制,全力做好项目招引促建和协调服务。

创新合作机制,调动社会资本参与。积极对接科研院所和高能企业,汇聚专家智慧,借智借力加大项目策划包装,加快推进项目考察论证等工作。举办多元化、社会化节会,积极探索樱桃节、啤酒节等节会活动的市场化运作,活动得到中国银行(蒲江支行)、霍士丹(成都)精酿啤酒有限公司等企业大力支持,节会活动举办由政府出资转变为政府主办、平台公司参与、企业支持的融合联动新模式。

联通产学研用,加快科技成果转化。围绕柑橘全产业链发展,建设"数字化产供销研一体化"经营体系。在晚熟柑橘核心区组建了由中国农业科学院柑桔研究所、四川省农业科学院等8名科研院所专家和12名本土专家组成的专家团队,建立品比园,引进"明日见""濑户见"等杂柑新品种开展试验示范。两地积极开展农业技术交流,提升标准化种植水平,联合培训果农900余人次②。

农业"接二连三",推动产业融合发展。丹棱县依托四川威兰特食品有限公司,开展农产品精深加工,推出橘橙等口味的果酒,实现传统农业向现代农业华丽转变。发展"农业+旅游",建设"樱桃山""桃花源"田园度假综合体,推进全域"景区化"建设,举办"樱桃节""橘橙节"等活动,培育农家乐200余家。发展"农业+互联网",在"推进农产品流通现代化、积极发展农村电商和产销对接成效明显"上获国务院通报表彰,培育网络主体3 000余家,从业人员超万人③。

---

① 眉山市农业农村局提供。
② 同①.
③ 同①.

7.4 眉山市仁寿县五谷园水稻种植专业合作社农文旅融合发展

7.4.1 基本概况

眉山市仁寿县五谷园水稻种植专业合作社在粮食园区流转土地共计7 000余亩，开展农作物种植加工销售、休闲观光旅游、餐饮住宿服务、食品销售等生产服务。同时，在合作社农业生产、加工的基础上，围绕"乡音·梦粮谷"打造集"文化体验、餐饮娱乐、富氧基地、旅游观光、休闲养生、农业产业"于一体的综合乡村旅游基地、劳动实践教育基地。

农业生产增产增效。眉山市仁寿县五谷园水稻种植专业合作社成立于2017年，通过6年时间发展，在粮食园区流转土地共计7 000余亩，年产水稻600万斤，产生经济效益120万元。

产业基础不断巩固。建设完成育秧中心、实训中心、仓储中心、烘干中心、全程机械化服务中心五大中心，同时，2020年共开展高素质农民培训5次，完成培训高素质农民300余人次。农机服务可调度的现代化农机装备有150台套，可为"农户+合作社"耕、种、防、收、烘、储、销提供全过程服务。固定全程社会化服务总面积达2万亩，农业从业人员30余人。

产业融合发展向好。乡音·梦粮谷于2020年经眉山市文化广播电视和旅游局、眉山市教育和体育局审查合格，被评为"眉山市中小学生研学实验教育基地"，也是眉山市唯一以农耕文化为主题的自然、劳动教育基地。2023年，基地接待研学活动3万余人次。

7.4.2 经验做法

模式创新，推广代耕代种方式。合作社正在积极推广代耕代种模式，由合作社牵头将农户土地整理起来，合作社负责耕、种、防、收、烘干等全程服务，所有产出归农户所有，通过全程机械化及统一的物资采购，有效为农户节约成本，提高经济效益，也提高了农户种粮的积极性。

打通环节，提升农业技术服务。推广农技知识。不定期组织社员参观学习，邀请专家教授开展线上线下技术培训，保证技术指导，组织集中学习与种植相关的培训和生产管理技术。统一农资购买。为社员统购农产品专用生产资料，为社员生产所需降低成本。指导农业生产。通过引进新品种、种植示范为农户及合作社筛选优良品种，指导农户及合作社采取种养结合、循环农业模式。提供农机服务。合作社有大型农机具150余台套，真正实现了从耕种收、烘干、加工的全程机械化，合作社统一为社员及周边农户提供农机社会化服务。

科技赋能，提升农业生产效率。合作社通过引入现代化农业技术，实现了水稻生产的机械化、智能化。合作社采购了大量机械设备，包括大型和小型收割机，实现了从种植到收割的全程机械化作业。这不仅大大提高了生产效率，还降低了人工成本。此外，合作社还利用智能大棚进行集中育秧，通过精准控温、智能水肥喷淋等技术手段，确保秧苗健康成长，为粮食增产增收奠定坚实基础。

产业融合，培育新业态新价值。合作社不仅专注于水稻生产，还积极延伸产业链，建立烘干中心，利用烘干设备快速、均匀地降低稻谷的含水量，进行稻谷的加工和销售，提升农产品附加值。在合作社农业生产、加工的基础上，打造"乡音·梦粮谷"研学基地，探索"农耕文化+自然教育"发展新模式，促进农业产业的转型升级，推动乡村旅游的提质增效。

品牌培育，提升市场竞争力。四川秀天下农业发展有限公司在合作社农业生产、加工的基础上，申请创立"乡音·梦粮谷"品牌，围绕"乡音·梦粮谷"，打造集数字农业、农创体验、休闲运动于一体的"乡音·梦粮谷"研学基地，培育"乡音·梦粮谷"农家米品牌，提供农业观光、农耕体验、农产品销售等服务。

7.5 金广农旅融合产业园"以农促旅、以旅兴农"发展

7.5.1 基本概况

四川（金广）农旅融合产业园位于广汉市连山镇与金堂县官仓街道交界地带，园区规划面积43.39平方千米，依托现有山水生态、农业产业、文化旅游资源，聚焦基础设施互联互通、产业经济协同发展、生态环境共保联治等重点领域，全力推进金广农旅融合产业园区建设，着力探索金广两地交界地带高质量融合发展新路径。

增产增收效果明显。园区瓜果种植面积达到6万亩，年产量4万吨，年产值近2亿元，其中"松林桃""川皇菊""金堂葛根"成功申报国家地理标志产品。除农业种植外，园区还集聚了柚里咖啡、松间朴里、山里溪缘、溪上独行等研学旅游消

费场景68个，创造就业岗位约400个，人均年收入增加8 000元，乡村振兴带动效应明显[①]。沙田村荣获2020年四川省乡村振兴战略示范村称号，相关建设经验被《四川在线》宣传报道。

农业基础设施完善。园区已建成占地300亩的青脆李采摘基地、储存量达2 000吨的果蔬仓储基地，新开发"柚淘"系列果酒，果汁含量达80%，年产量10余吨[②]。完成游客集散中心、廊道、公共厕所、昆虫博物馆等基础配套设施的修建，同时引进了柚里咖啡、芳草洲露营地、松间·朴里等一批具有代表性的文创、露营、餐饮项目。

产业融合发展升级。依托便利的交通区域优势，以及现有旅游资源基础和地域特色文化，金堂、广汉两市着力探索"农业+文旅"的产业融合发展模式，增加休闲观光、农事体验、地域文化、亲子研学等旅游内容，将农旅融合产业园区打造为乡村振兴示范区，辐射带动周边区域农业产业、休闲度假产业和乡村旅游提速升级发展。

品牌建设成效显著。建成AAA级景区玉皇养生谷、"盘海柚里""沙田柚里"等乡村振兴示范点，打造网红打卡村落，建设山水田园、农旅互动的综合性体验产业园区，其中红旗村于6月登上央视CCTV-17《乡村大舞台》栏目，"川黄菊""金堂葛根""松林桃"已成功申报国家地理标志产品。

7.5.2 经验做法

打破发展壁垒，共建产业园区。按照协同一体化发展思路，着力打破两地的行政壁垒、资源壁垒、规划壁垒，共建金广农旅融合产业园区。一是强化合作。抽调两地精兵强将，建立区域融合发展联席会议制度和重大问题协商机制，形成全方位交流合作格局。二是整合资源。全面梳理两地自然、农业和旅游等资源特征及优势，通过充分整合，实现互联互通、优势互补、协同创新，更好地实现资源共享，促进产业组团、连片发展。三是科学规划。根据"因地制宜、合理布局"原则，加强顶层设计，突出柚子、桃子、李子、梨子等优势农业产业，结合在地文化、文创体验、研学旅游、青年创业等发展需求，科学编制两地跨区域农旅融合发展规划。

优化产业布局，加速融合发展。一是建设瓜果农业新高地。做强做优桃子、

---

① 四川省同城化办公室提供。
② 德阳市农业农村局提供。

柚子、李子等优势产业，发展现代农业、绿色农业，以国家地理标志产品"松林桃""川皇菊""金堂葛根"为引领，加大农产品推介。二是打造文创聚落集聚地。坚持产业融合、文创先行，用文创唤醒乡村记忆，让情怀回归诗意田园，成立文创孵化基地，以自然山水和古朴建筑，营造艺术生活场景，建设文创人才集群，培育设计手作、大地景观、文化文艺创作、雕刻、美术、竹编、非遗等文创产业。三是打造乡村研学理想地。充分挖掘本地生态旅游资源，通过研学旅游，让青少年与自然环境、食物农耕、乡土文化、生活技艺深入连接，开发研学课程，探索"研学+景区""研学+民宿""研学+乡村旅游"等多种模式，积极培育研学旅游新业态。

壮大集体经济，促进共富增收。一是梳理全域资源，促进资产盘活。发挥乡贤发展带动作用，动员村民利用闲置土地、房屋、林盘开展自主经营活动，打造本土乡村消费业态。二是成立集体企业，明确管理架构。采取"党组织+集体经济组织+公司+专合社"方式，通过引入职业经理人、乡村合伙人，选优配强运营团队，进行发包和运营。三是招募合作伙伴，探索市场运营。按照"资源盘活、产业引进、团队融入、村民参与"的发展思路，与融资服务平台公司合作，对现有项目进行整合，招引有投资和运营能力的专业公司进行经营，每年盈利按照股份占比进行分红。

附录 8　渝东北川东北丘陵山地现代农业协同发展示范区典型案例

8.1　园区共建模式——开江—梁平共建现代高效特色农业合作示范园[①]

8.1.1　基本概况

开江—梁平成渝现代高效特色农业带毗邻地区合作园区以"开合作先风、架巴蜀桥梁"为主题，以"川越梁平，渝见开江"为形象定位，在开江县任市镇和梁平

---

① 协同融合增活力 "开梁"成渝现代高效特色农业带合作园区跑出共建"加速度"，https：//nynct.sc.gov.cn/nynct/c100630/2024/9/4/540a7f59d15e411c80fb01508231b8a8.shtml.

区新盛镇建设 8 万余亩的合作共建稻渔园区。依托开江现有稻鱼、稻虾、稻鳝、稻鸭、稻蚌、稻蛙六大产业，大力推广种养结合、生态循环、轮作倒茬、间作套种等模式，运用政府基础投入引导+运营商提供要素支撑+创业主体发展效益单元运营机制，带动区域经济、合作社、农户共同发展。两地坚持"四个一"建设机制，充分发挥园区示范引领作用，辐射带动渝东北、川东北现代农业统筹发展示范区现代农业效应明显。

8.1.2 主要做法

一是坚持建管"一体化"。开江县委、梁平区委共同印发了《开（江）梁（平）现代高效特色农业合作示范园经济区与行政区适度分离改革实施意见》，成立联合管委会，建立"联合领导小组+联合管委会+合资平台公司"推进体系，在开梁交界处选址建设联合管委会办公室，双方抽调 6 名工作人员集中办公，负责园区建设管理、企业服务等具体工作。三年两地共召开党政领导联席会议 6 次，现场办公会议 11 次，研究解决建设问题 30 余件。制定园区建设重点任务清单，工作专班组织推进建设。

二是坚持产业"一幅图"。依托"梁平坝子开江田"地理优势，确定以稻油轮作、稻渔共生为主导产业，做好"稻田+"大文章，联合编制了《开·梁合作园区建设总体规划》，在梁平新盛镇、开江任市镇协同建成稻油轮作、稻渔综合种养现代农业园区。

三是坚持项目"一盘棋"。联合编制重大项目规划，截至 2024 年 8 月，已完工项目 33 个，累计投资 8 800 万元。建成水稻联合制种基地 700 亩、水产联合育苗基地 30 亩、水稻品种测试推广基地 150 亩，建设产业环线道路 20.8 千米，整治河道 30 千米。联合组建优质水稻博士工作站 1 个，正在任市镇建设开江县工文旅特色产业园，促进开江"五特"（麻鸭、白鹅、豆笋、大闸蟹、小龙虾）和梁平"五子"（稻子、柚子、竹子、鸭子、豆子）的农产品精深加工产业发展，联合打造百亿级产业集群。

四是坚持主体"一条心"。依托开江县现有龙头企业民生渔业公司、鑫谷粮油公司，集合梁平、开江两地专业合作社、家庭农场等生产经营主体 82 家，共同建立"稻田+"产业联合体 1 个，组建大米生产加工产业联盟 1 个，签订了《优质水稻、水产品全产业链项目投资意向协议》，带动园区内两地农户订单生产、保底价收购、共用加工冷链物流设施、共享产品销售渠道。

8.2 示范区共建模式——万达开共建中国"鱼米之乡"示范区[①]

8.2.1 基本概况

为贯彻党中央关于推动成渝地区双城经济圈建设战略部署，借力万达开绿色发展示范带川渝合作区域发展功能平台和开江县稻渔现代农业园区升级为国家级现代农业园区机遇，坚持"平台推动、标准制定，政府引导、市场主导"原则和"规模化、标准化、品牌化"的发展思路，进一步扩大稻渔产业在川渝地区的产业发展力、资本集聚力、品牌塑造力、增收带动力，充分挖掘利用稻渔产业发展在区位、资源、产业等方面的优势，以万州区、开州区、开江县10万亩优质稻田及稻渔现代农业园区为核心，共建"川渝粮仓""川渝油库"，积极创建全国"鱼米之乡"示范区，共同开创稻渔产业高质量发展新局面。

8.2.2 主要做法

（1）明确七项合作内容

一是共建产业基地。整合涉农项目资金，按照"稻田改造一批、基础设施升级一批，高标准新建一批"的思路，在万州区龙沙镇、开州区南雅镇、开江县讲治镇等地理条件优越的区域，根据国家稻渔综合种养标准建设标准化生产基地2万亩。支持三地重点经营主体在区域内按照微生态零排放"稻田+"综合种养、稻渔循环种养、稻油轮作三大模式发展稻渔综合种养产业。

二是共建发展平台。支持鼓励万州区、开州区、开江县粮油、水产等重点生产加工企业组建万达开"鱼米之乡"企业集团，共建"川渝粮仓"，在开江任市农产品加工产业园等现代农业园区建立优质水稻等专用大米加工基地，大力开展优质水稻初精深加工。共建万达开稻渔综合种养产业科研平台，借力区域内外相关产业农业院校、科研院所技术资源，开展科技攻关，提升水稻、水产品质，共同开展优质水稻栽培、育种、病虫害防治、精深加工和水产品苗种本土化繁育等方面研究，共

[①] 资料来源：重庆市万州区　四川省开江县　重庆市开州区共建中国"鱼米之乡"示范区战略合作协议。

同提升稻渔产业品质，并将研究成果在本区域推广。

三是共设技术标准。共同组织专家团队着力开展良种繁育、绿色种植、有机功能大米、优质稻米精深加工、大闸蟹小龙虾深加工、资源综合利用、稻田综合种养关键技术等基础研究。持续开展开江县稻虾（蟹）连共作水稻品种筛选、有机高钙米种植"投入品"、开江水稻和水产茬口衔接、克氏原螯虾与河蟹池塘生态混养的适宜性、开江地区河蟹商品蟹养殖有效积温的研究、开江地区河蟹苗种培育本地化的研究等创新研究。制定并颁布稻渔综合种养地方标准，颁布《稻虾（蟹）连共作生产技术规程》。

四是共筹发展基金。共同向国家、省（直辖市）、市争取项目资金支持，并根据本行政辖区稻渔产业发展情况，每年设立发展基金500万元，随财力不断增加，对在本行政辖区内从事稻渔综合种养特别是水稻、水产生产和加工的农户、新型农业经营主体和产业化重点龙头企业予以资金扶持。

五是共联农民致富。积极创新联农带农激励机制，支持三地优质粮油企业采取"公司+基地+农户""公司+专合社+基地+农户"等多种利益联结模式，建好稻渔综合种养生产基地和以水稻、水产初精深利用为主的加工产业群；通过贸易订单、合同契约、保底收购等方式，形成稳定的产销合作关系。支持三地重点企业实行"保底收益、按股分红"为主要形式，让农民分享加工流通增值收益。积极发挥行业协会、产业化联合体、资金互助组织等社会中介组织连接农户与企业、农户与市场的桥梁和纽带作用，构建紧密型的利益共同体和发展共同体。

六是共拓消费市场。引导三地企业大力调整产品结构，研发适销对路的新产品。加大品牌创建力度，使两地更多企业创建中国驰名商标，打响地理标识。大力开展电子商务，在天猫、京东、阿里巴巴、抖音等网络交易平台推广销售产品，为广大消费者提供方便快捷的服务。在积极培育区域内消费市场的同时，加大对国际国内市场的拓展力度，打开产品销路，提高产品市场占有率。

七是共育服务体系。支持三地社会化服务主体组建一批专业化服务团队，健全服务体系，拓展服务内容，推进联耕联种、机耕机播机收等生产领域全程社会化服务。推进订单销售、农超对接、连锁经营、快递物流配送等新型商贸流通方式，拓展农产品销售渠道。加强政策性农业保险、金融信贷等服务支持。推进农业生产公益性服务和经营性服务相结合，加快构建和完善以生产服务、科技服务、流通服务和金融服务为主的农业经营性服务体系。

（2）建立三项合作机制

一是建立"鱼米之乡"专题协商会议制度。以三方党政分管农业农村工作的领导为召集人，农业农村部门负责人为联络人，三方建立合作联席会议制度，联席会议办公室设在开江县农业农村局，原则上每年召开会议1~2次，定期沟通交流，研究解决、督促落实重大合作事项。

二是建立工作推进机制。组建对口合作专班。负责加强各方协商与衔接落实，制订合作计划和提出具体工作措施，每年拟定工作要点，明确合作内容、合作方式和责任主体，定期跟踪汇总合作事项落实情况，并及时报联席会议办公室。

三是建立产供销机制。联合组建三地水稻和水产种植、销售、推介、营销工作机制，实施稻渔产业发展技术帮扶指导机制，制订年度生产销售计划，确保产得出、供得上、不断档、不滞销。

附录9　川南渝西丘陵山地现代农业协同发展示范区典型案例

9.1　数智引领，推动"荣昌猪"全产业链高质量发展

9.1.1　基本概况

重庆市荣昌区，作为中国优质地方猪种荣昌猪的原产地，同时也是国内荣昌猪主要产区，其存栏量占据全国荣昌猪存栏总量的80%。为促进资源整合并加速构建生猪产业发展的生态系统，2019年，荣昌区启动了国家级生猪大数据中心的建设，致力于通过生猪产业的数据化和数据的产业化，重点发展养殖示范、数字监管、交易拓展、数字金融、智慧消费、数据咨询等应用场景，构建生猪产业大脑和大语言模型PigGPT。其目标是打造"1+7+30+N"的全国区域（产业）数据中心架构，强化数据的收集、应用及合作，推动以川渝地区为核心、辐射全国的生猪数字经济的协同发展。在四川内江及自贡等5个区域中心的落地基础上，已在川渝两地共享"猪E养""猪E管""猪E防""猪E贷"等数字应用产品20余个。这些产品在有效解决"线上交易标准""疫病防控""实物交收"三大难题的同时，实现了生猪活体线上交易与线下交收的结合，生猪养殖、贩运、屠宰的"一网式"实时监

管，从而打造了全国生猪全产业链数字化、智能化发展的典范。

9.1.2 主要做法

开发生猪产业数字监管平台，生猪生产"容易管"。构建了农业投入品监管与追溯平台，打造了畜牧兽医服务"110"云服务平台、基于FRID技术的生猪产品质量溯源系统以及兽药安全生产电子监控系统和畜禽粪污处理监控系统。通过数字化手段对生猪防疫检疫、无害化处理、养殖环境监管等环节进行管理，实现了从养殖到屠宰、加工、交易的全过程溯源、监控、服务和信息公开。该系统确保了每一头生猪从出生到上市的全生命周期均可追溯，目前生猪全程可追溯率达到82%。

构建生猪智能养殖平台，推动生猪"容易养"。以标准化、现代化生产为核心，加强荣昌猪规模化养殖场的智能化改造，创建智慧养殖示范场。该示范场配备自动饲料输送系统、智能环境控制设备、智能喂养系统、智能监控系统、自动称重设备、高压清洗设施以及自动投药设备等现代化、智能化的硬件设施。同时，集成物联网技术及大数据服务等智能化软硬件设施，实现"人畜分离、干湿分离、集中饲养、封闭管理、数据跟踪、全程溯源"的标准化养殖模式。该系统的服务范围覆盖生猪养殖规模达400万余头。截至2023年底，荣昌地区已建立国家重点区域级畜禽基因库和国家、市、区级荣昌猪保种场、保护区各1个，保存荣昌基础母猪2.2万头、种公猪192头、血缘29个。

建立生猪线上交易平台，生猪交易"容易卖"。基于国家生猪交易中心的建设，成功打造了生猪活体网络市场。迄今为止，该平台的生猪交易量已突破8 000万头，交易额超过1 200亿元，成为国内规模最大的生猪活体现货电子交易市场。随着平台的持续发展，其交易范围已扩展至30个省（自治区、直辖市），形成了线上交易与线下交收相结合的"不见猪而卖猪"模式。该平台汇聚了全国范围内的生猪养殖、交易、流通数据信息，实现了"全国范围内的买卖"目标，有效缓解了生猪养殖户的销售难题和采购户的采购难题，提供了生猪价格的"晴雨表"，促进了生猪市场的"保供稳价"。

建设数字化生产线，屠宰加工"容易做"。荣昌现有屠宰加工企业9家、饲料加工企业42家、兽药加工企业16家。依托龙头企业，加速推进数字化自动生产线的建设工作。通过实施全程数控恒温冷链标准化分割技术，结合数控冷却排酸锁水保鲜技术，以及数字化精准控制盒装精品生鲜肉包装技术，有效延长了产品的保质期。同时，采用国际先进的数字化灌装设备、数显光机检测技术、同步信号和伺服驱动技术、数控全自动喷码识别和数字化计重技术，使良品率高达99.95%。此外，构建了数字化仓储管理系统和执行系统，实现了高位货架冷链储存的全数字化自动管理。配套建设的数字化物流系统，实现了原材料出入库的智能化管理以及原材料信息的可追溯性。数字化技术的赋能显著提升了智慧加工的效率。

构建生猪金融服务平台，产业资金"容易贷"。利用生猪大数据实现资本的数字化，创新性地将"数据"作为信用评估手段，为中小型养殖企业贷款进行精准画像，开发线上金融产品，助力解决资金周转和短缺问题，截至2021年底，已成功发放贷款超过2 600万元。深化与大连商品交易所的合作，支持生猪产融基地和场外（OTC）市场的建设，实现生猪交易的期现联动。启动生猪"保险+期货"试点工作，科学运用生猪市场价格形成与发现机制，有效解决"猪周期"问题。经过多年的深耕，荣昌区在生猪产业化发展方面取得显著成就，科研教学、保种育种、繁育养殖、屠宰加工、饲料兽药、畜牧机械、冷链物流、市场集散等全产业链条建设全面发力。正在建设的国家生猪大数据运营中心，围绕生猪全产业链，重点实施荣昌猪智慧养殖、荣昌生猪数字监管服务、荣昌猪专属品牌云平台等工程，通过数字技术服务贯穿整个生猪产业发展，加速荣昌猪数字化转型，以生猪产业数字化、数字产业化为目标，推动数字资源转化为资产。2023年，重庆荣昌猪养殖系统成功入选"第七批中国重要农业文化遗产名单"，品牌价值达到50.98亿元。

9.2 补短强链，助力江津打造高品质花椒产业

9.2.1 基本概况

江津发展花椒已逾四十年，江津被国家林业和草原局授予了"中国花椒之乡"的美誉。其中，江津九叶青花椒更是荣登中国花椒"四大名旦"之首的宝座。目前，江津区已构建起53万亩的花椒种植基地，全国范围内销售的保鲜花椒中，有85%源自江津。现今，以花椒产业为核心的加工、商贸、文旅产业链在江津地区蓬勃发展。江津花椒产业已成为重庆农村产业结构调整的重要标志，是当地实施乡村振兴战略的关键产业。

9.2.2 主要做法

科技赋能促进产量与效率提升。近年来，江津区积极引进中国科学院、西南大

学等科研院所及高等院校的近30位专家教授，深入研究花椒的选育、栽培、加工等关键领域，为当地花椒产业注入科技动力。得益于科技的支撑，该区实施的"20个月完成从花椒种子到亩产200千克鲜花椒"的试验已取得初步成效；"Y"形整枝技术在花椒生产中的应用，实现了产量提升30%；"花椒零农药投入高产技术"试验也告成功，并已在全区范围内推广和应用。为提高科技贡献率，更好地服务于花椒种植户，江津区依托院地合作机制，在重庆市政府的资助下，西南大学、重庆市农业科学院及江津花椒首席专家团队联合研发出价值超过300万元的花椒农药残留实时快速检测移动工作站，首次在江津实现了大规模花椒农药残留的田间、车间及市场实时快速检测。同时，江津区还持续完善花椒大数据平台系统建设，强化花椒生产加工仓储管理、病虫害防治、气象预警、市场价格信息、社会化服务等数据库的构建，推动花椒产业向智能化、网络化、数据化、在线化方向发展。截至2023年底，江津区花椒产业的年总产值已达到52亿元。

金融支持保障价值稳定与增值。为解决花椒种植农户的融资难题，江津区采取措施引导金融机构成立专门的"花椒货币银行"，并开展针对性的"花椒贷"业务，为从事花椒产业的主体提供必要的资金支持。自2022年起，江津花椒国家现代农业产业园进一步发展"花椒银行"体系，该体系细分为"花椒货物银行"与"花椒货币银行"，并积极引导农业企业、银行、保险公司等多方参与。在该体系下，银行对脱贫农户及收购商进行授信，同时担保公司和仓储管理机构提供相应的担保服务。在脱贫农户储存的花椒遭受损失时，银行将依据脱贫农户和收购商在"花椒货物银行"中存储的花椒价值的60%进行贷款发放。银行、担保公司、仓储管理机构及风险基金按照20%、50%、20%、10%的比例共同承担风险，构建起利益与风险的联结机制，确保产品销售的收益和储户资金的安全。通过统一收购、代为加工、随季节储存、包销贷款、稳定成本等系列措施，实现了花椒在旺季储存、淡季销售的模式，从而保障了花椒的价值稳定与增值，增强了产业的抗风险能力，并有效提升了农户的收入水平。截至2022年底，江津区"花椒货物银行"已为脱贫农户代储超过6 000吨干花椒，为相关企业带来超过1 100万元的增收，同时为脱贫农户带来1 300余万元的增收节支；"花椒货币银行"累计投放担保贷款达1.4亿元，有力促进了花椒产业的良性与健康发展。

全链条拓展构筑产业发展高地。重庆市江津区、永川区与四川省泸州市签署战略合作协议，以江津区花椒产业的基础和优势为依托，推动泸州、永川、江津三地60万亩花椒产业带的建设。三方共同致力于打造全国领先的花椒育苗基地、西南地区最大的花椒绿色生产基地、西南地区最大的花椒加工基地以及川南渝西花椒产销中心，培育具有区域竞争力的品牌，共同推动花椒产业的高质量发展。近年来，江津区积极推进花椒加工业从粗加工向精深加工的转型升级。除了作为调味品，江津花椒已经开发出保鲜花椒、微囊花椒粉、鲜花椒油、花椒籽油、花椒精、花椒芳香精油、花椒麻精、花椒调味液、花椒香水、花椒祛痘乳、花椒洗脚液等4个系列7个大类共计52个品种，显著提升了产品的附加值，延伸了花椒产业链，促进了江津花椒品牌价值的提升，品牌价值达到64.04亿元。同时，这一产业链的发展也带动了62万椒农人均增收超过5 000元。

9.3 融合发展，鼓励宜宾擦亮茶业强市金字招牌

9.3.1 基本概况

宜宾有超过3 000年的茶叶种植历史，历史上作为南方丝绸之路及茶马古道的关键驿站，享有"中国早茶之乡"及"世界著名茶乡"的美誉。宜宾也是川红工夫茶的发源地，属于四川省四大茶叶产区之一。在川茶的整体布局中，宜宾以"三山一早"为特色，形成了早茶核心区和川红工夫红茶的集中发展区域。此外，宜宾市被认定为全国首个省级出口茶叶质量安全示范市以及宜宾早茶中国特色农产品优势区。近年来，宜宾市紧密围绕四川省委、省政府提出的"加快精制川茶产业发展、打造千亿产业"的战略部署，将茶产业作为现代农业"5+2"产业体系中的重点发展对象。以"健康茶业，绿色发展"为引领，着力于优化种植品种、产业结构及产品品质，实现了茶产业的强劲发展。至2022年，宜宾市茶园面积已发展至130万亩，干茶产量达到10.22万吨，综合产值高达320.2亿元，三项指标均在四川省内名列前茅。

9.3.2 主要做法

"生态+文化"，彰显产区优势。宜宾位于云贵高原北侧，峡谷交错，气候温和，其独特的自然资源和适宜的土壤条件，使宜宾成为全国同纬度茶区中春季茶树最早萌发的地区，1月下旬至2月上旬即可开园采摘、批量上市。相较于四川省内其他茶区，宜宾的茶树萌发时间提前了7~15天，相较于国内其他茶区，更是提前了30~45天，这为其种植和发展早茶提供了得天独厚的自然条件。宜宾的茶文化历史

悠久，种类繁多。据史料记载，早在公元前1022年，宜宾人民就开始了茶叶的种植，随着南丝绸之路和茶马古道马帮队伍的足迹，宜宾茶走进了欧亚大陆的城堡庄园。此外，宜宾拥有最全的茶叶种类，包括以宜宾早茶、屏山炒青为代表的绿茶，以川红工夫为代表的红茶，有大批量的砖茶、边销茶等黑茶，有以茉莉花茶、玫瑰花茶为代表的再加工茶，以及以屏山白茶为代表的特异品种。这些品种的引种成功，都进一步优化了宜宾市的茶叶产品产业结构。同时，宜宾市筠连县还是全国最大的小叶苦丁茶基地。

"集群+品牌"，打造名优产业。宜宾以"三茶统筹"（即茶叶、茶文化、茶科技与茶旅游的统筹发展）的发展理念为引领，将茶产业列为宜宾市绿色、富民、健康和乡村振兴的关键支柱产业。近年来，宜宾市积极实施引进大型企业与强化产业主体的策略，通过五粮液集团对川红集团的整合，以及酒茶集团与川茶集团的合并，成功构建了全市茶产业的"1+2+6+N"产业结构。在这一过程中，川茶集团、川红集团等龙头企业不仅建立了国内领先的现代化茶叶加工生产线，实现了清洁化、连续化生产，还致力于传统工艺的传承与创新，开发了包括优黑优红、冷泡茶、系列花香茶、生姜茶等在内的多种养生茶产品，形成了"长江首城、六茶共舞"的发展格局。此外，这些企业还创新研发了茶酥等茶食品，以及茶多酚香皂、洗面奶等衍生产品，不断拓展加工产业链，努力提升产业的综合效益。截至2022年，宜宾市拥有各类茶叶加工企业322家，茶叶交易市场2个，以及众多茶叶相关品牌和标志，包括公共区域品牌6个、地理证明商标4个、农产品地理标志4个、驰名商标1件、四川省优质品牌农产品6件、"三品一标"产品76个。高县和筠连县多次荣获"四川茶叶十强县"和"中国茶业百强县"的称号，翠屏区被纳入2021年国家特色产业集群（四川早茶）项目并获得支持，"宜宾早茶"也被认定为四川省农产品优秀区域公用品牌。

"科技+文旅"，擦亮金字招牌。近年来，宜宾市依托中国茶叶研究所、湖南农业大学、四川农业大学等科研机构，成立了宜宾市茶产业研究院，并建立了"宜宾良种繁育中心"。该中心培育的4个宜宾本地茶树新品种已通过省级审定，累计获得国家授权专利53项，省市级科技成果26项，在茶树良种化、本土化及自繁自足方面取得了显著成效。同时，宜宾市在茶园大力推进智慧农业系统建设，推动茶园管理逐步实现智能化。大力实施"111"机采示范工程，即以一家茶叶加工龙头企业为核心，建设一批机采茶园核心示范区，以带动区域机采茶园基地的建设。宜宾市还围绕促进一二三产业的融合发展，支持茶叶主产县（区）重点打造筠连县红色茶乡旅游行、珙县鹿鸣茶海清凉游线路等茶旅精品线路,天府龙芽·宜宾早茶——环金秋湖茶叶产业园、中国红茶第一庄园等茶旅综合体,筠连县川红特色小镇、翠屏区天府龙芽特色小镇等茶旅特色小镇。在翠屏区、高县等地开发"茶+民宿""茶+研学"等茶旅融合新业态,进一步放大产业特色和优势,不断提高茶叶三产融合发展的综合效益,拓宽茶农茶企的增收渠道。

9.4 共建共享,"双昌"携手共建川渝"鱼米之乡"

9.4.1 基本概况

位于四川省隆昌市石燕桥镇的三合村与重庆市荣昌区安富街道的普陀村,地理上路网相连、农田毗邻,稻渔产业的发展历程悠久,具备坚实的合作基础与合作优势。当前,两村跨越行政区域的界限,通过优化资源配置与创新管理机制,积极推进稻渔综合种养示范基地的建设工作,已经成为川渝两省市深化合作、深耕合作"示范田"的"前沿阵地"。

9.4.2 主要做法

以园区为载体,实现资源集聚。隆昌市三合村与荣昌区普陀村依托"双昌"产业园建设,通过实施丘陵山区高标准农田改造提升示范项目,建成一批"宜机宜耕、能排能灌、高产稳产、旱涝保收"的高标准农田,实行高粱—油菜轮作,提高复种指数;推广绿色防控技术,合作共建3 000亩国家级稻渔综合种养全程绿色防控示范区,联手打造中国西部"鱼米之乡",保障粮食安全。

以质量为根本,塑造行业品牌。充分利用"双昌"产业园水网密集、土地肥沃、生态环境优美的优势,推动"良种+良田+良肥"三者协同作用,实现效应叠加。实施高标准农田、标准化虾田建设以及路渠网络一体化构建,在此基础上,跨行业建立20平方千米的环保区;深入挖掘鱼米文化,发展优质稻虾产业,共同制定并实施《生产技术标准》《产品质量标准》《物质投入标准》和《生产管理规程》,从源头上发力,打造"东乡米·双昌鱼"品牌,开启跨区域合作的新模式。

以文化为媒介,促进产业融合。基于双方茶文化、农耕文化以及陶艺、夏布、折扇等国家级非物质文化遗产的综合优势,将文化元素融入乡村旅游,共同探讨"规划+资源+运营"一体化的发展模式。通过激活和利用闲置的农房资源,统筹推进了276户民居的风貌改造、7.3千米道路环线的提升改造以及九大景观节点的建设。同时，共同启动并实施了乡村振兴实训基地项目，共建"渝西稻渔乡趣乐园，成渝茶陶文化之乡"，实现了从"农区向景区、田园向公园、产品向礼品、农房向客房"的转变，促进了一二三产业的深度融合。

以利益为纽带，带动毗邻发展。秉承共同出地、共同出资、共同出人、共同建设的原则，遵循园区名称、规划设计、主导产业、建设标准、政策标准、管理服务、科技服务的"七统一"共建机制，实现"生产+科技+加工+服务"一体化发展。引入隆润集体、联想米业公司，围绕"三标准一规程"要求，与农户100%签署订单生产、优质优价和保险补贴生产协议，确保农户只赚不亏，为其提供"定心丸"，构建稳农增收的保护伞；吸引毗邻乡镇3 700余户1.08万亩稻田加盟融入园区，共享川渝融合发展成果。

以技术为支撑，保障农民增收。聘请四川省农业科学院、重庆市农业科学院、西南大学、四川农业大学、内江市农业科学院、内江职业技术学院等科研院校专家团队入驻园区，采取"种先供、技先培、人先育"和"网络咨询+专家大院"服务模式，为稻渔综合种养提供科技支撑；通过理论与实操相结合，培育一批"田秀才""土专家""乡创客"，让农民切实掌握一技之长，年增就业100余人，助推创业6~10人，科技赋能亩增稻50千克、鱼虾15千克，从业农户人均增收800元。

9.5 经验启示

9.5.1 科技驱动，创新赋能产业升级

科技是农业现代化提质增效的核心驱动力，各地应积极与科研院校合作，围绕种植、加工关键环节攻关，用新技术提升单产、优化品质，借助大数据实现精细化管理，实时监测产业态势，对农业产业发展具有关键的引领与推动作用。荣昌区通过建设国家级生猪大数据中心，开发多种数字应用产品，实现了生猪养殖、交易、监管等环节的数字化与智能化，构建起全国生猪全产业链数字化样板，极大提高了产业效率与精准度。江津区借助高校与科研机构力量，在花椒选育、栽培、加工等领域深入探索，"Y"形整枝法显著增产，花椒农药残留实时快速检测移动工作站的应用提升了产品质量管控水平，花椒大数据平台促进了产业智能化发展。宜宾市依托科研院所设立茶产业研究院，选育本地茶树新品种，推进茶园智慧农业系统建

设并实施机采示范工程,提升了茶叶生产的科技含量与效益。"双昌"产业园通过聘请科研院校专家团队入驻园区,采取"种先供、技先培、人先育"和"网络咨询+专家大院"服务模式,为稻渔综合种养提供科技支撑。发展现代农业产业,应积极引入前沿科技,搭建数字化平台,加强与科研机构合作,研发和应用新技术、新设备,以科技驱动产业变革,实现从传统农业向现代农业的转型升级,增强产业核心竞争力,在数据化管理、智能化生产、精准化服务等方面取得突破,从而提升全产业链的效益与质量。

9.5.2 金融助力,破解产业资金瓶颈

合理有效的金融支持是农业产业稳健发展的重要保障。农业受自然、市场因素影响大,资金周转困难常见。荣昌区积极探索创新,构建起生猪金融服务平台,以生猪大数据为依托开展"数据"征信,以此为基础开发出契合实际需求的线上金融产品,大力开展"保险+期货"试点项目,有效缓冲了"猪周期"所带来的剧烈价格波动冲击,为生猪产业的平稳发展筑牢了坚实的金融防线。江津区同样别具匠心,创新设立了"花椒货币银行"与"花椒货物银行",不仅为花椒从业主体提供了强有力的资金支持,还切实为其化解了潜在的风险隐患,成功实现了花椒在旺季的妥善储存以及淡季的稳定销售,有力地稳定了整个花椒产业的发展态势,同时显著增加了椒农的实际收入。可见,农业产业发展需创新金融服务模式,紧密围绕不同农业产业各自特点以及广大从业者的实际需求,精心研发并推出各类专项金融产品,诸如针对特定农产品的特色贷款、契合农业生产风险特征的保险产品等。与此同时,积极引导金融机构、企业、担保公司等多方力量展开深度合作,全力打造风险共担机制。通过这样的方式,切实破解长期困扰农业产业的融资难题,全力保障产业资金链的稳定运行,有效缓解从业者所面临的资金压力。在充足且稳定的金融支持下,农业产业方能在生产环节顺利采购生产资料、引入先进技术设备;在加工环节实现技术升级、扩大生产规模;在销售环节拓展市场渠道、提升品牌影响力,从而全方位促进产业朝着规模化、集约化的方向大步迈进,显著提高从业者的抗风险能力与收入水平,为农业产业的现代化发展奠定坚实的金融根基。

9.5.3 融合发展,拓展产业多元价值

产业融合能够为农业产业开辟广阔的发展空间,创造多元价值。农业现代化不仅是产品增产,更要挖掘文化内涵,结合旅游休闲需求,延伸产业链至三产服务领

域,以文旅消费反哺农业,赋予产品文化附加值,拓宽增收渠道,提升区域知名度。农业现代化还要摒弃零散发展模式,聚焦区域特色打造产业集群,扶持龙头引领技术革新、标准制定与市场拓展,整合上下游资源,以集群优势培育公用品牌,强化市场话语权,提升产业整体效益。荣昌区在生猪产业发展基础上,延伸至屠宰加工、饲料兽药、畜牧机械等多个领域,实现全产业链条建设全面发力,并通过数字技术贯穿其中,推动产业数字化转型,提升品牌价值。江津区以花椒为核心,拓展加工、商贸、文旅产业链,开发多种花椒深加工产品,提升附加值,同时签订战略合作协议打造花椒产业带与产销中心,培育区域品牌。宜宾市秉持"三茶统筹"理念,将茶产业与生态、文化、科技、旅游等元素紧密融合,构建"1+2+6+N"产业结构,开发养生茶、茶食品、茶衍生品等,打造茶旅精品线路与综合体,实现一二三产业融合发展。这启示农业产业要突破单一产业局限,推动产业链纵向延伸与横向拓展,促进产业间交叉融合。加强区域合作,整合资源打造产业集群与区域品牌,提升产业影响力与市场竞争力。挖掘农业的生态、文化等多元价值,开发特色旅游产品与服务,拓展农业产业功能,增加农民收入渠道,实现农业产业可持续、高质量发展。

9.5.4 协同合作,实现区域产业共赢

区域协同合作能够将分散于不同地区的土地、水利等关键资源进行有机整合,从而为农业产业的规模化与高效化运作奠定坚实基础。通过统一且科学合理的规划,可以构建起高标准农田体系,这一体系的建立有助于打破长期以来横亘在区域之间的行政壁垒,使跨区域的耕地资源能够得到最大化的有效利用。隆昌市与荣昌区的"双昌"产业园建设,打破区划界限,以质量为根本,共同制定生产标准打造品牌,以文化为媒介促进产业融合,以利益为纽带带动周边发展,以技术为支撑保障农民增收。这一成功实践充分表明,区域间在农业产业发展进程中应深度挖掘并充分发挥各自的独特优势,在资源利用方面加强协作与共享,避免资源的重复开发与浪费,实现资源的优化配置;在产业规划上相互沟通、协同布局,形成优势互补、错位发展的产业格局;在品牌建设领域整合力量、统一推广,打造具有强大影响力与市场号召力的区域公用品牌;在技术共享层面搭建平台、畅通渠道,促进科研成果在区域内的快速转化与应用。而跨区域合作的核心关键在于构建起紧密的利益联结机制,通过统一政策、产业标准等重要举措,切实保障农户的收益权益,增强农户参与合作的积极性与主动性。以此为基础,积极吸纳周边资源向合作区域集

聚，形成强大的产业辐射效应，凝聚起区域发展的强大向心力，携手并肩共同推动农业现代化进程。唯有建立起统一的共建机制与标准体系，才能真正实现资源的优化配置与高效利用。通过深入开展区域协同合作，精心打造跨区域产业示范基地，充分发挥其示范引领与辐射带动作用，带动周边地区全面融入农业产业发展的大潮之中，共享区域协同合作所带来的丰硕发展成果，全方位提升区域农业产业的整体水平与影响力。